Stilistische Untersuchungen am Klavierwerk Theodor Kirchners

Inaugural–Dissertation

zur

Erlangung der Doktorwürde

der

Philosophischen Fakultät

der

Rheinischen Friedrich–Wilhelms–Universität

zu Bonn

vorgelegt von

Kyung–Sun Lee

aus

Seoul

Bonn 1998

Gedruckt mit Genehmigung der Philosophischen Fakultät der Rheinischen Friedrich–Wilhelms–Universität Bonn

1. Berichterstatter: Professor Dr. Siegfried Kross

2. Berichterstatter: Professor Dr. Renate Groth

Tag der mündlichen Prüfung: 11. Februar 1998

Berichte aus der Musikwissenschaft

Kyung-Sun Lee

Stilistische Untersuchungen am Klavierwerk Theodor Kirchners

D 98 (Diss. Universität Bonn)

Shaker Verlag
Aachen 1998

Die Deutsche Bibliothek - CIP-Einheitsaufnahme

Lee, Kyung-Sun:
Stilistische Untersuchungen am Klavierwerk Theodor Kirchners /
Kyung-Sun Lee. - Als Ms. gedr. -
Aachen : Shaker, 1998
    (Berichte aus der Musikwissenschaft)
    Zugl.: Bonn, Univ., Diss., 1998
ISBN 3-8265-4158-8

ISBN 3-8265-4158-8
ISSN 0945-0912

Shaker Verlag GmbH • Postfach 1290 • 52013 Aachen
Telefon: 02407 / 95 96 - 0 • Telefax: 02407 / 95 96 - 9
Internet: www.shaker.de • eMail: info@shaker.de

Für meine Eltern

Danksagung

Dem Buch ging ein langjäriges Studium in Deutschland voraus, das meine Eltern mir trotz aller Schwierigkeiten ermöglichten.

Weiter danke ich den vielen Freunden, die mich während meiner Arbeit unterstützt und mir durch die Korrektur dieses Buches tatkräftig geholfen haben. Besonderer Dank gilt dabei Julia Kluxen–Ayissi für ihr umfangreiches Korrekturlesen und Chr. Clemens Lahme für seine Hilfe beim Textsatz mit Latex.

Ich danke ferner Kurt und Renate Hofmann vom Brahms–Institut in Lübeck, die mir Zugang zu Dokumenten aus dem Vermächtnis des Komponisten Theodor Kirchners verschafften.

Nicht zuletzt danke ich Herrn Prof. Dr. Siegfried Kross, meinem Doktorvater, für seine großartige Unterstützung und seinen Einsatz für mich.

Inhaltsverzeichnis

1 Einleitung   **1**

2 Quellenlage und Forschungsstand   **11**

  2.1 Quellenlage 11

  2.2 Stand der Forschung über Leben und Werk
      Kirchners 15

3 Biographie Theodor Kirchners   **19**

  3.1 Kindheit, Jugend und musikalische Ausbil-
      dung (1823–1843) 19

  3.2 Organist in Winterthur (1843–1862) 22

  3.3 Dirigent, Chorleiter und Kammermusiker in Zürich (1862–1872) . . . 30

  3.4 Anstellung am Meininger Hof (1872–1873) 39

  3.5 Leiter der Musikschule Würzburg (1873–1876) 40

  3.6 Klavierlehrer und freischaffender Komponist in Leipzig (1876–1883) . 41

  3.7 Lehrer für Ensemble und Partiturspiel am Dresdner Konservatorium
      (1883–1890) 44

  3.8 Lebensabend in Hamburg (1890–1903) 47

  3.9 Kirchner als Mensch und Künstler 52

3.10 Freundschaften 56

    3.10.1 Die Freundschaft mit Stockhausen, Robert und Clara Schu-
           mann und Bülow 57

    3.10.2 Freundschaft mit Brahms 65

4 Analyse ausgewählter Stücke   **81**

  4.1 Zehn Clavierstücke op. 2 81

    4.1.1 Ballade op. 2, Nr. 1 83

    4.1.2 Romanze op. 2, Nr. 2 92

    4.1.3 Intermezzo op. 2, Nr. 3 96

    4.1.4 Carnevalscene op. 2, Nr. 4 107

    4.1.5 Erinnerung op. 2, Nr. 5 117

    4.1.6 Fantasiestück op. 2, Nr. 6 123

    4.1.7 Wohin op. 2, Nr. 7 133

    4.1.8 Mein Lied op. 2, Nr. 8 140

    4.1.9 Leidenschaft op. 2, Nr. 9 144

    4.1.10 Nachtgesang op. 2, Nr. 10 156

  4.2 Präludien op. 9 160

    4.2.1 Präludium op. 9, Nr. 1 162

    4.2.2 Präludium op. 9, Nr. 2 167

    4.2.3 Präludium op. 9, Nr. 3 172

    4.2.4 Präludium op. 9, Nr. 4 177

    4.2.5 Präludium op. 9, Nr. 5 181

    4.2.6 Präludium op. 9, Nr. 6 188

4.2.7   Präludium op. 9, Nr. 7 196

4.2.8   Präludium op. 9, Nr. 8 203

4.2.9   Präludium op. 9, Nr. 9 211

4.2.10 Präludium op. 9, Nr. 10 220

4.2.11 Präludium op. 9, Nr. 11 225

4.2.12 Präludium op. 9, Nr. 12 230

4.2.13 Präludium op. 9, Nr. 13 237

4.2.14 Präludium op. 9, Nr. 14 244

4.2.15 Präludium op. 9, Nr. 15 252

4.2.16 Präludium op. 9, Nr. 16 259

5 Resümee   **267**

Werkverzeichnis   **281**

Literaturverzeichnis   **287**

Abkürzungen

AmZ	Allgemeine musikalische Zeitung
Mf.	Die Musikforschung
MWbl.	Musikalisches Wochenblatt
NMZ	Neue Musik–Zeitung
NZfM	Neue Zeitschrift für Musik
NZZ	Neue Züricher Zeitung
Sign.	Signale für die musikalische Welt
SMZ	Schweizerische Musikzeitung
SSB	Schweizerisches Sängerblatt

Kapitel 1

Einleitung

Der Musiker Theodor Kirchner (1823–1903) ist heute nur noch wenigen bekannt, während er in der zweiten Hälfte des 19. Jahrhunderts mit vielen wichtigen deutschen Musikerpersönlichkeiten in Verbindung stand. Er wurde von Mendelssohn gefördert, und Schumann zählte ihn in seinem berühmten Brahms–Aufsatz „Neue Bahnen"[1] zu den „hochaufstrebenden Künstlern der jüngsten Zeit".[2] In privaten Vorführungen begleitete er Wagners Ring–Musik aus dem Klavierauszug und fand dabei höchste Zustimmung des Komponisten.[3]

Kirchner war zeit seines Lebens ein Freund des um zehn Jahre jüngeren Brahms. Er begriff die Werke Brahms' sofort, erkannte frühzeitig dessen Größe als Komponist und setzte sich für seine Werke überall und zu jeder Zeit mit Wort und Tat ein, wie auch für die Musik Schumanns. Welche wichtige Rolle Kirchner als Musiker in seinen Wirkungsorten für die Rezeption der beiden neuen Komponisten spielte, ist bis heute von der Musikwissenschaft nicht angemessen gewürdigt worden. Als Komponist ist Theodor Kirchner ebenfalls in Vergessenheit geraten, wofür mehrere Faktoren

---

[1] R. Schumann: Gesammelte Schriften ber Musik und Musiker. Hg. von Martin Kreisig. 5. Aufl., Leipzig 1914, Bd. 2, S. 301 f.

[2] Ebd., S. 301.

[3] In der Autobiographie Wagners heißt es: „Späterhin zeigte der Musiker Theodor Kirchner, welcher in Winterthur niedergelassen war und sich häufig in Zürich aufhielt, größere Fähigkeiten [als der gemeinsame Freund Wilhelm Baumgartner] zum Vortrage einzelner Stücke des Klavierauszuges." R. Wagner: Mein Leben. Hg. von Eike Middell. Bremen 1986, Bd. 2, S. 98.

verantwortlich sind. Die Zahl der Werke Kirchners umfaßt über hundert,[4] worunter jedoch kein Orchesterwerk bzw. keine Oper zu finden ist. Drei Viertel des Gesamtschaffens Kirchners sind dem Instrument Klavier gewidmet. Das übrige besteht aus einigen Kammermusikwerken und Liedersammlungen mit Klavierbegleitung, drei Orgelkompositionen und zwei Chorstücken. Dabei wird in die Kammermusik das Instrument Klavier immer miteinbezogen, mit Ausnahme der zwei Streichquartette,[5] so daß dem Instrument Klavier in der musikalischen Welt Kirchners ein beherrschender Platz eingeräumt wird. In der Rezension zu den zehn Liedern des op. 1 bemerkte Schumann bereits:

> „Seine Lieder erscheinen häufig als selbständige Instrumentalstücke, die oft kaum des Gesanges zu bedürfen scheinen, um eine vollständige Wirkung zu machen; sie sind oft nur wie Übersetzungen der Gedichte für das Clavier, gewissermaßen Lieder ohne Worte, aber durch Worte angeregt; der Gesang in ihnen erscheint daher oft wie ein leises Hinlispeln der Worte, und der Hauptausdruck liegt meistens in der Begleitung."[6]

So kann man feststellen, daß sich sein musikalisches Denken gleichsam vom Klavier her entwickelt. Diese Beschränkung auf ein Hauptinstrument hat Kirchner mit Frédéric Chopin und Stephen Heller gemeinsam.

Der Klavierkomponist Theodor Kirchner wiederum ist insofern eigenartig, als er sein Leben lang stets kleine lyrische Charakterstücke gepflegt hat. So findet man bei ihm keine Sonate[7] und kein Konzert, was Kirchner nicht gerade zu dauerhaftem Ruhm verholfen hat. Auch seine Zeitgenossen haben dies merkwürdig gefunden und ihm sogar manchmal Einseitigkeit vorgeworfen. In der Rezension des op. 24 „Still und bewegt" heißt es unter anderem: „[...] was er [Genius] ihm [Kirchner] vorenthält, das

---

[4]Die „Vorbereitungsstudien" tragen die höchste Opusnummer 106 nach dem Werkverzeichnis von Reinhold Sietz, und es gibt einige Werke ohne Opuszahl. R. Sietz: Theodor Kirchner. Ein Klaviermeister der deutschen Romantik (Studien zur Musikgeschichte des 19. Jahrhunderts. Bd. 21). Regensburg 1971, S. 147–150.

[5]Es sind op. 20 (Hofmeister 1874) und „Nur Tropfen" ohne Opuszahl (Hofmeister 1903).

[6]R. Schumann: Lieder und Gesänge. In: NZfM Bd. 18 1843, S. 120.

[7]Es gibt allerdings „Fünf Sonatinen" op. 70.

darf ein Dritter vom Componisten billigerweise nicht verlangen".[8] In einem Brief vom 3. Oktober 1881 schrieb Brahms an Simrock: „Die Kirchnerschen Novelletten [Klaviertrio op. 59] könnten praktisch sein! und endlich einmal nicht bloß Klavier."[9] Über diesen Sachverhalt äußerte sich Kirchner 1886 in seinem Brief an Dr. Wilhelm Kienzl folgendermaßen:

> „Ob besondere Neigung und Faulheit oder Ungeschicklichkeit mich immer wieder aufs Clavier hinwiesen und für dieses hauptsächlich in kleinen Formen mich bewegen ließen – wer weiß es genau? Ich nicht."[10]

Die Ausschließlichkeit der Gattungswahl rührt jedoch daher, daß sich die musikalische Natur Kirchners im lyrischen Charakterstück am besten ausdrücken ließ.[11] In sich stimmig klingt auch, daß Kirchner zu sagen pflegte, er liebe das „Abendlied" op. 85, Nr. 12 von Schumann (ein kurzes vierhändiges Klavierstück) sehr und würde dafür sein Gesamtschaffen hergeben.[12] Daß Kirchner nicht im Sinne hatte, monumentale Werke wie Sonaten bzw. Klavierkonzerte zu hinterlassen, spiegelt sich auch darin wider, daß er häufiger „seine klingenden Grüsse"[13] den gleichgesinnten Kunstfreunden sandte. Im Andenken an seinen teuren Verehrer entstanden ebenfalls viele Kompositionen.[14]

Das Klavier wurde im 19. Jahrhundert das „Ausdrucksmittel der romantischen Gefühlsbetontheit der bürgerlichen Gesellschaft",[15] im doppelten Sinne von Intimität

---

[8]P. B.: Theodor Kirchner. op. 24 „Still und bewegt". In: NZfM Bd. 72 1876, S. 232.

[9]J. Brahms: Briefe. Bd. 10 1917, S. 189.

[10]W. Kienzl: Miscellen. Gesammelte Feuilletons und Aufsätze über Musik, Musiker und musikalische Erlebnisse. Leipzig 1886, S. 77.

[11]s. unten.

[12]Vgl. W. Wintzer: Persönliches von Theodor Kirchner. In: NMZ Jg. 25 1904, S. 11. Vgl. S. 51.

[13]A. Niggli: Theodor Kirchner. Ein biographisch–kritischer Essay. Leipzig/Zürich 1888, S. 31.

[14]Außer den Werken, die allein mit der Titelgebung auf bestimmte Komponisten anspielen, findet man solche Kompositionen beispielsweise in „Ideale" op. 33. Dort tragen die Titelüberschriften der einzelen Nummern die Geburtsdaten von Schubert („Zum 31. Januar"), Mendelssohn („Zum 3. Februar") und Schumann („Zum 8. Juni").

[15]G. Puchelt: Verlorene Klänge. Studien zur deutschen Klaviermusik 1830–1880. Berlin 1969, S. 8.

und Brillanz.[16]

Das Musikinstrument Klavier gewann in der ersten Hälfte des Jahrhunderts enorm an Bedeutung dank seiner erweiterten Ausdrucksmöglichkeiten, die mit der technischen Entwicklung des Instrumentenbaus einhergingen. Sebastian Erard verbesserte 1821 die englische Stoßmechanik durch seine Repetitionsmechanik, so daß eine rasche Anschlagsfolge ermöglicht wurde. Dadurch entstand die Basis für das virtuose Klavierspiel, das weiter von Ausbau und Vervollkommnung des Klaviers unterstützt wurde: Man fertigte 1823 zum ersten Mal Klaviere mit sieben Oktaven und verwendete den Gußeisenrahmen für dickere Saiten und höhere Spannung (USA 1824), wodurch der Klavierklang wesentlich lauter und kräftiger wurde. Während die Aufführung eines Orchesterstückes verschiedene Schwierigkeiten und Hindernisse in Hinblick auf Besetzung und Proben mit sich bringt, bot das Klavier durch diese technischen Erneuerungen die ideale Möglichkeit zur Darbietung eines neuen Werkes an. Daher ist es verständlich, daß junge tüchtige Komponisten das Instrument zu beherrschen versuchten und als Interpreten ihrer eigenen virtuosen Werke sowohl in den Residenzen der Fürsten bzw. des Adels als auch in den reichen Bürgerhäusern auftraten, wodurch sie ihren ersten Ruhm als Komponisten begründeten.

Eine andere Art von Klavierkompositionen bilden die kleinen lyrischen Stücke, die sich eher an die Musikliebhaber[17] richteten und im kleineren Kreis, vorwiegend zu Hause, gespielt wurden. Hierzu gehören die zahlreichen Kompositionen Kirchners.

Die meisten Werke Kirchners entstanden in der zweiten Hälfte des 19. Jahrhunderts, also in einer nicht sehr günstigen Zeit für Klaviermusik: Um die Jahrhundertmitte starben kurz nacheinander die drei bedeutenden Komponisten Mendelssohn, Chopin und Schumann, die für die romantische Klaviermusik eine bedeutende Rolle gespielt hatten. Liszt zog sich 1847 von der Virtuosen–Laufbahn zurück und wandte sich dem Orchester zu und schuf die neue Gattung der „symphonischen Dichtung". Die beginnenden Auseinandersetzungen um sie und um das Musikdrama Wagners verschoben dann das öffentliche Interesse auf „den farbigeren und eindrucksvolle-

---

[16]Vgl. A. Einstein: Romantik in der Musik. Stuttgart 1992, S. 178.

[17]Das Niveau der damaligen Dilettanten war bekanntlich viel höher als jetzt.

ren Klangkörper"[18] Orchester, der im Lauf der Zeit auch leistungsfähiger wurde. So schmälerte sich die Bedeutung des Klaviers „als eines selbständigen Trägers musikalischer Entwicklung"[19] erheblich.

Im Zuge der industriellen Revolution fand das Klavier in der Schicht des Bürgertums eine große Verbreitung. Dies trug zur Entstehung der Salonmusik und damit zur allgemeinen Verflachung des Musikgeschmacks bei, weil die immer größer werdende Nachfrage nach Unterrichts– und Vortragsliteratur durch Massenproduktion befriedigt wurde. Außerdem verlangten die Dilettanten zunehmend nach Klavierarrangements der beliebten Opernmelodien und Orchesterwerke, um so am großen öffentlichen Musikleben teilnehmen zu können.

Die neuen Klavierkompositionen der Nachfolge–Generation der um 1810 geborenen Musiker (Schumann, Mendelssohn, Chopin und Liszt) fanden generell keine besondere Beachtung und wurden nach flüchtiger Betrachtung entweder schnell vergessen – die in Anlehnung an Liszt komponierten virtuosen Klavierstücke –, oder als entbehrliche Nachahmungen von Schumann und Mendelssohn abgetan. Von diesem Schicksal waren insbesondere die Klavierwerke Kirchners betroffen, weil er fast ausschließlich Klavierminiaturen komponierte und sich damit dem jungen Schumann anschloß. Nicht zuletzt durch seine offenkundige und unveränderte Schumann–Verehrung seit seiner Jugend wurde der Verdacht gehegt, daß Kirchner in seiner Anhänglichkeit Schumann nur imitiere, zumal er einige seiner Werke nach Schumannschen Werken benannte, wie „Neue Davidsbündlertänze" (op 17), „Florestan und Eusebius" (op. 53) und „Neue Kinderscenen" (op. 55) etc. So war für Hans Joachim Moser Kirchner „eine liebenswerte Anlehnernatur"[20], und Paula und Walter Rehberg führen Kirchner „als eindeutige(n) und hervorragende(n) Schumann–Epigone(n)"[21] an. Kritiker und Musikjounalisten beurteilten ihn einstimmig als den „Schumannianer par excellence".[22]

---

[18]G. Puchelt: Verlorene Klänge. 1969, S. 42.

[19]Ebd., S. 42.

[20]H. J. Moser: Musiklexikon. 4. Aufl., Berlin 1955, Bd. 2, S. 616.

[21]P. und W. Rehberg: Robert Schumann. Sein Leben und sein Werk. Zürich/Stuttgart 1954, S. 437.

[22]G. Puchelt: Verlorene Klänge. 1969, S. 64.

Die Anknüpfung an Schumann war aber eine Notwendigkeit für die Nachfolge–
Generation, um die Klaviermusik weiterzuentwickeln. Die ständige Verbesserung des
Klaviers in der ersten Hälfte des 19. Jahrhunderts führte dazu, daß die Komponisten
im Laufe der Zeit das Instrument in seinen Klangmöglichkeiten besser ausnutzten
und auch viele neue Spielfiguren erfanden. So ließ sich bereits um die Jahrhundertmitte schwer vorstellen, „virtuoser als Liszt oder Thalberg, wohllautender als Chopin
oder Henselt, lieblicher als Mendelssohn oder Heller zu komponieren".[23] Also sahen
einige junge talentierte Komponisten (Reinecke, Bargiel und Kirchner etc.) lediglich
bei Schumann eine weitere Entwicklungsmöglichkeit der Klaviermusik durch „seine
charakteristische Behandlung des Genrestückes, die Vielzahl prägnanter Miniaturen in den großen Zyklen, seine Bindung an poetische und literarische Vorstellungen,
sein oft wiederholtes Bekenntnis zur frei schweifenden Phantasie".[24] So versuchten sie
sich ihm anzuschließen, „aus dem Bedürfnis, eine dem eigenen Denken und Fühlen
gemäße musikalische Richtung weiterzuführen",[25] und nicht, weil sie ihn bequem
nachahmen oder ihren Mangel an originalen Empfindungen vertuschen wollten. In
diesem ernsthaften Streben entwickelte somit jeder von ihnen eine kleine Eigenart
und erzeugte damit ein kompositionsgeschichtlich interessantes Ergebnis, das nicht
ignoriert werden sollte.

Hermann Kretzschmar stellte fest:

> „Kirchner ist der klassische Vertreter der nachschumannschen Klavier-
> periode geworden. Kein zweiter hat die Lieblingsform dieser Epoche so
> ausschließlich gepflegt wie Kirchner und nur wenige so glücklich wie er.
> Die Geschichte der musikalischen Miniaturen wird den Namen Theodor
> Kirchners jederzeit in großen Lettern fortführen müssen."[26]

Das Verdienst Kirchners liegt also darin, daß er die übernommene Form der Minia-
turstücke im Umfang weiter verringerte und ihre Perfektion auf die Spitze trieb.
Kirchner war ein Klavierpoet, so daß er für seine Musik nicht etwa die Form einer

---

[23]Ebd., S. 46.
[24]Ebd., S. 46.
[25]Ebd., S. 47.
[26]H. Kretzschmar: Die Klaviermusik seit Robert Schumann. In: Gesammelte Aufsätze über Musik.
Leipzig 1910, Bd. 1, S. 111.

Sonate wählen konnte, die auf der dialektischen Entwicklung der beiden Themen beruht. Er konzentrierte seine musikalischen Gedanken konsequenterweise auf wenige Takte, um eine unnötige Weitschweifigkeit in seinen Kompositionen zu vermeiden. Für die komprimierte Ausdrucksweise, die eigentliche Besonderheit seiner Kompositionen, mußte er die Werke immer wieder aufs sorgfältigste ausarbeiten. Kirchner selbst gab darüber an den oben erwähnten W. Kienzl Auskunft:

> „Nur so viel kann ich Ihnen sagen, dass ich alle meine kleinen Sachen wirklich empfunden und nicht 'geschmiert' und oft mehr Zeit dazu gebraucht habe, ein kleines Stückchen fix und fertig hinzustellen – als es nachträglich erscheinen mag...“[27]

Das Schaffen Kirchners für das Klavier, welches von über zwanzig verschiedenen Musikverlagen in Deutschland, aber auch in London (Williams und Augener), Paris (Maquet) und Budapest (Roszavölgyi) publiziert worden ist, erreicht mit etwa tausend Einzelstücken ein außerordentliches Ausmaß.[28] Angesichts dieser unüberschaubaren Fülle des Materials ist es notwendig, eine Werkauswahl zu treffen, wenn man die Stilmerkmale in den Klavierkompositionen Kirchners detailliert nachweisen will. Weil die Klavierwerke Kirchners in Umfang und Schwierigkeitsgrad verschieden ausfallen, ist es problematisch, ein Kriterium für eine repräsentative Werkauswahl aufzustellen, die dem Gesamtschaffen Kirchners gerecht werden kann. Die Musiker, die sich mit den Kompositionen Kirchners beschäftigt hatten, wie Hermann Kretzschmar, Walter Niemann, Otto Klauwell und Josef Sittard, stellen aus ihrer persönlichen Vorliebe für eine bestimmte musikalische Erscheinung unterschiedliche Werke als bemerkenswert heraus. Somit ist es nicht hilfreich, sich bei einer eigenen Werkauswahl auf diese zu beziehen.

Zu einer Übersicht sollen die Klavierwerke Kirchners im folgenden nach den Titeln grob eingeteilt werden. Ungefähr die Hälfte der erschienenen Kompositionen lassen sich zwei Gruppen zuordnen, und zwar den Tänzen und den Studien, in deren Folge auch die kleinen Stücke von instruktivem Charakter, wie „Album“ (op.

---

[27]W. Kienzl: Miscellen. 1886, S. 77.

[28]Es heißt op. 46 „Dreißig Kinder– und Künstlertänze“, op. 65 „Sechzig Präludien“, und op. 71 beinhaltet sogar hundert Stücke als „Hundert kleine Studien“.

26), „Miniaturen" (op. 62), „Spielsachen" (op. 35) und „Fünf Sonatinen" (op. 70)
usw. Für die übrig gebliebenen Genrestücke von kleinerem oder größerem Umfang
ist es jedoch unmöglich, ein gültiges Prinzip zur Gruppierung zu finden. Kirchner
verwendet neben herkömmlichen Bezeichnungen wie z.b. „Präludien", „Fantasien",
„Notturnos" etc. poetisierende Titel, die für die „Stimmungswelt" der Stücke rich-
tungsweisend sind, z.b. „Grüsse an meine Freunde" (op. 5), „Kleine Lust– und Trauerspiele" (op. 16), „Aquarellen" (op. 21), „Still und Bewegt" (op. 24) „Aus meinem Skizzenbuch" (op. 29) „Im Zwielicht" (op. 31), „Aus trüben Tagen" (op. 32),
„Dorfgeschichte" (op. 39), „Verwehte Blätter" (op. 41) „Blumen zum Strauß" (op.
44) „Romantische Geschichten" (op. 73) etc. Diese Titel geben verschiedene Gefühls-
zustände und seelische Verfassungen wieder, die in den Kompositionen Kirchners
musikalisch umgesetzt werden, woraus das eigentliche Anliegen des Komponisten
besteht.

Als Kirchner sein erstes Klavierwerk (op. 2) komponierte, verfügte er nach ausrei-
chender musikalisch–theoretischer Ausbildung bereits über alle Kenntnisse, wodurch
er zu seiner eigenen Tonsprache fand. So trat er wie die meisten anderen Klavier-
komponisten der Romantik mit dem ersten Klavierwerk als fertiger Meister in sein
Gebiet der Klavierminiatur ein und stand bereits „auf eigenen Füßen". Es gilt, sich
mit den „Zehn Clavierstücken" op. 2 auseinanderzusetzen, um herauszufinden, mit
welchen Gestaltungsmitteln Kirchner zu seiner künstlerischen Individualität gelang-
te. Es muß in dieser Arbeit jedoch ausgeschlossen bleiben, der eventuellen differen-
zierten stilistischen Entwicklung innerhalb des Lebenswerkes Kirchners nachzugehen,
zumal er sich selbst darüber geäußert hat, daß er schon in seinen Schweizer Jahren
Vorarbeiten für die Fülle der späteren Werke leistete.[29] So ist es nicht verfehlt, sich
auf die Werke aus den Schweizer Jahren (bis 1873) zu konzentrieren. Obwohl die als
Hommage an seine Vorbilder anzusehenden Werke z.b. „Lieder ohne Worte" (op. 13)
und „Neue Davidsbündlertänze" (op. 17) keine nachgeahmten Kompositionen sind
und die Kennzeichen der musikalischen Handschrift Kirchners tragen, werden sie bei
der Werkauswahl nicht berücksichtigt, weil die Stücke doch bewußt die Elemente anderer Komponisten adaptieren. Beispielsweise liegt der ersten Nummer der „Lieder

---

[29]Vgl. W. Kienzl: Miscellen. 1886, S. 77. hier S. 42.

ohne Worte" das Mendelssohnsche Thema aus dem Oratorium „Paulus" zugrunde:
„Doch der Herr vergißt die Seinen nicht" aus der Nr. 12, Rezitativ und Arioso für
Alt (Klavierauszug von Julius Rietz. Edition Breitkopf Nr. 145.) So wird weiter das
Werk „Präludien" op. 9 mit sechzehn Stücken, also die größte Sammlung aus der
Schweizer Zeit, zur Analyse ausgewählt, da es sich wie op. 2 aus unterschiedlichen
Inhalten, Strukturen und Größen zusammensetzt und die Verschiedenartigkeit im
Gesamtschaffen Kirchners für das Klavier widerspiegelt.

Weil die Kompositionswelt Kirchners aufs engste mit seinem künstlerischen Werde-
gang verbunden ist, wird auch seine Biographie in dieser Arbeit behandelt.[30]

---

[30]s. Resümee.

Kapitel 2

Quellenlage und Forschungsstand

2.1 Quellenlage

Theodor Kirchner starb 1903 in Hamburg bei seiner Schülerin und Wohltäterin Mathilde Schlüter, die anschließend seinen Nachlaß verwaltete. Sie vermachte einen Teil der schriftlichen Dokumente Rudolf Hunziker in Winterthur in der Schweiz, der eine Biographie über Kirchner schreiben wollte und Material sammelte. Kirchners Handexemplare von seinen Werken, Skizzen, Photos, einige persönliche Dinge[1] und Restbestände der Bibliothek Kirchners gingen nach dem Tod Mathilde Schlüters 1930 an Conrad Hannß über, den letzten Schüler Kirchners.[2] Hannß wiederum hinterließ den Nachlaß der „Sammlung Hofmann" (Hamburg).[3] Sie wurde 1990 vom Land Schleswig–Holstein angekauft und befindet sich nun im Brahms–Institut an der Musikhochschule Lübeck. Die Hinterlassenschaft Kirchners, die in diese Sammlung aufgenommen wurde, enthält weiterhin einige Programme von Konzerten, in denen Kirchner als Organist bzw. Pianist in Hamburg aufgetreten war (11. April 1865, 12. Dezember 1890 und 3. März 1892).[4] Es läßt sich darin ebenfalls das Festprogramm

---

[1] Dazu zählen Schreibmappe, Zigarrenetui, Federhalter und Notizbüchlein mit Adressen etc.

[2] Er bekam seit 1899 Unterricht von Kirchner.

[3] Kurt Hofmann ist der Leiter des Brahms–Institutes an der Musikhochschule Lübeck. Er legte eine umfangreiche Sammlung über Brahms und seinen Umkreis an.

[4] Vgl. S. 47.

der Soiree am Vorabend seines 74. Geburtstages und das Programm des Gedächtniskonzertes für Kirchner vom 31. Januar 1904 im Stadthaussaal in Winterthur finden.[5] Außerdem gehören zur „Sammlung Hofmann" einige Briefe und Korrespondenzkarten, die an Kirchner addressiert waren. Davon veröffentlichte Hofman vier Briefe und eine Karte von Brahms.[6] Es gibt auch Briefe, die Kinder von Kirchner nach dessen Tod an Mathilde Schlüter geschrieben haben.

Rudolf Hunziker, der wohl das umfangreichste Material über Kirchner besaß, hatte es nicht mehr geschafft, eine ausführliche und fundierte Kirchner–Biographie zu schreiben. Nach dem Tod Hunzikers 1946 wurde seine große Materialsammlung für die Kirchner–Biographie von der Stadtbibliothek zu Winterthur übernommen. So sollen dort „kistenweise Dokumente"[7] lagern, die noch nicht aufgearbeitet sind.[8] Im Archiv der Gesellschaft der Musikfreunde in Wien werden fünfzehn Briefe Kirchners an Brahms aufbewahrt, die 1960 von Reinhold Sietz ediert wurden.[9] In den Städten wie Meiningen, Würzburg, Leipzig und Dresden, wo Kirchner mit seiner Familie gelebt hatte, existiert nach heutigem Kenntnisstand kein Nachlaß Kirchners mehr.

Obwohl Kirchner ein sehr belesener Mann war, ist nichts über ein von ihm verfaßtes Buch oder einen Artikel über Musik bzw. Musiker bekannt. So nehmen die Briefe Kirchners, die er an seine Freunde schrieb, einen wichtigen Platz in dem Quellenbestand ein. Julia Wirth gab 1927 in mehreren Ausgaben der SMZ Briefe

---

[5]Vgl. S. 14.

[6]K. Hofmann: Die Beziehungen zwischen Johannes Brahms und Theodor Kirchner. Dargestellt an den überlieferten Briefen. In: Festschrift Hans Schneider zum 60. Geburtstag. Hg. von Rudolf Elvers und Ernst Vögel. München 1981, S. 135–147.

[7]Davon berichtete Kurt Hofmann der Verfasserin am 2. März 1995.

[8]In diesem Zusammenhang sei darauf hingewiesen, daß sich der Amadeus–Verlag in Winterthur vorgenommen hat, alle Werke Kirchners neu herauszugeben. Zur Zeit (1997) liegen bereits einige Werke, überwiegend Kammermusiken, vor, und zwar die Klaviertrios „Kindertrios" op. 58, „Novelletten" op. 59 und „Zwei Terzette" op. 97. Es folgen das Klavierquartett in c-Moll op. 84 und zwei Streichquartette „Nur Tropfen, Ganz kurze Stücke für Streichquartett" [ohne Opuszahl] und op. 20 in G-Dur. Als weitere Kammermusik liegen „Acht Stücke für Violine und Klavier" (auch für Viola und Violoncello) op. 79 vor. Auch die beiden Orgelwerke „Orgelkompositionen" op. 89 und „Zwei Tonstücke für Violoncello und Orgel" op. 92 sind neu aufgelegt.

[9]R. Sietz: Johannes Brahms und Theodor Kirchner mit ungedruckten Briefen Th. Kirchners. In: Mf. Jg. 13 1960, S. 396–404.

Kirchners an ihren Vater Julius Stockhausen heraus, wobei bis auf eine Ausnahme die Antworten von Stockhausen fehlten.[10] Diese Briefe wurden zwischen 1864 und 1901 geschrieben und sind echte Zeugnisse der innigen und lebenslang andauernden Freundschaft der beiden Künstler. Über seine Schweizer Jahre geben die Briefe an das Ehepaar Riggenbach–Stehlin Auskunft, die Peter Otto Schneider in einer kleinen Auswahl aus den Jahren 1860–1868 publizierte.[11] Die Grundlage der Auswahl bilden die Briefkopien von Walter Diggelmann, die er als Vorarbeit für seine geplante Kirchner–Biographie anfertigte, die jedoch durch seinen allzu frühen Tod nicht zu Ende ausgeführt wurde. Diese nicht gedruckten Briefe liegen noch unausgewertet in Winterthur. Es ist auffällig, daß Kirchner in seinen Briefen häufiger von derben Ausdrücken Gebrauch machte, die in den Zitaten des biographischen Kapitels dieser Arbeit noch nachzulesen sind. Diese Briefe hinterlassen einen Eindruck von seiner exzentrischen Persönlichkeit und inneren Labilität, dadurch stellen sie wichtige Zeugnisse über seinen Charakter dar.

Den Namen Kirchner findet man häufiger in Briefen und Tagebüchern von Robert Schumann, und Clara Schumann schrieb einige Male an ihn selbst. Briefe Kirchners an sie fehlen jedoch gänzlich. Er wird weiterhin im Brahms–Briefwechsel mit Heinrich und Elisabet von Herzogenberg, Theodor Billroth, Joseph Joachim, Mathilde Wesendonck, Hermann Levi und Julius Stockhausen und im Brief an Adolf Schubring und verschiedene Verleger erwähnt.

Neue Kompositionen Kirchners und Besprechungen einzelner Werke wurden überwiegend in der damaligen Fachpresse wie NZfM, SSB und MWbl. angezeigt und abgedruckt. Einige davon werden im folgenden aufgezählt: Das erste Werk „Zehn Lieder" für eine Singstimme mit Pianoforte erhielt eine sehr positive Rezension von Robert Schumann, die in der NZfM erschien.[12] Nachdem „zwei Könige" (Ballade) op. 10 1861 bei Rieter–Biedermann gedruckt erschien, besprach Adolf Schubring die bis dahin vorgelegten Werke Kirchners von op. 1 bis 10.[13] Man findet 1876 in SSB

---

[10] J. Wirth: Theodor Kirchner und Julius Stockhausen. In: SMZ Jg. 67 1927, S. 285 f., 303 f., 318 f., 336 f., 351 f., 371 f., 383.

[11] P. Schneider (Hg.): Theodor Kirchner. Briefe aus den Jahren 1860–1868. In: 135.–137. Neujahrsblatt der allgemeinen Musikgesellschaft Zürich auf die Jahre 1947–49. Zürich 1949.

[12] R. Schumann: Lieder und Gesänge. 1843, S. 120 f.

[13] A. Schubring: Schumanniana Nr. 6. Die Schumann'sche Schule. II. Theodor Kirchner. In: NZfM

die Rezension von Eschmann über die Werke Kirchners op. 11–23.[14] Im gleichen Jahr schrieb der als P. B. Unterzeichnende über das Werk „Still und bewegt" op. 24 in der NZfM.[15] Ernst Flügel schrieb 1879 über die Werke op. 28, 30, 33 und 34.[16]

Zum Tode Kirchners erfolgten freundliche Nachrufe von den Musikern, die ihn noch gekannt hatten. Aus seinem letzten Wohnort Hamburg schrieben Emil Krause[17] und Josef Sittard[18] über ihn, wodurch man etwas über den Lebensabend Kirchners erfährt. In Köln erschien ein Artikel von Wilhelm Wintzer, der sich mehr mit dem Wesen und Charakter des Komponisten beschäftigte.[19] Adolf Steiner verfaßte in Zürich einen Nachruf, der in der NZZ am 24. September 1903 erschien.[20] Auch Arnold Niggli schrieb am 2. und 9. Januar 1904 eine Gedächtnisrede, in der er sowohl das Leben Kirchners skizzierte als auch seine ersten zwölf Werke kurz erörterte.[21] In London wurde ebenfalls ein Nachruf von Christina Struthers verfaßt. Sie machte besonders auf die Stileigentümlichkeit der Kompositionen Kirchners aufmerksam, wenngleich sie vom Augenschein her nicht einen besonderen Unterschied zu den Klavierkompositionen Robert Schumanns aufwiesen. Anläßlich einer Kammermusik–Matinee des Musik–Kollegiums in Winterthur veröffentlichte Jacques Schellenberg am 30. Januar 1904 einen Artikel, der insbesondere das Verdienst Kirchners in Hinblick auf die Einführung des neuen Tons, also der romantischen Musik Schuberts, Mendelssohns und vor allem Schumanns in das Musikleben in Winterthur rühmte.[22] Zum dreißig-

---

Bd. 55 1861, S. 153–156 und S. 165–167.

[14] J. C. Eschmann: Theodor Kirchner's neuere und neueste Klavier–Kompositionen und Transcriptionen. In: SSB Zürich 1876, Nr. 20 vom 31. Oktober, S. 115 f.

[15] P.B.: Theodor Kirchner. op. 24 „Still und bewegt". In: NZfM Bd. 72 1876, S. 231 f.

[16] E. Flügel: Theodor Kirchner. In: MWbl. Jg. 10 1879, S. 90 f.

[17] E. Krause: Theodor Kirchner. Nekrolog. In: Hamburger Fremdenblatt. Hamburg 1903, Nr. 221 vom 20. September.

[18] J. Sittard: Theodor Kirchner. Ein Gedenkblatt. In: Die Musik. Jg. 3 1903/1904, Bd. 9, S. 115–117.

[19] W. Wintzer: Persönliches von Theodor Kirchner. In: NMZ Jg. 25 1904, S. 11.

[20] A. Steiner: Theodor Kirchner. Ein Gedenkblatt. In: NZZ Jg. 124 Zürich 1903, Nr. 265 Morgenblatt vom 24. September.

[21] A. Niggli: Theodor Kirchner. Ein Gedenkblatt. In: SMZ Jg. 44 1904, S. 1 f. und S. 11–13.

[22] J. Schellenberg: Zum Andenken an Theodor Kirchner. In: Landbote. Winterthur 1904, Nr. 26 vom 30. Januar.

sten Todestag Kirchners schrieb Bernhard Rywosch einen Artikel, in dem er den
Ablauf der Schutzfrist seiner Werke ankündigte und die eventuelle größere Verbreitung durch die Verbilligung der Noten erhoffte.[23]

2.2 Stand der Forschung über Leben und Werk Kirchners

Wie im vorigen geschildert, sind die von Rudolf Hunziker gesammelten Dokumente
Kirchners in Winterthur noch nicht ausgewertet. So blieb eine halbwegs lückenlose
Biographie über ihn bis jetzt ausgeschlossen. Rudolf Hunziker berichtet, daß der Winterthurer Pianist, Pädagoge und Musikhistoriker Diggelmann „seinerzeit mit großer
Hingabe die Biographie Kirchners in Angriff genommen hatte, um sie als Doktorar-
beit einreichen zu können",[24] verstarb jedoch als Neunundzwanzigjähriger an einer
tückischen Krankheit am 22. Februar 1929. Daß Kirchner in Fachkreisen bis jetzt wenig Interesse gefunden hat, liegt wohl unter anderem daran, daß er von zwiespältiger
Persönlichkeit war und demzufolge in den späteren Jahren seines Lebens nicht aus
einer Reihe von Enttäuschungen herausfand. Dazu kommt seine kompositorische Be-
grenztheit: Er bewegte sich hauptsächlich in kleineren Formen wie in den lyrischen
Charakterstücken. Es kann nicht behauptet werden, daß den Werken Kirchners bis
heute eine adäquate Betrachtung widerfahren wäre. So werden die Kompositionen
Kirchners noch heute oft nur als Abklatsch Schumanns abgetan.[25]

Einige der zeitgenössischen Fachleute erkannten jedoch bereits die Eigentümlich-
keit seines Tonsatzes. So erschien 1885 in der NMZ ein Artikel über seine Werke
von Fritz Wallerstein,[26] der dort die Grundzüge der Kirchnerschen Stücke heraus-

---

[23]B. Rywosch: Theodor Kirchner. Zu seinem 30. Todestag am 18. September. In: SMZ Jg. 73
1933, S. 654–656.

[24]R. Hunziker: Theodor Kirchner in Winterthur. In: SMZ Jg. 75 1935, S. 233. Vgl. S. 13.

[25]Im Artikel des oben genannten Rywosch ist beispielweise folgende widersprüchliche und unklare
Aussage zu lesen: „Kirchner ist eben Epigone. Daß er aber trotzdem so viel des Reizvollen und
Eigenartigen zu sagen weiß und daß namentlich die Unterrichtsliteratur durch ihn ansehnliche
Bereicherung erfahren hat, sei ihm unvergessen." B. Rywosch: Theodor Kirchner. 1933, S. 656.

[26]F. Wallerstein: Theodor Kirchner. Ein Skizzenblatt. In: NMZ Jg. 6 1885, S. 101 f. und S. 113 f.

arbeitete. Er nannte als Besonderheiten der Musik Kirchners vor allem die kühne Modulation und Rhythmik, die selbständig geführten Mittelstimmen und die klare formale Ausprägung. Drei Jahre später (1888) schrieb Arnold Niggli einen kleinen Essay über Leben und Schaffen des Komponisten.[27] Darin wurden seine bis dahin erschienenen Werke (bis op. 80) bewertet und im Einzelnen etwas näher behandelt. Dabei wurden die Schweizer Jahre des als Organist und Pianist gefeierten Interpreten Kirchner ebenfalls dargestellt, was für das rechte Verstehen seiner Werke einen Anhaltspunkt bietet.[28] Nachdem Otto Klauwell 1906 das „Theodor Kirchner–Album" mit dreizehn ausgewählten Klavierstücken bei Rieder–Biedermann mit einem eigenen Fingersatz versehen herausgebracht hatte, veröffentlichte er 1909 ein Buch,[29] in dem er sich auf die Klavierwerke Kirchners beschränkte und sich intensiver mit dessen Kompositionsweise und Formbildung auseinandersetzte. Der Titel „Ein Großmeister musikalischer Kleinkunst" deutet schließlich auf das Resultat seiner Untersuchung, das bis heute noch gültig ist. 1911 erschien ein Artikel von Walter Niemann, der Kirchner noch persönlich gekannt hatte, unter dem Titel „Theodor Kirchners Hausmusik" in der Zeitschrift „Der Türmer". Er hob dort Intimität, Geschlossenheit und kunstvolle Ausarbeitung der Musik Kirchners hervor und warb für sie als Hausmusik.[30] Vera Schneider veröffentlichte 1947 eine psychologische Studie über den widersprüchlichen Charakter Theodor Kirchners und versuchte dabei eine Antwort für dessen schicksalhafte Lebensgeschichte zu finden.[31] Als Gerhard Puchelt 1969 in seinem Buch „Verlorene Klänge" die deutsche Klaviermusik zwischen 1830–1880 behandelte,[32] wurden die Kompositionen Theodor Kirchners mitberücksichtigt. Er versuchte dabei die persönliche Musiksprache und Arbeitsweise Kirchners herauszustellen und plädierte für die Differenzierung seiner Musik von den sogenannten „Großen" wie Schumann, Mendelssohn und Brahms.

---

[27] A. Niggli: Theodor Kirchner. Ein biographisch-kritischer Essay. Leipzig/Zürich 1888.

[28] Vgl. Resümee.

[29] O. Klauwell: Theodor Kirchner. Ein Großmeister musikalischer Kleinkunst. Langensalza 1909.

[30] W. Niemann: Theodor Kirchners Hausmusik. In: Der Türmer, Monatsschrift für Gemüt und Geist, Hg. von J.E.Fr. von Grotthuss. Jg. 13 1911, Bd. 1, S. 627–631.

[31] V. Schneider: Theodor Kirchner. In: SMZ Jg. 87 1947, S. 10–14.

[32] G. Puchelt: Verlorene Klänge. 1969.

Unter Berücksichtigung der oben genannten Publikationen bot Reinhold Sietz die bis jetzt umfangreichste Darstellung von Leben und Werk Kirchners.[33] Im Vorwort wies er darauf hin, daß er den größten Teil des Manuskriptes bereits 1941 abgeschlossen habe, es jedoch durch die Kriegseinwirkung bis zum Anfang der sechziger Jahre verschollen geblieben sei und erst 1971 publiziert werden konnte.[34] Sietz ging ausführlich dem Leben Kirchners nach,[35] zog dessen Gesamtschaffen in Betracht und führte ein Werkverzeichnis ein, so daß man einen Gesamteindruck von ihm und seinem Schaffen erhielt. Dabei wird jedoch die Auseinandersetzung mit den Kompositionen Kirchners eher oberflächlich unternommen. Daraufhin kommt Imogen Fellinger in ihrer Rezension des Buches[36] zu dem Schluß, daß Sietz Wertigkeit und Wichtigkeit des Kirchnerschen Schaffens wohl überschätzt habe. Gerald Abraham schreibt in seiner Buchrezension in voller Überzeugung, daß Kirchner doch nur ein Epigone gewesen sei. Er meinte, allein die angegebenen Notenbeispiele zu lesen bzw. zu spielen reiche zu dieser Ansicht aus.[37] Wie Sietz in seinem Buch die Kirchnerschen Werke schlechthin dargestellt hat, ist allerdings problematisch. Während die Besonderheit der Miniaturarbeit Kirchners in einer Prozessualität liegt, gibt Sietz lauter klein zerlegte Notenbeispiele aus den aphoristischen Kompositionen wieder. So sind sie nichtssagend für diejenigen, die nie die Gelegenheit hatten, sich mit den Kompositionen Kirchners als Ganzes zu beschäftigen. Durch diese Monographie über Kirchner büßen somit die Klavierwerke Kirchners auch unter Fachleuten an Bedeutung ein. Wenn Fellinger behauptete, daß Schumann und Brahms in den Klavierkompositionen eigene Wege gegangen seien, so gilt dies auch für Kirchner. Es ist also an der Zeit, das Verdienst Kirchners für die Klavierliteratur durch eingehende Untersuchungen zu begründen und ihm den gebührenden Platz in der Musikgeschichte einzuräumen.

---

[33] R. Sietz: Theodor Kirchner. 1971.

[34] Ebd., S. 9.

[35] Sietz verfügte jedoch nicht über das Material aus der Hamburger Zeit, so blieb die Beschreibung des Lebensabends von Kirchner unvollständig.

[36] I. Fellinger: Besprechung der Monographie von Sietz. In: Mf. Jg. 28 1975, S. 477 f.

[37] Er schreibt: „Sietz's well–balanced judgments of the music do not persuade one that Kirchner was anything more than a gifted epigone." Besprechung der Monographie Sietz's. In: Music & Letters. Jg. 55 1974, S. 239 f.

Kapitel 3

Biographie Theodor Kirchners

3.1 Kindheit, Jugend und musikalische Ausbildung (1823–1843)

Theodor Fürchtegott Kirchner wurde als erstes von zwölf Kindern[1] am 10. Dezember 1823 in Neukirchen bei Chemnitz geboren. Sein Vater, Johann Gottfried Kirchner, war Sohn eines Schneidermeisters. Die Mutter, Juliane Amalie, geb. Wittber stammte als Tochter eines Webermeisters und Handelsmanns aus gut situierten Verhältnissen. Die Familie siedelte im Sommer 1826 nach dem östlich gelegenen Wittgensdorf über, wo der Vater das Organistenamt übernahm. Kirchner erhielt vom Vater den ersten Unterricht im Orgelspiel. Er soll emsig geübt haben und wollte es gerne dem Vater nachtun. Er zeigte bereits früh seine Neigung und Fähigkeit zum freien Phantasieren, worauf sein späterer Ruhm als Organist basierte.[2] Seine Entwicklung darin war so auffällig rasch, daß der Vater den achtjährigen Sohn auf Reisen nach Dresden mitnahm und dem Hoforganisten Johann Gottlob Schneider vorstellte.[3] Kirchner spielte

---

[1] Davon sind acht am Leben geblieben.

[2] Von seiner frühen Reife legt der Brief seines Bruders an Sander vom 19. Dezember 1884 Zeugnis ab, in dem er schrieb, daß er zwei kleine Tonstücke aus dem Jahre 1836 besäße. Vgl. R. Sietz: Theodor Kirchner. 1971, S. 17.

[3] Sein Neffe Theodor Schneider war Jakobikantor in Chemnitz. Vgl. W. Rau: Theodor Kirchner. In: Aus der Heimat für die Heimat. Beiblatt zum Burgstädter Anzeiger. Wittgensdorf 1928, Nr. 11,

bei diesem Anlaß auf der Silbermannschen Orgel und versetzte ihn in großes Erstaunen. Die Zuhörer glaubten sogar, Schneider selbst sitze an der Orgel.[4] Bis zu seinem zwölften Lebensjahre erhielt Theodor Kirchner jedoch keine eingehende musikalische Ausbildung. Sie wurde ihm erst zuteil, als er in die Bürgerschule in Chemnitz eintrat, wo die Großeltern mütterlicherseits lebten. Außer einer guten Allgemeinbildung bekam der Jüngling seinen ersten systematischen Unterricht in der Tonkunst vom dortigen Musikdirektor H. A. Stahlknecht, einem Schüler des Dessauers Friedrich Schneider. Der junge Kirchner lernte so rasch und erfolgreich, daß der Musikdirektor nach drei Jahren zugeben mußte, ihm nichts mehr beibringen zu können, da er in der Harmonie mehr wisse als er, der Lehrer, selbst. Kirchner vergaß nicht, was er ihm zu verdanken hatte. So schickte er später sein erstes Klavierwerk op. 2 (1852) „seinem verehrten Lehrer Herrn Kantor Stahlknecht"[5] mit eigenhändiger Widmung zu.

Daraufhin reiste sein Vater im Jahr 1838 mit dem Fünfzehnjährigen nach Leipzig und stellte ihn einer Autorität, Felix Mendelssohn, vor, um sich zu vergewissern, daß Theodors Talent für einen Musikerberuf ausreiche. Nach herzlichem Empfang der beiden Ankömmlinge ließ der Musikdirektor Mendelssohn Theodor am Flügel über ein ihm gegebenes Thema phantasieren und freute sich sehr über „die Unbefangenheit und das außerordentliche Geschick, mit dem sich der Jüngling seiner Aufgabe entledigte".[6] Er ließ sich dann von Kirchner ein Thema geben, über das er längere Zeit selbst phantasierte. Man kann sich vorstellen, mit welcher Wonne Kirchner dem Spiel Mendelssohns gelauscht haben muß. Wie Mendelssohn äußerte sich der ebenfalls zu Rate gezogene Kantor der Thomasschule Christian Theodor Weinlig, der Theorielehrer Richard Wagners war, günstig und zuredend, und so blieb Kirchner 1838 für die weitere musikalische Fortbildung in Leipzig, der eben damals zum Mittelpunkt des musikalischen Lebens für ganz Deutschland gewordenen Stadt.

Auf Mendelssohns Empfehlung hin wurde er Schüler des Organisten der Nikolai-

---

Sp. 82.

[4]Vgl. A. Niggli: Theodor Kirchner. 1888, S. 5.

[5]Vgl. W. Rau: Theodor Kirchner. 1928, Sp. 83.

[6]A. Niggli: Theodor Kirchner. 1888, S. 5.

kirche, Karl Ferdinand Becker, der auch als Sammler und Bibliograph seine reiche Büchersammlung besaß, die er der Leipziger Stadtbibliothek vererbte. Becker unterrichtete ihn im Orgelspiel und in der Theorie. Bei ihm blieb er vier Jahre lang. Es wird angenommen, daß Kirchner von ihm viel über die alte Kunst lernen konnte, denn Becker war ein in höchstem Maße perfektionierter Orgelspieler und Interpret der Werke Bachs und seiner Vorgänger.[7] Julius Knorr,[8] der mit Schumann befreundet war und auch an dessen NZfM mitarbeitete, unterrichtete ihn im Klavierspiel. Er war einer der ersten Bewunderer Chopins und Schumanns. Im Jahr 1840 starb die Mutter Kirchners. Es ist nichts überliefert, woraus man entnehmen könnte, was sie für ihn bedeutete und welchen Einfluß sie auf ihn ausübte. Sein Vater vermählte sich im darauffolgenden Jahr mit einer Pfarrerstochter. Er schied 1859 aus dem Amt als Kantor und siedelte später nach Dresden über, wo eine seiner Töchter lebte. Im Frühjahr 1842 ging Kirchner für ein Jahr nach Dresden, um seine Orgelstudien bei Johann Gottlob Schneider zu vervollkommnen. Der als Künstler und ebenso als Lehrer geschätzte Schneider war besonders bekannt für sein Legato–Spiel und seine Kunst im Registrieren. Daraus erklärt sich die vollendete Behandlung der Klangfarben im Orgelspiel Kirchners.[9]

In dieser letzten Studienzeit komponierte Kirchner sein op. 1, „Zehn Lieder", die im Jahr 1842 bei Whistling in Leipzig gedruckt und bald darauf in einem von H. Hirschbach veranstalteten Konzert gesungen wurden.[10] Für die Drucklegung bekam er nur sechs Taler, aber der künstlerische Erfolg war groß, da sich Mendelssohn begeistert

---

[7]Kirchners Kenntnisse über Bach, seine Bachverehrung und sein Bachspiel sind des öfteren zu belegen. Vgl. A. Niggli: Theodor Kirchner. 1888, S. 12. Nachdem A. Suttner in Zürich Kirchner gehört hatte, schrieb er in seinem Artikel „Musikalische Skizzen aus Paris": „Es gibt wenige Clavierspieler, welche Bach mit solcher Meisterschaft vorzutragen im Stande wären." In: Sign. Jg. 23 1865, S. 610. Als Kirchner 1863 in Zürich einen gemischen Chor gründete, schrieb er an das Ehepaar Riggenbach–Stehlin: „Am liebsten möchte ich gleich mit Bach anfangen, [...]". P. Schneider (Hg.): Theodor Kirchner. 1949, S. 16.

[8]Kalbeck gibt irrtümlicherweise den 1853 geborenen Iwan Knorr an. Vgl. M. Kalbeck: Johannes Brahms. Bd. 1 Wien/Leipzig 1904, S. 283.

[9]Vgl. S. 24. A. Niggli: Theodor Kirchner. 1888, S. 12.

[10]Vgl. F. Wallerstein: Theodor Kirchner. 1885, S. 102.

zeigte und Schumann eine anerkennende Kritik[11] schrieb. Anfang April 1843 trat
Kirchner auf Wunsch Mendelssohns als erster Schüler in das neu gegründete Leipziger Konservatorium ein, was wohl in erster Linie als Werbung für dieses Institut
gedacht war. Dies bestätigte Wasielewski, der eine Zeitlang in der Kompositionsklas-
se Mendelssohns sein Mitschüler war, indem er Kirchner als Begabtesten unter den
Schülern Mendelssohns bezeichnete. [12] Ein Brief Schumanns vom 19. Juni 1843 an
Verhulst lautet: „Er [Kirchner] ist jedenfalls das bedeutendste productive Talent von
allen. Den 1 sten Satz eines neuen Quartetts hat mir Mendelssohn sehr gelobt".[13]
Die Studienzeit Kirchners endete schon im Herbst dieses Jahres (1843), weil der
Neunzehnjährige auf Empfehlung Mendelssohns als Organist nach Winterthur in die
Schweiz ging.

Er kehrte erst nach drei Jahrzehnten wieder nach Deutschland zurück. Seine Anhänglichkeit zu seiner Heimat und zu seinem Elternhaus wurde in den „Dorfgeschichten"
op. 39 (vierzehn Stücke) künstlerisch zum Ausdruck gebracht.

3.2   Organist in Winterthur (1843–1862)

Als die Orgel der Stadtkirche in Winterthur nach einer Restaurierung im Jahr 1840
wieder spielbar wurde und der seit über dreißig Jahren amtierende Musikmeister Joseph Hildenbrand infolge seines Alters hinfällig und deshalb seiner Aufgabe immer
weniger gewachsen war, beschloß der Stadtrat die Stelle des Organisten auszuschrei-
ben. Da man jedoch unter den acht Bewerbern keinen für die gestellten Anforderungen völlig geeignet fand, wurde das Amt dem alten Hildenbrand für ein Jahr
wieder provisorisch übertragen. (Dieses Provisorium erstreckte sich über drei Jahre.)
Als dann im Jahr 1843 die Orgelreparatur zu ihrem endgültigen Abschluß gelangt
war, wurde auf Anregung von Dr. med. Ziegler–Sulzer, der als Musikliebhaber mit
fundierten Kenntnissen im Musikkollegium eine führende Rolle spielte, erneut ein

---

[11]R. Schumann: Lieder und Gesänge. 1843, S. 102.

[12]J. von Wasielewski: Aus siebzig Jahren. Stuttgart 1897, S. 35 f.

[13]G. Jansen: Robert Schumanns Briefe. Neue Folge. 2. vermehrte und verbesserte Aufl., Leipzig
1904, S. 230.

Organistengesuch[14] für einen würdigen Meister gemacht. Er selber erkundigte sich bei Musikdirektor Mendelssohn– Bartholdy in Leipzig nach einem gebildeten jungen Organisten. Als Antwort auf die Anfrage empfahl Mendelssohn Kirchner mit den folgenden Worten:

> „Dass Herr Theodor Kirchner ein höchst talentvoller und kenntnissreicher Musiker ist, dass er sich durch seine Fähigkeiten und Leistungen ebenso sehr wie durch seinen Eifer und sein Streben auszeichnet, dass die eigenen Compositionen, die er theilweise schon veröffentlicht hat, sowohl von seiner Erfindungsgabe wie von seinen Kenntnissen das gründlichste Zeugniss ablegen, dass er zugleich ein sehr tüchtiger Clavier– und Orgelspieler ist, der die classischen Werke für beide Instrumente genau kennt und in gelungener Ausführung wiederzugeben versteht, dass ich ihn also für vollkommen befähigt halte, einer Organisten– oder Musikdirectorstelle mit Ehren und Nutzen für die Kunst vorzustehen, bescheinige ich durch meine Namensunterschrift.

> Leipzig den 26. July 1843. Felix Mendelssohn–Bartholdy"[15]

Für die Organistenstelle, die jeweils für sechs Jahre besetzt wurde, meldeten sich im ganzen achtzehn Aspiranten, wovon sechs zur Prüfung erschienen, an welcher der Berner Münsterorganist Jacob Mendel und der Winterthurer Musikdirektor Ernst Methfessel als Experten teilnahmen. Der Stadtrat entschied sich in seiner Sitzung vom 6. Oktober 1843 einstimmig für Kirchner „aufgrund seines gewandten Vortrages und seiner Fantasie".[16] Kirchner konnte sich schon am 31. Oktober seinem neuen Publikum als Orgelvirtuose im Rahmen einer Orgelweihe vorstellen, die das Musikkollegium veranstaltete.[17] Kirchner war in der Bachinterpretation ein unübertroffener Organist. Liszt schätzte ihn als Orgelspieler sehr und, als er 1856 in Zürich war, machte er zusammen mit Wagner sowie dessen Anhängerschaft eine Visite in

---

[14]Vgl. AmZ 1843, Nr. 26 vom 28. Juni, Sp. 488.

[15]R. Hunziker: Theodor Kirchner in Winterthur. 1935, S. 233.

[16]Ebd., S. 234. Seine Vorliebe für das Fantasieren auf der Orgel war ja seit seiner Kindheit bekannt.

[17]Die Orgel der Stadtkirche hatte drei Manuale, Pedal, dreiundvierzig klingende Register, drei Koppeln und eine Walze.

Winterthur wegen Kirchners Orgelspiels.[18] Sein besonders schöner Orgelvortrag imponierte Clara Schumann, so daß sie den Gedanken hegte, von ihm Orgel spielen zu lernen.[19] Sie schrieb am 3. November 1862 an Brahms folgendermaßen:

> „Unter anderem hat mir Kirchner durch sein Orgelspiel, namentlich seine Phantasien, große Genüsse geschaffen, er versteht auch das Registrieren so schön, entlockt der Orgel all ihren Zauber!"[20]

Niggli berichtete, daß es Kirchner zu Beginn seiner Winterthurer Zeit sehr gut ging.[21] Er war als gefeierter Organist und Pianist bei kunstsinnigen Freunden ein gern und oft gesehener Gast. Seine angeborenen gesellschaftlichen Talente ließen ihn überall liebenswürdig erscheinen. Kirchners Ausstrahlung faszinierte vor allem die jungen Winterthurerinnen. Als ein stattlich gebauter Mann war er großzügig, sehr belesen und witzig. Man verehrte und verwöhnte ihn, und sein Einfluß als Klavierlehrer war weit verbreitet. Neben seinen positiven Eigenschaften, wie ausgezeichneter Allgemeinbildung[22] und Weltgewandtheit, besaß er ebenfalls negative Charakterzüge. Besonders wenn er verstimmt war oder seine melancholischen Tage hatte, konnte er seiner Stimmung nicht immer Herr werden. Da hatte er oft keine Hemmungen mehr, selbst den besten Freunden gegenüber beißende Bemerkungen in schonungsloser Offenheit zu machen. Sein Sarkasmus erwies sich für ihn auf die Dauer nicht als Gewinn: Viele Freunde wandten sich langsam von ihm ab.

Es ist bezeichnend, daß der Brief an seinen Bruder Otto vom 10. Februar 1854, den Kirchner als Dreißigjähriger schrieb, die folgenden niedergeschlagenen Worte enthielt: „Macht mir auch nichts mehr rechte Freude – es ist bald aus mit mir."[23] Mit

---

[18] J. Schellenberg: Zum Andenken an Theodor Kirchner. 1904.

[19] Vgl. R. Sietz: Theodor Kirchner. 1971, S. 31.

[20] B. Litzmann (Hg.): Clara Schumann – Johannes Brahms. Briefe aus den Jahren 1853–1896. Leipzig 1927, Bd. 1, S. 410.

[21] Vgl. A. Niggli: Theodor Kirchner. 1888, S. 2.

[22] Der Kunsthistoriker Lübke, der zu dem Freundeskreis von Billroth gehörte, schrieb über Kirchner in seiner Erinnerung wie folgt: „Wir verkehrten viel mit ihm, denn während sonst die Musiker sich meist durch große Einseitigkeit bemerklich machen, war er ein Mann von freierem Blick und von vielseitiger Bildung. Namentlich aber war ihm ein Humor eigen, der in seiner Trockenheit und Prägnanz unwiderstehlich wirkte." W. Lübke: Lebenserinnerungen. Berlin 1891, S. 366.

[23] La Mara: Musikerbriefe aus fünf Jahrhunderten. Leipzig 1886, Bd. 2, S. 322.

neununddreißig Jahren schrieb Kirchner an seine Gönner, das Ehepaar Riggenbach–
Stehlin[24] wie folgt:

„Ich ertrage das Leben, aber es ist mir eine ungeheure Last – viel mehr
als es andern scheinen mag. Ich darf niemandem sagen, wie mir innerlich
zu Mute ist, wie ich eigentlich an nichts mehr rechte Freude habe, wie
ich mir selbst zuwider bin! Nur der Schwimmgürtel des Humors und des
Leichtsinns hält mich noch auf der Oberfläche."[25]

Aus einem Brief, der im Juli des darauffolgenden Jahres wieder an sie adressiert ist,
liest man seine Resignation heraus: „Ich freue mich des Sommers nicht und fürchte
mich vor dem Winter".[26] Aufgrund der oben genannten Briefstellen ist anzunehmen,
daß er wahrscheinlich unter krankhafter Depression litt. Ein weiteres Beispiel liefert
ein Brief an Julius Stockhausen vom 2. Juli 1865: „Als Du in Zürich warst, spielte
meine Laune schon etwas stark ins Gräuliche, wurde aber nachher noch dunkel-
schwarz, sodaß ich mir garnicht mehr zu helfen wußte und wirklich recht gefährlich
wurde für Alle, die es mit mir wohl meinten. Jetzt geht's etwas besser."[27]

Diese Schwermütigkeit bzw. Bedrücktheit Kirchners könnte zunächst auf die für
ihn provinziellen Verhältnisse in Winterthur zurückgeführt werden, zumal er an das
reichhaltige kulturelle Angebot in Leipzig gewöhnt war. Winterthur kam ihm vor wie
„eine Mausefalle, in der der Speck fehlt".[28]
Er war aber auch kein Mensch der festen Bindungen, wie sie sich für einen Stadtor-

---

[24]Dabei handelte es sich um Fritz Riggenbach (1821–1904) und seine Frau Margarethe, gebo-
rene Stehlin. Es ist die Basler Bankiersfamilie, bei der viel musiziert wurde und viele berühmte
Musiker zu Gast waren, wie Brahms, Clara Schumann, Joachim, Bülow, Stockhausen und Kirchner. Fritz Riggenbach war ein großer Schumann–Verehrer. Seine Frau sang als Dilettantin bei der
Aufführung der „Johannes–Passion" in Basel (1874) die Altpartie „neben einem Stockhausen und
andern Künstlern vom Fach". Vgl. E. Probst: Friedrich Riggenbach–Stehlins. In: Basler Jahrbuch.
Basel 1905, S. 41.

[25]P. Schneider (Hg.): Theodor Kirchner. 1949, S. 17.

[26]Ebd., S. 26.

[27]J. Wirth: Theodor Kirchner und Julius Stockhausen. 1927, S. 303. Kirchner hatte auch Rheu-
matismus mußte oft in ein Kurbad gehen. Vgl. R. Sietz: Theodor Kirchner. 1971, S. 43.

[28]P. Schneider (Hg.): Theodor Kirchner. 1949, S. 10.

ganisten nicht vermeiden ließen. In dieser nicht so gut bezahlten Stelle[29] hatte er alle mit dem Orgelspiel verbundenen kirchlichen Anlässe zu erfüllen. So mußte er nicht nur an Sonn- und Feiertagen sowie bei den Wochengottesdiensten, sondern auch bei den Kinderlehren, bei Konfirmationen und bei anderen Veranstaltungen mitwirken.[30] Auf Dauer wurde ihm die sorgfältige Ausführung dieser Kirchenverpflichtungen zur Qual. Schon 1846 erhielt der Organist Kirchner einen Verweis, weil er am Karfreitag überhaupt nicht in der Kirche erschienen war, bald darauf wieder einen, weil er am Schluß des Morgengottesdienstes geschlafen hatte. Wieviel negatives Aufsehen sein Benehmen erregte, ist durch die folgende Drohung von Seiten der Kirchenoberhäupter zu belegen: „Bei neuer Pflichtversäumniß soll nicht mehr so mild wie bißher, sondern mit aller Schärfe verfahren werden".[31]

Im Grunde genommen verzieh man Kirchner wegen seiner hervorragenden künstlerischen Leistungen und belief ihn in seinem Amt. Daß trotz dieser unerfreulichen Vorkommnisse sein Gesuch um Erhöhung seines Gehaltes um 180 Franken in der zweiten Wiederwahl (1855) entsprochen wurde, erklärt sich ebenfalls durch seine ausgezeichneten musikalischen Verdienste.

Weil das Gehalt als Organist für seinen Lebensunterhalt nicht ausreichte, war er gezwungen, weiterhin Klavierstunden zu geben, die ihm sicherlich nicht immer Freude bereiteten. Immerhin blieb er jedoch neunzehn Jahre lang in Winterthur, so hat er am längsten in einer Berufsstellung ausgehalten.

Man findet 1862 in der NZfM[32] schließlich die Meldung, daß Kirchner seinen Wohnort nach Zürich verlegt habe mit der Begründung, es sei ihm in Winterthur mit der Zeit langweilig geworden. Davon überzeugt sein Brief vom 25. Oktober 1860 an das Ehepaar Riggenbach–Stehlin durchaus:

> „Die Zeit fliegt entsetzlich davon, wenn man wie ein Esel in der Mühle einen Tag wie den andern und eine Woche wie die andere sich im gleichen

---

[29]Kirchner bekam in der ersten Amtsperiode 350 Gulden oder 560 alte Schweizerfranken als Jahresentgelt. Vgl. R. Hunziker: Theodor Kirchner in Winterthur. 1935, S. 234.

[30]Ebd., S. 234.

[31]Ebd., S. 235.

[32]NZfM Bd. 57 1862, S. 220.

Geleise herumdreht und immer dieselbe Melodie ableiert, ohne veränderte Harmonie – höchstens einmal mit einer falschen Quinte, die, weil sie verboten sind, einen besonderen Reiz haben! Es ist alles schal und abgestanden um mich her, ledern und kapellmusikalisch. Die Motten sind ins Leben gekommen! Wundern Sie sich nicht, daß ich schimpfe."[33]

Auch mit dem musikalischen Niveau in Winterthur konnte er sich nicht zufriedengeben. Sein Streben nach Perfektionismus in der Musik und für die Musik machte ihm im Lauf der Zeit das Leben schwer, obwohl es ebenfalls viele positive Erscheinungen mit sich brachte. Im gleichen Brief fuhr Kirchner fort:

> „Es wird nun wieder förmlich Musik gesägt werden nach alter Väter Sitte. Alte, staubige Sängerinnen werden wieder zusammengetrommelt, verwitterte Geigenkratzer werden galvanisiert – und so wird in erster Linie 'Die Schöpfung' aufgeführt. Wer da nicht den Glauben an den Schöpfer verliert!"[34]

Demgegenüber nennt Peter Otto Schneider wohl auch zurecht als Gründe für seinen Rücktritt aus dem Organistenposten in Winterthur die Unhaltbarkeit seiner Stellung infolge von „mancherlei Geld– und Liebesaffären".[35]

Obwohl Kirchner als Organist in Winterthur ein unzureichendes Einkommen erhielt, hatte er Nebeneinnahmen wie bei Hochzeiten und Taufen. Weiterhin brachte ihm die pianistische Tätigkeit in Konzerten des Musikkollegiums einen ziemlich regelmäßigen Nebenverdienst. Zusammen mit dem Klavierunterricht[36] für die Bewohner Winterthurs und Umgebung war er also in der Lage, sein Leben in geregelten Verhältnissen zu halten, wenn er wollte. Die leiblichen Wohlgenüsse waren ihm jedoch unentbehrlich, da er für den Augenblick lebte. So trank er gern ein Glas guten Weines, wobei eine Zigarre[37] auch nicht fehlen durfte. Er reiste gerne, manchmal auch längere

---

[33]P. Schneider (Hg.): Theodor Kirchner. 1949, S. 7 f.

[34]Ebd., S. 8.

[35]Ebd. S. 4.

[36]Für die Stunde bekam er 3 bis 5 Franken.

[37]Er hatte später ernsthaft überlegt, wegen seiner pekuniären Wirrnisse ein Zigarrenladen zu übernehmen, was er jedoch für unmöglich hielt, weil er die beste Sorte selbst rauchen würde. Vgl. P. Schneider (Hg.): Theodor Kirchner. 1949, S. 26. Brief vom 6. September 1864.

Strecken. So verbrauchte er sein Geld schneller, als er es verdiente. Er half aber auch öfters seinen Eltern und Geschwistern, wie dem Brief an seinen Bruder Otto vom 10. Februar 1854 zu entnehmen ist.[38] Es ist belegt, daß er ihnen aus sorgender Zuneigung heraus fünfundzwanzig Taler mit genauen Verteilungsangaben geschickt hatte.[39] Seine Unfähigkeit zum Haushalten hatte zur Folge, daß er immer wieder in Schulden geriet. Sie wurden umso größer, weil er seine finanzielle Not durch Glücksspiele beheben wollte und dabei verlor. Sein Brief vom 19. März 1862 an das bereits oben erwähnte Ehepaar Riggenbach–Stehlin[40] gibt Kunde über diese Situation und deren Ursache, die zweifellos an ihm selbst lag:

„Daß ich oft viel verspielt habe, leugne ich nicht. Aber du lieber Gott! es geschah wirklich nicht in der Absicht zu verspielen, sondern zu gewinnen und so auf eine bequeme Art aus allen Verlegenheiten heraus und hier fort zu kommen. Freilich wurden die Verlegenheiten größer durch den Verlust. Über die Dummheit des Spiels ist schon viel geschrieben worden, und ich kenne alles und halte es selbst für Sünde. Bis man aber sein unglückliches Naturell etwas gezügelt hat, wird man gewöhnlich älter.[41] Leider bin ich auch sonst nicht sparsam im gewöhnlichen Leben. Immer zu freigebig, luxusliebend usw. Ich weiß alles [...]"[42]

Eine unschöne Angewohnheit von ihm war, daß er des öfteren bei Einladungen seine unbezahlten Rechnungen unter den Teller legte, um seine Verpflichtungen

---

[38] Vgl. La Mara: Musikerbriefe aus fünf Jahrhunderten. 1886, S. 322.

[39] Vgl. W. Rau: Theodor Kirchner. 1928, Sp. 84. Vgl. S. 54.

[40] Kirchner stand mit dem Basler Bankherr Fritz Riggenbach–Stehlin, dem begeisterten Schumann–Verehrer, in herzlicher Freundschaft; er duzte sich mit ihm. Als Gönner zahlte dieser für Kirchner auch die Schulden. Vgl. P. Schneider (Hg.): Theodor Kirchner. 1949, S. 12. Kirchner widmete ihm übrigens sein zur Weihnacht 1873 erschienenes Streichquartett in G-Dur (op. 20). Vgl. ebd., S. 33.

[41] Das Kartenspiel blieb bis ins hohe Alter seine beliebte Zerstreuung. Die spätere Gönnerin und Pflegerin Kirchners, Frau Mathilde Schlüter, sandte dem Sängerfreund Stockhausen ein Photo des achtundsiebzigjährigen Kirchner bei einer Whistpartie. Vgl. J. Wirth: Theodor Kirchner und Julius Stockhausen. 1927, S. 383.

[42] P. Schneider (Hg.): Theodor Kirchner. 1949, S. 11 f.

so loszuwerden.[43] Durch sein angenehmes Äußeres faszinierte Kirchner die jungen schweizerischen Damen. Sein Benehmen gegenüber ihnen war aber von seiner jeweiligen Laune abhängig, so mußten viele von ihnen bittere Enttäuschungen erleben.[44]

Trotz einiger Unannehmlichkeiten um Kirchner stand fest, daß er das Musikleben in Winterthur auf vielfältige Weise bereicherte, indem er zum Beispiel in den Veranstaltungen des Musikkollegiums in Winterthur als Pianist und Begleiter mitwirkte. Es ist besonders hervorzuheben, daß er die Schumannsche und später dann auch die Brahmssche Musik in die Schweiz eingeführt hatte, die dort noch weitgehend unbekannt waren. Die Liste der aufgeführten Kompositionen Schumanns in der Schweiz, zusammengestellt von Edgar Refardt, gibt einen Überblick über die damalige intensive Schumann–Pflege von 1844 bis 1856 (Todesjahr Schumanns).[45] Bereits am 4. Dezember 1844 trug Kirchner zusammen mit Marie Ziegler–Ernst „Andante und Variationen für zwei Klaviere" (op. 46) vor, welches 1843 erschienen war. Wie schnell neueste Kompositionen Schumanns hier ins Konzertprogramm aufgenommen wurden, zeigt sich auch am Beispiel von „Das Paradies und die Peri" (op. 50), das 1843 erschien und bereits 1845 aufgeführt wurde. Nachdem der Musikliebhaber Jakob Melchior Rieter–Biedermann, der seit 1835 engagiertes Mitglied des Musikkollegiums war, Ende der vierziger Jahre eine Musikalienhandlung gegründet hatte, wurde Winterthur zur musikalisch führenden Stadt in der Schweiz. Hans von Bülow, der damals St. Gallener Kapellmeister war, schrieb am 16. April 1851 an seinen Vater:

> „Bis Montag früh bleibe ich jedenfalls hier. Dann will ich, wenn die Moneten nicht durch die fällige Rechnung verschwunden sind, einen kleinen Ausflug nach Winterthur machen, um Kirchner zu besuchen und mich musikalisch in der Gegenwart zu orientieren (dort existiert nämlich eine gute Musikalienhandlung), denn hier war ich ein Ochs sedens."[46]

Er betonte 1853 die musikalische Fortschrittlichkeit Winterthurs im Vergleich zu München:

---

[43]Vgl. R. Hunziker: Theodor Kirchner in Winterthur. 1935, S. 237.

[44]Vgl. ebd., S. 237.

[45]E. Refardt: Die frühesten Aufführungen Schumannscher Musik in der Schweiz. In: SMZ Jg. 96 1956, S. 285–289.

[46]M. von Bülow (Hg.): Hans von Bülow. Briefe und Schriften. Bd. 1 Briefe. Leipzig 1895, S. 311.

„Das kleine Städtchen Winterthur in der Schweiz, wo der geistvolle Theodor Kirchner und der begabte Carl Eschmann ein von reichstem Erfol-
ge begleitetes künstlerisches Wirken entfalten, kann sich eines so echten
und innerlichen musikalischen Lebens rühmen, wie München, wenn es
auf seinem Wege beharrt, nie erreichen wird. Winterthur ist um mehrere
Decennien München voraus, und ein musikalisches Aranjuez gegen dieses
todte Madrid. "[47]

Später übernahm Kirchner die Leitung eines Männerquartettes. Für ihn wurde „in
Anerkennung seiner uneigennützigen Bemühungen"[48] alle zwei Jahre ein Benefiz-
konzert abgehalten. Im Jahr 1849 wurde er zum Ehrenmitglied der schweizerischen
Musikgesellschaft ernannt.

3.3   Dirigent, Chorleiter und Kammermusiker in Zürich (1862–1872)

Kirchner behielt sein Amt in Winterthur bis zur nächsten Organistenwahl (Mitte
Juni 1863). Als Gutachter und Prüfer ins Expertenkollegium gewählt, empfahl er
den jungen Hermann Götz, der noch kein fertiger Orgelspieler war, der aber „noch
viel mehr zu werden"[49] verspreche. Im Lauf der Zeit bestätigte sich seine sichere
musikalische Urteilskraft.[50]

Bevor Kirchner Anfang November 1862 nach Zürich übersiedelte, war er dort schon
längst als vorzüglicher Musiker bekannt. Er verkehrte bereits mit dem im Exil le-

---

[47]M. von Bülow (Hg.): Hans von Bülow. Briefe und Schriften. Bd. 3 Ausgewählte Schriften.
zweite, vermehrte Aufl., Leipzig 1911, 1. Abteilung S. 117 f.

[48]R. Hunziker: Zur Musikgeschichte Winterthurs. Winterthur 1909, S. 16.

[49]A. Steiner: Hermann Götz. Zürich 1907, S. 11.

[50]Der aus Königsberg stammende Götz (1840–1876) machte sich im Laufe der Zeit auch als
Komponist einen Namen. Er widmete sich der großen Form wie Symphonie und Oper. Unter seinen
Werken ist die Oper „Der Widerspenstigen Zähmung" das bekannteste, das am 11. Oktober 1874
in Mannheim uraufgeführt wurde. Eine weitere Aufführung fand im folgenden Jahr (2. Februar) in
Wien statt.

benden Richard Wagner[51] und in der Villa Wesendonck, wo viel musiziert wurde. In Zürich lebte seit 1860 der Chirurg Theodor Billroth, der auch hervorragend Klavier spielte und eine Zeitlang bei Kirchner Klavierunterricht nahm. Weil er in seinen Mußestunden nichts anderes als Musik kannte, wurde bei ihm mit seinen Musikerfreunden (Jean Eschmann, Friedrich Hegar, Photograph Julian Ganz, Professor Durège und Theodor Kirchner) viel Kammermusik, hauptsächlich Quartettspiel gepflegt. Zu diesem Zweck lernte er sogar von Jean Eschmann Bratsche, weil beim Quartettspielen ein bezahlter Musiker die vertraute Atmosphäre des engen Freundeskreises stören würde. Durch Kirchner lernte Billroth die Schumannsche Musik definitiv schätzen und wurde weiter in die Brahmssche Musik eingeführt. Um ihn herum bildete sich in Zürich im Laufe der Zeit eine begeisterte Brahms–Gemeinde. Billroth spielte in der „Allgemeinen Musikgesellschaft" zu Zürich, in deren Händen die damalige öffentliche Musikpflege lag, bald eine bedeutende Rolle.[52] Weil die neu eröffnete Bahnlinie im Jahr 1856 die Fahrzeit wesentlich verkürzt hatte, stand Kirchner der Stadt Zürich noch näher. Es ist durchaus verständlich, daß Kirchner sein Glück in der größeren Stadt als frei ausübender Musiker versuchen wollte.

Kirchner gründete einen gemischten Gesangverein, der von Billroth unterstützt wurde,[53] und arrangierte in der Züricher Künstlergesellschaft Kammermusikkonzerte. Als Pianist und Begleiter wirkte er auch in verschiedenen Konzerten mit. Obwohl er somit vielseitig beansprucht war, fühlte er sich anfangs in seinem Züricher Aufenthalt aber recht gut und hielt dieses Leben für besser als den „frühere[n] Schlendrian".[54] Die Erwartungen, die er an das neue Leben gestellt hatte, endeten bald mit einer Enttäuschung, als er sah, daß das ungebundene Künstlerleben in Zürich schwer mit der Realität in Einklang zu bringen war. In seinem Chor fehlten zu viele männliche

---

[51]Wagner schrieb in seiner Autobiographie: „[...] den gewissen Schumanianer Kirchner aus Winterthur zog das neue Leben fast für dauernd auch herüber;" R. Wagner: Mein Leben. 1986, Bd. 2, S. 106.

[52]Hegar, der später den Dirigentenposten erhielt, erinnert: „Seine [Billroths] gesunden Ideen waren oft maßgebend, und seine Originalität rüttelte die oft etwas schläfrige Gesellschaft wieder auf". O. Billroth (Hg.): Billroth und Brahms im Briefwechsel. Berlin/Wien 1935, S. 17.

[53]Vgl. A. Steiner: Theodor Kirchner. 1903.

[54]P. Schneider (Hg.): Theodor Kirchner. 1949, S. 17.

Gesangskräfte,[55] und seine musikalische Tätigkeit brachte ihm zu wenig Geld zum Leben ein. Er erwog von Zürich fortzuziehen. Mittlerweile bildete sich um Kirchner aufgrund seiner musikalischen Fähigkeiten eine Anhängerschaft. Weil sie Kirchner für die dortige musikalische Entwicklung für förderlich hielt, stellte sie ihm viele Möglichkeiten[56] in Aussicht, worunter die denkbare Übernahme der Direktion der Abonnementskonzerte ihn besonders interessierte. So begann er im Juni 1863 mit Übungen im Dirigieren. Dies tat er jeden Tag mehrere Stunden mit Hilfe von Hermann Levi, der sich zufällig für einige Zeit in Lichtental [57] aufhielt, „um alles Mechanische und Technische loszukriegen",[58] da er noch keine Erfahrung damit hatte. Auf Levis Anraten ging er auch später im September 1863 nach Mannheim zu Vinzenz Lachner (dem jüngsten Bruder Franz Lachners), den Kirchner für einen „der routiniertesten und ernstesten Dirigenten in Deutschland" [59] hielt.

Das Musikleben in Zürich erlebte besonders in den Jahren 1850–1855 unter Wagners Leitung einen Aufschwung, indem er als Opern– und Konzertdirigent viele bedeutenden Werke zu Aufführungen brachte.[60] Weil es in Zürich noch kein stehendes Orchester gab, wurden bei den Aufführungen jedesmal die Musiker aus vielen Ge-

---

[55]Es war übrigens generell keine leichte Sache, damals in Zürich mit einem Chor durch ausreichende Proben ein vernünftiges Niveau zu erreichen, denn von den Mitgliedern wurden die Chorproben allzu oft nur als Kurzweil betrachtet. Vgl. C. Widmer: Wilhelm Baumgartner. Ein Lebensbild. Zürich 1868, S. 96.

[56]Dazu gehören die Gründung eines großen gemischten Chors, die Veranstaltung der mit dem Chor verbundenen Kirchenkonzerte und die Errichtung eines Konservatoriums. Mit Baumgartner hielt er Rücksprache über die Gründung einer Musikschule in Zürich, die jedoch nicht zustande kam. Vgl. C. Widmer: Wilhelm Baumgartner. 1868, S. 121.

[57]Hier stand das Häuschen Clara Schumanns, das ihr und ihren Kindern im Sommer von 1863–1873 als festes Domizil diente. Hier trafen auch viele Künstler zusammen. Kirchner war auch dort, nach der Reise zur Aufführung von Max Bruchs Oper „Loreley" nach Mannheim, die er zusammen mit Clara Schumann, Stockhausen und Hegar unternommen hatte.

[58]P. Schneider (Hg.): Theodor Kirchner. 1949, S. 19.

[59]Ebd., S. 19.

[60]Es sind als Oper Webers „Freischütz", Mozarts „Don Juan" und „Zauberflöte", Beethovens „Fidelio" und „Fliegender Holländer" von ihm selbst zu nennen. Als Orchestermusik wurden Symphonien und Ouvertüren von Beethoven (Nr. 3, 5, 7, Coriolan, Egmont), Gluck, Haydn, Mozart und Weber gespielt. Vgl. A. Cherbuliez: Die Schweiz in der deutschen Musikgeschichte. Frauenfeld 1932, S. 332.

bieten dorthin ausgeliehen. Nach Wagners Aussage habe er „die ganze Schweiz und die angrenzenden Staaten bis Nassau auf dem Fang nach Konzertmeistern, Musikdirektoren und guten Streichern geplündert."[61] Nach dem Weggang Wagners (1858) aus der Stadt verlor das Züricher Musikleben seine musikalische Vorrangstellung in der Schweiz. Im Jahr 1862 kam man auf die Idee, einen Orchesterverein zu gründen, der sich zur Aufgabe machte, ein stehendes Orchester für Konzerte und Theater zu unterhalten. Billroth schrieb über den damaligen Züricher Orchesterleiter Fichtelberger:

> „Herr Fichtelberger ist ein sehr tüchtiger Kapellmeister für kleine Bühnen, [...] Doch Symphonien empfinden und künstlerisch zur Darstellung bringen, das kann er beim besten Willen nicht."[62]

Wesendonck schrieb an Richard Wagner am 9. August 1863 über ihn, daß er „mit saurem Schweiße eine Beethovensche Symphonie in Grund und Boden schlägt".[63] Obwohl man allgemein erkannte, daß Fichtelberger nicht der rechte Mann für die Leitung der Orchesterkonzerte war, hatte man ihn wegen der komplizierten Verhältnisse der Vereine auf der Stelle belassen. Im Rahmen der Suche nach einem neuen Dirigenten ließ dann die Züricher Konzertgesellschaft Kirchner zwei Extrakonzerte probeweise dirigieren. Er führte am 8. März 1864 die D-Dur–Suite Bachs, das Violinkonzert Mendelssohns (mit Hegar), die Ouvertüre zu „Iphigenie in Aulis" Glucks und die C-Dur–Symphonie Schuberts auf. Beim zweiten Konzert (15. März) wurde die D-Dur–Suite Bachs auf allgemeinen Wunsch wiederholt, und die Ouvertüre, Scherzo und Finale für Orchester Schumanns, das Klavierkonzert in d-Moll Mendelssohns (mit Kirchner), die A-Dur Symphonie Beethovens und die Chorstücke „Waldung, sie schwankt heran", „Ave verum" von Mozart und „Zigeunerleben" von Schumann von ihm dirigiert. Die Aufführungen waren trotz der kurzen Probezeit „mit einem so verwahrlosten Orchester"[64] erfolgreich vonstattengegangen. Zufrieden berichtete Kirchner davon an Frau Riggenbach–Stehlin: „Der Erfolg dieser beiden Konzerte war

---

[61] Ebd., S. 332.

[62] M. von Asow (Hg.): Johannes Brahms und Mathilde Wesendonck. Ein Briefwechsel. Wien 1943, S. 17.

[63] Zitiert nach P. Schneider (Hg.): Theodor Kirchner. 1949, S. 25.

[64] J. Wirth: Theodor Kirchner und Julius Stockhausen. 1927, S. 285.

wirklich frappant und für alle meine Gegner mehr als empfindlich".[65] Billroth schrieb anerkennende Worte über Kirchners Leistung:

> „Herr Kirchner hat nun in zwei Konzerten gezeigt, daß er nicht allein dirigieren kann, sondern die weit größere Gabe besitzt, dem Orchester seine künstlerische Auffassung einzuhauchen, es mit sich fortzureißen."[66]

Er hob weiterhin die Interpretation der „Suite" Bachs hervor, „die mit äußerster Sorgfalt und feinster Durcharbeitung einstudiert war und elektrisierend auf das Publikum"[67] gewirkt habe. Die feste Anstellung Kirchners kam aber nicht zustande, vermutlich wegen der komplizierten organisatorischen Vereinssituation, dennoch wurde ihm die Direktion der Konzerte in der Wintersaison 1864/65 übertragen. Aus den Briefen Kirchners an Frau Riggenbach–Stehlin geht hervor, daß die Konzerte in dieser Saison weniger erfolgreich waren. Kirchner sah sein Konzert am 24. Januar 1865 im ganzen mehr als „eine Blamage"[68] für sich.

Kirchner war ein gewissenhafter Musiker. So veranlaßte ihn seinerseits die Aussicht auf die mögliche Übernahme der Orchesterdirektion, regelrecht mit Studien im Dirigieren zu beginnen. Er schrieb an Frau Riggenbach–Stehlin von seiner Aufregung vor seinem Auftritt als Solist:

> „Die letzte Woche war förmlich unausstehlich und hatte mich fast tot gemacht. Schon daß ich wieder öffentlich spielen mußte, war eine unsägliche Last für mich. Je mehr ich übte, desto schlechter ging's, weil ich mir die Nerven zu sehr angriff."[69]

Er war jedoch nicht die Führernatur, die für die Leitung vieler Orchestermitglieder erforderlich erschien. Obwohl das Dirigieren und die Arbeit mit dem neuen Klangkörper ihm Freude machte, verzichtete er als selbstkritischer Mensch rechtzeitig darauf. Im Winter 1865/66 wurde die Direktion Hegar übertragen, der daraufhin

---

[65] P. Schneider (Hg.): Theodor Kirchner. 1949, S. 25.

[66] M. von Asow (Hg.): Johannes Brahms und Mathilde Wesendonck. 1943, S. 18.

[67] Ebd., S. 19.

[68] P. Schneider (Hg.): Theodor Kirchner. 1949, S. 27.

[69] P. Schneider (Hg.): Theodor Kirchner. 1949, S. 25. Brief vom 16. März 1864.

vier Jahrzehnte lang das Orchester führte. Adolf Steiner berichtet davon, daß Hegar
immer wieder betont habe, „wie viel von künstlerischer Anregung und Reife er, der
damals zweiundzwanzigjährige Konzertmeister, dem siebzehn Jahre älteren Kunst-
genossen zu verdanken hatte".[70] Den gemischten Chor Kirchners übernahm zuerst
Baumgartner, der ihn jedoch aus gesundheitlichen Gründen nach kurzer Zeit an Hegar weitergeben mußte.

Das unersetzbare Verdienst Kirchners im Musikleben Zürichs lag in der Ausübung
der Kammermusik, indem er Stücke von Schumann und Brahms den Spielern verständlich machte und dabei auch als Begleiter mitwirkte.[71]

Nach dem Aufgeben der Konzertdirektion verdiente sich Kirchner seinen Lebensunterhalt als Solist, Begleiter und mehr noch als Klavierlehrer. Er war jedoch nicht
immer ein guter Lehrer. Während er gegenüber den talentierten Schülern und Schülerinnen musikalisch anregende Stunden gab,[72] brachte er für weniger Begabte keine
Geduld mehr auf. Es konnte schon mal passieren, daß er bei dem einen oder anderen den Satz „Schafskopf! es muß *gis* sein!"[73] in dessen Etüdenheft eintrug. Im
Grunde war für ihn die Arbeit als Lehrer auch eine Freiheitsberaubung, die er nicht
länger ertragen konnte. Im Lauf der Zeit wurde die Anzahl seiner Schüler immer
geringer, obwohl er anfangs von zahlreichen Schüleranmeldungen „bombardiert"[74]
worden war,[75] als er nach Zürich kam Schließlich lautet der Brief Kirchners im Oktober 1866 an das Ehepaar Riggenbach–Stehlin folgendermaßen: „Tatsache ist, daß ich
jetzt ohne meine Schuld [!] fast gar keine Stunden mehr zu geben habe und also auch
nichts verdiene."[76] Kirchner versuchte Zürich zu verlassen. Er hoffte vergeblich auf

---

[70] A. Steiner: Theodor Kirchner. 1903.

[71] s. Kapitel 3.10.1.

[72] Sie legen Zeugnis davon ab, daß der Unterricht Kirchners nicht eingleisig war. Kirchner versuchte ihnen außer einer handfesten Technik das Verständnis für Bach und Beethoven beizubringen.
Vgl. A. Steiner: Theodor Kirchner. 1903.

[73] J. Schellenberg: Zum Andenken an Theodor Kirchner. 1904.

[74] P. Schneider (Hg.): Theodor Kirchner. 1949, S. 14.

[75] Davon unterrichtet, rechnete Clara Schumann sogar für ihn aus, wann er schuldenfrei werden
könnte. Vgl. B. Litzmann (Hg.): Clara Schumann. Ein Künstlerleben nach Tagebüchern und Briefen.
Leipzig 1920, Bd. 3, S. 134.

[76] P. Schneider (Hg.): Theodor Kirchner. 1949, S. 33.

eine Anstellung in Hamburg, wo sein Freund Stockhausen den Dirigentenposten der Philharmonischen Konzerte sowie die Leitung der Akademiekonzerte (1863–1867) innehatte.[77] Er überlegte, in Frankfurt Fuß zu fassen, und auch das Moskauer Konservatorium wurde in Erwägung gezogen.[78] Als Ignaz Moscheles im Jahr 1870 starb, wollte er sein Nachfolger am Leipziger Konservatorium werden. Kirchner schrieb an Stockhausen:

> „Könntest Du nicht vielleicht erfahren, was man in Leipzig beabsichtigt nach dem unersetzlichen Verlust von Moscheles? Wenn überhaupt ein sterblicher Esel wieder angestellt wird, könnte ich's nicht sein?"[79]

Im Jahr 1868 ehelichte Kirchner mit fünfundvierzig Jahren zum großen Erstaunen aller die Sängerin Maria Schmidt vom Züricher Theater. Die beiden wurden am 15. Oktober in der Neumünsterkirche Zürichs getraut, wohin Riggenbach als Trauzeuge kam. Die Freunde hegten die Hoffnung, daß die Heirat der unsteten Natur und und dem unberechenbaren Charakter Kirchners Halt verschaffen würde. Nach dem Brief an Frau Riggenbach, den er zwei Tage nach der Heimkehr von der Hochzeitreise am 5. November schrieb, glaubte er selbst an einen Wendepunkt seines Lebens durch die Kraft der Liebe:

> „Jetzt beginnt für mich ein neuer Lebensabschnitt, und ich begreife recht wohl, welche Verantwortlichkeit ich auf mich genommen habe,[...] Daß über solche Dinge nur die treueste reinste Liebe hinweghelfen kann, weiß ich gar wohl und habe mir auch heilig gelobt, immer so gut zu sein, als ich nur kann".[80]

---

[77]Stockhausen versuchte seinerseits, Kirchner nach Hamburg zu holen. Aus dem Brief Kirchners vom 2. September 1865 an ihn ist zu entnehmen, daß eine mögliche Übersiedlung jedoch durch seinen immensen Schuldenberg verhindert wurde. Vgl. J. Wirth: Theodor Kirchner und Julius Stockhausen. 1927, S. 303 f.

[78]Hans von Bülow lehnte 1867 einen vorteilhaften Ruf an das Moskauer Konservatorium im Hinblick auf München ab und empfahl Kirchner nach Moskau. Vgl. M. von Bülow (Hg.): Hans von Bülow. Briefe und Schriften. Bd. 4 Briefe. Leipzig 1900, S. 176.

[79]J. Wirth: Theodor Kirchner und Julius Stockhausen. 1927, S. 336.

[80]P. Schneider: Theodor Kirchner. 1949, S. 37.

Die Ehe verlief jedoch nach anfänglichem Rausch[81] unglücklich. Frau Kirchner war eine fromme böhmische Katholikin. Wintzer beschrieb, daß sie noch als Greisin eine gefühlvolle Schönheit ausstrahlte und „von schlichtbürgerlicher Auffassung der Ehe und der Liebe"[82] gegenüber war. Sie wurde Kirchner durch ihren Mangel an Geist und Bildung bald eine Fremde, und es hatte den Anschein, als würde sie nicht in seinen Freundeskreis hineinpassen. Man weiß aber nicht sehr viel von ihr: Sie trat nach der Heirat nicht mehr als Sängerin auf, ging selten ins Konzert und schrieb nicht gerne Briefe.[83] Aus dieser Ehe gingen drei Kinder hervor, von denen zwei am Leben blieben: Emmy (1870–1942), Blanka, die drei Monate nach der Geburt am 29. September 1871 an der Cholera starb, und Theodor (1872–1927). Über die Entwicklung der Kinder freute Kirchner sich sehr und zeigte dabei große Anteilnahme.

Die finanzielle Lage Kirchners wurde nach seiner Familiengründung immer schlechter, zumal er keine regelmäßigen Einnahmen hatte. Im Brief vom 14. September 1871 an Frau Stockhausen berichtete er, daß er im Sommer fast gar keine Stunde gegeben hätte, und somit die Schmucksachen seiner Frau versilbert werden mußten. Er bat Frau Stockhausen um Hilfe, die sie auch gewährte.[84]

Kirchner nahm Ende 1871 allen früheren Äußerungen zum Trotz[85] die Organistenstelle an der St. Petrikirche in Zürich an, weil es eben nicht anders ging. Die Lage verbesserte sich jedoch nicht sehr, so daß die Wohnung nicht mehr bezahlt werden konnte. In dieser wirtschaftlichen Zwangslage und in der Sehnsucht nach Deutschland[86]

---

[81] Kirchner schrieb noch am 14. September 1871 an Frau Stockhausen, daß er trotz aller Sorgen froh über seine Eheschließung und die Kinder sei. Vgl. J. Wirth: Theodor Kirchner und Julius Stockhausen. 1927, S. 352.

[82] W. Wintzer: Persönliches von Theodor Kirchner. 1904, S. 11.

[83] Sie überlebte ihren Mann, aber ihr Todesdatum ist unbekannt.

[84] J. Wirth: Theodor Kirchner und Julius Stockhausen 1927, S. 352.

[85] Als Constantin Sander, der Inhaber der Firma Leuckart, Kirchner fragte, ob er sich für die freigewordene Organistenstelle in Breslau interessiere, schrieb Kirchner an ihn am 27. September 1863 doch folgende Zeilen: „Der Hauptgrund, weshalb ich die Organistenstelle in Winterthur aufgegeben habe und nicht gern wieder eine annehme, ist das fortwährende Gebundensein, und ich gestehe offen, daß nur ganz verlockende Bedingungen, eine große Orgel, eine Stadt mit bedeutendem musikalischen Leben usw. mich wieder bewegen könnten, alle Sonntage mehrmals in die Kirche zu gehen." R. Hunziker: Theodor Kirchner in Winterthur. 1935, S. 236.

[86] An Frau Riggenbach–Stehlin schrieb Kirchner schon 1863: „Und ich möchte wieder einmal nach

erinnerte sich Kirchner daran, daß der Herzog von Sachsen–Meiningen, Georg II., ihn bereits als Hofpianist und Musiklehrer für die Prinzessin Maria und dann erneut als Hofkapellmeister anstellen wollte. Die Angebote hatte Kirchner jedesmal abgelehnt. Nun ging der Wunsch von ihm aus, und er erkundigte sich, ob die Stelle als Musiklehrer noch zu haben sei, und bekam umgehend eine zustimmende Antwort. So zog Kirchner im September 1872 mit seiner Familie nach Meiningen, womit Kirchner seine Schweizer Jahre (1843–1872) beendete und seine „Irrfahrten"[87] ihren Anfang nahmen. Er bezeichnete später die Schweizer Jahre als „die sorgenfreieste und glücklichste Zeit"[88] seines Lebens. In dieser Zeit schloß Kirchner die lebenslange Freundschaft mit Bülow, Brahms und Stockhausen und trug nun am aktivsten zur Verbreitung der Musik von Schumann und Brahms bei, die er zeit seines Lebens verehrte.[89] Welche Bedeutung Kirchner für die Musikpflege in der Schweiz hatte, ist einem Brief Riggenbachs vom 7. September 1865 zu entnehmen:

> „... aus Deinen lieben Zeilen ersehe ich das teilnehmende Mitgefühl[90] des treuen Freundes! Und dieser Freund soll nun auch noch wegziehen! Bricht denn alles über uns herein. Ich komme mir bald ganz verlassen vor... Stumm die Räume, wo sonst Musik ertönte! Mein Erard, wer wird ihn spielen, wenn Du weg bist? Walter[91] hatte von jeher nicht Deine Initiative ... Froh bin ich, daß Fritz Hegar einstweilen noch bleibt. Doch ohne Dich ist's immerhin nur ein Halbes. Ihr hattet Euch gegenseitig so verstanden und bei manchem schönem Werke ergänzt. Durch Dich ist Hegar erst recht geworden, was er nun ist."[92]

Deutschland. Den Kanton Zürich kann ich jetzt wirklich auswendig." P. Schneider (Hg.): Theodor Kirchner. 1949, S. 20. Er schrieb an Stockhausen 1868: „Zürich ist für mich bald abgegrast und ich will jedenfalls wo anders sterben. Könntest Du mir nicht vielleicht im Laufe dieses Winters zu einem Debut in Wien verhelfen? Brahms sogar ist ja illusorisch genug, um zu glauben, daß ich mich dort durchgrädern könnte." J. Wirth: Theodor Kirchner und Julius Stockhausen. 1927, S. 319.

[87] A. Steiner: Theodor Kirchner. 1903.

[88] P. Schneider (Hg.): Theodor Kirchner. 1949, S. 5.

[89] s. Kapitel 3.10

[90] Riggenbach verlor seine Mutter am 31. August.

[91] Der Basler Musikdirektor August Walter war auch ein Schumann–Verehrer.

[92] P. Schneider: Theodor Kirchner. 1949, S. 29.

3.4   Anstellung am Meininger Hof (1872–1873)

Kirchner gab bereits im Oktober 1865 in Meiningen Konzerte und bereute damals nicht seine vormaligen Absagen, weil ihm die Stadt Meinigen im Hinblick auf das Musikleben zu provinziell erschienen war. Im Brief an Frau Riggenbach–Stehlin brachte er sein Gefühl deutlich zum Ausdruck: „Winterthur ist ja ein Paris gegen hier, und das Hofleben würde mich auf die Dauer nicht befriedigen."[93] Diesmal wünschte sich Kirchner bei den Verhandlungen sogar „Sicherheit für längere Zeit".[94] Wie man schon aufgrund seines dem Etikettenzwang abholden Charakters vermuten könnte, behielt er aber diese Stelle nur ein paar Monate lang. Schon am 15. Februar 1873 übernahm er die Direktorenstelle der Musikschule in Würzburg. Es ist dem Brief Hans von Bülows vom 6. Januar 1874 an Louis Ehlert[95] zu entnehmen, daß Kirchner im Unterricht einen sehr „einseitigen" Einfluß – vermutlich auf Schumann und Brahms orientiert[96] – ausgeübt hat.[97] So vernachläßigte Kirchner das Studium Beethovenscher Sonaten „zum großen Leidwesen des sehr beethovenisch gesinnten"[98] Herzogs. Es ist nichts Genaues darüber bekannt, wie Kirchner von dem Meiningener Hof Abschied nahm, wohl auf beiderseitigen Wunsch. Das Wohlwollen des Herzogs ihm gegenüber scheint weiter bestanden zu haben, weil der Herzog ihn noch im Jahr 1883 für ein Bachkonzert einlud. Kirchner widmete der Prinzessin die „Fantasiestücke" op. 14, welche 1873 veröffentlicht wurden.

---

[93]P. Schneider (Hg.): Theodor Kirchner. 1949, S. 30.

[94]J. Wirth: Theodor Kirchner und Julius Stockhausen. 1927, S. 337.

[95]Er sollte die Prinzessin Maria im Klavierspiel unterrichten.

[96]Kirchner schrieb ja bereits beim Besuch von Meinigen im Jahr 1865 davon, daß die Leute dort von Schumann „noch so gut wie nichts" wissen. P. Schneider (Hg.): Theodor Kirchner. 1947, S. 30.

[97]M. von Bülow (Hg.): Hans von Bülow. Briefe und Schriften. Bd. 6 Briefe. Leipzig 1907, S. 128.

[98]Ebd., S. 129.

3.5   Leiter der Musikschule Würzburg (1873–1876)

In der Amtzeit von Johann Georg Bratsch als Leiter der Musikschule zu Würzburg
wurde in Fachkreisen die Klage über die Rückständigkeit der Lehrmethode und der
Gesamtleitung des Orchersters lauter. Auch Franz Lachner, der mit der Prüfung be-
auftragt wurde, hielt die Klage für berechtigt, und so versetzte man Bratsch nach
Aschaffenburg und berief dafür Kirchner als Direktor des Institutes. Also wurde
von ihm eine grundlegende Erneuerung des pädagogischen Konzeptes und organi-
satorische Umstrukturierung der Schule erwartet. Kirchner äußerte bald nach seinem Amtsantritt seine Enttäuschung über das musikalische Niveau in Würzburg
gegenüber Stockhausen,[99] übersah aber, daß seine Aufgabe gerade in der Behebung
dieser Zurückgebliebenheit der Schule lag. Er unternahm also gar nichts zur Neu-
strukturierung des Schulsystems, die den unterschiedlich begabten jungen Studenten
eine allseitige musikalische Ausbildung methodisch ermöglicht hätte. Im Jahr 1874
schickte ihn das Staatsministerium deshalb nach München, um die dortige Musikschule zu studieren und dann ihr Konzept auf Würzburg zu übertragen. Außerdem
beauftragte man den Chorgesangs– und Theorielehrer Dr. Karl Kliebert „bei Abfas-
sung der zu entwerfenden neuen Satzungen"[100] behilflich zu sein, womit Kirchner die
direktoriale Macht unwiderruflich entzogen wurde. Daraus zog er die Konsequenzen
und setzte sein Entlassungsgesuch auf, das schleunigst angenommen wurde. Kirchner
verließ am 1. Februar 1876 Würzburg, während Kliebert die Leitung der Musikschule schon am 1. Oktober 1875 stellvertretend übernahm. Sein Freund Stockhausen
schrieb am 18. September 1875 an Brahms: „Kirchner hält es wieder nicht aus in
Würzburg & will fort. Wohin?"[101]

Kirchner war kein Organisator. Ihm waren die vielen administrativen Verpflichtungen ungewohnt. Er betrachtete die mit seinem Amt verbundenen Aufgaben nur als
lästige Pflichten, obwohl ihnen jeder Direktor einer Musikschule eigentlich Rechnung
tragen müßte. Daß er keine Führungspersönlichkeit war, zeigte sich sehr bald. In

---

[99]„Wir sind hier noch auf dem Zitherstandpunkt. Gute Menschen spielen immer Zither." J.
Wirth: Theodor Kirchner und Julius Stockhausen. 1927, S. 372.

[100]K. Kliebert: Die Musikschule Würzburg 1804–1904. Würzburg 1904, S. 80.

[101]J. Brahms: Briefwechsel. Bd. 18 1991, S. 115.

seiner Unzufriedenheit[102] trat er gegenüber Lehrern und Studenten kaum umgänglich auf. Sein Interesse für die Kammermusik führte dazu, daß für die Studenten die Orchesterübungen zu kurz kamen. Clara Schumann berichtete über „die beispiellose Wirtschaft in Würzburg"[103] an Brahms nach der Mittteilung von Karl von Perfall, der als Inspekteur dort tätig war. Kirchner hatte also selbst seine Ablösung von der Musikschule verursacht. Als ihr Leiter erreichte er seinen beruflichen Höhepunkt, versagte jedoch darin völlig.

3.6 Klavierlehrer und freischaffender Komponist in Leipzig (1876–1883)

Kirchner war nun von allem Regelzwang befreit, was er sich dringend wünschte. In Leipzig, wo er vor über dreißig Jahren als verheißungsvollster Student von Schumann und Mendelssohn protegiert worden war, wollte er sich und seine Familie als Klavierlehrer und Komponist durchbringen. Als er von Würzburg wegging, war er überzeugt davon, mit der Zeit gut bezahlte Stunden geben zu können. [104] Sie blieben jedoch aus. Er konnte zu dieser Zeit hingegen ungemein viel komponieren. Während seine veröffentlichten Kompositionen der Zeit bis zum Jahre 1876 op. 24 („Still und bewegt", Rieter–Biedermann) umfaßten, erreichten sie nach den acht Leipziger Jahren die Opuszahl 73. Dabei enthält op. 71 („Hundert kleine Studien", Breitkopf & Härtel 1883) hundert Stücke. Wahrscheinlich speiste sich diese Schaffensperiode aus seinen vielen Skizzen, die er nach seiner Aussage schon in früheren Jahren entworfen

---

[102]Er schrieb an Stockhausen: „Über die Erbärmlichkeit der musikalischen Verhältnisse hier reicht meine Verachtung nicht aus,[...]" J. Wirth: Theodor Kirchner und Julius Stockhausen. 1927, S. 372.

[103]B. Litzmann (Hg.): Clara Schumann – Johannes Brahms. 1927, Bd. 2, S. 60.

[104]Vgl. J. Wirth: Theodor Kirchner und Julius Stockhausen. 1927, S. 372.

hatte.[105] Wenngleich es ihm nicht behagte,[106] machte er sich auch an die Bearbeitung fremder Kompositionen für Klavier. Die Arbeit wurde in seiner folgenden Dresdner Zeit intensiviert, so daß eine Unmenge der Werke von Haydn, Beethoven, Schubert, Mendelssohn, Brahms, Schumann und Tschaikowsky in seinen Klavierarrangements erschien.[107] Laut Recherchen Sietz' in Verlagsarchiven wurde Kirchner für seine Kompositionen und Arrangements überdurchschnittlich bezahlt.[108] Außerdem verdiente er an der Revisionsarbeit neuer Ausgaben verschiedener Komponisten. Dennoch blieben er und seine Familie ständig in Geldnot.[109] Sein Sohn mußte mehrmals operiert werden, seine Tochter war nervenleidend. Es lag auf der Hand, daß Frau Kirchner durch die kränkelnden Kinder ebenfalls aufs Äußerste belastet wurde.[110] Kirchner selbst litt oft an Schlaflosigkeit, fixen Ideen und Lähmungserscheinungen.

Er träumte wieder von einer Stelle und hoffte vergebens auf das Organistenamt in der Thomaskirche.[111] Kirchner vereinsamte zunehmend an seinem musikalischen Ausbildungsort, da er durch sein ungeschicktes Benehmen und schroffe Äußerungen in Künstlerkreisen an Sympathie verlor. Wie unbehutsam Kirchner mit seinem Bekanntenkreis umging, läßt sich den folgenden Zeilen aus dem Brief von Elisabet von Herzogenberg an Brahms entnehmen, wo sie von dem Abend berichtet, an dem sie

---

[105] Kirchner teilte in seiner Leipziger Jahren Dr. Wilhelm Kienzl mit: „Außerdem wissen Sie ja selbst, daß ich mein Pfund Talent lange Zeit quasi ganz habe liegen lassen oder mehr phantasiert als komponiert habe. Allerdings habe ich sehr Vieles, was ich für einen Gedanken hielt, skizziert und thue das auch jetzt noch." W. Kienzl: Miscellen. 1886, S. 77.

[106] An Stockhausen schrieb er am 7. Februar 1878: „Für einen spärlichen Broterwerb will ich jetzt die erbärmlichsten Handlangerdienste im sogenannten Reiche der Kunst verrichten und vielleicht wird mir wieder etwas behaglicher, wenn ich mir das 'Schämen' abgewöhnt habe." J. Wirth: Theodor Kirchner und Julius Stockhausen. 1927, S. 372.

[107] Vgl. R. Sietz: Theodor Kirchner. 1971, S. 150–153. Die Werklisten, die Kirchner arrangierte, sind trotz der hohen Quantität keineswegs vollständig. Dort fehlen, nach der Mitteilung des Lübecker Brahms–Institutes, beispielsweise die Bearbeitungen der vielen Schumann–Lieder.

[108] Vgl. ebd., S. 52.

[109] Bekanntlich lebte er über seine Verhältnisse. Vgl. S 54.

[110] Vgl. R. Sietz: Theodor Kirchner. 1971, S. 51 f.

[111] Kirchner spielte öffentlich in der Paulinerkirche Orgel im Hinblick auf die freiwerdende Organistenstelle an der Thomaskirche. Vgl. J. Brahms: Briefwechsel. Bd. 1 1921, S. 94. J. Wirth: Theodor Kirchner und Julius Stockhausen. 1927, S. 372.

mit ihrem Mann und anderen bei Kirchners eingeladen war:

> „Die armen Gäste! Über 1 1/2 Stunden spielte er mit mir vierhändig,
> natürlich l a u t e r Kirchner, und das Vierhändige, und gar vom Blatt,
> ist doch nur für die direkt Beteiligten unterhaltend! – Der gute Kirchner
> ist jedesmal ein bißchen gekränkt, daß ich immer 'was 'vom Blatt' zu
> spielen habe, und sagte mit ganz griesgrämig: 'Warum spielen wir die
> Sachen eigentlich, Sie interessieren sich ja doch nicht dafür', und doch
> setzt er sich so gern dazu ans Klavier, der arme einsame Mensch."[112]

An Stockhausen schrieb Kirchner am 8. März 1880:

> „Ich lebe hier so zurückgezogen wie noch nirgend, und habe trotzdem,
> vielleicht auch deshalb, die ganze Bande gegen mich. Natürlich verbren-
> ne ich mir bisweilen im Dunstkreise von Prominenten das Maul wegen
> Brahms – in anderen Dunstkreisen wegen Wagner –, [...]"[113]

Es kam ihm sehr gelegen, als das Musikkollegium in Winterthur ihn für den April
desselben Jahres (1880) zum 250-jährigen Jubiläum einlud.[114] Leipzig versprach keine Aussicht mehr, und die Lebensverhältnisse verschlechterten sich weiter. So ging
Kirchner dem Angebot des von Franz Wüllner geleiteten Dresdner Königlichen Konservatoriums für Musik als Lehrer für Ensemble und Partiturspiel nach. Die Stelle
war allerdings mit wenig Stunden bedacht und so auch mäßig dotiert.[115] Kirchner
schrieb am 16. März 1883 an Brahms: „Wir bleiben noch bis Juni hier. Vor Dresden
graut's mir, aber es hilft nichts, es muss probiert werden."[116]

---

[112] J. Brahms: Briefwechsel. Bd. 1 1921, S. 94.

[113] J. Wirth: Theodor Kirchner und Julius Stockhausen. 1927, S. 372.

[114] Aus der Frühlingsreise entstand das Werk „In stillen Stunden" op. 56 (Hainauer 1881). Die
zehn Stücke richteten sich jeweils an einen Freund Kirchners aus den Schweizer Jahren. Vgl. A.
Niggli: Theodor Kirchner. 1888, S. 32.

[115] Er bekam monatlich im Durchschnitt nur 50 M.

[116] R. Sietz: Theodor Kirchner. 1971, S. 53.

3.7 Lehrer für Ensemble und Partiturspiel am Dresdner Konservatorium (1883–1890)

Kirchner trat sein Amt zu Ostern 1884 an. Als Wüllner im Herbst 1884 einer Anstellung in Köln folgte,[117] wurde Kirchner zum Mitglied des „Akademischen Rats" gewählt, bei dem die künstlerische Leitung des Konservatoriums lag, wodurch sich jedoch seine materielle Lage nicht verbesserte.

Waraum sich Kirchner als Sechzigjähriger die „belanglose" Anstellung auferlegte, lag wohl daran, daß er sich dadurch zahlreiche Privatstunden[118] erhoffte. Die Erwartung wurde jedoch auch nicht erfüllt, nachdem er sehr widerwillig im Januar 1889, also zu Ende seiner Dresdner Zeit, im MWbl. für Stunden in Klavierspiel, Harmonielehre (evtl. Komposition) und Ensemblespiel zum verhältnismäßig niedrigen Preis von 3 Mark pro Stunde inseriert hatte.[119] Dies war sehr wahrscheinlich darauf zurückzuführen, daß er sich keinen guten Namen als Lehrer im Konservatorium gemacht hatte. Nach der Mitteilung Karl Söhles dürfte sein Unterricht keinen Studenten ermutigt haben. Kirchner war zwar pünktlich, „besonders bei Schluß der Stunde, zeigte aber sonst wenig menschliche oder künstlerische Teilnahme. In sich gekehrt, die Hände vor den Augen, saß er gelangweilt da, bei Fehlern grimassierend und brummend oder den Schüler mit dem Hinterteil wortlos vom Stuhl fegend und selbst weiterspielend [...]".[120]

Auf menschlicher Ebene läßt sich leicht erahnen, in welch einer heiklen Situation Kirchner sich unter den Kollegen als ehemaliger Direktor einer Musikschule befand. Er distanzierte sich folglich von ihnen. Für eine nennenswerte feste Einnahme bewarb sich der alt gewordene Kirchner mehrmals in Dresden um einen Organistenposten. Er wurde ihm aber nicht zuteil, mit der Begründung, daß er Klavierspieler und -komponist, aber kein Organist sei, wie töricht, absurd und albern es auch klingen

---

[117]Wüllner übersiedelte nach Köln als städtischer Kapellmeister, Leiter der Gürzenich–Konzerte und Direktor des Konservatoriums.

[118]Kirchner soll in bescheidenem Umfang in englischen Häusern unterrichtet haben. Vgl. R. Sietz: Theodor Kirchner. 1971, S. 53.

[119]Vgl. ebd., S. 53.

[120]Ebd., S. 54.

mochte.[121]

In Dresden wurde seine Lebenslage nur noch auswegloser. Hier erhielten er und seine Familie von seinen Musikfreunden durch eine ungewöhnliche Aktion Rettung. Im Jahr 1884 wurde ein „Comité zur Bildung eines Ehrenfonds" für Kirchner gebildet. Die Initiative kam von Constantin Sander (Chef der Leuckart) und Albert Röthing (Geschäftsführer der Hofmeister). In den Sign. fand man einen Aufruf:

„Leider tritt Theodor Kirchner mit schweren Sorgen ins höhere Alter. Seine pecuniäre Lage ist trotz rastloser Thätigkeit eine überaus ernste geworden, da er ohne feste, gesicherte Anstellung lediglich auf den Erlös aus seinen Compositionen und Arrangements angewiesen ist. Nur mit Bangen kann er an die Zukunft seiner Frau und seiner beiden kränklichen Kinder denken, umsomehr, als er bereits des einen Auges beraubt ist und ihm das andere den Dienst nur zu oft versagt. Hier gilt es einzugreifen und zu helfen."[122]

Viele bedeutende Tonkünstler und Musikerpersönlichkeiten, die zum Umkreis von Brahms gehörten, beteiligten sich an der Aktion durch Spenden bzw. Konzertveranstaltungen. Es sind Brahms, Bülow, Chrysander, Dietrich, Gade, Gernsheim, Grimm, Grieg, Hanslick, Hegar, Herzogenberg, Joachim, Kliebert, Radecke, Reinecke, Scholz, Spengel Spitta, Stockhausen,[123] und Wüllner. Die Namenliste liefert ein Zeugnis dafür, wie sehr Kirchner unter den Fachleuten geschätzt wurde. Die beteiligten Verlage sind Augener, Breitkopf & Härtel, Hainauer, Hofmeister, Leuckart, Rieter–Biedermann, Röder und Simrock.

Brahms spendete großherzig 2.800 Mark und brachte 750 Mark aus Wiener Kreisen zusätzlich mit. Mehrere Schweizer zeigten sich an dieser Aktion auch edelmütig.[124]

---

[121]Vgl. ebd., S. 57.

[122]Sign. Jg. 42 1884, Nr. 66, S. 1052.

[123]Kirchner drückte seinen Dank für sein Konzert (am 15. Februar 1885) an Stockhausen im Brief vom 2. März 1885 wie folgt aus: „Daß Du eigenhändig wieder einmal gesungen hast, und zwar in meiner fatalen Angelegenheit, hat mich gerührt – Ich kann Dir nicht sagen wie!" J. Wirth: Theodor Kirchner und Julius Stockhausen. 1927, S. 372.

[124]Es gab natürlich auch negative Reaktionen. So konnten einige Konzerte für Kirchner nicht zustandegebracht werden. Vgl. R. Sietz: Theodor Kirchner. 1971, S. 55.

Innerhalb weniger Monate erreichte die zusammengetragene Summe 36.000 Mark. Mit einem Teil des Geldes wurden die Schulden beglichen und die Lebensversicherungsprämien bezahlt. Weil das Restgeld unzureichend war, wurde ein erhofftes Ziel der Initiatoren, Kirchner einen finanziell sicheren Lebensabend zu gewähren, jedoch nur zum Teil erfüllt. [125]

Kirchner arbeitete in Dresden mehr am Arrangement anderer Komponisten als an seinen eigenen Werken. Das Augenleiden[126] und die zittrigen Hände machten ihm bei dieser Schreibtätigkeit immer mehr Schwierigkeiten. Von seiner trostlosen Lage berichtete Kirchner am 11. März 1886 an Stockhausen folgendermaßen:

> „Unsereiner schleppt sich nun so durch; weiß oft nicht so recht, wie er dazu kommt, noch auf der Welt zu sein. Es ist eine fatale Sache, wenn man nicht so dumm ist, seine Existenz für notwendig zu halten. Ein Schuster macht so lange neue Stiefel und besohlt welche, so lange er gesund ist, aber unsereiner nicht. Ich besohle blos noch. Und doch möchte man wegen Frau und Kindern noch mitmachen und sie nicht in Sorge zurücklassen."[127]

Am Ende desselben Jahres trieb die Not Kirchner so weit, daß er einige Autographen von Robert Schumann veräußern mußte. Es handelte sich dabei um die „Davidsbündlertänze" op. 6, die Partitur zur „Ouvertüre, Scherzo und Finale für Orchester" op. 52 und das „Klaviertrio" Nr. 2, op. 80, die von Brahms (zum erhöhten Preis) für 2000 Mark erworben wurden.

In dieser trüben Zeit wurde Kirchner eine Gelegenheit zur Erholung gegönnt, wo er auch auf längere Zeit mit seinem Freund Brahms zusammen sein konnte. Als der

---

[125]Das Restgeld wurde vom Kuratorium, das aus Sander, Röthing und Astor bestand, in Wertpapieren angelegt. Jede Auszahlung aus dem Kapital benötigte die Zustimmung des Kuratoriums. Zunächst standen Kirchner nur die Zinsen zu. Daß Brahms mit der Form der Geldübergabe nicht einverstanden war, zeigt sich in den folgenden Briefzeilen an Simrock: „Ich bin durchaus dafür, daß man Kirchner das Geld übergibt. Er ist der, der sich einen Spaß damit machen soll". J. Brahms: Briefe. Bd. 11 1919, S. 78 (Brief vom 30. Oktober 1884). Brahms blieb bei dieser Meinung auch für die spätere Hilfsaktion (1891) in Hamburg. Vgl. S. 49.

[126]Seine Augen waren tränend und wurden immer kurzsichtiger.

[127]J. Wirth: Theodor Kirchner und Julius Stockhausen. 1927, S. 383.

Verleger Simrock im Jahr 1887 mit Brahms eine Oberitalienreise machen wollte, lud er den verarmten Kirchner auf seine Kosten ein. Brahms war sehr erfreut über die freundliche Idee Simrocks, deren Umsetzung aber für die anderen Mitreisenden enttäuschend wurde, denn die Schönheit des Südens blieb dem einst so aufgeweckten Kirchner verschlossen. Statt sie zu genießen, schimpfte er immer wieder über die deutschen Konzertverhältnisse,[128] so daß die allgemeine Laune oft verdorben wurde. Brahms zog das Fazit, daß die Reise für Kirchner zwanzig Jahre zu spät kam.[129] Der Aufenthalt in Dresden blieb für Kirchner unergiebig, weil er keine Existenzgrundlage schaffen konnte. Er klagte Adolf Steiner in Zürich, daß er in Dresden nicht als Lehrer angesehen würde.[130] Unterstützt von Steiner plante er so im Jahr 1888, als Privatlehrer wieder nach Zürich zurückzukehren. Davon nahm er doch Abstand, weil es ihm schwer fiel, von Frau und Kindern fortzugehen. Da seine Frau krank und bettlägerig war, wäre sie nicht in der Lage gewesen, die Übersiedlung mitzumachen. Veranlaßt durch Hans von Bülow, der seit 1887 in Hamburg lebte und ihm zuredete, verlegte Kirchner Ende September 1890 schließlich zum letzten Mal seinen Wohnort, jetzt nach Hamburg,[131] während seine Familie in Dresden blieb.

3.8 Lebensabend in Hamburg (1890–1903)

Hamburg war keine fremde Stadt mehr für Kirchner. Bei der Trauung seines Freundes Stockhausen am 10. Juni 1864 hatte er Orgel in der evangelischen Kirche St. Georg gespielt. Auch durch seine Konzerte dort behielt Kirchner eine schöne Erinnerung von Hamburg. Im April 1865 hatte er den Orgelpart bei der Erstaufführung der „Johannes–Passion" von Bach in der St.–Michaelis–Kirche übernommen. Am 21.

---

[128]O. Billroth (Hg.): Billroth und Brahms im Briefwechsel. 1935, S. 517.

[129]Vgl. B. Litzmann (Hg.): Clara Schumann – Johannes Brahms. 1927, Bd. 2, S. 315.

[130]Vgl. M. Fehr: Adolf Steiner. Mit unveröffentlichten Briefen von Brahms, Kirchner, Richard Strauß, Friedrich Hegar, Josepf V. Widmann, zwei Illustrationen und einem Faksimile. In: 119. Neujahrsblatt der Allegemeinen Musikgesellschaft. Zürich 1931, S. 9.

[131]Die Stadt Hamburg war bereits in Betracht gekommen, als er von Zürich weggehen wollte und dann Würzburg verlassen mußte. Vgl. J. Wirth: Theodor Kirchner und Julius Stockhausen. 1927, S. 372.

April spielte er im Philharmonischen Konzert Schumanns Klavierkonzert in a-Moll und gab am 30. April ein eigenes Konzert. Im Jahr 1878 (28. September) wohnte er der Aufführung der 2. Symphonie von Brahms im Rahmen einer Jubelfeier der Philharmonischen Gesellschaft unter der Leitung des Komponisten bei, wo Brahms wie nie zuvor gefeiert wurde.

Kirchner wurde in Hamburg durch den Einsatz der Brahms–Anhänger wie Bülow, Barth und Spengel freundlich aufgenommen. Brahms, der mit der Übersiedlung anfangs nicht einstanden war,[132] beruhigte sich, als er bald merkte, daß sein Freund Kirchner dort gut versorgt war. Er schrieb dem Hamburger Dirigenten Julius Spengel: „Wenn Sie mir melden können, daß auch Kirchner einiges Behagen findet, machen Sie mir eine große Freude."[133]

Kirchner konnte schon am 12. Dezember 1890 im kleinen Saal des Convent–Gartens ein eigenes Konzert geben, von dem sowohl das Publikum als auch die Kritiker angetan waren. Das Repertoire umfaßte sein Klavierquartett (op. 84), seine „Variationen über ein eigenes Thema" für zwei Klaviere (op. 85), unter Mitwirkung von Julius Spengel, und einige Klavierstücke Schumanns, die Kirchner selbst vortrug.

Bülow kümmerte sich um Kirchner schon unmittelbar nach dessen Übersiedlung nach Hamburg, so daß er oft mit ihm zusammenkam. Er schrieb am 8. Januar 1891 an Brahms:

> „Mit Deinem alten Freunde Th. K[irchner], dessen ächte Begeisterung für
> Dich ebenso frisch als erfrischend, habe ich mich ein wenig angefreundet.
> Wir kneipen des Vormittags [...] im Alsterpavillon – Bouillon."[134]

Das nächste Konzert wurde am 3. März 1892 nun im großen Saal des Convent–Gartens veranstaltet. Hans von Bülow spielte darin Schumanns „Faschingsschwank" und übernahm den Klavierpart der Klaviertrios von Kirchner („Ein Gedenkblatt",

---

[132]Brahms schrieb am 1. Oktober an Simrock: „Haben Sie von Kirchners unglaublicher Übersiedlung nach Hamburg gehört?" Im nächsten Brief fuhr er weiter fort: „Was in Hamburg anders als in Dresden sein soll, weiß ich nicht, außer daß die 50 M. vom Konservatorium fehlen, und das Geld, das der Umzug gekostet hat!" J. Brahms: Briefe. Bd. 12 1919, S. 28 und 29.

[133]A. Spengel: (Hg.): Johannes Brahms an Julius Spengel. Unveröffentliche Briefe aus den Jahren 1882–1897. Hamburg 1959, S. 38. Brief vom 22. [?] 1890.

[134]M. von Bülow (Hg.): Hans von Bülow. Briefe und Schriften. Bd. 7 Briefe. Leipzig 1908, S. 323.

op. 15 und „Novelletten" op. 59, Nr. 1 und 2). Zwei Wochen vor dem Konzert schrieb Bülow an Brahms:

> „Nach besten Kräften wirke ich seit Geraumen hier für Deine alte Geliebte Theodora [Kirchner] – nicht ohne Erfolg."[135]

Nach dem Tod Bülows (1894) erwies Kirchner ihm die Ehre, indem er als einer der ersten Hamburger Künstler zur Spendenaktion für die Errichtung eines Denkmals des großen Dirigenten aufrief.[136] Während er hier als Musiker geehrt wurde, blieb seine schwierige finanzielle Lage unverändert, obwohl man ihm Unterrichtsgelegenheiten vermittelte. Dank der Brahms–Verehrerin Antonie Petersen (Tochter des Hamburger Bürgermeisters, die nach dem frühen Tod ihrer Mutter die Hausfrau vertrat) wurde im Jahr 1891 nochmals eine erneute Hilfsaktion für Kirchner unternommen, an der sich viele Kunstfreunde beteiligten. Brahms unterstützte seinen Freund Kirchner auch diesmal großzügig mit 1000 Mark.[137]

Brahms half Kirchner weiterhin, indem er ab 1892 regelmäßig größere Summen zum Spätsommer oder zu Weihnachten überwies.

Kirchner wohnte bis zum 24. März 1893 am Neuen Wall 34. Dann zog er zu seiner späteren Schülerin Frau von Begyats, Beim Strohause 73, in Untermiete. Im Jahr 1894 begegnete er seiner Schülerin und Pflegerin Mathilde Schlüter (der Witwe eines Hamburger Bauindustriellen), die sich bis zu seinem Tod aufopfernd um ihn kümmerte:

> „Die göttliche Musik, meine Verehrung für Kirchner und Brahms und der Zufall haben ihn mir, durch eine Schülerin, zugeführt. Ich nahm wöchentlich eine Musikstunde bei ihm, hörte von seiner Lage und zahlte pränumerando für viele Zeit. [...] Im Dezember [1894] hatte er einen Schlaganfall

---

[135]Ebd., S. 372.

[136]Vgl. K. Hofmann: Die Beziehungen zwischen Johannes Brahms und Theodor Kirchner. 1981, S. 144.

[137]Brahms wollte sein Geld jedoch nicht durch die Spendenaktion, sondern direkt an Kirchner schicken mit dem Vorwand, das Geld sei gerade von einem Verehrer Kirchners Musik gebracht worden. Der Verehrer war Brahms selber. Vgl. M. Kalbeck: Johannes Brahms. Bd. 4, 2. Halbband, Berlin 1914, S. 274.

von seinem unregelmäßigen Leben. Freundinnen waren genug da, aber
keine Fürsorgerin; da zahlte ich denn auch noch postnumerando nach
Kräften ab, was ich dem genialen Musiker verdankte."[138]

Sie stellte Kirchner im September 1895 eine ihr gehörende Wohnung in der Bürgerweide 6 kostenfrei zur Verfügung, wo der weitgehend gelähmte Kirchner von einem
Krankenwärter–Ehepaar bestens versorgt war, das in den nach hinten gelegenen
Räumen derselben Wohnung lebte. Sie schickte ihm bei ihr zubereitete Speisen in
die Wohnung und ließ ihn täglich zu sich fahren, wo oft vierhändig musiziert wurde.
Frau Schlüter verschaffte Kirchner Unterrichtsstunden aus ihren Bekanntenkreis und
brachte Ordnung in sein Leben. Trotz der körperlichen Lähmung blieb Kirchner bis
zu seinem Tod geistig hellwach und unterrichtete im Rollstuhl sitzend bis 1902. Am
Vorabend seines 74. Geburtstags (1896) veranstaltete Mathilde Schlüter in ihrem
Haus (Wallstraße 1) eine „Musikalische Soirée" für Kirchner.[139] Bei diesem Ereignis
für Hamburg wirkten außer Frau Schlüter mit weiteren Schülerinnen und Schülern
Kirchners der Königliche Musikdirektor Julius Spengel, der die „Nachtbilder" Kirchners (op. 25) interpretierte, mit.[140] Die Zahl der Schüler Kirchners vermehrte sich,
und er hatte allein wegen seines Gesundheitszustandes eine strenge Auswahl zu treffen.

In Hamburg wurde Kirchner als unumstrittene Musikerpersönlichkeit von den jüngeren Fachkollegen (beispielsweise Richard Barth, Gustav Mahler und Julius Spengel)
geschätzt und zu Rate gezogen. Als Richard Barth 1895 die Klarinetten–Sonaten
op. 120 von Brahms in der eigenen Bearbeitung für Violine und Klavier in Hamburg
aufführte, lud er Theodor Kirchner mit einer Briefkarte vom 23. Juni ein:

> „Verehrter Herr Kirchner! Ich möchte Sie freundlich bitten, uns die Freu-
> de zu machen, nächsten Sonnabend, den 29. Juni um 5 Uhr bei uns
> (Grindelhof 43) zu Mittag zu essen. [...] dann von uns Beiden die neuen

---

[138]Ebd., S. 275.

[139]Das Programm wurde im Aufsatz Hofmanns „Die Beziehungen zwischen Brahms und Kirchner"
gedruckt. In: Festschrift Hans Schneider zum 60. Geburtstag. 1981, S. 149.

[140]Das Werk „Nachtbilder" (Breitkopf & Härtel 1877), bestehend aus zehn Charakterstücken,
zählt zu den anspruchsvollsten Werken Kirchners.

Clarinetten–Sonaten, Op. 120, von Brahms zu hören. Auf Ihre Zusage
hoffend, grüßt Sie hochachtungsvoll

Ihr ergebenster Richard Barth. "[141]

Er war auch ein willkommener Gast in Hamburger Künstlerkreisen, besonders im
Hause des Bürgermeisters Petersen, wohin Musiker, Dichter, Maler und Intellektuelle
von seiner musikinteressierten und kunstempfänglichen Tochter Antonie Petersen oft
eingeladen wurden.

Kirchner komponierte noch in der Hamburger Zeit, obwohl der Umfang mit einigen
Liedern und Klavierstücken (immerhin über zehn Werke) bescheiden ausfällt. Dane-
ben bearbeitete er einzelne Sätze aus den Streichquartetten op. 51, Nr. 1 und 2 und
dem Klavierquartett in c-Moll op. 60 von Brahms, die bis heute noch ungedruckt
sind.[142] Kirchner wohnte in seinen letzten Jahren bei Mathilde Schlüter (Wallerstra-
ße 1), die ihn nach seinem zweiten Schlaganfall zu sich in ihre eigene Wohnung holte,
und verstarb dort am 18. September 1903. Sie schrieb über den Tod an Julia Wirth:

„Am Todestage Kirchners war ich bei ihm, erzählte ihm, daß wir ihm heute Beethovens Quartett vierhändig vorspielen wollten. Um 12 Uhr trank
er seine Schokolade, verschluckte sich, war ohne Besinnung, der Schlaganfall wiederholte sich, und nach 12 Stunden, ohne wieder zu erwachen,
war das glückliche Sterben."[143]

Kirchner wurde am 21. September auf dem Friedhof Hamburg–Ohlsdorf, bei Ka-
pelle 2, zu den Klängen von Schumanns „Abendlied" op. 85, Nr. 12 begraben, das
er zeitlebens sehr liebte und für das er seine gesamten Kompositionen hingegeben
hätte.[144] Eine Blaskapelle spielte dann Mendelssohns „Volkslied", op. 47, Nr. 4, „Es
ist bestimmt in Gottes Rat, daß man vom Liebsten was man hat, muß scheiden [...]".

---

[141]K. Hofmann (Hg.): Johannes Brahms in den Erinnerungen von Richard Barth. Hamburg 1979,
S. 95.

[142]Vgl. K. Hofmann: Die Beziehungen zwischen Johannes Brahms und Theodor Kirchner. 1981,
S. 144.

[143]J. Wirth: Theodor Kirchner und Julius Stockhausen. 1927, S. 383.

[144]Vgl. W. Wintzer: Persönliches von Theodor Kirchner. 1904 S. 11. Richard Barth gab das
vierhändige Klavierstück auf der Violine mit der Begleitung von Julius Spengel auf dem Harmonium
wieder.

Frau Mathilde Schlüter, die über zehn Jahre lang dem Komponisten Kirchner einen ruhigen und würdigen Lebensabend bereitete,[145] sorgte nach dessen Tod weiter für seine Familie in Dresden. Beispielsweise schrieb sie an den Herzog Georg II. in Meiningen Bittbriefe, worauf er mit einem Geldbetrag den zurückgebliebenen Angehörigen Kirchners half. Der Sohn Kirchners konnte als kleiner Eisenbahnbeamter nicht viel verdienen, und die Tochter war nervenkrank.

Der Nachhall zum Tode Kirchners war nicht groß. Zwar schrieben Emil Krause, Josef Sittard, Adolf Steiner und Arnold Niggli, die Kirchner persönlich gekannt hatten, freundschaftliche Nachrufe über ihn, aber von der Allgemeinheit war Kirchner schon vergessen worden. Frau Schlüter bedauert den Umstand:

> „Das Grab [...] wird von uns unterhalten. Aber ob Geburtstags– oder Todestag – keine Künstlerseele denkt mehr an den großen Schüler Robert Schumanns, an den Freund von Johannes Brahms, an den Meister so vieler feiner und poetischer Klavierstücke!"[146]

3.9 Kirchner als Mensch und Künstler

Obwohl Kirchner durch die Förderung von Mendelssohn und Schumann seit seiner Jugend hervoragende Voraussetzungen als Musiker und Komponist hatte, wurde er nicht zu dem, was sie sich einmal von ihm versprochen hatten. Dazu trug sein Wesen einen erheblichen Teil bei, wie Vera Schneider bereits in ihrer psychologischen Analyse über Kirchner konstatierte.[147]

Kirchner war von widerspruchsvoller und gespaltener Natur. Er war „innerlich hingegeben süßen sinnigen Träumen, nach außen entschluß– und energielos, dabei von ungezähmter Leidenschaftlichkeit",[148] so daß er am Leben zu scheitern drohte. Während

---

[145]Für ihn zu sorgen, war Mathilde Schlüter keine leichte Aufgabe. Im Brahms–Institut Lübeck existiert eine Visitenkarte Kirchners, auf deren Rückseite folgende Zeile von ihr geschrieben und von Kirchner eigenhändig am 5. Oktober 1896 unterzeichnet wurde: „Ich verspreche niemals wieder unartig gegen meine Freundin Frau Schlüter zu sein noch Sie zu ärgern."

[146]M. Kalbeck: Johannes Brahms. Bd. 4, 2. Halbband, 1914, S. 275.

[147]V. Schneider: Theodor Kirchner. 1947, S. 10–14.

[148]W. Wintzer: Persönliches von Theodor Kirchner. 1904, S. 11.

er die Leute, oft auch jene, welche ihm nur Gutes wünschten, schroff anfahren konnte, war er selbst übersensibel. Demzufolge blieb er gegen die negativ–schädlichen
Einflüsse und Eindrücke aus der Umgebung nicht abgeschirmt. In seiner jeweiligen
beruflichen Stellung sah er deswegen sehr bald mehr Nachteile als Vorteile, später
nur noch die Schattenseiten. Darum drängte es ihn stets, die Stellen wieder aufzu-
geben, die ihm breiteren musikalischen Einfluß und eine wirtschaftliche Absicherung
geboten hätten. Kaum war er aber diesen Verpflichtungen entronnen, wünschte er
sich wieder in eine gefestigte Stellung zurück, wovon die biographische Skizze bereits
berichtete.

Wagner meinte in seiner Autobiographie, daß sich Kirchner „stets als exzentrisch
darzustellen versuchte".[149]

Nachdem Kirchner bei dem Kaufmann Bourit in St. Gallen von Liszt die B-Dur–
Klaviersonate Beethovens gehört hatte, soll er sich hingegen mit trockener Aufrich-
tigkeit wie folgt geäußert haben: „[...]jetzt könne man doch wirklich sagen, etwas rein
Unmögliches erfahren zu haben; denn für unmöglich müsse er immer noch halten,
was er wiederum doch soeben gehört habe."[150] Sein Bruder Otto charakterisiert ihn
im Brief vom 13. Oktober 1884 an Leuckart als „melancholisch– phantastisch".[151]
Bernhard Scholz nannte ihn „großtuend, dabei zerfahren".[152] Kirchner war jedoch
nicht großtuend, wo es um Musik ging. Für ihn war Musik eine sehr ernste Sache.
Als ausübender Musiker war er selten mit seiner Leistung zufrieden. Vor jedem Auftritt war er in furchtbarer Aufregung, die öfters sogar psychosomatische Störungen
verursachte. Von der Anstrengung eines Konzerts mußte er sich tagelang erholen. So
war ihm die Selbstgefälligkeit mancher Kollegen zuwider. Er äußerte sich über das
Auftreten eines bekannten Sängers in Zürich gegenüber Riggenbach–Stehlins folgendermaßen:

> „Der Sänger Dr. Schmid [Wiener Hofopernsänger] war auch da und sang
> seinen gewöhnlichen Schund mit einer höchst kolossalen, aber für diesen

---

[149]Richard Wagner: Mein Leben. 1986, Bd. 2, S. 106.

[150]Ebd. S. 110.

[151]Zitiert nach R. Sietz: Theodor Kirchner. 1971, S. 69.

[152]B. Scholz: Verklungene Weisen. Mainz 1911, S. 111.

Zweck verschwendeten Kraft. Es kam mir vor, als ob man eine Lokomotive vor einen Korb mit faulen Eiern gespannt hätte."[153]

In einem anderen Brief an sie hieß es:

> „Man soll eben die Kunst nur der Kunst wegen treiben, [...] Wieviel gibt es gute Klavierspieler, die doch nicht im Stande sind, ein einziges der phantasiereichsten und genialsten Stücke von Schumann richtig im Geiste zu spielen! Diese Region ist ihnen eben verschlossen. [...] Das Gefühl und das Verständnis tut's nicht allein, es muß Darstellungskraft vorhanden sein, und im höchsten Sinne! – sonst lockt man keinen Hund hinter dem Ofen hervor."[154]

Kirchner lebte für seine Kunstideale und kannte somit keinen Kollegenneid. So machte er in seiner Züricher Zeit dem jüngeren Hegar den Weg zum Vereinsdirigenten frei, als er erkannte, daß sein Talent nicht im Dirigieren lag. In der Anerkennung Brahmsscher Musik setzte er sich für ihn ein und freute sich an seinem Glück und Erfolg ohne jeden Vorbehalt.

Als weitere gute menschliche Züge sind Hilfsbereitschaft und Gutmütigkeit zu nennen. Als Hegar in seinen ersten Jahren in Zürich finanziell sehr zu kämpfen hatte, veranstaltete Kirchner in seiner eigenen Wohnung Sonntagsmatineen gegen Eintrittsgeld, nachdem bereits zuvor eine Benefizsoiree, die auch von Kirchner für ihn arrangiert worden war, nicht mit dem erhofften Resultat ausfiel.[155] Er ermöglichte dem Vater und dem Bruder (Otto) eine Schweizreise. Aus seiner Selbstlosigkeit schickte er ganz armen Verwandten zuweilen auch etwas, obwohl er und seine Familie fast immer in Sorgen steckten.[156] Daß Kirchner wohl nie aus den Schulden herausgekommen zu sein scheint, lag wohl auch daran, daß er an das Leben einen hohen Anspruch stellte, den er im Brief vom 12. Juli 1885 an Leuckart zugab: „Möglich, daß man auch mit weniger auskommen kann, wenn man schlecht lebt. Das kann und mag ich aber nicht

---

[153]P. Schneider: Theodor Kirchner. 1949, S. 9.

[154]P. Schneider: Theodor Kirchner. 1949, S. 13.

[155]Vgl. P. Schneider: Theodor Kirchner. 1949, S. 25.

[156]Kirchner schrieb 1888 an Hofmeister spöttisch, dies sei „allerdings ein Fehler ... eine angeborene Noblesse". Zitiert nach R. Sietz: Theodor Kirchner. 1971, S. 68.

und danke lieber für das ganze Herumkriechen auf dieser albernen Erde".[157] Diese ungewöhnliche Haltung erklärt sich daraus, daß er sich des eigenen Wertes bewußt war. Er schrieb 1878 an Stockhausen: „Um einiges in mir ist's schade, aber um's ganze nicht".[158] Im Brief vom 22. September 1887 an Hofmeister hieß es:

> „Ich mag gefehlt haben hie und da. Ein ganz elendes Ende habe ich nicht verdient, denn meine Gesinnung im Leben wie in der Kunst war doch nicht so schlecht wie von manchen, denen es gut geht."[159]

Einige Eigenschaften hatte Kirchner mit Brahms gemeinsam, beispielsweise die hohen Anforderungen an die Musik, die Vorliebe für Humor und Kalauer, das schroffe Verhalten und die schonungslose Offenheit auch gegenüber Außenstehenden. Dennoch waren sie gegensätzliche Charaktere, woraus das anders geartete Leben der beiden resultiert. Kirchner war ein ungeordneter Mensch und konnte z.b. mit Geld nicht umgehen, wie bereits geschildert. Er kannte auch keine Selbstdisziplin, so daß er nicht imstande war, einer Sache zielstrebig nachzugehen. Unentschlossen, weich und antriebsschwach hatte Kirchner weiter mit seinen extremen Gefühlsschwankungen zu kämpfen.

Kirchner und Brahms kamen jedoch in der künstlerischen Konzessionslosigkeit wieder zusammen. So lehnte Kirchner die Aufforderung, sich größeren Formen zu widmen, standhaft ab und blieb in der Liedform. An Hofmeister schrieb er: „Es widerstrebt mir, etwas Unvollkommenes zu machen".[160] Er meinte damit, daß sein Ideal nicht leicht zu erfüllen war. In den sechziger Jahren fand er bereits „etwas Zurückhaltung klüger".[161] Somit zeigte Kirchner eine konsequente Haltung in seiner Kunst. Seine Rechtfertigung an denselben Hofmeister vom 20. März 1889 klingt zynisch: „Leider habe ich kein Talent, oder zuviel, um etwas Schlechtes zu machen – aber zu wenig Genie, um es so gut zu machen, als ich möchte."[162]

---

[157] Ebd., S. 67 f.

[158] J. Wirth: Theodor Kirchner und Julius Stockhausen. 1927, S. 372.

[159] Zitiert nach R. Sietz: Theodor Kirchner. 1971, S. 68.

[160] Zitiert nach R. Sietz: Theodor Kirchner 1971, S. 69. Brief vom 18. Februar 1889.

[161] P. Schneider: Theodor Kirchner. 1949, S. 12.

[162] Zitiert nach R. Sietz: Theodor Kirchner. 1971, S. 69.

Kirchner blieb geistig bis zum Schluß rege und zeigte auch waches Interesse für die Kompositionen von Grieg, Smetana, Dvořák, Tschaikowsky und Richard Strauss. Trotz seiner fast vollständigen Lähmung besuchte Kirchner noch Konzerte, wobei er von zwei starken Männern „wie ein Bündel in den Saal geschleppt wurde."[163] Im Frühjahr 1903 (er starb im September des Jahres) hörte Kirchner sein letztes Konzert, in dem die neunte Symphonie Beethovens unter der Leitung von Kapellmeister Fiedler erklang. An der Stelle „Seid umschlungen Millionen" rief er unwillkürlich aus „Wie ist dies wunderbar, wie wunderbar!"[164] Zuhause wurden Kirchner auf seinen Wunsch hin immer wieder Werke von Johann Sebastian Bach vorgespielt, dessen Suiten im vierhändigen Arrangement er besonders gern hörte.

Theodor Kirchner hielt Brahms für das letzte Glied einer Kette, die „mehr als zwei Jahrhunderte die ruhmreichste und bedeutendste Periode deutscher Musikgeschichte umschloss."[165] Von ihr war er ein Zeuge, der auch Mendelssohn und Schumann gekannt hatte. Als Neunundsechzigjähriger schrieb er an Brahms: „Sonst bin ich noch fast gesund und begreife oft nicht, dass ich Mendelssohn und Schumann gekannt habe, ehe sie verheiratet waren, und Schumann mit dem kleinen Kirchner gern spazieren ging, weil er ihn nicht im Componieren von Davidsbündlertänzen störte."[166]

3.10 Freundschaften

Das Leben Kirchners war sehr eng mit dem der Komponisten Schumann und Brahms verbunden, für deren Werke er sich zeitlebens einsetzte. Im Gegensatz dazu, daß die direkte Beziehung zu Robert Schumann auf seine jungen Jahre konzentriert und dann durch dessen Tod im Jahr 1856 beendet wurde, konnte Kirchner sein Leben lang die Freundschaft zu Brahms pflegen, die bis zum Tod von Brahms (1897) andauerte. Er fühlte sich ebenfalls mit Bülow und Stockhausen als bedeutende Interpreten der beiden Komponisten geistig verbunden: Bülow spielte als erster ein Werk von Brahms

---

[163]K. Hofmann: Brahmsiana der Familie Petersen. Erinnerungen und Briefe. In: Brahms–Studien. Bd. 3 1979, S. 81.

[164]A. Niggli: Theodor Kirchner. 1904, S. 12.

[165]J. Sittard: Theodor Kirchner. 1903/04, S. 115.

[166]R. Sietz: Theodor Kirchner. 1971, S. 60.

– den ersten Satz der C-Dur–Klaviersonate, op. 1 – in einem öffentlichen Konzert (Hamburg, 1. März 1854)[167] und trat ab 1877 als Brahms–Dirigent auf. Stockhausen trug in der Begleitung Kirchners in dessen Schweizer Zeit die Schumannschen Lieder vor.

3.10.1 Die Freundschaft mit Stockhausen, Robert und Clara Schumann und Bülow

Kirchner traf Stockhausen zu Beginn des Jahres 1850 auf dem Musikfest in Winterthur, als er siebenundzwanzig und Stockhausen vierundzwanzig Jahre alt war. Sie wurden gleich gute Freunde und blieben in Kontakt. Während Kirchner bei der Trauung Stockhausens in Hamburg auf der Orgelbank saß,[168] bot er ihm zur Taufe seiner Tochter Emmy (13. März 1870) das Patenamt an, was dieser gern annahm. Weil Stockhausen jedoch zeitlich verhindert war, schickte er stattdessen ein Taufkleid als Geschenk.[169] Als Künstler vereinigten sie sich seit ihrer ersten Begegnung des öfteren bei den Schumannschen Liedern, sowohl im privaten Kreis wie bei Riggenbach–Stehlins,[170] Wesendoncks und Rieter–Biedermann als auch öffentlich. Wie erfolgreich das gemeinsame Musizieren der beiden war, läßt sich aus einer Notiz von Wilhelm Baumgartner erahnen, die ein Konzerterlebnis (1862) in Zürich schildert:

---

[167]Vgl. K. Geiringer: Johannes Brahms. Sein Leben und Schaffen. Basel 1974 (2., erw. und verbesserte Aufl. Zürich/Stuttgart 1955), S. 53.

[168]Vgl. S. 47.

[169]Vgl. J. Wirth: Theodor Kirchner und Julius Stockhausen. 1927, S. 319 (Brief vom 3. März 1870) und S. 336 (Brief vom 30. März 1870).

[170]Es war ein geistiger Genuß für alle Zuhörer, „wenn sich Theodor Kirchner an den Flügel setzte und, [...] wie im Traum vor sich hinspielte, Schumannsche Liederthemen mit eigener Erfindung verbindend, bis dann vom obern Stock Julius Stockhausen, helläugig und langbärtig, wie ein Priester aus der Zauberflöte, den Triumphgesang Fausts: 'Es kann die Spur von meinen Erdentagen nicht in Aeonen untergehn!' als Vorübung vor sich hinschmetternd, die Treppe herabkam und nun die beiden zusammen den 'Flutenreichen Ebro' und das ganze spanische Liederspiel improvisierten, bis der gesamte Kettenhof, vom Hausherrn bis zum letzten musikalischen Bureauangestellten, um sie versammelt war." E. Probst: Friedrich Riggenbach–Stehlin. 1905, S. 38 f.

„Die Krone des Abends war die Dichterliebe, ein Liederkreis von Heine, komponiert von Schumann, vorgetragen von Stockhausen und begleitet von Kirchner. Das Ganze ein Guß voll Poesie, Stimmungen und höherer Auffassung, eine eigentliche künstlerische Reproduktion. Stockhausen mit schönem Stimmumfang, die Kopfstimme durchaus aufs feinste verwendet und das Tonkolorit mannigfaltig schattiert, kurzum vollendet und jedes Wort vortrefflich gesprochen. Kirchner löste seine schwere Aufgabe als Künstler, jeder Ton bewußt mit Hingebung und vollster Beherrschung des Kunstwerkes, ganz in Schumann eingelebt und verwebt. Der Eindruck auf mich war groß und unvergeßlich."[171]

Stockhausen war Kirchner als feinfühligster Begleiter „lieber als Brahms, der übermütige Kraftmensch aus Hamburg".[172] So äußerte er anläßlich der gemeinsamen Tournee durch die französische Schweiz 1868:

„Er [Kirchner] ist viel gewissenhafter im Begleiten als Brahms. Was er einmal übernommen hat, macht er auch recht und scheut die Mühe nicht, und bildet sich nicht gleich ein, alles zu können."[173]

Diese Konzerte in Genf, Lausanne und Morges waren von großem Erfolg und schenkten den beiden beglückende Momente, weil sich das Publikum von dem Vortrag der deutschen Lieder begeistert zeigte. Stockhausen und Kirchner wurden dort als „Missionaires"[174] bezeichnet, weil sie deutsche Musik bekannt machten.[175] Höchst zufrieden über die Leistung des Sängers und sich selbst[176] schrieb Kirchner am [5.] Mai Frau Clara Stockhausen wie folgt:

---

[171] C. Widmer: Wilhelm Baumgartner. 1868, S. 132 f.

[172] J. Wirth: Julius Stockhausen. Der Sänger der deutschen Liedes. Nach Dokumenten seiner Zeit dargestellt. Frankfurt/Main 1927, S. 313.

[173] P. Schneider: Theodor Kirchner. 1949, S. 4.

[174] J. Wirth: Theodor Kirchner und Julius Stockhausen. 1927, S. 318. Stockhausen verfertigte die sinngemäße Übersetzungen der Liedtexte und verhalf dem Publikum zum besseren Verständnis der Lieder.

[175] Als Pianist trug Kirchner seine „Präludien", „Albumblätter" und kleinere Stücke von Schumann vor. Vgl. ebd., S. 319.

[176] Die Zufriedenheit mit sich selbst ist bei Kirchner bekanntlich eher eine Ausnahme.

„Herr Julius singt prächtig, und noch viel schöner wenn's recht voll ist
– z.B. gestern in Genf. Der 'Nußbaum' von Schumann war wohl, ohne
unbescheiden zu sein, die vollendetste Leistung die jemals in der Welt
und namentlich am Genfersee vorgekommen. Sogar die Begleitung war
von Nußholz."[177]

Stockhausen half in späteren Jahren dem Freund und Begleiter Kirchner bei dessen
finanziellen Sorgen mit Geldbeträgen und Konzerten.[178] Die tiefe, innige und herz-
liche Freundschaft Stockhausens zu ihm schlägt sich in seinem letzten Brief an ihn
(24. August 1901) nieder, den er mit fünfundsiebzig Jahren schrieb:

„Lieber Freund! – Vor mir steht ein anmutiges Bild: eine Whist–Partie.
Das Bild hat Frau Schlüter meiner Frau geschickt und ich habe es mit mir
herumgetragen, um der verehrten, liebwerten Frau zu danken dafür, daß
sie für Dich tut was Clara und ich schon lange gerne getan hätten, aber
nicht tun konnten. [...] um Dir zu sagen, daß ich viel an Dich denke und in
diesem Lande[179] gar viel an die Zeit, wo Du dir die Mühe gabst, mich in
Vielem zu unterrichten was ich nicht wußte und nicht konnte. Habe noch
nachträglich herzlichen Dank dafür; ich werde es nie vergessen. [...] Wie
gerne würde ich Dir wieder die Hand drücken! Sage Frau Schlüter, wie
sehr Ihre Güte zu Dir mich beglückt und diktiere ihr bald ein Briefchen
für mich: [...] Wer begleitete je die Mondnacht, Die Stille, In der Fremde, Frühlingsnacht wie Du? Und den Liederkreis von Beethoven? u.s.w.,
u.s.w. Ich glaube, ich sänge wieder wenn Du am Klavier säßest!"[180]

Aus einem Brief Levis an Brahms vom 4. Februar 1865 ist Kirchners dauerhafte Verehrung Schumanns zu ersehen: „[...] wir sind in seinen Augen Ketzer, weil wir nicht
wie er auf jede Note Schumann's schwören, sein drittes Wort in einer musikalischen
Diskussion ist Schumann; ich denke mir ihn immer am Klavier sitzen und 'Warum'[181]

---

[177] J. Wirth: Theodor Kirchner und Julius Stockhausen. 1927, S. 318.
[178] Vgl. ebd., S. 352. Vgl. hier S. 45.
[179] Stockhausen weilte zu Kur in Ober-Baden bei Zürich, als er diesen Brief schrieb.
[180] J. Wirth: Theodor Kirchner und Julius Stockhausen. 1927, S. 383.
[181] Es ist aus Schumanns „Phantasiestücken" op. 12, Nr. 3.

spielen."[182] Robert Schumann fühlte sich auch von ihm verstanden, schrieb er am 19. Juni 1843 an seinen Freund Johannes Verhulst im Haag wie folgt: „In [Th.] Kirchner allein find' ich eine warme Musikseele [...]"[183] Es ist bezeichnend, daß sich die Wahlverwandtschaft zwischen Robert Schumann und Theodor Kirchner auf das äußere Erscheinungsbild ausdehnte, worauf einige Zeitgenossen wie Arnold Niggli und Livia Frege hinwiesen.[184] Stephen Heller stellte wie Niggli fest, daß die Schriftzüge der beiden Komponisten ebenfalls sich ähnelten, wenngleich die Schumanns weniger leserlich waren.[185]

1851 gewann Theodor Kirchner mit seinem „Preislied" nach dem Gedicht „Du wundersüßes Kind" von Otto Sternau (Köln, Schloß 1852) den ersten Preis unter mehr als zweihundert Bewerbern, als der Musikalienhändler M. Schloß die Summe von fünfzig Talern für ein Lied für eine Singstimme mit Pianoforte ausgesetzt hatte. Die anschließende Einladung nach Köln im September war Kirchner willkommen. Während der Reise besuchte er dann in Düsseldorf die Schumanns. Aus einem Brief, den Kirchner unterwegs an Blanca Amsler[186] schrieb, erfährt man seine bleibende Treue zu Schumann und die Hochachtung für seine Musik.

> „Morgen früh fahre ich nach Düsseldorf zu meinem lieben Schumann.
> [...] Bis jetzt habe ich doch noch keinen so großen Verehrer von Schumann gefunden wie mich, und das ist mein größter Stolz. In zehn Jahren wird mans sehen, daß ich recht hatte. Merkwürdig, sogar seine größten Verehrer aus früherer Zeit sind von ihm abgefallen, zum Beispiel Robert Franz, Liszt und viele andere, deren Namen Ihnen nicht bekannt sind. [...] alle können ihn nicht leiden. [...] Wie viel edle Naturen mags in so

---

[182]J. Brahms: Briefwechsel. Bd. 7 1910, S. 21.

[183]G. Jansen (Hg.): Robert Schumanns Briefe. Neue Folge. 1904, S. 229.

[184]Vgl. A. Niggli: Theodor Kirchner. 1888, S. 3. Vgl. B. Litzmann (Hg.): Clara Schumann. 1920, Bd. 3, S. 79.

[185]Vgl. La Mara (Hg.): Musikbriefe aus fünf Jahrhunderten. 1886, S. 284.

[186]Sie war die musikalisch hochbegabte Tochter des berühmten Kupferstechers Samuel Amsler von Schinznach. Er wirkte vom Frühling 1829 bis zu seinem frühen Tode im Mai 1849 als Professor an der Kunstakademie in München. Dieser und seine Frau standen mit einigen Winterthurern in freundschaftlichem Verhältnis. Kirchner widmete der Freundin Blanca Amsler seine „Vier Lieder" (op. 4), die 1852 erschienen.

großen Städten wie Frankfurt und Köln geben, die gewiß fähig wären, Schumannsche Musik zu empfinden, wenn sie damit auf die rechte Art bekannt gemacht würden! Aber es ist nicht möglich; denn man hält die Menschen ganz systematisch zurück oder macht sie auf eine Art damit bekannt, daß ihnen die Lust vergeht."[187]

Weiterhin berichtete Kirchner über das vergnügliche Zusammensein mit seinem verehrten Robert Schumann wie folgt:

„Er [Schumann] war bei sehr guter Laune und noch ganz unverändert, nur etwas gesprächiger als früher. Bei einer Flasche Rheinwein und Zigarren unterhielten wir uns bis 11 Uhr vortrefflich. [...] Es ist merkwürdig, von welchem hohen Standpunkte Schumann alles beurteilt, wie ruhig und klar, nachsichtig und unparteiisch, wie ihn das Treiben der Welt um ihn her auch gar nicht berührt, ihn nicht irre macht – ruhig geht er seine Bahn, das höchste Ziel verfolgend. Und doch hat er für alles Interesse. Die Kompositionen der jungen Schar kennt er sämtlich, [...] und kann mit wenigen Worten so viel über alles sagen! Er hat mich sehr gern und war gestern offenbar erfreut über mein Verständnis seiner Sachen. Es wunderte ihn, daß ich alle die Stücke mit ihm besprach, die er selbst für seine besten hält und worüber ihm sonst noch niemand etwas gesagt habe. Also gehörigen Respekt vor meiner feinen Nase! [...] Schumann hat mich sehr gelobt und einiges gesagt, was mir die Bescheidenheit verbietet niederzuschreiben."[188]

Nach dem Tod Schumanns blieb Kirchner zunächst mit der Witwe Clara Schumann in Kontakt, der einerseits durch die Schumann–Verehrung und andererseits durch die Begeisterung für die Brahmssche Musik doppelt befestigt war. Clara Schumann bemerkte bald Kirchners schwankenden und übersensiblen Charakter, der einer gesicherten Lebensführung hinderlich war. In ihrem Tagebuch vom 7. Dezember 1857 liest man folgende Zeilen:

---

[187]R. Hunziker: Theodor Kirchner in Winterthur. 1935, S. 240.
[188]Ebd., S. 241.

„Kirchner kam heute Nachmittag. Er spielte mir Vieles von sich selbst vor. Es ist schade um ihn, es wird nichts Ordentliches aus ihm bei aller sonstigen Begabung. Er ist ein Träumer, das gefährlichste für einen jungen Künstler, wenn er nicht Kraft genug besitzt sich da heraus zu reißen! Ich mußte immer an Johannes denken, der sich mehrmals gerade über diese Gefahr so schön ausgesprochen. Kirchner ist das Beispiel eines in Träumerei fast untergegangenen Menschen, nicht nur Künstlers, denn in seiner ganzen Persönlichkeit ist kein Halt."[189]

Sie wollte Kirchner helfen, der offenbar von seiner jeweiligen Laune abhängig und somit willensschwach war, indem sie ihn also als Kunstfreundin unaufhörlich ermunterte. So lautet beispielsweise ihr Brief vom 13. Juli 1862 folgendermaßen:

„[...] bekämpfen Sie Ihre Stimmungen, ein Mensch muß sich nie aufgeben, dann ist er ja verloren und nun gar ein Mensch mit solchen Gaben wie Sie. [...] Raffen Sie sich auf lieber Kirchner, [...]"[190]

Clara Schumann bedauerte bereits, daß Kirchner sich bis dahin nur in kleinen Liedformen bewegte. Nach Erhalt der ihr gewidmeten „Präludien" (op. 9) riet sie ihm in ihrem Dankesbrief vom 27. Juli 1859, an größere Werke zu denken: „Möchten Sie sich doch bald in größeren Werken ausbreiten, – haben Sie das Quartett nicht wieder vorgenommen? welche Freude wäre es mir, könnte ich Sie dazu anregen! oder ein Clavierconcert, oder sonst Größeres ..."[191]

Nachdem sie sich im Sommer 1862 häufig wiedergesehen und zusammen musiziert hatten, verliebte sich Kirchner aus der herzlichen Freundschaft heraus in Clara Schumann, die dann am 5. Dezember 1862 folgende Antwort an ihn schrieb:

„Die Beantwortung Ihres letzten Briefes liegt mir schwerer auf der Seele, als Sie es denken mögen; immer und immer muß ich daran denken, was

---

[189]B. Litzmann (Hg.): Clara Schumann. 1920, Bd. 3, S. 29.

[190]Ebd., S. 124.

[191]Ebd., S. 59. Am 5. August schrieb Clara Schumann an Brahms: „Schade ist's, daß er [Kirchner] sich nicht an Größeres macht. Ich habe ihm wieder sehr zugeredet – ich kann gar nicht gut zusehen, wie solch eine musicalische Natur so untergeht im Dämmern." Ebd., S. 60.

daraus werden soll, wenn Sie so fort schwärmen, wie Sie es in Ihren Briefen thun? Sie sagen Selbst, Sie fühlen, daß Sie über das Maß der Freundschaft hinaus gehen, aber, wo soll das hin? ein unnatürliches Verhältnis kann nicht bestehen, eine solche Schwärmerei nicht dauern, am allerwenigsten für eine Frau in meinem Alter. [...] ich habe treuen Künstlersinn und ein treues Herz, nichts mehr."[192]

Im darauffolgenden Sommer 1863 verbrachten die beiden doch wieder einige Wochen miteinander in Lichtenthal, wo Clara Schumann ein Haus neu bezog.[193] Sie schrieb darüber an Joseph Joachim euphorisch: „[...] das schönste des Sommers aber war Kirchners beinah vierwöchentliche Anwesenheit hier, er wohnte bei mir, und verlebten wir schöne, gemüthliche Tage".[194]

Die freundliche Beziehung der beiden brach jedoch 1864 ab. Kirchner wurde von Clara Schumann zuletzt in einem Brief vom 23. Juni 1864 ganz nüchtern erwähnt. Sie schrieb am 19. Juni 1865 an Brahms, als er sich nach der Basler Reise[195] mit Levi und Kirchner nach Baden–Baden begab, daß sie Kirchner nicht in ihrem Hause sehen wolle, da er „ein zu großer L."[196] sei. Was zwischen ihnen genau vorgefallen war, ist nicht bekannt. Sie wurde aber sicherlich durch seine chaotische Lebensführung enttäuscht. Als das Gerücht ging, daß Kirchner nach Frankfurt übersiedeln werde, schrieb sie an Brahms am 24. November 1866, es gäbe „in Frankfurt keine Leute, wie Levi, Wesendoncks, Riggenbachs u.a., die aus Schwärmerei die Schulden bezahlen würden".[197] In ihrem Tagebuch vom 19. Juni 1884 drückte sie ihre Resignation über die Freundschaft mit Kirchner aus:

„Ich habe heute mich einmal überwunden die alten Briefe von Kirchner durchzulesen ... Könnte ich doch diese Freundschaft ganz aus meinem Leben streichen, denn ich gab das Beste meines Herzens einem Menschen,

---

[192]Ebd., S. 133 f.

[193]Vgl. S. 32.

[194]R. Hofmann: Johannes Brahms im Spiegel der Korrespondenz Clara Schumanns. In: Hamburger Jahrbuch für Musikwissenschaft. Bd. 7 Laaber 1984, S. 53.

[195]Vgl. S. 68.

[196]B. Litzmann (Hg.): Clara Schumann – Johannes Brahms. 1927, Bd. 1, S. 513.

[197]Ebd., S. 545.

den ich wähnte durch diese Freundschaft vom Untergang zu retten, ...
ich wollte ihn den so reich begabten zu einem tüchtigen Menschen und
Künstler machen, seinen Charakter, der durch Verwöhnung von allen
Seiten verdorben war veredeln, ihm durch die Freundschaft wieder Freude
am Leben geben, kurz ich lebte in den Idealen und dachte nie daran, daß
ich einen fertigen Menschen vor mir hatte. Es war eine sehr traurige
Erfahrung, die ich machte! Ich habe viel dadurch gelitten und nur Trost
in dem Bewußtsein gefunden, daß ich das Beste gewollt habe."[198]

Wie es im Kapitel der Biographie Kirchners dargestellt wurde, kannten sich Kirchner
und Hans von Bülow seit den fünfziger Jahren. Bülow schätzte ihn bereits damals
außerordentlich[199] und half ihm besonders in dessen Hamburger Zeit, wohin er ihn
schließlich zu kommen veranlaßt hatte. Er holte Kirchner täglich zum Spaziergang
ab und führte ihn in die ersten musikalischen Kreise ein. Es ist nicht verwunder-
lich, daß der cholerische und schroffe Charakter Kirchners auch zu dieser Zeit den
Umgang mit anderen Musikern und Menschen erschwerte, die ihm sogar nur Gutes
wünschten. Kirchner soll in seiner Brahms–Verehrung in einer Gesellschaft ausgeru-
fen haben: „Die Hamburger sind alle Schafsköpfe, daß sie Brahms nicht begreifen!"[200]
Er beklagte sich bei Bülow über seine Schwierigkeiten in Hamburg. Bülow schrieb
an Brahms (17. Februar 1892):

> „'Ich fühle mich so ungeheuer überflüssig', sospirierte sie [Kirchner] neu-
> lich wieder 'mal. Da wurde ich endlich unwirsch–unwirsch und schnauzte
> sie an: machen Sie sich flüssig!"[201]

Als ehemaliger Wagner–Dirigent und Schüler von Liszt stritt sich Bülow ständig mit
Kirchner, weil Kirchner Liszt haßte[202] und Wagner mißachtete. Kirchner nannte Wag-

---

[198]B. Litzmann (Hg.): Clara Schumann. 1920, Bd. 3, S. 454.

[199]Vgl. S. 29.

[200]W. Wintzer: Persönliches von Theodor Kirchner. 1904, S. 11. Als Bülow am anderen Morgen
bei Kirchner anklopfte und Kirchner zurückrief: „Wer ist da?", antwortete Bülow scherzend: „Ein
Schafskopf". Ebd., S. 11.

[201]Bülows Antwort an Kirchner hatte gelautet: „So lange man flüssig ist, ist man nicht überflüssig."
M. von Bülow (Hg.): Hans von Bülow. Briefe und Schriften. Bd. 7 Briefe. 1908, S. 372.

[202]Kirchner und Brahms spielten 1866 bei Billroth vierhändig Symphonische Dichtungen von Liszt
wie „Dante", „Mazeppa" und „Prometheus" als Beispiele schlimmer Musik. Billroth beschimpfte sie

ner einen großen Dilettanten, „der im Lohengrin ein sentimentales Rührstück gedichtet habe und doch in der Faust–Ouvertüre absoluter Meister sei".[203] In der gemeinsamen Anerkennung Brahms' waren Bülow und Kirchner sich einig. Bülow hob (14. Mai) 1882 Kirchner „nach zwölfjährigem eifrigen Studium des großen Meisters"[204] als Brahms–Experte wie folgt hervor:

> „Diesen Künstler [Kirchner] halte ich zur Zeit für den competentesten,
> auseinanderzusetzen, welcher 'himmelweite Unterschied' die Schöpfung
> eines Brahms von den Arbeiten derjenigen Zeitgenossen trennt, welche
> die rührende Naivität besitzen, sich deshalb seine Collegen zu nennen,
> weil ihnen einige leidliche Verse gelungen sind in der Classikersprache,
> 'die für sie dichtet und denkt'."[205]

3.10.2 Freundschaft mit Brahms

Das freundschaftliche Verhältnis zwischen Kirchner und Brahms ist heute sogar den meisten Brahms–Spezialisten nur oberflächlich bekannt, weil es oft in der Literatur über Johannes Brahms übergangen wird. In der Brahms–Biographie von Christian Martin Schmidt findet man erstaunlicherweise den Namen Kirchner nicht einmal in den Tabellen, welche die zeitgenössischen Komponisten um Brahms, die Interpreten seiner Werke und seine Freunde enthalten,[206] dabei spielte Kirchner doch in allen drei Kategorien eine nicht zu unterschätzende Rolle. Dieser Umstand liegt zum großen Teil darin begründet, daß die Werke Kirchners heute in Vergessenheit geraten sind. Er hinterließ, abgesehen von den nicht sehr zahlreichen Briefen, kein Schrifttum über Musik und Musiker. Die lebenslange Beziehung zwischen Kirchner und Brahms bedarf insofern besonderer Beachtung, da sie vor allem auf der künstlerischen Ebene

---

als „Horrible Musik! Lauter Höllenmusik!" Kirchner rief aus: „Abwischungsmusik". Vgl. G. Fischer (Hg.): Briefe von Theodor Billroth. Hannover 1922, S. 57.

[203]W. Wintzer: Persönliches von Theodor Kirchner. 1904, S. 11.

[204]M. von Bülow (Hg.): Hans von Bülow. Briefe und Schriften. Bd. 3 Ausgewählte Schriften. 1911, 2. Abteilung S. 246.

[205]Ebd., S. 246.

[206]Chr. Schmidt: Johannes Brahms und seine Zeit. Laaber 1983, S. 40–42.

beruhte, wenngleich Brahms in späterer Zeit den in Not geratenen Freund mehrfach wirtschaftlich unterstützt hat.

Laut Max Kalbeck haben sich die beiden Musiker beim 34. Niederrheinischen Musikfest getroffen, das 1856 in Düsseldorf abgehalten wurde: „Für Brahms aber wurde es von ganz besonderer Bedeutung, weil es ihm neben älteren Bekannten und Freunden, [...] ein paar junge Künstler zuführte, mit denen er sich herzlich befreundete: Theodor Kirchner und Julius Stockhausen."[207] Sie hatten sich jedoch hier noch nicht persönlich kennengelernt: Denn Brahms bestellte im Brief vom 28. Februar 1858 Clara Schumann Grüße an „Rieter und Kirchner unbekannterweise".[208] Es ist anzunehmen, daß Kalbeck sich auf den Artikel von Gustav Flügel in der NZfM bezog,[209] der über das Musikfest berichtet und eine Namenliste der wichtigsten Gäste anführt. Unter ihnen sind tatsächlich Brahms und ein Kirchner zu finden, der jedoch aus Hannover stammt und bei den Mitwirkenden im Orchester genannt wird. Demnach wäre der dort erwähnte Kirchner nicht Theodor Kirchner aus Winterthur.

Kirchner wurde wahrscheinlich durch den Aufsatz Schumanns „Neue Bahnen"[210] von 1853 auf Brahms aufmerksam, es sollte aber noch bis zum Jahr 1865 dauern, bis sie sich persönlich kennenlernten. Es ist belegbar, daß Brahms und Kirchner durch vermittelnde Bekannte stets in Verbindung blieben bis zu ihrem ersten Zusammentreffen. So wurde der Name Kirchner in den Briefen Brahms' an den Verleger Rieter–Biedermann häufig erwähnt, dessen Interesse für Brahms von der Werbung Kirchners herrührt:[211] Schließlich erschienen in dem Verlag ab 1860 Kompositionen von Brahms.

Brahms lernte vermutlich während der Zeit, in der er Schumanns Bibliothek nach dessen Selbstmordversuch ordnete, die Lieder und die ersten Klavierwerke Kirchners kennen, wodurch bei ihm das Interesse an Kirchners Kompositionen geweckt wurde. Im Brief vom 2. April 1859 schrieb er an den Verleger: „Auf neue Werke von

---

[207]M. Kalbeck: Johannes Brahms. Bd. 1 1904, S. 283.

[208]B. Litzmann (Hg.): Clara Schumann – Johannes Brahms. 1927, Bd. 1, S. 220.

[209]G. Flügel: [ohne Titel]. In: NZfM Bd. 44 1856, S. 247 f.

[210]R. Schumann: Neue Bahnen. In: NZfM Bd. 39 1853, S. 185 f.

[211]Vgl. M. Kalbeck: Johannes Brahms. Bd. 1 1904, S. 284.

Kirchner freue ich mich und bitte Sie, mir gütigst diese zukommen zu lassen."[212] Wie begeistert sich Kirchner seinerseits für die Kompositionen Brahms' zeigte, teilte Clara Schumann, die im Sommer 1862 in der Schweiz weilte und viel mit Kirchner musizierte, Brahms mit (Brief vom 14. August):

> „Ich wollte wohl, Du hörtest den einmal über Deine Sachen sprechen, mit welcher Wärme, und dabei mit welcher Klarheit er ein jedes beurteilt, wie es Dir wohl Freude machen müßte zu hören. Seit langer Zeit, sagte er, liege ihm nur Deine Musik im Sinn, und habe er derselben schon viel glückliche Stunden zu danken."[213]

Zwei Wochen später schrieb sie wieder an Brahms (Brief vom 29. August):

> „[...] jeden Tag summen wir [Clara und Kirchner] eine andere Melodie von Dir, die uns nicht aus dem Sinne geht. Kirchner läßt Dir einstweilen sehr danken, daß Du die à 4/m.–Variationen geschickt, [...] Willst Du nicht Kirchner die Freude machen, ein Exemplar Deiner Händel–Variationen zu schicken? Ich spielte sie ihm heute, und er sprach wieder mit solcher Begeisterung darüber, daß ich mir dachte, es würde ihn gewiß sehr freuen, sie von Dir selbst zu haben."[214]

Im Brief vom 3. September desselben Jahres stellte Clara Schumann Kirchner als Kenner Brahmsscher Musik heraus:

> „Die Variationen haben wir schon öfter gespielt und mit großer Freude daran, wobei ich denn immer noch besonders meine Freude an Kirchners Enthusiasmus habe. Ich möchte wohl behaupten, daß er nächst Joachim am besten Dich versteht, es entgeht ihm nichts."[215]

Clara Schumann betont dies ungefähr zehn Monate später (10. Juli 1863) noch eindringlicher, es entginge Kirchner „schon das erste Mal keine schöne Note."[216] Brahms'

---

[212] J. Brahms: Briefwechsel. Bd. 14 1919, S. 32.

[213] B. Litzmann (Hg.): Clara Schumann – Johannes Brahms. 1927, Bd. 1, S. 403 f.

[214] Ebd., S. 405 f.

[215] Ebd., S. 408.

[216] B. Litzmann (Hg.): Clara Schumann. 1920, Bd. 3, S. 143.

rechte Freude über das Verständnis Kirchners für sein Werk wurde in den folgenden
Zeilen zum Ausdruck gebracht: „[...] grüßen Sie Herrn Kirchner aufs beste von mir; es
macht mir sein lebhaftes Interesse an meinen Werken die größte Freude".[217] Im Brief
vom 18. Februar 1863 von Brahms an Rieter–Biedermann hieß es: „[...] schließlich
möchte ich Sie bitten, daß Sie mir Ihr Bild als Visitenkarte schicken und womöglich
auch das von Freund Kirchner, den ich herzlich zu grüßen bitte."[218]

Kirchner lernte Brahms im Juni 1865 in Baden–Baden kennen, wohin er mit Stockhausen nach einer gemeinsamen Konzertreise gefahren war.[219] Durch das persönliche
Zusammentreffen nahm die wirkliche Freundschaft zwischen den beiden ihren Anfang. Die drei Musiker kamen am 12. Juni nach Basel,[220] wo Brahms am 16. Juni
der Aufführung der „Matthäus–Passion" Bachs, bei der Kirchner und Stockhausen
mitwirkten, als Ehrengast beiwohnte. In der Zwischenzeit wurde bei der musikbe-
geisterten Bankiersfamilie Riggenbach–Stehlin viel musiziert, bei der sie als Gäste
wohnten.[221] Am folgenden Tag, nach der „Matthäus–Passion", wurde dann eine öffentliche Kammermusiksoiree veranstaltet,[222] in der das erste Quartett in g-Moll
(op. 25) aufgeführt wurde, dessen Klavierpart Brahms selber übernahm. Die Strei-
cher waren die beiden Brüder Hegar (Friedrich, Emil) und Abel. Auch das Adagio
aus dem zweiten Quartett in A-Dur (op. 26) war an dem Abend zu hören, wobei
Kirchner am Klavier saß.[223] Es war aber nicht das erste Mal, daß in der Schweiz
Werke von Brahms öffentlich aufgeführt wurden. Durch den Brief Kirchners an das
Ehepaar Riggenbach–Stehlin ist uns bekannt, daß das erste Streichsextett in B-Dur

---

[217]R. Hunziker: Ein Brief von Johannes Brahms an seinen Verleger Rieter–Biedermann in Winterthur. In: Schweizerisches Jahrbuch für Musikwissenschaft. Aarau 1927, Bd. 2, S. 109.

[218]J. Brahms: Briefwechsel. Bd. 14 1919, S. 78.

[219]Vgl. J. Brahms: Briefwechsel. Bd. 18 1991, S. 40 f.

[220]Vgl. W. Zimmermann (Hg.): Brahms in der Schweiz. Zürich 1983, S. 16.

[221]Der Musikdirektor August Walter notierte in seinem Tagebuch das Klavierquintett op. 34, die
beiden Klavierquartette op. 25 und 26 und die Paganini–Variationen von Brahms. Vgl. ebd., S. 16.

[222]In „Basler Nachrichten" vom 21. Juni 1865 liest man: „Der Zusammenfluss solcher Kräfte hatte
denn auch die Comission des Gesangvereins veranlasst, den Mitgliedern und Freunden desselben
am Samstag 6 Uhr eine Kammermusiksoiree zu veranstalten." Zitiert nach W. Zimmermann (Hg.):
Brahms in der Schweiz. 1983, S. 16.

[223]Vgl. E. Merian–Genast (Hg.): Reiseskizzen von Eduard Gnast. In: Basler Jahrbuch. 1915, S.
62–64.

(op. 18) am 20. Januar 1863 in Zürich in einer Quartettsoiree gespielt wurde, wo Kirchner die Musiker in das neue Gebiet der Brahmsschen Musik einführte:

„An dem scheusslichen Dienstag hatten wir in Zürich auch Quartett, und ich kann Ihnen sagen, dass ich meine Sache besser gemacht habe als die andern Leimsieder. Das Sextett von Brahms hatte ich möglichst den Leuten eingerieben und es doch so weit gebracht, dass es ihnen sehr gefiel und sie es mit wahrer Passion gespielt haben, wenn auch zuweilen mit verunglückter. [...] Das Publikum ist sehr empfänglich – viel mehr als die Basler in pleno."[224]

Zwei Wochen später in der folgenden Quartettsoiree wurde das Sextett „auf vielseitiges Verlangen"[225] wiederholt. Am 10. November 1863 wurde die erste Serenade in D-Dur (op. 11) ins Programm des Züricher Abonnementskonzerts aufgenommen,[226] wahrscheinlich wieder auf Anregung Kirchners.[227]

Im folgenden Jahr wurden weiter die Werke von Brahms in den Quartettsoireen gespielt. Mit welchem Eifer und welcher Gewissenhaftigkeit die Kammermusikkonzerte vorbereitet wurden, ist den Briefzeilen Kirchners (10. Februar 1864) an Riggenbach–Stehlins zu entnehmen:

„Wir haben aber auch probiert! Noch am Dienstag (gestern) waren die Quartettisten vormittags von 9 bis 1 bei mir, und vorher waren gewiß fünfzehn Proben, mitunter für einen einzigen Satz mehrere Stunden. Hegar spielte wunderschön und hat sich gestern alle Herzen erobert. Hätten wir nur noch einen recht guten Cellospieler!"[228]

Nach zwei Monaten berichtete er wieder von seinem nächsten Vorhaben wie folgt:

---

[224]P. Schneider (Hg.): Theodor Kirchner. 1949, S. 17.

[225]W. Zimmermann (Hg.): Brahms in der Schweiz. 1983, Programmzettel auf S. 12.

[226]Sie wurde unter der Leitung von Fichtelberger gespielt.

[227]Die Serenade war das erste Orchesterwerk von Brahms, das in Zürich aufgeführt wurde. Vgl. M. von Asow (Hg.): Johannes Brahms und Mathilde Wesendonck. 1943, S. 23.

[228]P. Schneider (Hg.): Theodor Kirchner. 1971, S. 24.

„Für die nächste Woche ziehe ich noch einen Bratschisten zu, und dann
machen wir die Klavierquartette von Brahms und Schumann. Die Sachen gehen alle sehr gut, denn wir üben fast alle Tage und gewöhnlich
schon am Morgen um 7 Uhr, weil die übrigen Tageszeiten wegen diverser
Stundengeberei nicht immer verfügbar sind."[229]

Brahms kam im November 1865 wieder in die Schweiz, um Konzerte zu geben,
wobei er als Klaviervirtuose, Komponist und Dirigent auftrat. Er dirigierte seine D-
Dur–Serenade (op. 11), spielte die Händel– und Paganini–Variationen[230] und wirkte
beim g-Moll–Quartett mit. Er brachte auch das Horntrio in Es-Dur (op. 40) zur
Uraufführung, die jedoch in der Presse unerwähnt blieb.

Wie Brahms später an Clara Schumann berichtete,[231] wurde er in den schweizerischen
Städten wie Basel, Zürich und Winterthur außerordentlich herzlich aufgenommen,
was sicherlich auf die wegbereitende Propaganda Kirchners für ihn zurückzuführen
war. Kirchner vermittelte ihm auch die folgenreiche Bekanntschaft mit den Züricher
Brahmsanhängern, Professor Billroth, Kunsthistoriker Lübke und Wesendonck. Sie
waren auch die Veranstalter eines Privatkonzerts mit Werken von Brahms in Zürich,
außerhalb der offiziellen Konzerte. So erklangen in Zürich weiterhin das erste Klavierkonzert (op. 15) und die zweite Serenade in A-Dur (op. 16) von Brahms. In
dieser Zeit unterstützte Kirchner ihn mit allen Kräften, und sie kamen sich sowohl
auf menschlicher als auch auf musikalischer Ebene näher. Er berichtete von der auf-
regenden und ereignisreichen Zeit an Frau Riggenbach–Stehlin (20. November 1865):

„Es geht hier ziemlich toll zu, im besten Sinne zwar, aber zum Aushalten
gehört doch eine recht kräftige Konstitution. Wir drehen uns jetzt alle,
jeder auf eine Weise, um Brahms, den ich, je länger ich mit ihm zusammen
bin, immer mehr schätzen lerne. Der Mensch hat, abgesehen von seiner
musikalischen Begabung, eine Fülle von Lebensweisheit und Tüchtigkeit
der Gesinnung, wie ich sie selten gefunden habe. Wir haben köstliche
Momente gehabt, von denen ich Ihnen wohl noch später erzähle. [...]

---

[229]Ebd., S. 26.

[230]Brahms spielte die Paganini–Variationen am 25. November in Zürich noch aus dem Manuskript.

[231]Vgl. B. Litzmann (Hg.): Clara Schumann – Johannes Brahms. 1927, Bd. 1, S. 517 f.

Mir ist's ein bißchen viel, alles mitzumachen und nebenbei noch Stunden zu geben; aber ich freue mich doch über die Wellen, die so ein Mensch schlägt!"[232]

Im folgenden Jahr (1866) hielt sich Brahms für längere Zeit (in den Sommermonaten) in der Schweiz auf, zuerst in Winterthur bei seinem Verleger Rieter–Biedermann und dann in Zürich, wo er sich mit seinem „Deutschen Requiem" beschäftigte. In dieser Zeit verkehrten Kirchner und Hegar viel mit Brahms. Sie machten Ausflüge, aßen gemeinsam, musizierten viel zusammen und tranken auf ihre Freundschaft.[233] Durch das äußerst intensive Zusammensein nahm Kirchner in unmittelbarer Nähe verschiedene Charakterzüge von Brahms wahr, von denen ihm einige unangenehm auffielen. Am 12. Mai schrieb Kirchner an die Riggenbach–Stehlins:

„Er [Brahms] ist ein kurioser Kauz: im Grunde liebenswürdig und tüchtig, dann wieder schroff und rücksichtslos im höchsten Grad – oft knabenhaft lustig, dann wieder ernsthaft und weise, wie ein Meister. Nehmen auch Sie ihn, wie er ist!"[234]

Kirchner verbrachte durch den musikalischen und geistigen Austausch mit Brahms interessante und abwechslungsreiche Monate. Währenddessen überkamen ihn als Komponist aber verzweifelte Gefühle gegenüber dem jüngeren, schaffensfreudigeren Brahms, von dem er eine hohe Meinung hatte. Das drückte sich in Mißstimmung aus, wenn Brahms' Verhalten Kirchner störend war. Im Brief vom 12. Juli 1866 an die erwähnten Musikfreunde fand das komplizierte Gefühlsleben Kirchners seinen Niederschlag:

„Die Anwesenheit von Brahms fördert mich in keiner Weise. Freunde werden wir nicht wegen zu verschiedenartigen Naturells. Aber ich schätze ihn doch so hoch, daß ich mit der größten Geduld *alle* Rücksichtslosikeiten ertrage."[235]

---

[232]P. Schneider (Hg.): Theodor Kirchner. 1949, S. 30 f.

[233]Vgl. M. Kalbeck: Johannes Brahms. Bd. 2, 1. Halbband, zweite revidierte und vermehrte Aufl., Berlin 1908, S. 219. Brahms übernachtete dann des öfteren bei Kirchner bzw. Hegar.

[234]P. Schneider (Hg.): Theodor Kirchner. 1949, S. 31.

[235]Ebd., S. 32.

Auch Brahms lernte Kirchner näher kennen. Er bemerkte auch die problematische Natur Kirchners, der wahrscheinlich Selbstmordgedanken geäußert hatte, und zog Clara Schumann zu Rate. Sie schrieb am 24. November 1866 an Brahms:

> „Die todtschießerlichen Ideen [bezieht sich auf Kirchner] sind übrigens nicht gefährlich, wer so viel davon spricht, meint es wohl nicht so ernst. Daß man aber mit ernster Betrübniß nur an diesen Menschen denken kann, da hast Du Recht, in ihm ist eine bedeutende Natur zu Grunde gegangen durch äußere und innere Verhältnisse."[236]

Kirchner sah Brahms im September 1868 zum letzten Mal in seinen Schweizer Jahren, als Brahms mit seinem Vater eine kleine Schweizreise machte, bei der er unter anderem den fünften Satz von „Ein deutsches Requiem" (op. 45) probte.[237] Während der Schweizer Jahre trafen sich die beiden Freunde am häufigsten in ihrem Leben. Auf dem intensiven menschlichen Kontakt basierte die lebenslange Freundschaft zwischen ihnen, sie hatten sich nun sehr gut kennengelernt. Brahms konnte also beispielsweise voraussehen, wie die Stellung Kirchners als Lehrer für die Prinzessin Maria am Meininger Hof enden würde. Er schrieb an Rieter–Biedermann folgendermaßen:

> „Auf weitere Kirchner freue ich mich, aber wie geht's bei Durchlauchtens?!?! ich habe eine Wette gemacht, daß er im nächsten Jahr wieder in Zürich ist – oder aber es ihm schlecht geht!?"[238]

Als Kirchner nach kurzer Zeit in Meiningen zum Musikdirektor nach Würzburg berufen wurde, kommentierte Brahms dies im Brief vom 15. April 1873 an Rieter–Biedermann wie folgt: „Kirchners neue Stellung bedeutet leider auch nicht viel, und

---

[236] B. Litzmann (Hg.): Clara Schumann – Johannes Brahms. 1927, Bd. 1, S. 545.

[237] Vater Brahms notierte in seinem Tagebuch: „15. Eisenbahn nach Zürich wo wir 3 Tage sehr hübsch zugebracht haben zusammen mit Kirchner, Hegar und Bruder. Die Abende waren wir in der Tonhalle wo die Capelle spielten, sehr brav. 16. mit Kirchner und Braut [Die Verlobung Kirchners mit Maria Schmidt fand am 29. Juni 1868 statt.] über Winterthur". W. Zimmermann (Hg.): Brahms in der Schweiz. 1983, S. 38. Brahms schickte an Clara Schumann am 12. September eine Karte, in der das Hornthema der ersten Symphonie mit dem Text „Also blus das Alphorn heut" geschrieben wurde. Vgl. B. Litzmann (Hg.): Clara Schumann - Johannes Brahms. 1927, Bd. 1, S. 597.

[238] J. Brahms: Briefwechsel. Bd. 14 1919, S. 213.

wenn ich nicht annähme, es möchte eine Station auf dem Weg nach München sein, könnte ich wieder auf Zürich wetten. "[239]

Die Freundschaft zwischen Kirchner und Brahms war außer von gegenseitiger Hilfe sehr von menschlicher Wärme geprägt, die sich im Lauf der Zeit verstärkte. Als Kirchner die Gelegenheit eines Treffens mit Brahms im Oktober 1871 verstreichen ließ, konnte Brahms seine Enttäuschung nicht verbergen. Der Brief an Rieter–Biedermann lautet:

„Kirchner fuhr neulich durch Karlsruhe, und das war uns allen echt ernstlich leid, solchen Freund und solchen Musiker vorbei reisen zu sehen, wenn man meint, recht gut für ihn aufgetischt zu haben".[240]

Brahms kündigte im Brief vom 1. März 1886 an Adolf Schubring die Aufführung seiner vierten Symphonie in Dresden an, hoffte auf dessen Anwesenheit und zeigte seine Freude über das baldige Wiedersehen auch mit Kirchner.[241] Kirchner und Brahms schrieben sich[242] und tauschten gegenseitig eigene Kompositionen aus, bis der Tod Brahms' am 3. April 1897 dem ein Ende setzte.[243] Es ist besonders zu betonen, daß Brahms das Schaffen Kirchners mit künstlerischer Anerkennung aufmerksam verfolgte. „Laß doch' Mal sehn wie es einer macht der's nicht gelernt hat" soll Brahms gesagt haben,[244] der bei solchen Gelegenheiten offen zu sein pflegte, als Stockhausen ihm seinen ersten kompositorischen Versuch vorlegte. Brahms schrieb am 28. März 1870 an Clara Schumann freudig über die neuen Werke Kirchners, die nach einer langen Pause von neun Jahren erschienen waren. „O Wunder, von Kirchner sind Klavier–Skizzen und ein Adagio erschienen. Mir noch nicht zugekommen".[245]

---

[239]Ebd., S. 217.

[240]Ebd., S. 199 (Brief vom 23. Oktober). Am 18. Oktober wurde in Karlsruhe unter der Leitung von Hermann Levi sein „Schicksalslied" op. 54 uraufgeführt.

[241]Vgl. J. Brahms: Briefe. Bd. 8 1915, S. 237. Kirchner war zu der Zeit in Dresden.

[242]An den Verleger Astor schrieb Brahms am 21. April 1890: „Kirchners Stillschweigen hat hoffentlich einen besonderen und ernsten Grund: er gewöhnt sich wohl nur meine Abneigung gegen das Briefschreiben an?!" J. Brahms: Briefwechsel. Bd. 14 1919, S. 386 f.

[243]Die Briefe Brahms an Rieter–Biedermann, Astor und Simrock sind voll von Bitten, seine neuen Kompositionen an Kirchner zu schicken.

[244]J. Brahms: Briefwechsel. Bd. 17 1991, S. 76.

[245]B. Litzmann (Hg.): Clara Schumann – Johannes Brahms. 1927, Bd. 1, S. 618. Clara Schu-

In einem Brief vom 3. März 1879 an den Verleger Astor liest man folgende Zeilen:

„Kirchner bitte schön zu grüßen – ich habe seit langem keine Novitäten
von ihm bekommen, was ich gar nicht schön von ihm finde! Das kommt
wohl von dem 'ein Kopf höher', der ihm in Fritzsch (auch von mir)
gegönnt wird."[246]

Kirchner verfolgte ebenfalls interessiert das Schaffen seines zehn Jahre jüngeren
Freundes und setzte sich immer für ihn ein, wann und wo er konnte, wenngleich zu
seinem eigenen Schaden.[247] Kirchner schrieb am 20. März 1889 an Hofmeister: „Oh
diese guten klugen Freunde! Wer mir vorwerfen könnte, daß ich jemals in meinem
Leben über etwas Gutes geschimpft habe, der soll auch das Recht haben, mich ins Gesicht zu schlagen! Verflucht sei die Welt, wo man nicht mehr das Recht hat, die Wahr-
heit zu sagen! Nicht einmal das Beste darf man loben, sonst hat man Feinde!"[248] Er
leistete auch durch seine Konzerte einen großen Beitrag für ein besseres Verständnis
der Brahmsschen Musik und deren Verbreitung.[249] Ironischerweise trugen dazu auch
seine häufigen Ortswechsel innerhalb Deutschlands bei (Meiningen, Würzburg, Leipzig, Dresden und Hamburg), die Kirchner zu unternehmen gezwungen war. Brahms
nämlich erfreute sich in seiner Vaterstadt Hamburg noch im Jahr 1899, als er zum

---

mann, die mittlerweile alle Hoffnung auf Kirchner als Menschen und Komponisten aufgegeben
hatte, schrieb an Brahms am 19. Juni wie folgt: „Von Kirchner habe ich neulich ein kleines Heft
gesehen, es ist aber schwächer als Früheres – wolltest Du künftig nicht mehr Noten liefern als er,
das wäre eine grausame Drohung. Mit der ist Dir's auch nicht Ernst, im Gegenteil, ich hoffe allen
Ernstes auf viele Bogen." Ebd., S. 623.

[246] J. Brahms: Briefwechsel. Bd. 14 1919, S. 300. Im MWbl., [hrsg. von Fritzsch] Jg. 10 1879, Nr. 8
findet sich eine Besprechung von Kirchners op. 28, 30, 33 und 34 durch Ernst Flügel, der darin unter
anderem sagt: „K. ist anerkannter Meister der kleinen Form des Charakterstückes für Klavier. Auf
diesem Gebiete überragt er alle (?) seine Collegen um eines Hauptes Länge." E. Flügel: Theodor
Kirchner. Ebd., S. 90.

[247] Vgl. S. 43.

[248] Zitert nach R. Sietz: Theodor Kirchner. 1971, S. 69.

[249] Brahms schrieb am 10. März 1870 an Rieter–Biedermann: „Kirchner ist wohl der 3te, außer
mir und Frau Schumann, der dem 'Konzert' [op. 15] die Ehre erzeigt, es zum Tanz aufzufordern".
J. Brahms: Briefwechsel. Bd. 14 1919, S. 185. Kirchner spielte es unter der Leitung von Hegar in
einem Benefizkonzert am 5. April.

Ehrenbürger ernannt wurde, als Komponist längst nicht allgemeiner Anerkennung.[250] Welchen Platz Brahms als Komponist bei Kirchner einnahm, geht aus dessen Brief vom 11. März 1886 an Stockhausen hervor:

> „Konzertgeberlichen Attentaten weiche ich möglichst aus und nur solche Bomben wie gestern Abend können mich bewegen, einen andern Rock anzuziehen. Wurde nämlich die neue Symphonie von Brahms gespielt und zwar sehr schön unter seiner Direktion. Dir brauche ich nicht erst zu sagen, was mir Brahms unter den Komponisten der Gegenwart bedeutet – es wäre nicht sehr schmeichelhaft für die Anderen – keinen ausgenommen – auch uns beide selbst nicht. Nach der 3. Symphonie, die ich nicht so hoch stelle und nicht für so notwendig halte, hat diese 4. mich wieder vollständig überzeugt und beruhigt, daß es noch nicht alle ist mit dem guten Musikmachen. Er lebe hoch und noch lange! Persönlich fand man ihn wieder meistenteils unangenehm – ich nicht. Bei einem solchen Grad von Größe messe ich nicht mit dem Maßstabe des Philisters. Man muß, wenn einem eine Million gegeben wird, sie nicht auch noch in Scheidemünze verlangen."[251]

Brahms vergaß seinerseits nie die Treue Kirchners zu seiner Musik. Er spendete mehr als einmal großzügig für seinen notleidenden Freund und empfahl ihn den Verlegern wie Simrock und Breitkopf & Härtel als Bearbeiter seiner Werke, wodurch Kirchner sein Einkommen aufbessern konnte. Brahms schätzte Kirchners Transkriptionen für Klavier sehr.[252] So schrieb er 1881 an Simrock, der Robert Keller als Lektor beschäftigte:

> „K[eller] ist ein vortrefflicher Mann und machte alles so fleißig und or-

---

[250]Vgl. K. Hofmann: Brahmsiana der Familie Petersen. 1979, S. 78 f.

[251]J. Wirth: Theodor Kirchner und Julius Stockhausen. 1927, S. 383.

[252]R. Sietz zählt siebzehn Nummern auf, u. a.: Streichsextette op. 18 und 36 für Klaviertrio, „Variationen über ein Thema von Robert Schumann" (op. 23) für Pianoforte zu vier Händen, „Variationen und Fuge über ein Thema von Händel" (op. 24) für Klavier zu vier Händen, Quintett op. 34 für Klavier zu vier Händen, „Liebeslieder" (op. 52) für Klavier zu zwei Händen und „Zigeunerlieder" (op. 103) für Klavier zu zwei Händen. Vgl. R. Sietz: Theodor Kirchner. 1971, S. 150 f.

dentlich, daß man nicht tadeln kann. Aber brauche ich Ihnen zu sagen,
daß ein zweihändiges Arrangement von ihm den Philister zeigt, und daß
es einen irgend geistreichen Spieler nicht interessieren kann? Derartiges
von Bülow oder Kirchner [...] haben [sic!] gleich ein anderes Gesicht.“[253]

Auf der anderen Seite wollte Brahms nicht, daß Kirchner seine eigene Kompositionen
aus den Augen verlöre, was dem folgenden Brief vom 14. Juli 1877 zu entnehmen ist.

> „Ich vergaß gestern meine 'Händel–Variationen' [op. 24]. Vielleicht hat
> Theodor Kirchner Lust, die gewünschten Arrangements zu machen; über
> andre meiner Sachen äußerte er sich bisweilen dahin.
> Besser ist es freilich für Sie und uns, er schreibt eigene Noten!“[254]

Es ist bemerkenswert, daß Brahms im Hinblick auf das Arrangement seines Klavier-
quintetts im Laufe der Zeit seine Meinung änderte. Er schrieb an Rieter–Biedermann
1870 wie folgt:

> „Unter uns: freue ich mich nicht besonders, daß er [Kirchner] mein 'Quin-
> tet' [op. 34] arrangiert, da ich für den 4händigen Satz meine beson-
> dere Liebhabereien habe - die mir seine à 4 ms nicht geben. Da man
> aber so ehrenvolles Arrangiertwerden doch zu schätzen weiß – so würde
> ich höchstens bitten: daß Sie ihn nicht treiben. Vielleicht genügt das
> schon.“[255]

Fünf Jahre später schrieb er dann:

> „Wollte Kirchner mein Quintett à 4 mains setzen, so wäre mir das eine
> Freude und eine Auszeichnung. Nur lasse ich ihn dringend bitten, sich
> mit dem Ding nicht zu genieren, allen unnötigen Ballast über Board zu
> werfen und es so leicht und spielbar zu machen, als es eben irgend bei
> dem Ungestüm möglich ist.“[256]

---

[253] J. Brahms: Briefe. Bd. 10 1917, S. 287.
[254] J. Brahms: Briefwechsel. Bd. 14 1919, S. 272.
[255] Ebd., S. 189.
[256] Ebd., S. 252 f. Das Arrangement erschien im Jahr 1884.

Diese auf den ersten Blick überraschende Meinungsänderung Brahms' ist leichter zu verstehen, wenn man den zwischen beiden Äußerungen liegenden Zeitraum betrachtet: Von 1870 bis 1875 wurden sieben Werke Kirchners veröffentlicht (op. 11–17), wodurch Brahms die qualitätvollen Klaviersätze Kirchners besser kennenlernte, die jedoch nicht so schwer zu spielen waren. Brahms war wahrscheinlich inzwischen klar geworden, daß die Klavierarrangements an die Musikliebhaber zu richten waren, und also leichte Spielbarkeit von großem Vorteil war.[257] Die beiden Freunde hatten 1874 Gelegenheit, wieder einmal nach den Schweizer Jahren Kirchners längere Zeit miteinander zu verbringen. Anläßlich des fünfzigjährigen Jubiläums des Gesangvereins wurden sie nach Basel eingeladen. Kirchner begleitete auf der Orgelbank Bach's „Johannes–Passion", und Brahms dirigierte selbst sein Chorwerk „Triumphlied" op. 55 (1872). Es wurden dort auch die Kammermusiksoireen veranstaltet, in denen Kirchner sein Klaviertrio „Gedenkblatt" (op. 15) zur Aufführung brachte, das vom Publikum enthusiastisch aufgenommen wurde. Sie fuhren anschließend nach Zürich zum großen Musikfest, das vom 11. bis 14. Juli 1874 abgehalten wurde.[258]

Bei den Arrangements ging Kirchner sehr gewissenhaft vor; Das schildern die Briefe, die über die Bearbeitung der Händel–Variationen (op. 24) zwischen Kirchner und Brahms hin- und hergingen. Die Variationen waren das erste Werk Brahms', welches Kirchner bearbeitet hatte. Für ihn war wichtig, das Original im Sinne des Komponisten zu arrangieren. Im Brief vom 4. August 1877 schrieb Kirchner an Brahms:

> „Darf ich Dir in den nächsten Tagen Deine Händelvariationen in 4händiger façon schicken? Es liegt mir daran, daß Du mit allem einverstanden bist, was ich möglicherweise verbrochen habe. Solltest Du irgend etwas anders wünschen, so denke ich, daß Du es sehr ungeniert sagen wirst. Ich habe möglichst wenig daran verschönert, nur bisweilen kleine Verdoppelungen riskirt, wenn es mir nöthig schien, dem Ding einen etwas vierhändigen Anstrich zu geben."[259]

Aus dem folgenden Brief ersieht man weiterhin, wie gut Kirchner das Werk Brahms'

---

[257]Vgl. S. 78.

[258]Vgl. M. Kalbeck: Johannes Brahms. Bd. 3, 1. Halbband, Berlin 1910, S. 24 f.

[259]R. Sietz: Theodor Kirchner. 1971, S. 134.

verstand und sich allein in den Dienst seiner Musik hat stellen wollen.

„Jedenfalls ist es mir lieb, wenn Du Dir die Mühe nimmst, die Var. recht
genau durchzusehen. [...] Als ich die Variationen zum erstenmale mit
vierhändigen Augen ansah, bemerkte ich, denn sogleich, daß ein Anderer
als der Autor kaum das Recht hat eine Note zu ändern und eigentlich
nur abschreiben brauchte. Habe nun daher möglichst wenig hinzugefügt
und überlasse nun Dir auch dieses wieder zu streichen. [...] Kurz und gut:
Es liegt mir daran, daß alles nach Deinem Wunsche wird und wir eine
schöne Ausgabe dieser schönen Variationen bekommen."[260]

Die handwerkliche Anerkennung und das Vertrauen Brahms' auf den musikalischen
Geschmack seines Freundes läßt sich der folgenden Antwort am 9. August [?] deutlich
entnehmen:

„An den vielen Kritzeleien siehst Du, daß ich dankbarst und vergnüg-
test Deine Arbeit durchgesehen habe. Mach nur mit allem was du willst.
Verdopple, streiche, verziere – es wird schon ein hübsches 4händ. Stück
werden."[261]

Auch über Kirchners Bearbeitungen seiner zwei Sextette als Klaviertrios (op. 18, 36)
freute Brahms sich sehr. Am 13. März 1883 schrieb er an Simrock: „Die Trios machen
mir außerordentliches Pläsier! Haben Sie die Idee gehabt, so gratuliere ich, aber
Kirchner hat sie auch prachtvoll ausgeführt."[262] Er lobte 1891 gegenüber Simrock
die „elegante flotte Satzart"[263] Kirchners und empfahl ihn auch für die Bearbeitung
der Werke von Johann Strauß, als Simrock zeitweise dessen Hauptverleger war. Er
wußte, daß Kirchners Schreibart „den Liebhabern sympatisch"[264] war und versuchte
für sein Quintett noch im Jahr 1892 Kirchner zu gewinnen, der jedoch verhindert
war.

---

[260]K. Hofmann: Die Beziehungen zwischen Johannes Brahms und Theodor Kirchner. 1981, S. 139.

[261]Ebd., S. 139.

[262]J. Brahms: Briefe. Bd. 11 1919, S. 18.

[263]J. Brahms: Briefe. Bd. 12 1919, S. 50.

[264]Ebd., S. 57.

Wie schon erwähnt, nahm Brahms in späterer Zeit die Rolle des materiellen Helfers Kirchners an und trat ab der Hamburger Zeit als Fürsorger für den alternden Kollegen auf. Im Oktober 1892 fragte Brahms Toni Petersen nach der Adresse Kirchners und bat mitzuteilen, wie es um ihn stünde, da in Hamburg eine Choleraepidemie herrschte.[265] Brahms erkundigte sich des öfteren bei Julius Spengel nach Kirchners gesundheitlicher Verfassung. Brahms traf mit Kirchner zum letzten Male im Februar 1893 im Haus Petersen zusammen, als er nach dem Tod seiner Schwester zur Regelung ihres Nachlasses in Hamburg weilte.[266]

Durch Frau Mathilde Schlüter, die Kirchner einen schönen Lebensabend bereitete, erfuhr Brahms im Jahr 1895 von seinem Umzug in die Wohnung Bürgerweide 6, worauf er ihm Glückwünsche sandte und durch Simrock 300 Mark mit folgenden Worten schickte:

> „Erlaube auch, daß noch etwas folgt, daß bei solcher Gelegenheit wohl grade gelegen kommt! Wenn Du auch nicht selber schreibst – eine Nachricht von Dir ist immer eine besondere Freude [...]"[267]

Dies ist das letzte vorliegende Dokument von Brahms an Kirchner. Er war Brahms gegenüber dankbar und stolz, weil gerade sein verehrter Komponistenfreund „so viel Interesse und Liebe"[268] für ihn aufbrachte. Er versicherte dem Freund, daß er sich an Dingen in seiner Musik erfreute, „die wohl den meisten Anderen entgehen"[269] Der letzte Brief Kirchners an Brahms wurde einen Monat vor dessen Tod am 4. März 1897 geschrieben, auf den jedoch keine Antwort mehr folgte.

> „Verehrter Freund!
> Gestern hörte ich zu meiner großen Betrübniß, daß es Dir garnicht gut ginge! Du warst mir immer ein so treuer und so über Alles verehrter Freund, daß ich immer noch nicht denken kann, daß es nicht noch besser

---

[265]K. Hofmann: Brahmsiana der Familie Petersen. 1979, S. 99.

[266]Vgl. Ebd., S. 145.

[267]Ebd., S. 145 f.

[268]R. Sietz: Theodor Kirchner. 1971, S. 59 (Brief vom 4. Nov. 1892).

[269]Ebd., S. 59.

weɪden könnte! Gott gebe es!

Dein Th. Kirchner.

Vor einigen Tagen hörte ich zum erstenmal Dein Parzenlied unter Spengel. Ich war ganz ergriffen davon und von der Tiefe dieses Werkes."[270]

Kirchner überlebte bei gleichbleibender Verehrung seinen zehn Jahre jüngeren Freund
um sechs Jahre.

---

[270]Ebd., S. 60.

Kapitel 4

Analyse ausgewählter Stücke

4.1 Zehn Clavierstücke op. 2

Die „Zehn Clavierstücke" veröffentlichte Kirchner 1852 als op. 2 bei Leuckart in Kassel.[1] Mit dieser Ausgabe lag zwischen seinem Erstlingswerk, den „Zehn Liedern für eine Singstimme mit Pianoforte" 1842 bei Whistling in Leipzig, und der ersten Sammlung von Klavierstücken der ungewöhnlich lange Zeitraum von zehn Jahren.[2] Die zweite Ausgabe von op. 2 folgte im Jahr 1856 in Winterthur bei Rieter–Biedermann[3] und wurde wohl auf Wunsch des Verlegers mit Einzeltiteln versehen. Diese später hinzugefügten Titelüberschriften zu den einzelnen Nummern geben jeweils einen Anhaltspunkt zur musikalischen Interpretation, obwohl Puchelt sie teilweise für „ungeschickt" ausgewählt hält.[4]

Wie bereits sein op. 1 wurde auch dieses Werk Kirchners von Schumann wohlwollend aufgenommen. So schrieb er am 8. Mai 1853 an Debrois van Bruyck: „Bestrebungen

---

[1]Das Werk erschien unter dem Titel „20 Clavierstücke", enthielt jedoch nur zehn Stücke in zwei Heften.

[2]Das Wohlleben der Anfangszeit in Winterthur brachte Kirchner dazu, mehr zu phantasieren, als zu komponieren. Außerdem waren ihm „die Verhandlungen mit Verlegern, die Mancherlei Plackereien, welche der geschäftliche Verkehr stets mit sich bringt, von jeher in der Seele zuwider". A. Niggli: Theodor Kirchner. 1888, S. 9.

[3]Vgl. A. Schubring: Schumanniana Nr. 6. In: NZfM Bd. 55 1861, S. 153.

[4]G. Puchelt: Verlorene Klänge. 1969, S. 66. s. Analyse des Werkes.

Jüngerer zu folgen, ist mir immer eine große Freude. So, wenn Sie vielleicht etwas von ihm kennen sollten, denen von Th. Kirchner, den ich schon als achtjährigen Burschen kannte und der viel verhieß. Er hat vor kurzem zwei Hefte Klavierstücke (auch viele Lieder) erscheinen lassen, die mir zu den genialsten der jüngeren Komponisten zu gehören scheinen."[5] Schumann meldete die Veröffentlichung des Werkes auch E.F. Wenzel, der Lehrer des Leipziger Konservatoriums war, und empfahl es ihm aufs dringendste.[6]

Op. 2 stellt eine Sammlung von zehn Klavierstücken dar, die jeweils unterschiedliche Gemütszustände bzw. Stimmungen repräsentieren. Die Zyklusbildung durch eine poetische Idee oder motivische Einheit ist nicht festzustellen. Die Tonarten der ersten fünf Kompositionen sind durch Terzverwandtschaft bzw. durch Wechsel des Tongeschlechts (a, F, d, D, fis) aufeinander bezogen. Die weiteren (G, G, H, es, H) lassen keine konsequente Verbindung erkennen. Auch in Ausmaß und Struktur sind die einzelnen Stücke sehr unterschiedlich. Während beispielsweise Nr. 1 164 Takte umfaßt, enthält Nr. 8 dieser Sammlung nur 24 Takte.[7]

Die „Zehn Clavierstücke" enthalten bereits grundsätzliche Charakteristika der Klaviermusik Kirchners, wie Otto Klauwell in seiner gründlichen Besprechung dieses Werkes belegt hat.[8] Die Stücke der Sammlung beschränken sich stets auf die dreiteilige Liedform, die mannigfaltig ausgeführt wird. Das absichtliche Vermeiden der großen Form zieht bei Kirchner die rückwirkende Konsequenz nach sich, daß das Stück aus einem kleinen Anfangsmotiv als Unterbaumaterial allmählich entwickelt wird. So bildet das Anfangsmotiv die Keimzelle für die folgende musikalische Entfaltung. Die Besonderheit bei der Entfaltung ist die Konzentration auf die Elemente des Anfangsgedankens, wie Klauwell sie beschreibt:

> „Der motivische Stoff rinnt dann wie Blut durch die Adern des künstlerischen Organismus, überall derselbe und doch überall neue Werte schaf-

---

[5] J. von Wasielewski: Robert Schumann. 3. Aufl., Leipzig 1879, S. 433.

[6] O. Klauwell: Theodor Kirchner. 1909, S. 20. Klauwell war ein Schüler von Wenzel.

[7] Boetticher bezeichnete sie in seinem Buch, Einführung in die musikalische Romantik (Wilhelmshaven 1983, S. 133.), als Zyklus. Eine Berechtigung für diese Bezeichnung läßt sich jedoch, wie schon oben gezeigt wurde, nicht nachweisen. Vgl. Resümee.

[8] O. Klauwell: Theodor Kirchner. 1909, S. 15–19.

fend, neue Schönheit enthüllend."[9]

Diesen gestalterischen Zusammenhang innerhalb der Stücke von op. 2 überging Adolf Schubring in seiner Rezension über die ersten zehn Werke Kirchners (op. 1–10).[10] Den häufigen Harmoniewechsel und reichlichen Gebrauch von Dissonanzen in op. 2 empfand er als „überschwenglich" und „krankhaft". Daß die zugespitzte Art in der harmonischen Behandlung und die verdichtete motivische Arbeit auch Schumann bewußt waren, schlägt sich in seinem Brief vom 13. November 1852 an den jungen Schweizer August Corrodi nieder, der am 12. September des gleichen Jahres einen Huldigungsbrief an ihn gesandt hatte: „Sie kennen gewiß Th. Kirchner? Dann grüßen Sie ihn und sagen ihm von meinen Sympathien mit seinen Klavierstücken, den genialsten, die in neuer Zeit erschienen, aber freilich nicht für jedermann."[11] Kirchner verwendet in diesem Werk die deutsche Sprache für Tempoangaben und Vortragsbezeichnungen und folgt somit seinem Vorbild Schumann. In späteren Werken erscheinen jedoch überwiegend italienische Bezeichnungen.

4.1.1   Ballade op. 2, Nr. 1

Kirchner verleiht seinem ersten Klavierstück den Titel „Ballade", der durch die strophische Anlage und den durchgehenden Triolenrhythmus zum Ausdruck kommt. Somit verwirklicht er bereits seine Kompositionsweise, die vorherrschend auf Variantenbildung beruht. Die „Ballade" in a-Moll ist strukturell als dreiteilige Liedform mit verkürzter Reprise konzipiert: A: T. 1–76
B: T. 77–104
A': T. 105–164

---

[9]Ebd., S. 15.

[10]A. Schubring: Schumanniana Nr. 6. In: NZfM Bd. 55 1861, S. 153–156 und S. 165–167.

[11]R. Hunziker: Zur Musikgeschichte Winterthurs. 1909, S. 19.

4.1.1.1   Teil A (T. 1–76)

Teil A gliedert sich in zwei Abschnitte, die durch den Doppelstrich auch optisch voneinander abgegrenzt sind. Der erste Abschnitt exponiert das Thema der „Ballade" als sechzehntaktige Großperiode. Im zweiten Abschnitt wird das Thema dreimal variiert:

Erster Abschnitt: T. 1–16

Zweiter Abschnitt: T. 17–76

Erster Abschnitt (T. 1–16)

Die Periode des Themas bildet nach der Oberstimme eine Wiederholung, jedoch wird man durch die Veränderung der anderen Stimmen eine Steigerung feststellen; im Nachsatz treten zusätzliche Töne in den Mittelstimmen hinzu, wobei der Tonumfang im Baß (T. 12–14) um eine Oktave erweitert wird. In dynamischer Hinsicht ist dies auch anhand der Steigerung vom mf–f im Vordersatz zum f–ff im Nachsatz erkennbar.

Der achttaktige Vordersatz ist in zwei Glieder unterteilt, die jedoch miteinander verschränkt sind. So reicht das erste Glied von T. 1–4, das zweite von T. 4–8. Das erste Glied beginnt mit einem anderthalbtaktigen Motiv, das sowohl für die Themengestaltung als auch für den weiteren Verlauf des Stückes konstitutive Bedeutung hat. Charakteristisch für das Motiv sind seine Tonwiederholungen im Rhythmus

♩ ♪♪ (Motiv a), die in einen Quintsprung münden. Begleitet wird das Motiv in der Mittelstimme von einer triolischen Akkordbrechung, die als durchgehende Bewegung den ganzen Teil A durchzieht. Dazu treten regelmäßig schlagende Viertel im Baß auf.

Das erste Glied (2 + 2) stellt eine E-Dur–Dreiklangsmelodie auf dem Orgelpunkt a auf, wobei in T. 3 ein besonderer Spannungsreichtum durch das Subsemitonium modi im Zusammenklang von Baß und Oberstimme erzeugt wird. Seine Auflösung erfolgt verspätet mit der Rückkehr zur Molltonika in T. 4. Hiermit wird in den Takten 1–4 der Höreindruck einer Einheit geweckt, der gleich durch den Neuanfang des zweiten Glieds im selben Takt getäuscht wird. Das zweite Glied entwickelt sich aus dem Grundmotiv des ersten. Wenn man die Noten mit Akzent in den Takten 2 und 5 wahrnimmt, die jeweils den höchsten Ton markieren, ergibt sich eine Entsprechung zwischen dem Quintsprung des ersten Glieds und dem ausgefüllten Quintrahmen der Oberstimme *a–h–c–d–e* der Takte 4–6 (Motiv b). Im Baß taucht eine Gegenbewegung zu dieser Oberstimme in Vierteln auf. Über die Mollsubdominante erreicht das zweite Glied in T. 8 die Dominante E-Dur.

Obwohl das zweite Glied aus dem ersten fortgesponnen ist, stellt jedes einen abgeschlossenen Vorgang dar und bewahrt somit eigenständigen Charakter. Während das erste Glied durch den Orgelpunkt im Baß zusammengehalten wird – man beachte den Sekundakkord in T. 2 gleich nach der Molltonika –, bilden die Viertel im Baß der Takte 4–8 eine absteigende Tonleiter *a–g–f–e–d–c*.[12] Wie das erste Glied in T. 3–4 zur Anfangsrhythmik zurückkehrt, schließt auch die Oberstimme des zweiten Glieds mit der Viertelbewegung ab, mit der sie begonnen hat, wobei sich der Quartsprung vom 3. zum 4. Takt zum Quartfall umkehrt. Der durch den Orgelpunkt und den Quintsprung stagnierende Charakter des ersten Glieds wird hier aufgelockert. Der Nachsatz unterscheidet sich nur durch den Ganzschluß vom Vordersatz.

Zweiter Abschnitt (T. 17–76)

Im weiteren Verlauf bis hin zum kontrastierenden B-Teil erscheinen drei Variationen des Themas, die mit der Coda abgeschlossen werden. Nach der zweiten Variation in der Varianttonart wird das Thema in der dritten Variation, die wieder in a-Moll steht, annähernd wiedergegeben. Somit enthält der A-Teil eine rückläufige Form, die sich bereits in der Gestaltungsweise der beiden Glieder des Themas ausgeprägt hat. Die ersten beiden Variationen entsprechen hinsichtlich ihrer Ausdehnung und Gliederung (8 + 8) dem Thema. Die dritte Variation erfährt durch den viertaktigen Einschub eine Erweiterung auf zwölf Takte.

1. Var. (T. 17–32): Die erste Variation beruht auf der Oberstimme der ersten beiden Anfangstakte. So erhält der Vordersatz (T. 17–24) durch die Tonrepetitio-

---

[12]Das *e* und das *c* sind dabei vertauscht.

nen im Rhythmus ![notation] mit Intervallsprüngen in der Oberstimme einen
regelmäßigen Aufbau (2 + 2 + 2 + 2), welcher der Binnenstruktur im Thema (3 +
5) entgegensteht. Der Nachsatz (T. 25–32) besteht aus der Transposition des Vordersatzes in die Oberquarte.

Durch die absteigenden Sekundschritte a–g–fis–e–dis im Baß werden die ersten beiden Zweitakter miteinander verbunden, wodurch das Motiv b aus den Takten 4–8
in der Variation miteingeschlossen wird. Diese Tonfolge einer verminderten Quinte
(a–dis) korrespondiert in T. 20 mit dem übermäßigen Quartfall e^2–b^1 in der Oberstimme, der durch den akzentuierten neapolitanischen Sextakkord zustande kommt.
[13] Die phrygische Sekunde b–a in der Oberstimme wird durch den parallelen Halbtonschritt im Baß d–cis in den Takten 20–21 unterstützt.

In durchgängigem p hält sich diese Variation im subdominantischen Bereich auf. So
schließt der Vordersatz in der Mollsubdominante, der Nachsatz in der Wechselsubdominante.

2. Var. (T. 33–48): Die zweite Variation stellt eine Kombination von Gliedern
des Themas und der ersten Variation dar. Durch die Dominant–Modulation erreicht
sie C-Dur, das Tongeschlecht bleibt jedoch durch die fehlende Terz in T. 33 zunächst
unbestimmt. Dieser Vorgang wird durch den absteigenden Baß der letzten beiden
Takte der ersten Variation (T. 31–32) und durch den Quartsprung zwischen den
Takten 32–33 gefestigt.

Der Vordersatz lehnt sich hinsichtlich des Rhythmus mit Ausnahme des Vorschlags in
T. 38 an das Thema an. Jedoch wird die Oberstimme im zweiten Glied diastematisch
stark abgewandelt, während der Tonumfang einer Oktave g^1–g^2 wie im Thema (e^1–
e^2) gewährleistet ist. Dabei richtet sich der Baßgang (T. 37–40) zunächst in Akkorden
und dann in Oktaven betont rigoros abwärts und gibt gleichzeitig der Oberstimme
mit verminderter Quinte in T. 38 Halt. Die absteigende Baßlinie hatte bereits das
zweite Glied des Themas begleitet.

Die Takte 41–44 übernehmen das erste Glied des Nachsatzes der ersten Variation
(T. 25–28) im Baß eine Oktave tiefer versetzt und akkordisch ausgefüllt. Sie münden

---

[13]Die Terz f wird hier zugunsten der liegenden Stimme durch das e ersetzt.

sodann in eine Dreiklangsbrechung (ab T. 46) und heben nun den Anfangsrhythmus auf, wobei mit f^3 der diastematische Höhepunkt des ersten Teils
erreicht wird. Über die Wechseldominante und den Dominant–Septakkord wird in
T. 49 die Grundtonart a-Moll als Tonart der folgenden Variation wieder erreicht.

3. Var. (T. 49–68): Durch einen Sextakkord harmonisch instabil, beginnt der
Vordersatz mit einer neuen regen Baßfigur. Wie zwischen der ersten und zweiten
Variation fungiert die Baßbewegung als Bindeglied. Die Baßtöne von T. 48–53 bilden
eine diatonische Tonleiter von E–A^1, durch welche die beiden Variationen zusam-
mengehalten werden. Das erste Glied des Nachsatzes (T. 57–60) unterzieht sich einer
melodischen Veränderung im beibehaltenen Rhythmus. Der Sextsprung statt des
Quintsprungs zwischen den Takten 57–58 spielt auf die Melodie zu Beginn der ersten
Variation an. Der Einschub (T. 62–65) des Nachsatzes läßt sich auf die melodische
Modifikation der Takte 37–38 zurückführen, so daß die Elemente der ersten beiden
Variationen hier integriert sind. Zusammen mit den übrigen Stimmen bewegt sich
der Einschub harmonisch im Dominant-Tonika–Verhältnis, wobei sich eine Moll-Dur–
Changierung ergibt.

Die darauffolgende Coda (T. 69–76) greift auf den Anfangsrhythmus zurück und
festigt die Tonart a-Moll durch das Subsemitonium modi gis im Baß und die halben
Notenwerte in der Oberstimme. Sie ist „nach und nach langsamer und schwächer"
vorzutragen, was der Vorbereitung auf den ruhigeren Charakter des B-Teils dient.
Umso deutlicher hebt sich der Beginn des B-Teils in A-Dur hervor, weil seine Melodie
mit der Terz cis^1 einsetzt, nachdem der letzte Takt des A-Teils die Terz von a-Moll
ausgelassen hat.

4.1.1.2   Teil B (T. 77–104)

Der B-Teil steht im 4/4-Takt und ist metrisch doppelt verlangsamt. Zudem verstummen hier die ununterbrochenen Triolen des A-Teils. Dies kommt dem kontrastierenden Charakter dieses Teils („ruhiger, mit Ausdruck") zugute. Dennoch ist dieser Teil
eine weitere Variation des A-Teils. Der Rhythmus der Oberstimme des ersten Tak-

tes ♩♩♫♩. ♪ ist als eine Variante des Anfangsrhythmus des Stückes

♩♩♫. aufzufassen. Die Tonwiederholung in T. 1 wird hier zur Umspielung des ersten Tons c, und der anschließende Quintsprung ist zum Oktavsprung abgewandelt, wobei der angezielte Gipfelton h auch hier durch einen Akzent hervorgehoben wird. Hierbei wird der Einschub (T. 62–65) der dritten Variation des A-Teils, in der sich das beharrende T-D-Verhältnis zum ersten Mal herauskristallisiert, erweitert und intensiviert.

Dieser Teil gliedert sich nach den rhythmischen Mustern der Oberstimme in drei Abschnitte. Im dritten Abschnitt wird der Rhythmus des ersten wieder aufgegriffen, im zweiten Abschnitt wird er variiert:

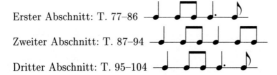

Erster Abschnitt: T. 77–86

Zweiter Abschnitt: T. 87–94

Dritter Abschnitt: T. 95–104

Erster Abschnitt (T. 77–86)

Dieser Abschnitt (2 + 2/1 + 1/2 + 2) läßt sich in zwei Glieder unterteilen. Das erste Glied, das sechs Takte (77–82) umfaßt, enthält absteigende Baßbewegungen: in den Takten 77–80 von a–fis–f–e und d–cis–h, in den Takten 81–82 von a–fis–eis. Das zweite Glied (T. 83–86) weist im Baß eine aufsteigende Skala von fis–gis–a–ais–h auf. Die Oberstimme jedes zweiten Taktes im zweiten Glied hat den Rhythmus ♩♩♫♩. ♪, während er im ersten Glied in jedem Takt zu finden war.

Der erste Zweitakter (77–78) mit der harmonischen Folge T–Sp–s–D wiederholt sich notengetreu in den Takten 79–80. Der folgende Takt wird als Variante des 77. Taktes in T. 82 wiederholt, also nun im eintaktigen Abstand, was eine Beschleunigung bewirkt und das Sprungbrett zur „überschwenglichen" Melodie des zweiten Glieds durch die großen Intervallsprünge bildet. Diese Melodie wird weiter dadurch betont, daß der Oktavsprung der Oberstimme des 77. Taktes in T. 81 auf einen Quintsprung

verengt wird. Dabei wird jedoch wiederum die D-T–Spannung zwischen den wiederholten Taktfolgen durch den Zwischendominant–Septakkord zur Tonikaparallele im
letzten Achtel geschaffen. Somit leiten die Takte 81–82 zum zweiten Glied (T. 83–86)
über, das mit der Tonikaparallele anfängt.

Das zweite Glied stellt in harmonischer Hinsicht eine Modulation nach E-Dur dar,
womit der nachfolgende Abschnitt einsetzt. Der erste Zweitakter des zweiten Glieds
(T. 83–84) verharrt im Bereich der Tonikaparallele, angereichert durch Vorhaltstöne.
In der darauffolgenden freien Sequenzierung des Zweitakters erreicht dieser Abschnitt
und damit auch der B-Teil seinen melodischen Höhepunkt mit dis^3, dem Subsemitonium modi in e-Moll, das sich aber zum e^2 verzögert und in T. 86 auflöst. Dabei folgt
E-Dur dem Dis-Dur–Septakkord, der mit dem Nonenvorhalt e im dritten Viertel des
85. Taktes erscheint und nicht nach Auflösung strebt. So verhält sich der im Grunde
als Vorhalt auszudeutende Dis-Dur–Akkord selbständig. Hier wird eine besondere
Wirkung durch die freie harmonische Behandlung erzeugt, auf die Kirchner später
immer wieder zurückgreift.

Zweiter Abschnitt (T. 87–94)

Der Abschnitt (2 + 2/2 + 2) ist ebenfalls durch zwei tonale Ebenen in zwei Glieder
unterteilt: So steht das zweite Glied (T. 91–94) in H-Dur. Durch den in der Oberstimme in jedem zweiten Takt vorkommenden ――♩♪♪♩♪♪―― Rhyth-
mus, in dem das punktierte Viertel des ersten Abschnitts in ein Viertel und ein
Achtel aufgelöst ist, wird der Abschnitt zusammengehalten – T. 89 ist allerdings
zu ――♩♪♪♩♩―― leicht abgewandelt. Die Baßbewegung ist lebhafter geworden. Ab T. 90 sind mit den Sechzehnteln, die mit der Achtelpunktierung kombiniert sind, die kleinsten Notenwerte des B-Teils zu finden.

Trotz des Reichtums an Vorhaltsbildungen der Stimmen läßt dieser Abschnitt die
T-D-Beziehung durchschimmern. Das Motiv der großen Intervallsprünge aus den
Takten 83–86 wird in der Oberstimme weitergeführt, wobei sie allein keine Zugehörigkeit zu einer Tonart verrät. Erst durch die Einbeziehung der übrigen Stimmen,
der betonten Noten und längeren Notenwerte, wird der harmonische Zusammenhang

erkennbar. Die Tonika E-Dur geht in den Takten 87–88 über die Wechseldominante zur Molldominante. Der nächste Zweitakter weist Molltonika und Molldominante
auf. So vollzieht im zweiten Abschnitt die Mollfärbung. In den Takten 91–93 ergibt
sich die T-d–Beziehung, nachdem das zweite Glied über den verminderten Septakkord in T. 91 nach H-Dur moduliert. Im zweiten Abschnitt geschieht somit die
Tonika-Dominante–Kombination in vielfältiger Weise.

Die drei harmonischen Zentren A-Dur, E-Dur und H-Dur stehen ebenfalls zueinander
im Quintabstand, wobei sich zwei der Zentren in diesem Abschnitt befinden. Somit
zeigt dieser Abschnitt die größte kompositorische Dichte des gesamten B-Teils. In diesem zweiten Glied (T. 91–94) erscheint die absteigende Baßbewegung, die im ersten
Glied vielfach aufgetreten ist, nicht mehr. Nach dem übermäßigen Dominantakkord
im letzten Achtel des 94. Taktes wird die ursprüngliche Tonart A-Dur zurückgeholt,
in welcher der dritte Abschnitt steht.

Dritter Abschnitt (T. 95–104)

Der Abschnitt (2 + 2/1 + 1/2 + 2) ist wie der erste Abschnitt aufgebaut. Die ersten
beiden Takte greifen auf den Anfang des ersten Abschnitts zurück, allerdings unter
Weglassung der Oktavierung des Basses. Über dem Orgelpunkt auf dem Grundton a
wird die Oberstimme ab dem zweiten Viertel des 97. Taktes $h^1-g^1-e^2-d^2-cis^2-d^2-e^2$
vom letzten Viertel desselben Taktes an im Tenor imitiert. Diese Imitationstechnik
findet sich nochmals in den Takten 101–102: $d^1-gis^1-a^2-e^2-f$.

Der letzte Abschnitt des B-Teils erfährt mit dem verminderten Septakkord in T. 103
ein abruptes Ende. Der gefühlvoll–überschwengliche Charakter, der durch die Ver-
schlungenheit der Stimmführung und die Melodie mit den Sextsprüngen (T. 97–99)
zustande kam, wird durchbrochen. Durch die Verbindung des Neapolitaners mit dem
verminderten Septakkord entsteht ein übermäßiger Oktavsprung in der Oberstimme.
In einer fallenden Brechung dieses verminderten Akkords leitet der dritte Abschnitt
in die Wiederaufnahme des A-Teils über und ruft so das Ende der zweiten Variation
des A-Teils in Erinnerung.

4.1.1.3   Teil A' (T. 105–164)

Der wiederkehrende A-Teil ist um sechzehn Takte verkürzt. Nach der Reprise des
Themas werden die erste und zweite Variation zu einer (T. 121–136) zusammengezogen, die dem Vordersatz der ersten Variation und dem Nachsatz der zweiten
entstammt. In der zweiten Variation dieses Formteils wird die Molldominante (T.
149, 151) des C-Dur–Septakkords durch die Verdopplung des Grundtons g im Baß
noch deutlicher hervorgehoben.

Mit der Coda des Formteils ist die „Ballade" abgeschlossen, wobei sie hier zur Schlußbildung des ganzen Stückes modifiziert wird. Nach dem zweimaligen Wechel der
Dominante zur Tonika tritt nun im drittletzten Takt des Stückes der akzentuierte
Sekundakkord der unterbleibenden Wechselsubdominante anstelle der kadenzeige-
nen Mollsubdominante auf. Diese harmoniefolge dient dem folgenden Zweck: Der in
Intervallsprüngen ansteigenden Oberstimme wird die stufenweise absteigende Baßbewegung (c–h–a) auf den Taktschwerpunkten gegenübergestellt. So werden hier die
zwei Anfangsmotive a und b (Sprung– und Schrittmotiv) des Themas zusammengefaßt. Das Stück endet im ffz, wodurch nach dem Einsatz der Coda im p die markierte
Vortragsweise des Stückbeginns wieder in Erinnerung gerufen wird. Wie die Analyse
zeigt, entwickelt sich die „Ballade" aus dem Anfangmotiv der Takte 1–2 und verrät
die Gestaltungsweise Kirchners. Obwohl das Thema mit seinen sechzehn Takten regelmäßig gebaut zu sein scheint, zeigt seine Binnenstruktur jedoch das Gegenteil. Die
scheinbare Regelmäßigkeit in der Themenbildung ist eine des öfteren vorzufindende
Erscheinung bei Kompositionen Kirchners. Die Melodie der beiden Glieder im Thema trägt eine in sich zurücklaufende Kontur, wobei sie im Vordersatz (T. 1–8) eine
Oktave (e^1–e^2–e^1) umfaßt. Diese lineare Geschlossenheit ist auch eine Eigenschaft
bei der Melodiebildung Kirchners. Daß sich der kontrastierende gemütvolle B-Teil
rhythmisch auf das Anfangmotiv zurückführen läßt, gehört ebenfalls zu den typischen Gestaltungsmitteln Kirchners. Im B-Teil werden die in den Variationen des A-
Teils schrittweise entwickelten Tonika-Dominante–Kombinationen aufgegriffen und
verschiedenartig reflektiert. So werden die Formteile ebenfalls von der Ökomonie der
thematisch–motivischen Verarbeitung im Sinne von Varianten durchdrungen. Der
die wichtigen Elemente des ganzen Stückes zusammenfassende Charakter der Coda

ist auch eine besondere Erscheinungsform in den Stücken Kirchners.

4.1.2   Romanze op. 2, Nr. 2

Das innig wirkende Stück in F-Dur zeichnet sich durch eine gefällige Melodik aus, die auf den Titel „Romanze" hindeutet. Sie bedient sich der dreiteiligen Liedform mit modifizierter Reprise, an welche die Coda angehängt ist.

A: T. 1–16
B: T. 17–32
A': T. 33–48
Coda: T. 49–60

4.1.2.1   Teil A (T. 1–16)

Der A-Teil stellt das Thema als sechzehntaktige Periode (8 + 8) dar. Die Melodie in T. 1 besteht aus Tonwiederholung und Terzfall. Nach der Wiederholung des Anfangstaktes erfolgt der Terzfall in T. 3 nach einem Septsprung, der als Heterolepsis des Sekundschritts anzusehen ist. Die Schrittbewegung in T. 4 ist seine Weiterführung, wobei der Terzrahmen gewährleistet und so mit dem Anfangsmotiv wieder verknüpft wird.

Das Thema beginnt unter Berücksichtigung der Begleitstimmen mit einer metrischen Unbestimmtheit. Der Dreiertakt verliert durch die Punktierung des zweiten Achtels der Oberstimme an Prägnanz. Die Mittelstimme ist als fallendes Sechzehntel–Arpeggio gestaltet, das in zwei Dreier–Gruppen auf beide Hände des Spielers verteilt wird, wobei der vom Daumen der rechten Hand vorzutragende dritte Sechzehntel vom Daumen der linken zu wiederholen ist. Das ist im übrigen ein häufig zu findendes Stilmerkmal bei Kirchners Klavierkompositionen, welches hohe Anschlagskunst erfordert. Erst mit den aufeinanderfolgenden Achteln in T. 4 wird das Metrum gefestigt, nachdem in T. 3 auf der ersten Zählzeit der Wendepunkt in Form eines punktierten Achtels markiert ist .

Das zweite Glied des Vordersatzes von T. 5–8 ist eine Variante des ersten. Der Terzfall nach der Tonwiederholung wird durch einen Quartfall ersetzt. Die Tonwiederholung in der Mittelstimme liegt nun nicht mehr auf dem Dominantgrundton c, sondern auf dem Grundton f dieses Stückes. Der Quartrahmen wird auch in den Takten 7–8 zwischen dem ersten und letzten Ton der Oberstimme erkennbar (d^2–a^1, g^1–c^2). Dabei wird die chromatische Durchgangsnote h^1 im letzten Takt des Vordersatzes in T. 8 nach dem gleichsam als Vorschlag aufzufassenden Ton d^2 vor dem c^2 aufgelöst.

Der notengetreuen Wiederholung (außer dem Zusatzton c im Baß des 12. Taktes) des ersten Glieds folgt im Nachsatz eine Variation des zweiten Glieds in Form einer Metathesis: Die Tonfolge f–f–c in der Oberstimme wird hier zu f–c–f vertauscht, so daß die Tonwiederholung zum Quintsprung wird. Mit der Leittoneinstellung in T. 14, welche die Modulation nach C-Dur herbeiführt, wird dieses Intervall zur verminderten Quinte verengt.

4.1.2.2   Teil B (T. 17–32)

Dieser Teil ist eine erweiterte Variation des Nachsatzes des ersten Teils, wobei das thematische Material in Stimmtausch verwendet wird. Es lassen sich zwei tonale Felder unterscheiden: C-Dur in T. 17–24 und As-Dur in T. 25–32.

Die erste achttaktige Gruppe (T. 17–24) greift das zweite Glied des Nachsatzes von Teil A auf. Der Oberstimme der Takte 13–16 antwortend, erscheint die Melodie zunächst in der linken Hand von einer neuen Sechzehntelfigur begleitet, die wie das Arpeggio aus akkordeigenen Tönen besteht. Dabei wird die Zentrierung um den Ton c^2 beibehalten und ein weiterer Rückbezug zum A-Teil hergestellt.

In den Takten 21–24 liegt die Melodie wie ein Echo wieder in der Oberstimme. Sie wird nun von einem – im Gegensatz zum Anfang – aufsteigenden Arpeggio begleitet. Während die Takte 17–24 durch die Folge von Sekundschritten in T. 20 und 24 an das erste Glied des A-Teils anknüpfen, tritt in T. 25–32 nur der Anfangsrhythmus ♪♩.♪ in der rechten Hand in mehrfacher Wiederholung auf. Mit dem übermäßigen Quintsextakkord in T. 32 wird erstmals die bis dahin andauernde Sechzehntel-Begleitfigur unterbrochen. Die Sekundschrittfolge kehrt dabei in der Ober- und der Mittelstimme in Gegenbewegung wieder. In der Mittelstimme wird durch die Erhöhung des Tons g^1 zu gis^1 ein chromatischer Übergang zur Tonikaterz des A'-Teils hergestellt, womit die Rückmodulation nach F-Dur vollzogen ist.

4.1.2.3   Teil A' (T. 33–48)

Dieser Teil ist die variierte Reprise des ersten Teils und steht in der Grundtonart F-Dur. Die Modulation am Ende des ersten Teils unterbleibt hier.

Der Vordersatz (T. 33–40) beginnt harmonisch instabil mit dem Quartsextakkord. Die Melodie der Oberstimme wird hier beibehalten, sie ändert sich erst im Nachsatz (T. 41–48).

Zu dem repetierten Ton c der Mittelstimme tritt nun unterstützend ein Orgelpunkt c im Baß, während die aufsteigende Baßlinie des Anfangs $f–fis–g$ hier in die Mittelstimme verlegt ist. Diese chromatische Fortschreitung wird erst durch das Fehlen der Terz des Dominant–Septakkords in T. 35 ermöglicht. Die Takte 39–40 werden bei gleichbleibender Melodie einer veränderten Harmonisierung unterzogen. So steht im ersten Viertel des 40. Taktes die Subdominantparallele nach ihrer Zwischendominante. Es ist bemerkenswert, daß die Durchgangsnote h^1 aus T. 8, dort im *Decrescendo*, hier in T. 40 abweichend als Bestandteil der Doppeldominante zu deuten ist. *Crescendo*, Akzent und Arpeggio auf dem fünften Sechzehntel bestätigen dies. So wird der Baßgang mit dem Quartabsprung in den Takten 38–40 sequenziert.

Im Nachsatz wird erstmals in der „Romanze" der piano–Bereich verlassen und der dynamische und diastematische Höhepunkt mit dem Ton f^3 erreicht (T. 46). Dieser wird durch die im Baß weit ausholenden Begleitfiguren, die dem Teil B entstammen, vorbereitet. Im Gegensatz zum B-Teil wird das erste Sechzehntel als Taktschwerpunkt nicht ausgespart, und das dritte Sechzehntel mit einem Akzent versehen, sowie durch die Akkorde in der rechten Hand klanglich erweitert, wodurch die Expressivität erhöht wird. Eine Steigerung des Ausdrucks erfolgt ebenfalls durch das Intervall der übermäßigen Sekunde in T. 44 und der verminderten Quinte in T. 46 in der Oberstimme. Zusammen mit der Baßlinie in den Takten 41–45, $f–es–d–c–h$, die mit der Wiederholung des Tones C^1 im Baß in den Takten 33–35 kontrastiert, stellt dieser Nachsatz den bewegtesten Abschnitt des ganzen Stückes dar.

.

4.1.2.4   Coda (T. 49–60)

Die Coda, bestehend aus drei Viertaktern, kann als Zusammenfassung des ganzen Stückes aufgefaßt werden, wobei in der rückwärtsgerichteten Reihenfolge zuerst der B-Teil und dann der A-Teil präsentiert wird. Analog zum B-Teil greift der Baß die verminderte Quinte der Oberstimme von T. 46 wieder auf. Nach der in beiden Händen auseinanderstrebenden Brechung des Tonikadreiklangs in T. 52 wird die Melodie im Baß aus T. 49 ff. um eine Oktave höher versetzt. Der Akkord mit dreifachen Vorhaltstönen zum Dominant–Septakkord im zweiten Achtel des 55. Taktes beendet als Wendepunkt die Aufwärtsbewegung der Begleitfiguren. So tritt zum Abschluß die ursprüngliche, abwärts gerichtete Dreiklangsbrechung in der Mittelstimme unter dem Terzfallmotiv in der Oberstimme wieder auf. Der verminderte Septakkord in T. 58 löst sich im Schlußakkord mit expressiven Nonensprüngen in die Tonika auf.

Die „Romanze" kann durch ihre gesangvolle Melodie als ein Lied mit drei Strophen bezeichnet werden, die mit der Coda abgeschlossen sind. Sie bestehen in regelmäßiger Anlage aus je sechzehn Takten. Die 2. und 3. Strophe (B- und A'-Teil) werden jedoch variiert, wenngleich die letztere den Themenanfang wieder aufgreift. Das Lied entwickelt sich aus dem Motiv von Tonwiederholung und Terzabsprung, der dann zu Quart– und Quintabsprung erweitert wird. In der Variantenbildung des Themas im B-Teil wird zuerst der Nachsatz und dann der Vordersatz des A-Teils aufgegriffen, wodurch der allmähliche Entwicklungsvorgang unterstrichen wird und eine in sich rückläufige Gestaltungsweise zutage tritt. Da sich die Coda auf gleiche Weise gestaltet, wird der Beginn des Stückes am Ende zurückgeholt. Somit wird eine zyklische Formanlage vollzogen, die zu einer Besonderheit bei Kirchners Kompositionen zählt. Der B-Teil enthält die beiden Tonarten C-Dur und As-Dur. Mit dem Eintritt des A'-Teils kehrt die Grundtonart F-Dur wieder. So ist die Kreisbildung auch in der Gesamtform durch den Tonartenplan verwirklicht, wobei die As-Dur–Zone durch ihr Verhältnis des kleinen Terzabstands zur Grundtonart den Mollwert einschließt und die charakteristische Klangfarbe verursacht. Hieraus resultiert, daß die Realisierung der Klangvorstellung durch die Harmonik auch ein Anliegen in Kirchners Kompositionen ist.

4.1.3   Intermezzo op. 2, Nr. 3

Das Stück „Intermezzo" in d-Moll ist mit dem kontrastierenden Mittelteil dreiteilig gebaut. Wenngleich Kirchner in op. 2 nicht an eine Zyklusbildung gedacht ist, schließt er mit diesem dritten Stück die bisherige gattungsbezogene Betitelungen ab. Weil die Überschriften der folgenden ' beiden Nummern des ersten Heftes entweder auf Programmhaftem oder auf Poetisierendem basieren, fungiert das „Intermezzo" als Übergang im wörtlichen Sinne.[14] Der A-Teil wirkt durch die kontrapunktische Satzweise besonders reich an musikalischen Gedanken. Ihm schließt sich der kraftvolle Mittelteil B in der Paralleltonart F-Dur an, durch die er sich ebenfalls von den Eckteilen abhebt. Der B-Teil enthält einen Abschnitt, der den A-Teil modifiziert wieder aufgreift, so daß die Titelüberschrift im Sinne von Zwischenspiel bzw. Episode verwendet wird. Also kann der Titel „Intermezzo" im doppelten Sinne verstanden werden. Nach der verkürzten Reprise ist das Stück mit der Coda beendet. Somit läßt sich das „Intermezzo" wie folgt gliedern:

A: T. 1–48
B: T. 49–88
A': T. 89–116
Coda: T. 117–124

4.1.3.1   Teil A (T. 1–48)

Der erste Teil besteht aus drei sechzehntaktigen Abschnitten, wobei der dritte Abschnitt eine Wiederholung des zweiten ist:

Erster Abschnitt: T. 1–16
Zweiter Abschnitt: T. 17–32
Dritter Abschnitt: T. 33–48

---

[14]Das vierte Stück ist mit „Carnevalscene" versehen, das fünfte mit „Erinnerung".

Erster Abschnitt (T. 1–16)

Es handelt sich im ersten Abschnitt um eine sechzehntaktige Periode, die das Thema des Stückes vorstellt. Das Thema entwickelt sich aus den Motiven der Dreiklangsbrechung und des Sekundschrittes. Der in d-Moll stehende Vordersatz (T. 1–8) beginnt mit einer A-Dur–Dreiklangsmelodie (Motiv a), die dann über den Grundton d^2, also über den Sekundschritt (Motiv b), wieder zum Anfangston a^1 in T. 2 zurückkehrt. Nach einer Variante der zweitaktigen Einheit in der Oberstimme in T. 3 und 4 wiederholen sich im zweiten Glied des Vordersatzes (T. 5–8) zweimal die Töne d und a in der Synkopenbildung (Motiv c), eine Reminiszenz an das erste Glied (viertes Achtel des 1. Taktes und die erste Note des 2. Taktes, desgleichen auch in T. 3–4). Dabei bewegen sich die Baßtöne in den ersten Achteln abwärts von d–A, während sie im ersten Glied d und cis wiederholten. Die harmonisch stützenden Achtelnoten des unteren Systems erzeugen als Ganzes eine pendelnde Bewegung, wohingegen die zweite Oberstimme als Kontrapunkt zur Melodie innerhalb eines Quintrahmens von a^1–d^1 in Terzabsprung und Sekundbewegung beharrlich abwärts geführt wird (Motiv d). Daß hier zu Beginn der Komposition in d-Moll die dominantische Seite im Vordergrund steht, läßt sich in mehrfacher Hinsicht aufzeigen: Erstens befindet sich das Motiv a im A-Dur–Dreiklang, zweitens ist jede erste Note der Takte die Quinte a von d-Moll. Außerdem tritt der Ton a in den Takten 1–6 als drittes Achtel in Zweiklängen orgelpunktartig auf.

Nach der Wiederholung des ersten Glieds moduliert der Nachsatz (T. 9–16) schließlich nach a-Moll, wobei die Oberstimme in den Takten 14–16 aus der Tonreihe vom Quintrahmen a–e aufwärts gebildet wird und als eine Fortschreitung des Motiv b anzusehen ist. Der durch einen Septimfall erreichte letzte Ton e^2 in T. 16 wird zugleich zum Anfangston des zweiten Abschnitts, der mit a-Moll beginnt. So setzt der folgende Abschnitt unmerklich ein.

Zweiter Abschnitt (T. 17–24)

Der zweite Abschnitt ist eine Variante des ersten, in der das exponierte Material verarbeitet wird. Nachdem die ersten drei Takte des ersten Abschnitts in der Oberquinte a-Moll notengetreu wiedergegeben wurden, tritt in der Oberstimme eine Variante des Motivs b auf, so wird der Sekundschritt zur charakteristischen fallenden Sekunde. Dabei bricht das in Achteln nach unten gerichtete Kontrapunkt–Motiv d ab, das in der zweiten Oberstimme des Themas[15] als *Ostinato* vorkam (T. 20). Das zweite Glied des Vordersatzes (T. 21–24) wiederholt die Kombination von Motiv a und b' zweimal in g-Moll und bringt keine weitere Variante hervor. Mit dem Beharren auf dieser motivischen Verbindung knüpfen die Takte an das zweite Glied des Themen–Vordersatzes an, wo lediglich die zwei Töne (a^1–d^2) in der Oberstimme abwechselnd wiederholt werden.

Der Nachsatz des zweiten Abschnitts steht dann wieder in d-Moll wie der Themenkopf, nachdem der Vordersatz durch zwei tonale Zentren (a-Moll, g-Moll) geprägt war. So bilden die ersten beiden Abschnitte (T. 1–32) eine in sich geschlossene Form. Im ersten Glied des Nachsatzes wird die zweitaktige Strukturierung mit Motiv a und b' im rhythmischen Muster ♪ ┃ ♪♪♪♪ ♪. ♪ vom Vordersatz fortgesetzt, wobei die Dreiklangsmelodie in T. 25 im Baß als Stimmtausch auftritt und in T. 27 durch den Quartsprung zwischen dem zweiten und dritten Achtel verändert wird. In T. 28 ist das Sekundmotiv b' synkopisch eingeführt und anstelle eines Akzentes mit der Vortragsanweisung *tenuto* versehen, womit das Motiv erneut betont wird.

Das zweite Glied des Nachsatzes besteht aus 1 + 1 + 2 Takten, so daß die in diesem Abschnitt bisher herrschende zweitaktige rhythmische Einheit aufgehoben ist.

Durch die eintaktige Sequenzierung des neuen Rhythmus ♪♪♪ ♪ wird das Ende der Variante angekündigt. Die Oberstimme des 29. Taktes läßt sich auf T. 21 zurückführen: Das dritte Achtel (a in T. 21) ist nun ausgelassen, stattdessen vervollständigt eine Achtelpause den Takt (T. 29). Im folgenden Takt wird diese mit

---

[15] T. 8 bildet mit den aufwärtsgerichteten Achteln eine Ausnahme.

einer Achtelpause versehenene Oberstimme nachgeahmt, wobei der Intervallsprung von der Terz zur Quarte erweitert wird. Die Quarte stammt wiederum aus der Melodiestimme im unteren System des 27. Taktes, so wird der integrierende Entwicklungsprozeß schrittweise vollzogen. Die beiden Takte (T. 29–30) werden durch das Kontrapunkt–Motiv d zusammengehalten, das im ersten Glied des Nachsatzes gänzlich ausgeblieben war. Hier setzt das Motiv d mit einer Pause als Pendant zur Oberstimme ein und stellt eine absteigende Linie von h^1–d^1 dar, die in den Takten 31–32 weitergeführt wird. Weil die Stimmen der Takte 29–32 insgesamt auf einen abwärtsgerichteten Umriß hindeuten, stehen diese Takte dem Schluß des Themas gegenüber, in dem die Oberstimme aufwärtsgerichtet und das Motiv d in der Mittelstimme erhöht eingesetzt wird.

Die beiden Halbsätze des zweiten Abschnitts fangen unterschiedlich an, lassen aber durch zwei einander entsprechende Takte ihre Zusammengehörigkeit erkennen: Die Takte 20 und 28 stehen im gleichen D-Dur–Septakkord mit dem Nonenvorhalt. Durch seine Auflösung zum Grundton enthalten sie die zwei gemeinsamen Melodietöne es^2, d^2. Die jeweils folgenden Takte 21 und 29 weisen weiter denselben g-Mollakkord auf, wobei die Oberstimmenmelodie des 29. Taktes ebenfalls aus T. 21 entlehnt ist. Nach der Kadenzierung des zweiten Abschnitts über den Dominant–Quartsextakkord nach d-Moll in T. 32, jedoch ohne die Quinte, wird das Auftaktachtel des dritten Abschnitts durch einen Dezimenaufsprung mit dem Sextvorhaltston f^2 von a-Moll eingeleitet. Somit tritt der dritte Abschnitt, der den modulationsreichen zweiten Abschnitt (a-Moll, g-Moll, d-Moll) wieder aufgreift, neuartig ein. Die Auslassung der Quinte in T. 32 erfolgte demnach zweckmäßig.

4.1.3.2   Teil B (T. 49–88)

Der bewegungsreiche B-Teil in F-Dur setzt im f „sehr kräftig" mit großen Intervallsprüngen ein und bildet einen Kontrast zum sanglichen A-Teil. Der B-Teil läßt sich in vier Abschnitte gliedern, deren dritter eine weitere Variante des Themas von Teil A darstellt.

Erster Abschnitt: T. 49–56

Zweiter Abschnitt: T. 57–64

Dritter Abschnitt: T. 65–80

Vierter Abschnitt: T. 81–88

Erster Abschnitt (T. 49–56)

Der von Doppelstrichen eingeschlossene Abschnitt stellt das Thema des B-Teils in einer achttaktigen Periode vor, die ungewöhnlicherweise mit der Subdominante eingeführt wird: Die Tonika setzt erst im zweiten Takt (T. 50) ein. Die Anfangsharmonie B-Dur in T. 49 ist jedoch durch die fehlende Quinte unvollkommen. Weil der letzte Takt des A-Teils in der d-Moll–Tonika ebenfalls ohne die Quinte endete, bilden die beiden Takte zusammen das B-Dur. Dadurch trägt das Ende des A-Teils ergänzend zum Beginn des B-Teils bei, so daß die fehlende Quinte im letzten Takt des A-Teils eine andere Funktion als in T. 32 ausübt.

Trotz seiner gegensätzlichen Stimmung bewahrt das Thema des B-Teils die Grundidee des Stückes: harmonische Doppeldeutigkeit. So ist die Tonika in T. 50 und 54 dominantisch gefärbt, und die Wechseldominante in T. 51 tritt mit den Tönen der Dominante auf. Diese zweideutigen Akkorde sind weiter mit zahlreichen Vorhaltstönen eingeführt, so daß sie umso verschleierter erscheinen. Dem Grundton der Wechseldominante in T. 51 wird eine doppelte Leittonbildung (*fis* und *as* zu *g*) vorangestellt, ebenso dem Dominantakkord in T. 52 (*h* und *des* zu *c*). Die dem B-Teil angehörende Tonart F-Dur wird durch die vollständige Kadenz in den letzten beiden Takten gefestigt.

Die beiden Halbsätze weisen einen erweiterten Ambitus als im A-Teil auf (G^1–c^3). Der durchgehende Achtel–Rhythmus des A-Teils ist durch das neue rhythmische Motiv ♪♪♫ unterbrochen (Motiv e). Dabei fallen auch die Zusammenklänge aus, und auf der letzten 32-telnote ist lediglich ein Einzelton zu hören. Das Motiv erscheint außer im ersten Takt der Halbsätze auch in jedem Takt des Abschnitts. Bei seinem wiederholten Eintritt wird durch seine ausgedünnte Stimme eine gewisse Echowirkung erzeugt, die mittels des blockhaften Wechsels der Achtelakkorde mit dem spielerischen Motiv e entsteht. Das abrupte Nebeneinandersetzen zweier verschiedenartiger Motive bildet einen Gegensatz zur fließenden Bewegung des A-Teils.

Zweiter Abschnitt (T. 57–64)

Der zweite Abschnitt ist eine rhythmische Variante des ersten. Er beginnt mit dem Anfangsrhythmus des vorherigen Abschnitts, im dritten und vierten Takt des jeweiligen Halbsatzes erscheint jedoch das neue Motiv e des B-Teils ohne die Vorschlagsnote, wobei die Oberstimmenmelodie im Achtelrhythmus steht. So spielt das neue rhythmische Motiv des B-Teils hier eine eher untergeordnete Rolle, wodurch die motivische Blockhaftigkeit eliminiert wird. Es wird im letzten Abschnitt des B-Teils abermals wiederbelebt.

Das achttaktige Gebilde besteht aus zwei Viertaktern, deren zweiter eine Transposition des ersten in die kleine Oberterz ist. So spielt die Terzverwandtschaft in diesem Abschnitt bei der Gestaltung eine wichtige Rolle. Dafür steht das bisher eingesetzte Gestaltungsmittel, die dominantische Färbung, nicht mehr im Vordergrund. Der in F-Dur beginnende erste Viertakter kadenziert in T. 60 nach a-Moll, während der zweite Viertakter, der mit der chromatischen Rückung nach As-Dur einsetzt, auf C-Dur in T. 64 endet. Dies entspricht dem zweiten Abschnitt des A-Teils (T. 21–24), wo der a-Moll–Themenkopf nach g-Moll gewendet erschien.

Die ersten beiden Abschnitte des B-Teils werden außer durch das gemeinsame rhythmische Motiv e auch durch eine chromatische Tonleiterbildung zueinander in Beziehung gesetzt. Während sich im Baß der Takte 49–51 die chromatisch absteigende Tonfolge B^1–A^1–As^1–G^1 findet[16], ist in der Mittelstimme der Takte 57–58 eine aufsteigende Linie h–c^1–cis^1–d^1 festzustellen, die, das cis^1 ausgenommen, in der Oberoktave verdoppelt wird. Die beiden Tonfolgen füllen zusammen den Quintrahmen g–d chromatisch aus, der den Rahmen der Melodie in den Takten 14–16 aufgreift. Durch den C-Dur-Septakkord im letzten Achtel des 64. Taktes wird der nächste Abschnitt in die ursprüngliche Tonart des B-Teils, F-Dur, übergeleitet.

---

[16]Zu diesem Zweck erscheinen das letzte Achtel des 49. Taktes und das erste Achtel des folgenden Taktes in der linken Hand nicht in den Oktavzweiklängen, die im B-Teil sonst ständig Verwendung finden, sondern in Zweiklängen der Dezime.

Dritter Abschnitt (T. 65–80)

Der in F-Dur stehende dritte Abschnitt bildet eine sechzehntaktige Periode. Die
Oberstimme ist zu Beginn mit T. 29 verknüpft und enthält keine Dreiklangsmelodie mehr, die im A-Teil eine harmonische Doppeldeutigkeit verursachte. Dafür ist
die Periode von der vermollten Tonika und den Leitton– und Vorhaltsbildungen, die
den vorangegangenen Abschnitten des B-Teils entstammen, durchdrungen. Im ersten Takt (T. 65) erscheint durch den Ton *as* im letzten Achtel die Tonika f-Moll.
Diese Mollvariante der Tonika wird aber im gleichen Achtel durch Hinzutreten der
Töne h–d^1, Leitton und Vorhaltston zu c^2, verwischt. Der Dominant–Septakkord des
folgenden Taktes tritt nach dem Zusammenprallen der übermäßigen Quarte und der
verminderten Quinte durch die Einschaltung des unteren Leittons fis zur Quinte g
erst im letzten Achtel eindeutig hervor.

Das zweite Glied des Vordersatzes ist insofern eine Variante des ersten Glieds, als
die Baßtöne der Takte 65–66 a–fis–g–b in den Takten 69–71 in der linken Hand
aufgegriffen werden. Die Oberstimme der Takte 69–70 bewegt sich innerhalb des
Rahmenintervalls des ersten Glieds c^2–f^2, nachdem es im ersten Viertel des 69. Taktes markiert worden ist. Analog zu den Takten 66 und 68 erscheint der Dominant–
Septakkord im letzten Takt des Vordersatzes (T. 72) nach zweifacher Leittonbildung
mit h zu b und *des* zu c.

Der Nachsatz ist als eine Steigerung des Vordersatzes konzipiert. Er schließt in der
Oberstimme in T. 74 und 76 das Motiv e ein, das hier ohne die 32-telpause als punktierter Rhythmus erscheint, wobei das Sekundmotiv (Motiv b) miteinbezogen wird.
Das Motiv erhält in T. 76 seine Vorschlagsnote zurück, wodurch die Oberstimmenmelodie in der Tonstufe erhöht wird.

Das zweite Glied des Nachsatzes zeigt verstärkt diese interne Steigerungstendenz.
Die Stimmen des ersten Viertels von T. 77 sind in T. 78 jeweils um einen Halbton
erhöht (von F-Dur zu Fis-Dur). Nach dominantischer Fortschreitung ist der Fis–
Durakkord im ersten Viertel des 79. Taktes in der Quintlage zurückgewonnen, wobei
der höchste Ton des Abschnitts (cis^3) erreicht wird.

Durch den Wechsel von Tonika und Dominante entsteht in den Takten 78–79 der
Fis-Dur–Block, bevor der Nachsatz über die Doppeldominante und Dominante in

der Tonika in T. 80 abschließt. Der G-Dur Doppeldominant–Septakkord im letzten
Viertel des 79. Taktes wird also über den Akkord mit vierfachen Leittönen erreicht.
Die chromatische Rückung in T. 78 verursacht diesen ungewöhnlichen harmonischen
Verlauf, der sich durch die dreimalige rhythmische Sequenzierung in den Takten
77–79 weiter hervorgehoben wird.

Vierter Abschnitt (T. 81–88)

Als Abschluß des B-Teils kehrt hier der Rhythmus des ersten Abschnitts wieder. Der
vierte Abschnitt besteht aus 2 + 2 + 2 + 1 + 1 Takten. Der erste Zweitakter ist
mit der Harmoniefolge von Tonika und Subdominante eine harmonische Umkehrung
der Takte 49–50. Im Folgenden werden die Stimmen des oberen Systems über einem
Orgelpunkt auf dem Ton *f* im Baß real zweimal im Abstand eines Ganztons sequenziert. Durch den Einsatz des Subdominant–Septakkords im vierten Achtel des 86.
Taktes wird der Sequenzbildung ein Ende gesetzt. Der Akkord ist zwar der erwartete
Folgeakkord, tritt aber synkopisch, überraschend zu früh und – durch seinen Zusammenklang – massiv ein. Der Akkord wiederholt sich noch einmal im folgenden Takt.
Mit dem Grundton dieses Akkords bilden die Spitzentöne von T. 81, 83 und 85 die
aufsteigende Tonleiter *f–g–a–b*. Ihr Gegenstück findet sich in den letzten beiden Takten auf dem Motiv e (*f–es–d–c–b*) im *Unisono* als prägnante Melodie, so daß sich im
vierten Abschnitt die B-Dur–Tonleiter, in der Unterquinte von F-Dur, ergibt. In den
ersten beiden Abschnitten des B-Teils fand eine chromatische Ausfüllung des Quintrahmens (*g–d*) statt. Im letzten Abschnitt ist dieser Intervallrahmen als Steigerung
zur Oktave erweitert. Der B-Teil erreicht im letzten Abschnitt (T. 81–88) den dynamischen Höhepunkt des Stückes im ff. Der B-Teil schließt auf der Subdominante,
mit der er auch angefangen hatte.

4.1.3.3   Teil A' (T. 89–124)

Die veränderte Reprise des A'-Teils läßt sich in zwei Abschnitte gliedern: Der dritte
Abschnitt des A-Teils, die Wiederaufnahme des zweiten Abschnitts ist hier weggelassen. Wie im A-Teil steht der erste Abschnitt in d-Moll, dem der zweite in a-Moll

folgt:

Erster Abschnitt: T. 89–100

Zweiter Abschnitt: T. 101–116

Erster Abschnitt (T. 89–100)

Der erste Abschnitt des A'-Teils (4 + 4 + 4) beginnt nicht mit dem Thema des A-Teils, sondern greift auf den dritten Abschnitt des B-Teils, eine Variante des Themas, zurück. Der zweite Abschnitt des A-Teils erscheint in der Reprise bei gleichbleibender Melodie, die durch eine Sechzentel– Begleitfigur angereichert ist. Damit zeigt sich, daß der A'-Teil aus dem rückläufigen Prozeß vom B- zum A-Teil gestaltet ist.

Der A'-Teil wird mit dem Neapolitaner in d-Moll eingeleitet, so daß der letzte Akkord des B-Teils, Subdominant–Sekundakkord in F-Dur, als Zwischendominante des Neapolitaners umgedeutet werden kann. Die kleine Subdominantsexte der Oberstimme es^2, also die phrygische Sekunde, wird jedoch nicht zum Tonika–Grundton d^2 aufgelöst, sondern springt zur Terz des Akkords b^1 ab. Die Auflösung geschieht in einer Mittelstimme, die im Rhythmus des Motivs e steht.

Die Oberstimmenmelodie weicht vom dritten Abschnitt des B-Teils zunächst durch die Synkopenbildung (Motiv c) auf h^1 im letzten Achtel des 89. Taktes ab. Der Ton wird dann auf dem nächsten Viertel zum Grundton der Dominante aufgelöst. Nach der Wiederholung dieser Takteinheit setzt der zweite Viertakter ein, der ebenfalls aus 2 + 2 Takten besteht. Die Zweitakt–Einheit erfolgt im Wechsel von Tonika und Dominante. So werden die ersten beiden Viertakter durch den in jedem zweiten Takt vorkommenden Dominant–Septakkord zusammengehalten. Die d-Moll–Tonika in T. 93 erscheint in der zweiten Umkehrung. Sie wird weiter durch die A-Dur–Dreiklangsmelodie im Baß in Zweifel gezogen, wodurch die dominantische Färbung des A-Teils wieder eintritt.

Die oben genannten beiden Viertakter bereiten schrittweise auf die Sechzehntel–Begleitung vor, die ab dem letzten Viertakter des ersten bis zu T. 110 des zweiten Abschnitts vorherrscht. Der erste Abschnitt des A'-Teils übt somit eine überleitende Funktion aus.

Die Takte 89–92 führen die neue rhythmische Begleitfigur ![Notenfigur] ein (Synkopenmotiv c), die zuerst im Baß und dann in einer Mittelstimme erscheint. Aus der Zusammenführung mit der regelmäßigen Achtelbewegung ergibt sich somit die gleichbleibende Sechzehntel–Rhythmusstruktur. Mit dem imitatorischen Einsatz des Motivs e und der Synkopenbildung in den letzten Achteln ist der erste Viertakter rhythmisch dicht. Der zweite Viertakter eliminiert die oben genannten rhythmischen Elemente, während ab T. 93 die durch eine Pause unterbrochene Sechzehntel–Begleitfigur eintritt. So befindet sich der zweite Viertakter in einer Zwischenstation auf dem Weg zu der Sechzehntel–Begleitfigur des letzten Viertakters.

Der letzte Viertakter des ersten Abschnitts stellt eine Modulation nach a-Moll auf, die mit dem Eintritt des zweiten Abschnitts vollzogen ist. Der Baßgang der Takte 97–100 füllt den Quintrahmen zuerst durch chromatische und dann durch diatonische Aufwärtsführung aus. Die letzten beiden Oberstimmennoten des 99. Taktes als Sekundschritt werden im folgenden Takt von der linken Hand in der Unteroktave imitiert, nachdem er zwischen den beiden Takten in der Oktavversetzung erfolgt ist. Damit wird die imitatorische Satztechnik des ersten Viertakters als Engführung wieder aufgegriffen. Mit der Wiederkehr des Rhythmus ![Notenfigur] aus dem ersten Viertakter bewahrt T. 100 die Selbständigkeit des Abschnitts und läßt den bisher angestrebten rhythmischen Entwicklungszug zu den Sechzehnteln deutlich werden. Der letzte Viertakter faßt die vorangegangenen Takte des ersten Abschnitts zusammen und leitet gleichzeitig den Beginn des zweiten Abschnitts in a-Moll ein.

Zweiter Abschnitt (T. 101–116)

Der zweite Abschnitt stellt den entsprechenden Abschnitt des A-Teils (T. 17–32) in voller Länge dar, wobei die zweite Oberstimme in die Sechzehntel–Begleitfigur aufgenommen wird. Im Baß bringt er den Rhythmus der doppelten Punktierung ein, die aus der Zusammensetzung eines Achtels und des Motivs e entstanden ist. Mit dieser Doppelpunktierung macht der B-Teil seinen Einfluß auf die Reprise des A-Teils weiter geltend. Die letzten vier Takte enthalten keine Sechzehntel–Begleitfigur mehr, so daß der ursprüngliche Achtelrhythmus wieder im Vordergrund steht. Anders als im A-Teil kadenziert der Abschnitt in T. 116 mit der Quinte vollständig nach D-Dur, worauf sich die Coda anschließt.

4.1.3.4 Coda (T. 117–124)

Die Coda besteht aus 3 + 2 + 3 Takten. Durch Hinzufügung der kleinen Septime c^1 im letzten Achtel von T. 116 wird die D-Dur–Tonika in Spannung gesetzt, die dann als Zwischendominant–Septakkord der Mollsubdominante in T. 120 fungiert. Die Coda greift motivisch den Mischklang des A-Teils auf. So ist die D-Dur–Dreiklangsmelodie im Baß von T. 117 durch g-Moll bzw. G-Dur im oberen System getrübt. Bevor die Durtonika in der Quintlage als Schlußakkord in T. 122 erscheint, treten in den Takten 120 und 121 zum ersten Mal in diesem Stück Triolen auf, welche die Töne der Tonika und Mollsubdominante enthalten und im pp und *ad libitum* zu spielen sind. Diese Triolen sind die horizontale Ausführung der Takte 117 bzw. 119. Indem die Terz der Subdominante in T. 121 ausgelassen ist, bleibt das Akkordgeschlecht offen. Damit wird an die Grundidee der tonartlichen Zweideutigkeit des Stückes nochmals angeknüpft. Die Schlußakkorde heben jegliche harmonische Unklarheit vollkommen auf und enden mit dem eindeutigen D-Dur–Akkord. Die Quintlage des Schlußakkords läßt jedoch noch einmal die schwebende Harmonie des Anfangs aufleuchten.

Das Stück erwächst aus dem Dreiklangsmotiv mit Sekundschritt mittels der schrittweise vollzogenen variativen Gestalt, die ein Stilmerkmal der Kompositionen Kirchners ist. Dabei liegt der musikalische Einfall in der harmonischen Doppeldeutigkeit, die von der kontrapunktischen Satzstruktur herrührt. In der verkürzten Reprise des A-Teils erscheint die Mittelstimme als Sechzehntel–Begleitfigur, wodurch der A'-Teil belebt wirkt. Die rhythmische Steigerung in der Reprisengestaltung wird oft von Kirchner praktiziert, um die musikalische Spannung zu erhalten. Daß der B-Teil eine Variante des Themas einschließt, und die Reprise des A-Teils durch die Übernahme der Variante somit verschleiert einsetzt, läßt sich als eine Besonderheit der Form bei Kirchner feststellen.

4.1.4 Carnevalscene op. 2, Nr. 4

Die ersten drei Stücke des op. 2 trugen gattungsbezogene Titel wie Ballade, Romanze und Intermezzo, wohingegen das vierte Stück mit dem programmhaften Titel „Carnevalscene" versehen ist. Die wechselnden Szenen karnevalistischen Treibens werden in der Komposition durch die motivisch–thematische Verarbeitung zum Ausdruck gebracht. Das Stück ist mit dem kontrastierenden Mittelteil dreiteilig gebaut und wie folgt zu gliedern:

A: T. 1–47

B: T. 48–72

A': T. 73–112

4.1.4.1 Teil A (T. 1–47)

Teil A läßt sich in zwei Abschnitte unterteilen, deren erster das schelmisch klingende Thema als sechzehntaktige Periode in D-Dur vorstellt. Im zweiten Abschnitt bilden sich vier Varianten des Themas, indem das im ersten Abschnitt exponierte Themenmaterial neu kombiniert und fortgeführt wird.

Erster Abschnitt: T. 1–16

Zweiter Abschnitt: T. 17–47

Erster Abschnitt (T. 1–16)

Der achttaktige Vordersatz des Themas ist zweiteilig: Im ersten Glied (T. 1–4) werden die Stimmen der rechten und der linken Hand in Gegenbewegung geführt, während sie sich im zweiten Glied (T. 5–8) parallel bewegen bzw. liegenbleiben. Auch harmonisch trifft diese Gliederung zu, wovon noch die Rede sein wird.

Die ersten beiden Takte des Vordersatzes bilden die Keimzelle des Themas. Die Oberstimme des 1. Taktes in Oktaven beginnt mit einer diatonischen Abwärtsbewegung im Rahmen einer kleinen Terz (Motiv a), die in eine Tonwiederholung auf dem Ton *fis* (Motiv b) mündet. In den darauffolgenden Takten wird das Rahmenintervall der kleinen Terz chromatisch ausgefüllt. So kann die zweite Taktgruppe (T. 3–4) mit dem dritten Viertel von T. 2 und dem ersten Viertel von T. 5 als eine Ableitung von Motiv a mit vergrößerten Notenwerten angesehen werden.

Diese Taktgruppe erzeugt Spannung durch ihre chromatisch absteigende Oberstimme und den Tonika–Septakkord in T. 4, der sich nicht als Zwischendominante zur Subdominante auflöst. Die Spannung steigt mit dem neuen punktierten Rhythmus (Motiv c), der nach einem Oktavsprung mit dem zweiten Viertel in T. 5 entgegen dem Akzentstufentakt einsetzt.

Die Tonrepetition von Motiv b wird in der Punktierung auf dem h aufgegriffen und bis zum T. 6 weitergeführt, wobei sich die Stimmen einer Akkordfolge vereinigen. Die durch Tonwiederholung, Punktierung und Oktavsprung aufgestaute Spannung wird in den nächsten zwei Takten in der fallenden Brechung des Dominant–Septakkordes abgebaut (Motiv d). Der mit einem Akzent versehene erste Ton der Oberstimme g^3 bildet zugleich den diastematischen Höhepunkt des Vordersatzes. Nach dem Verlauf der Oberstimme weist der Vordersatz somit eine steigende Tendenz auf.

Dazu tragen auch harmonische Mittel bei. Die beiden Glieder des Vordersatzes lassen sich zwei harmonischen Ebenen, der Tonika–[17] und der Dominantebene, zuordnen. Am Ende des ersten Glieds (T. 4) wird die Tonika durch die hinzugefügte Septime dominantisiert, die jedoch unaufgelöst bleibt und das zweite Glied einleitet. Im zweiten Glied (T. 5–8) tritt nach zweifachem Wechsel der Tripel- und Doppeldominante der gebrochene Dominant–Septakkord auf, durch den die Spannung weiter aufrechterhalten wird. Die endgültige harmonische Entspannung ist erst am Ende des Nachsatzes mit dem Tonika–Dreiklang (T. 16) erreicht.

Die Baßtöne der Takte 1–6 bilden eine von den Tönen a bis e aufsteigende chromatische Linie mit Heterolepsis, wodurch die beiden Glieder zusammengehalten werden. In T. 7 erreicht der Baß wieder den Anfangston a, wobei er die Töne von T. 1 rückläufig und in enharmonischer Verwechslung aufgreift. Der letzte Ton des Arpeggios a in T. 8 weist auch auf den Anfang zurück, so daß der Schluß des Vordersatzes in den Beginn des Nachsatzes überleitet, der aus der Wiederholung des Vordersatzes

---

[17]Obwohl der erste Akkord harmonisch uneindeutig ist, ergibt sich D-Dur als Grundtonart aus der Verwendung der terzverwandten Akkorde der Tonika.

mit abgewandelter Kadenz besteht. Aufgrund dieses zäsurlosen Übergangs entsteht der Eindruck einer zirkulären Struktur.

Die Schlußkadenz des Themas ist durch die Einfügung der Mollsubdominante und das Fehlen der Dominantquinte in ihrer Wirkung geschwächt. Der Ton *b* aus T. 7 erhält in T. 15 eine neue Funktion: Er wird nicht als künstlicher Leitton, sondern als Terz der Mollsubdominante verwendet. Das Phänomen, musikalischen Elementen eine wechselnde Bedeutung zu verleihen, trifft man im Laufe des Stückes häufiger. Der Vordersatz beginnt volltaktig, und das letzte Achtelmotiv (Motiv d) setzt ebenfalls mit dem Akzent auf dem ersten Achtel des 7. Taktes an. Die zweite Taktgruppe (T. 3–4) bringt aber die regelmäßige Zweitaktigkeit ins Schwanken, indem sie auftaktig einsetzt und sich bis zum ersten Viertel des folgenden Taktes hinzieht. Deshalb tritt der neue punktierte Rhythmus in T. 5 im zweiten Viertel ein, und die Dauer der dritten Zweitaktgruppe (T. 5–6) ist damit gekürzt. Diese Veränderung der rhythmischen Binnenstruktur gibt dem Stück etwas Launenhaftes, Heiteres und Humoristisches und verleiht ihm die Stimmung eines Karnevals. Durch einen melodischen Halbschluß bleibt das Thema zum folgenden Abschnitt hin geöffnet.

Zweiter Abschnitt (T. 17–47)

Der zweite Abschnitt setzt sich aus vier Gliedern zusammen. Die ersten drei Glieder umfassen jeweils acht Takte, welche die Grundmotive abwandeln und in Ausdruck und Umfang intensivieren. Jedes Glied beginnt mit dem Rhythmus des 1. Taktes (Motiv a) und schließt wie der Vordersatz des Themas mit der fallenden Akkordbrechung (Motiv d). Die Abgrenzung der Glieder ist zwar motivisch eindeutig, wird jedoch vom harmonischen Verlauf konterkariert: Die motivisch selbständigen Glieder werden durch die jeweilige Übernahme der Schlußharmonie des voraufgehenden Glieds zusammengebunden. Die letzten sieben Takte bilden den Epilog des A-Teils. Dieser Abschnitt ist im Gegensatz zum Thema überwiegend im p gehalten.

Erstes Glied (T. 17–24): Die Oberstimme und der Baß des 1. Taktes sind in T. 17 in Krebs, also rückläufig, im ursprünglichen Rhythmus dargestellt[18]. Daran schließt sich in T. 18 der punktierte Rhythmus mit dem Oktavsprung aus T. 5 an. Diesmal ist er nicht als Akkord, sondern in einem Ton ausgeführt, dessen Akzent als Variante der Akkorde betrachtet werden kann. Diese Zweitaktgruppe (T. 17–18) wird zweimal wiederholt. Beim dritten Anlauf in T. 21 wird der Ton *b* im Baß zu *ais* umgedeutet zugunsten einer Gegenbewegung zur chromatisch absteigenden Mittelstimme in T. 22. Dieser Takt enthält eine Viertelquartole, die betont und im *Ritardando* zu spielen ist. Dadurch wird das ungerade Metrum des Stückes (3/4-Takt) außer Kraft gesetzt. Der zum folgenden Takt übergebundene verminderte Akkord in T. 21 verstärkt diese Absicht. Der Akkord liefert darüber hinaus den Ausgangspunkt für eine Modulation von D-Dur nach F-Dur, die erst in T. 28, also im nächsten Glied, ihren Abschluß findet (D7 in T. 22!). Wie im Thema weist das fallende Arpeggio des Dominant-Septakkordes in den letzten beiden Takten des Glieds einen Umfang von drei Oktaven auf.

Zweites Glied (T. 25–32): Während sich das erste Glied von acht Takten in der regelmäßigen Zweitaktigkeit befindet, setzt sich das zweite Glied aus zwei Viertaktgruppen zusammen, in deren erster Gruppe die neue Tonart F-Dur über die Subdominante und Dominante auf dem aufsteigenden Baßgang *C–Cis–D–E–F* befestigt wird. Die zweite Viertaktgruppe nimmt harmonisch denselben Anfang wie die erste, verbleibt aber im Bereich der Subdominante. An den Akkord schließt sich das nächste Glied (T. 33–40) harmonisch an. Jede Taktgruppe des zweiten Glieds besteht aus 1 + 1 + 2 Takten. Das Motiv a verselbständigt sich durch die abgeänderte Wiederholung.

Im zweiten Glied ist das Motiv der Punktierung ausgelassen. Der erste Takt dieses Glieds verbindet die verschiedenen Elemente des Themenanfangs (T. 1–4). In der Oberstimme des ersten Taktes (T. 25) erscheint die Modifikation des Motivs a aus den Takten 3–4, die chromatische Abwärtsbewegung, verbunden mit der Tonrepetition aus Motiv b, aber im ursprünglichen Rhythmus. Diese Oberstimme wird im

---

[18]Der Ton *ais* im Baß des 1. Taktes erfährt den enharmonischen Wechsel zum *b*. Er kann aber auch als Übernahme aus dem vorletzten Takt des Nachsatzes gedeutet werden.

darauffolgenden Takt in der Oberquinte wiederholt. Das letzte Viertel des 26. Taktes wird in zwei Achteln auf dem Ton b^1 aufgelöst, die in ein Achtelarpeggio übergehen.

Die Gegenstimme der linken Hand entstammt ebenfalls den ersten vier Takten des Themas. So ist die Halbe des 1. bzw. 2. Taktes in T. 25 in eine Viertelnote und Viertelpause geteilt. In T. 26 wird das dritte Viertel des 3. bzw. 4 Taktes durch eine Viertelpause ersetzt. Durch den eintaktigen rhythmischen Wechsel der linken Hand bauen diese Takte Spannung auf, die durch einen Akzent auf der Viertelnote in T. 25 und damit durch die betonte chromatische Gegenbewegung der linken Hand unterstrichen wird. Wie im Thema wird diese Spannung durch das fallende Arpeggio der folgenden beiden Takte abgebaut.

In der Klangbrechung der Takte 27–28 wird der Bewegungsfluß durch den doppelten Vorhalt zur Tonika (d^2, gis^1) vorübergehend gestaut, bevor die Abwärtsführung durch das F-Dur–Arpeggio fortgesetzt und somit die neue Tonart endgültig bestätigt wird. Die zweite Viertaktgruppe läßt sich als gesteigerte Wiederholung der ersten auffassen. Anstelle des Dominant–Septakkordes (T. 27) tritt der Subdominant–Akkord mit gleichzeitigem Erreichen des Gipfeltons auf.

Drittes Glied (T. 33–40): Im Gegensatz zu dem zweiten Glied läßt sich das dritte Glied auf die Takte 5–8 zurückführen. Es ist ebenfalls in zwei Viertaktgruppen unterteilt. Die zweite Gruppe stellt eine Tranposition der ersten um eine kleine Sexte höher dar. Dabei wird das Motiv c mit besonderer Betonung eingeleitet: Der punktierte Rhythmus aus T. 5 erfährt hier durch Einführung einer doppelten Punktierung eine Verschärfung. Auch die Tonrepetition findet Verwendung sowohl in der Hauptstimme über dem Motiv c als auch in der Begleitstimme, welche die Repetition schon im ersten Takt dieses Glieds (T. 33) auf b^1, in T. 34 als Liegeton cis^1 und in T. 35 auf dem Zweiklang h und d^1 aufweist. Durch den harmonischen und melodischen Ganzschluß, den ersten im ganzen Stück, ist das Glied deutlich vom weiteren Verlauf abgegrenzt. Dennoch wird durch die Fortsetzung des Achtel-Arpeggios wiederum zum folgenden Glied übergeleitet.

Viertes Glied (T. 41–48): Zum Ausklang des Abschnitts erklingt das Motiv c, nun zweistimmig und in einer verkürzten Form als Reminiszenz an das dritte Glied in der linken Hand. Zugleich greift die Oberstimme mit der verminderten Quinte aus T. 27 auf ein Element des zweiten Glieds zurück, dessen Ursprung letztlich in der übermäßigen Quarte des Übergangs der Takte 6–7 liegt. So prallen die Quinte (f^1–c^2) des unteren Systems in T. 41 und die verminderte Quinte (b^2–e^2) des oberen aufeinander, was sich aus der Vermischung von Tonikadreiklang und Dominant–Septakkord ergibt. Der Ton b^2 wird in T. 42 in der fallenden Brechung des Tonikadreiklangs zum Quart-Vorhalt der Tonika funktional umgedeutet.

Bei der Wiederholung dieses Vorgangs in der Unteroktave (T. 43, 44) wird durch die Verlagerung des Akzentes von der Sechzehntelnote des Motivs c auf das darauffolgende Viertel der Schluß des Abschnitts herausgestellt. In fallenden Arpeggien der Tonika mit dem Vorhaltston b klingt der A-Teil aus.

4.1.4.2 Teil B (T. 48–72)

Die Regelmäßigkeit der Achttaktigkeit, die im A-Teil vorherrschte, wird in T. 48, mit dem der B-Teil plötzlich im f einen Takt früher einsetzt, durchbrochen. Der B-Teil ist in zwei Abschnitte gegliedert, deren erster wie im A-Teil mit Wiederholungszeichen versehen ist:

Erster Abschnitt: T. 48–60

Zweiter Abschnitt: T. 61–72

Erster Abschnitt (T. 48–60)

Der erste Abschnitt des B-Teils ist zweiteilig: Introduktion und Thema, das durch seinen lyrischen Charakter den eigentlichen Kontrast zum humorigen A-Teil bildet. Beide sind jeweils zu wiederholen.

Introduktion (T. 48–52): Die Einleitungstakte des B-Teils setzen mit der Kadenz nach E-Dur ein. Somit wird die erste Note im Oktavzweiklang auf der Terz *a* in F-Dur als Quarte in E-Dur umgedeutet. Diese Introduktion zeichnet sich in Rhythmus und Harmonien durch einen fanfarenartigen Charakter aus. Die Vortragsbezeichnung „sehr frisch" ist in dem Sinne einleuchtend.

Dieser eröffnende Charakter wird schon im ersten Oktavzweiklang in T. 48 angekündigt, der betont zu spielen und dazu mit einer Fermate versehen ist. Durch die Fermate auf der ersten Note in T. 48 fungieren die übrigen Noten des Taktes als Auftakt, der im B-Teil durchgehalten wird.

Die zu wiederholenden Takte 49–52 der Einleitung kombinieren unterschiedliche Rhythmen miteinander:

Im B-Teil sind „die Achtel wie vorher die Viertel" zu spielen, so daß die Punktierung in den ersten beiden Vierteln von T. 49 als eine Erweiterung des Motivs aus T. 5 angesehen werden kann. Die nachfolgenden zwei Achtel sind einer Triole gegenübergestellt, die im Baß mit einer Achtelpause beginnt. Dadurch wird der markante Fanfaren–Rhythmus verkompliziert. Zugleich wird das rhythmische Gebilde verdichtet, und in der insgesamt achtmaligen Wiederholung wirkt diese Einleitung immer drängender.

Zu den abwärts gerichteten Triolen im Baß der Einleitung erscheint das Motiv der punktierten Tonrepetition im Umfang von zwei Oktaven nach oben gerichtet. Die wiederholten Töne bestehen aus dem Grundton *e* und der Quinte *h* in E-Dur, wodurch der Fanfarencharakter auch in der Linie der Oberstimme gekennzeichnet ist.

Das Thema des B-Teils (T. 53–60): Es stellt in mancher Hinsicht das Gegenteil der Introduktion dar. Sie begann mit einer Kadenz, wohingegen das lyrische Thema seine Tonart A-Dur erst am Schluß deutlich erkennen läßt. Wie im Thema von Teil A richtete sich die Oberstimmenmelodie der Introduktion des B-Teils nach oben, während hier die Stimmen in ihrem Verlauf nach unten streben.

Die beiden Glieder (4 + 4) gleichen sich durch die Verwendung der rhythmischen Sequenzierung als gemeinsames Gestaltungsmittel der Introduktion an und unterscheiden sich deswegen vom A-Teil, der geradezu von der Präsentation unterschiedlicher Rhythmen lebt. Während sich dies in der Introduktion eintaktig vollzieht, bildet das lyrische B-Thema eine zweitaktige Einheit.

Nach dem Tonika–Auftakt beginnt das lyrische Thema überraschend mit einem verminderten Septakkord auf *his*. Dem schließt sich im darauffolgenden Takt (T. 54) der kleine Moll–Septakkord auf *fis* an, so daß die harmonische Spannung auf eine andere Ebene versetzt wird. Der verminderte Septakkord wird erst bei der Wiederholung (T. 55) zum Tonikagegenklang in T. 56 aufgelöst.

Das Intervall der verminderten Quinte aus dem letzten Glied des A-Teils tritt als Melodie im oberen System auf, wobei sie durch die übergreifende linke Hand eine Oktave höher verdoppelt wird. Die fallende Achtel–Akkordbrechung aus dem A-Teil wird mit Hilfe von Leitton und Vorhalt zu einer aufgelockerten Form (T. 54, 56) der kreisenden Achtel–Bewegung modifiziert. Während in der Introduktion die Punktierung mit der Tonrepetition aufgegriffen wurde, spielen jetzt die verminderte Quinte und die Akkordbrechung eine wichtige Rolle. Der B-Teil greift somit die Elemente des A-Teils wieder auf.

Die zweite Viertaktgruppe (T. 57–60) beginnt ebenfalls mit dem verminderten Septakkord, diesmal auf *ais*. Die Melodie der verminderten Quinte wird nun nacheinander auf beide Hände verteilt, indem die linke Hand sie eine Oktave höher nachschlägt. Hier erfährt der verminderte Septakkord gleich ohne Wiederholung seine Auflösung zur Subdominantparallele, wonach diese über die Dominante zur Tonika kadenziert. Während sich in der ersten Hälfte des lyrischen Themas (T. 53–56) der Liegeton von *a* nach *gis* bewegt, umfaßt der in der zweiten Hälfte (T. 57–60) eine kleine Terz (*e–d–cis*).

Zweiter Abschnitt (T. 61–72)

Der zweite Abschnitt stellt den ersten in verkürzter und loser Form dar. Er besteht aus drei Viertaktern, wobei das lyrische Thema von dem der Introduktion entstammenden, rhythmisch geprägten Glied umschlossen ist.

Das erste Glied (T. 61–64) läßt die Gegenüberstellung der zwei Rhythmen, Achteltriole gegen zwei Achtel, aus. An ihre Stelle tritt nur der einfache Triolenrhythmus. Die Punktierung mit der Tonrepetition wird in der Oberstimme durch eine Sechzehntelpause zu ⟨Notenbeispiel⟩ abgewandelt. Die jetzt in der gleichen Lage wiederholten Töne sind der Grundton a und die Quarte d, während im ersten Abschnitt der Quintabstand eine Rolle spielte. Die Triolen erfahren Quart- und Oktavsprünge. Im Baß bildet der Ton b in Oktavverdopplung den oberen Leitton des Tonika-Grundtons (T. 61–63) als Folge der Tiefalteration der Quinte des Dominant–Septakkords. Diese Töne stellen einen Rückbezug auf den Baß in T. 7 her, wo der Grundton der Dominante in D-Dur durch den oberen Leitton eingeführt wurde.

Das lyrische Glied (T. 65–68) setzt mit dem Moll-Tonika–Sextakkord ein. Das Motiv der verminderten Quinte schlägt dann in eine reguläre Quinte um, wobei die Harmonie nicht zu definieren ist: Zuerst kann man T. 65 als verselbständigten Neapolitaner auffassen, jedoch ist diese Annahme wegen der Septime a und der fehlenden Quinte fragwürdig. Die Festlegung als Subdominante ist durch die fehlende Terz nicht plausibel. Dazu tritt der Ton b als Reizton zur Quinte auf. Durch diesen Ton im Baß werden die ersten beiden Glieder des Abschnitts zusammengehalten.

Das letzte Glied des B-Teils (T. 69–72) ist eine Variante der Takte 61–64. Die tiefalterierte Quinte b der Dominante erscheint nicht im Baß, sondern in einer Mittelstimme. Die Tonrepetition erfolgt in Oktavsprüngen. Die Triolen der Takte 69 und 71 enthalten nun den Sprung der verminderten Quinte, die im lyrischen Glied des ersten Abschnitts eine wichtige Rolle spielte und in diesem Abschnitt ausblieb.

Im letzten Takt wird dieses Intervall der Triole auf drei Viertel verlängert, die jeweils mit einem Akzent versehen sind und die Volltaktigkeit der folgenden Reprise vorbereiten. Der Ton gis im Baß fungiert dann als unterer Leitton zur Quinte in D-Dur, in dem die Reprise des A-Teils steht.

4.1.4.3   Teil A' (T. 73–112)

Der A-Teil ist in der Reprise verkürzt, indem das Thema der sechzehntaktigen Periode auf acht Takte zusammengezogen ist. Das Thema (T. 73–80) ist durch die Achtel–Pendelbegleitung unruhig gestaltet. Dabei wird der chromatische Gang in eine Mittelstimme verlegt, während der Baß im Orgelpunkt auf A^1 stagniert. Für den sich öffnenden Zug des Themas wird das Motiv der fallenden Akkordbrechung in den Achteln weggelassen. Stattdessen wird der Rhythmus des 1. Taktes in den Takten 79–80 wieder aufgegriffen, wobei das erste Achtel durch eine Achtelpause ausgewechselt wird. Durch die zweimalige Wiederholung des Rhythmus erscheint die steigernde Geste des Themas weiter intensiviert, die schon in der Doppelpunktierung des 77. Taktes abzusehen war. Diese Absicht wird durch die Vortragsbezeichnungen *Crescendo* und *Ritardando* unterstrichen.

In diesem Formteil erscheint das erste, modulierende Glied des zweiten Abschnitts von Teil A (T. 17–24) als letztes und abschließendes Glied, das als Coda fungiert. Infolgedessen verbleibt der zweite Abschnitt weiter in D-Dur. So sind die Takte 25–44 in die Unterterz transponiert. Die letzten drei Takte der Akkordbrechung (T. 45–47) des A-Teils erfahren eine Transposition in die Obersexte, woran sich der Tonika–Zweiklang anschließt, der den ganzen Takt in punktierter Halber anhält (T. 104). So wird hier die regelmäßige Achttaktigkeit komplettiert, wohingegen im A-Teil schon an dieser Stelle der B-Teil einsetzte.

Als letztes Glied im A'-Teil tritt in den Takten 105–112 das zeitweilig aufgehobene erste Glied in der Tonika auf. Damit wird trotz der Versetzung des ersten Glieds ans Ende des Stückes das harmonisch ineinander greifende Formprinzip des A-Teils auch in der Reprise beibehalten. Hier sind die Takte 17–22 notengetreu wiedergegeben, die jedoch „ruhiger, zögernd" ohne Akzentzeichen auf den punktierten Vierteln ausgeführt werden sollen. Die fallenden Arpeggien der letzten beiden Takte des Glieds werden hier gegen Akkorde ausgetauscht, die das Stück im Ganzschluß in D-Dur abschließen. Der Dominant–Septakkord im zweiten Viertel des vorletzten Taktes wird durch die doppelten Leittöne eingeführt, die jedoch auch als Bestandteile des Wechselsubdominant–Septakkords betrachtet werden können, der sich nicht zum Tonikagegenklang auflöst. Dieser C-Dur–Septakkord erschien im A-Teil in der Tonart F-Dur als Dominant–Septakkord, dessen Auflösung sich mehrere Takte lang hingezogen hatte. Somit erfährt derselbe Akkord hier eine andere funktionelle Deutung. Das Stück endet nach dem *Ritardando* plötzlich „schnell" im f und ruft den schalkhaften Grundcharakter der Komposition abermals zum Schluß hervor.

Die humoristische Grundstimmung des Karnevals wird in der sechzehntaktigen Periode als Thema der Komposition dargestellt. Die folgenden Formglieder des A-Teils greifen zunächst das thematische Material auf und führen es weiter fort, so daß sich in jedem Glied eine Variante des Themas bildet. Weil das Thema selbst nach und

nach aus T. 1 entwickelt wird, ist die Variantenbildung als Gestaltungsprinzip auch
für das Stück mit dem programmhaften Titel bestimmend. Die wechselnden karnevalistischen Szenen werden somit auf mehreren Ebenen betrachtet.

In formaler Hinsicht ist es auffällig, daß der B-Teil mit einer Introduktion eröffnet
wird, die dem A-Teil fehlte. Sie übt die Funktion aus, den auftaktig einsetzenden
B-Teil vorzubereiten, und sie unterstreicht durch ihren Fanfarencharakter die mo-
saikartig zusammengesetzte Form des Stückes. So wird das modulierende Formglied
der Takte 17–24 in der Reprise an das Ende des Stückes verlegt und übernimmt die
Rolle der Coda.

4.1.5 Erinnerung op. 2, Nr. 5

Die schwebend zarte „Erinnerung" in fis-Moll besteht aus drei Teilen, die jedoch keine
gewöhnliche dreiteilige Form mit dem kontrastierenden Mittelteil bilden. Das Thema
wird im ersten Teil als sechzehntaktige Periode vorgestellt. Der zweite Teil bildet eine
Variation des ersten Teils. Der letzte Teil ist eine Vereinigung der ersten beiden Teile,
die abgeändert aufgenommen werden. Das Stück beruht somit auf einer ständiger
Abwandlung und enthält keinen kontrastierenden Teil, impliziert doch die Titelüberschrift „Erinnerung" ein einheitliches Stimmungsbild. Demgemäß bleiben die
drei Teile durchgehend in der Grundtonart. Das Stück gliedert sich folgendermaßen:

A: T. 1–16

A': T. 17–36

A": T. 37–64

4.1.5.1 Teil A (T. 1–16)

Der Vordersatz des Themas (T. 1–8) der sechzehntaktigen Periode läßt sich in zwei
Viertakter gliedern, deren zweiter rhythmisch an den ersten Viertakter angelehnt
ist[19]. Der erste Viertakter, bestehend aus 2 + 2 Takten, beginnt auftaktig mit einem synkopisch übergebundenen Achtel und einem nachfolgenden Sechzehntel. In

---

[19]T. 6 bildet eine Ausnahme, indem er eine eigene Gestalt bringt, von der später noch die Rede
sein wird.

den letzten beiden Achteln des 1. Taktes wird dieser „punktierte" Rhythmus wiederholt, der in T. 2 in ein Viertel auf der ersten Zählzeit mündet (Motiv a). Mit diesem abtaktigen Eintritt des Viertels ist der Dreier–Takt des Stückes zum ersten Mal erkennbar, wobei sich der Dominant–Quintsextakkord von T. 1 zur Molltonika auflöst.

Der nächste Zweitakter beginnt ebenfalls mit einer Achtel–Synkope und endet mit einem Viertel in T. 4. Er steht den ersten beiden Takten des Vordersatzes entgegen, weil T. 3 keine Punktierung mehr, sondern schlichte Achtelnoten enthält. Die Achtel bilden dabei den Intervallabsprung der charakteristischen kleinen Septime von fis^2 nach gis^1 (Motiv b). Das gis, die zweite Tonstufe der fis-Moll–Tonart des Stückes, spielt im Vordersatz neben dem Grundton fis eine bedeutende Rolle, weil das Stück mit diesem Ton in der Oberstimme beginnt, abschließt und ihn in den Takten 3, 4 und 5 im oberen System wiederholt. Er erscheint überdies im unteren System als letztes Sechzehntel in der Begleitfigur.

Der zweite Viertakter tritt in der gleichen Harmonie der Takte 3–4, der Subdominante mit Sixte ajoutée, unmerklich ein. Er übernimmt in T. 5 zunächst den Rhythmus des ersten Taktes (Motiv a), nur mit einem Vorschlag versehen, jedoch ist das letzte Sechzehntel zu dem ersten Sechzehntel des nachfolgenden Taktes (T. 6) übergebunden und erzeugt dadurch eine neue Sechzehntel–Synkope (Motiv c). T. 6 läßt so die weiteren Noten der Oberstimme, zwei Achtel und ein Sechzehntel, gegen die Zählzeit spielen, wodurch die Metrik verschwommen wird und eine aufgewühlte Stimmung entsteht. In Verbindung mit dem verminderten Septakkord der Doppeldominante erzeugt demnach T. 6 die größte Spannung im Vordersatz.

Das letzte Sechzehntel ist zu dem ersten Achtel des folgenden Taktes (T. 7) übergebunden, so daß das Achtel–Motiv (Motiv b) mit der Sechzehntel–Synkope eintritt. Der letzte Ton gis^1 des Achtel–Motivs bildet wiederum die Synkope zum ersten Viertel des 8. Taktes. In der zweiten Hälfte des Vordersatzes wird also jeder Takt synkopisch eingeführt.

Als längster Ton des Vordersatzes bildet der Ton gis^1 einen vorläufigen Ruhepunkt und markiert dessen Ende. Hier tritt die Sechzehntel–Begleitfigur zum ersten und letzten Mal in diesem Stück zweistimmig abtaktig in einer aufsteigenden Dreiklangsbrechung auf. Gleichzeitig stellt sie den metrischen Schwerpunkt wieder her, der im Verlauf des Vordersatzes durch die Oberstimmenmelodie verlorengegangen war.

Die Sechzehntel–Begleitfigur ist in diesem Stück überdies in zwei Dreiergruppen zu spielen, die auf die beiden Hände verteilt sind.[20] Die Mittelstimme behält damit ihre Zweier–Takt–Rhythmik und bildet einen Kontrast zum eigentlichen Dreier–Takt. Diese mehrschichtige Rhythmisierung verursacht den zarten Charakter des Stückes und gehört zu einem Stilmerkmal bei Kompositionen Kirchners.

Der Nachsatz der Periode unterscheidet sich vom Vordersatz lediglich in der Schlußbildung. Er klingt nicht im Achtelrhythmus aus, sondern greift den punktierten Anfangsrhythmus auf und schließt in der Tonika. Das motivische Zurückgreifen auf den Beginn findet sich oft bei der Themenbildung Kirchners.[21]

4.1.5.2   Teil A' (T. 17–36)

Der A'-Teil besteht aus einem achttaktigen Vordersatz (T. 17–24) und einem auf zwölf Takte erweiterten Nachsatz (T. 25–36).

Die erste Hälfte des Vordersatzes von Teil A' ist eine melodische Variante der Takte 1–4. Im Gegensatz zum dominantisch eingeleiteten A-Teil beginnt der A'-Teil mit einem Mollsubdominant–Septakkord, und die Oberstimme nimmt ihren Anfang um einen Halbton höher als in T. 1. Im A'-Teil tritt die tragende Rolle des Septimenintervalls von vorneherein klar hervor, wohingegen sie im Thema eher verschleiert vorkam. So beginnt der Vordersatz von Teil A' mit einem Intervallabsprung der kleinen Septime auf dem Motiv a, das wie in T. 5 mit einem Vorschlag versehen ist. Bevor dem Hörer das Achtelmotiv in dem Septabsprung (Motiv b) in T. 19 begegnet, wird das Intervall der Septime in T. 18 als Rahmenintervall der Oberstimme in Achtelbewegung verwendet. T. 18 weicht mit seinen drei Achteln rhythmisch von T. 2 mit Viertel und Achtel ab und nimmt die Achtelbewegung von Motiv b vorweg.

Die zweite Hälfte des Vordersatzes scheint erst in T. 23 durch den Achtel–Rhythmus

---

[20]Dabei greift die linke Hand meistens die letzten beiden Noten der rechten Hand auf. Dies läßt sich mit der Überschrift „Erinnerung" in Verbindung bringen.
[21]Als Beispiel von den bisher analysierten Stücken sei das Thema von „Ballade" und „Intermezzo" von op. 2 genannt.

mit dem Vordersatz des Themas verknüpft zu sein, allerdings ohne Synkope auf dem letzten Achtel. Während die Oberstimme des ersten Viertakters Intervallsprünge, Septabsprünge (a^2-h^1) und einem Sextsprung (cis^2-a^2) enthält, besteht die Melodie des zweiten Viertakters ausschließlich aus den aufsteigenden Tonschritten, zuerst chromatisch, dann diatonisch[22], und füllt den Tonraum von ais^1 bis fis^2 aus. Die nach oben gerichtete Melodie der zweiten Hälfte des Vordersatzes tritt mit der dem 5. Takt entstammenden Sechzehntel–Synkope (Motiv c) ein und wird durch den Einsatz der Sechzehntelpause unterbrochen, bevor die Rhythmik aus den Takten 7 und 8 in den letzten beiden Takten wieder aufgegriffen wird. Dadurch entsteht eine „seufzende" drängende Stimmung, die an T. 6 erinnert, der zwei aufsteigende Halbtonschritte enthielt (gis^1-a^1, eis^1-fis^1). Somit stützen sich die Takte 21–24 doch auf die zweite Hälfte des Vordersatzes von Teil A (T. 5–8). Sie bestehen aus der zweimaligen Wiederholung der Tonikaparallele mit ihrer Zwischendominante, wobei die Baßführung eine aufsteigende Tonleiter von Gis nach cis darstellt. Die aufwärtsgerichtete Baßbewegung in Achteln wird in den darauffolgenden drei Takten des Nachsatzes weitergeführt und stellt das Tonmaterial des äolischen fis-Moll vollständig vor. Dadurch werden die beiden Halbsätze des A'-Teils miteinander verbunden, während der A-Teil die Zäsur zwischen den beiden Halbsätzen durch die abtaktig eintretende Begleitfigur im aufsteigenden Sechzehntel–Arpeggio (T. 8) unterstreicht.

Der eigentliche Nachsatz des A'-Teils reicht von T. 25–32, worauf die letzten vier Takte 33–36 als Anhängsel folgen. Obwohl der achttaktige Nachsatz wie der Vordersatz beginnt, ergibt sich im weiteren Verlauf eine Variante des Vordersatzes. Das letzte Sechzehntel des ersten Taktes (T. 25) wird mit dem ersten Achtel von T. 26 verbunden, woraus bereits eine rhythmische Abweichung entsteht. In T. 26 erreicht das dritte Achtel nicht die Anfangsstufe a^2 wie im Vordersatz, sondern ist um eine große Terz erhöht (cis^3). Dadurch ist das fallende Sprungmotiv der kleinen Septime auf die große Septime von cis^3 nach d^2 in T. 27 erweitert. Gleichzeitig findet das Stück mit f auch dynamisch seinen Höhepunkt. Das Motiv des Septabsprungs steht somit auf den drei Tönen, die zusammen den fis-Moll–Dreiklang bilden: fis^1-gis im A-Teil, a^2-h^1 und cis^3-d^2 im A'-Teil.

---

[22]Die letzten beiden Töne (fis^2, e^2) sind dabei vertauscht aufzufassen.

Die Takte 29–32 entsprechen dem zweiten Viertakter des Vordersatzes (T. 21–24) einerseits durch die Anfangssynkope mit dem Sechzehntel, das auch in der kleinen Untersekunde des vorangegangenen Viertels erscheint, andererseits durch die zwei gemeinsamen Endnoten der Oberstimme fis^2 und e^2.

Während im Vordersatz des A'-Teils die Synkopenbildung auf Sechzehnteln in der chromatisch aufsteigenden Tonfolge dreimal sequenziert erscheint, wird sie in T. 30 über dem chromatischen Vorhaltston zur Molldominante auf his^1 zur Achtel–Synkope augmentiert. Vom melodischen Verlauf her ist der chromatische Vorhaltston his^1 auch als Wechselnote interpretiert werden. In T. 31 wird der Ton his^1 als Terz der Doppeldominante nach einer Sechzehntelpause aufgegriffen und bildet mit dem folgenden Achtel fis^2 einen verminderten Quintsprung, der sich auf die ersten beiden Sechzehntel des 5. Taktes zurückführen läßt, wo diese Töne im Intervallabsprung erscheinen.

In der letzten Viertaktgruppe (T. 33–36) ist der Nachsatz als Abschluß des A'-Teils zusammengefaßt. So beginnt sie mit dem Motiv a, das an T. 5 mahnend mit dem verminderten Quintabsprung seinen Anfang nimmt. Das letzte Sechzehntel des 33. Taktes wird zum Viertel des nachfolgenden Taktes übergebunden, so daß hier die Rhythmik von T. 29 mit der Sechzehntel–Synkope eingeschlossen ist. In den letzten beiden Takten erscheint die Melodie der Takte 31–32 einen Ganzton tiefer. So nimmt die Oberstimme der letzten vier Takte des A'-Teils (ais^1–e^2) denselben Tonumfang ein wie in den Takten 29–32 (his^1–fis^2), nämlich eine verminderte Quinte.

In harmonischer Hinsicht lehnen sich die letzten vier Takte des A'-Teils an den zweiten Viertakter des Vordersatzes (T. 21–24) an, da beide Glieder jeweils zweimal hintereinander die Zwischendominante einschalten: Anstelle der Tonikaparallele begegnet die Mollsubdominante der Zwischendominante, die als verminderter Septakkord erscheint. Der A'-Teil schließt so mit der Mollsubdominante ab, mit der er auch begonnen hat.

Die Takte 29–36 werden durch den absteigenden Achtel–Baßgang zusammengehalten, der zweimal einsetzt (Fis–E–Dis–C und E–D–Cis–B^1). Sie stehen damit den Takten 17–28 entgegen, wo die Molltonleiter im Baß aufstieg. Durch diese zusammenhängende Aufwärtsbewegung der Baßlinie wurde der Beginn des Nachsatzes in

T. 25 unscheinbar. Die Takte 29–36 setzen sich außerdem durch den pp–Einsatz nach dem dynamischen Höhepunkt des Stückes (f in T. 27) von den vorherigen Takten ab. Auch motivisch bilden die Takte eine zusammenhängende Struktur: In der ersten Taktgruppe (T. 17–28) des A'-Teils zeigt sich wiederholt der Septabsprung aus T. 3, wohingegen in der zweiten Taktgruppe (T. 29–36) der verminderte Quintsprung aus T. 5 vertreten ist. So betrachtet, kann für die Takte 33–36 nicht mehr von einem „Anhängsel" gesprochen werden. Durch diese Takte wird vielmehr das Gleichgewicht zwischen den beiden Taktgruppen gehalten.

4.1.5.3   Teil A" (T. 37–64)

Der A"-Teil ist eine Synthese der ersten beiden Teile und bildet dementsprechend mit 28 Takten den längsten Teil des Stückes. So entspricht der achttaktige Vordersatz dem A-Teil und der Nachsatz, der auf zwanzig Takte erweitert ist, dem gesamten A'-Teil.

Die Oberstimme der beiden Halbsätze beginnt wie im A-Teil wiederum mit dem gis^2. Teil A" akzentuiert die Septime als bedeutsames Intervall des Stückes schon im Vordersatz. So erscheint dieses Intervall in den Takten 41 und 42 auch als Zweiklang (fis^2–gis^1) im Rhythmus des 5. Taktes, nachdem die ersten vier Takte des A-Teils notengetreu wiedergegeben worden sind. Bevor der Vordersatz auf der Dominant-parallele endet, nimmt dessen vorletzter Takt die Melodie des Septabsprungs wieder auf.

Die beiden Halbsätze des A"-Teils werden durch die aufsteigende Tonskala im Baß in den Takten 41–46 miteinander verbunden.

Der Nachsatz des A"-Teils tritt wie der Vordersatz in der Dominante ein und beruht auf einer fünffachen rhythmischen Sequenzbildung. In den ersten drei Viertaktern erscheint der Septabsprung in der Melodie auf Dreiklangstönen der Molltonika, von der Quinte zum Grundton aufgebaut. So ist der Intervallabsprung in T. 47 als cis^3–d^2, in T. 51 als a^2–h^1 und in T. 55 als fis^2–g^1 zu finden, während er in den vorangegangenen beiden Teilen in umgekehrter Folge von unten nach oben gebaut war (T. 3, 19, 27). Damit wird signalisiert, daß sich das Stück dem Ende nähert. Das Motiv des Septsprungs bleibt in den letzten beiden Viertaktern des Stückes aus.

Dafür tritt der Intervallabsprung der verminderten Quinte, die von T. 5 herrührt, auf, so daß der Nachsatz des A"-Teils zweigliedrig zu unterteilen ist. Dies korrespondiert mit der alternativen Untergliederung des A'-Teils in 12 + 8 Takte. Während die verminderte Quinte dort im Intervallaufsprung erscheint, ist sie hier (T. 57–64) als Intervallabsprung dargestellt. Sie steht im Dominant–Septakkord, der sich dann gleich zur Tonika auflöst, so daß die letzte Achttaktgruppe des A"-Teils wie eine Antwort auf die voraufgegangenen zwölf Takte klingt und somit als Coda bezeichnet werden kann.

Der letzte Viertakter stellt eine leichte Abweichung vom vorderen dar. Der Baß in T. 61–62 erscheint in die Unteroktave transponiert, und das letzte Achtel der Oberstimme in T. 62 wird nach einem Duodezimensprung statt eines Terzsprungs erreicht. Mit dem letzten Sechzehntel der Begleitstimme wird hierbei der Tonraum der vier Oktaven H^1–h^2 abgedeckt. Diese vierte Stufe in fis-Moll, der Grundton h der Subdominante, wird im folgenden Takt (T. 63) noch einmal aufgegriffen und auf dem punktierten Viertel ausgehalten. Durch die Akzentsetzung wird der Ton innerhalb des Dominant–Septakkords betont, bevor das Stück in der Molltonika endet. Somit wird der Klanggehalt der Subdominante vor dem Schluß des Stückes auf der Tonika herausgestellt. Hier in den letzten beiden Takten des Stückes werden alle sieben Stufen von fis-Moll gebraucht, wodurch die Titelüberschrift „Erinnerung" innerhalb der Tonalität angesprochen wird.

Der Gedanke der Reminiszenz wird bereits durch den häufigen Einsatz nachziehender Synkopen in der Melodie und durch die stets vorkommenden gebundenen Sechzehntel-Begleitfiguren musikalisch abgebildet, die übergreifend zu spielen sind. Weil der A"-Teil die vorangegangenen beiden Teilen integriert, erscheint der programmatische Rückgriff auf etwas Bekanntes („Erinnerung") ebenfalls in der Form.

4.1.6 Fantasiestück op. 2, Nr. 6

Das „Fantasiestück" in G-Dur ist in der zusammengesetzten dreiteiligen Liedform geschrieben. Die Titelüberschrift ist eine Reminiszenz an die instrumentale Gattung „Fantasie" des 16. Jahrhunderts, in der ein Thema imitatorisch durchgeführt

wird. Dieses Charakteristikum der „Fantasie" läßt sich im A-Teil an dem immer
wiederkehrenden Rhythmus ⎯♪·♩♩·⎯ im Sekundschritt mit der folgenden Tonrepetition belegen. Die weniger bewegliche Oberstimmenmelodie des A-Teils erzeugt
kontemplative Stimmung. Von diesem Teil hebt sich der B-Teil in c-Moll durch seine
zügige und durchlaufende Tonleiter–Melodie im gleichmäßigen Viertelrhythmus ab.
Das Stück gliedert sich wie folgt:

A: T. 1–24

B: T. 25–104

A': T. 105–128

4.1.6.1   Teil A (T. 1–24)

Der A-Teil besteht aus drei Abschnitten, die jeweils achttaktig aufgebaut sind:

Erster Abschnitt: T. 1–8

Zweiter Abschnitt: T. 9–16

Dritter Abschnitt: T. 17–24

Erster Abschnitt (T. 1–8)

Der erste Abschnitt stellt das Thema des Stückes als Periode vor, welche die rhythmische Entsprechung der beiden Halbsätze, aber nicht die typische Dominantöffnung
in der Mitte aufweist. Die Besonderheit dieser Periode liegt darin, daß der Vordersatz
in T. 4 wie der Nachsatz auf der Tonika endet. Die öffnende Funktion des Vordersatzes wird durch den rhythmischen Halbschluß, d.h. durch die Achtelbewegung der
Oberstimme und das Subsemitonium modi des letzten Achtels im Baß gewährleistet.

Diese Periode enthält kontrapunktische Elemente, so daß jede Stimme ihre Ei-
genständigkeit bewahrt. Die Oberstimmenmelodie des Vordersatzes umfaßt eine
Oktave von g^2 bis g^1. Sie besteht aus kleinem Sekundschritt und vermindertem
Quintabsprung. So verschleiert sie die Tonart bis zum T. 4, in dem die Tonika–
Dreiklangsmelodie in Achteln erscheint. Diese unausgeprägte Melodie tritt in der

Harmonie ebenfalls verdeckt mit dem übermäßigen Quintsextakkord der Doppeldominante ein, deren tiefalterierte Quinte *es* im Baß des 2. Taktes ungewöhnlicherweise
wieder erhöht wird. In weiterer Harmoniefolge der Dominante und Tonika bilden die
untersten Töne des Vordersatzes eine chromatische Linie von *es* bis *g*. Somit enthält
der Baß die Funktion, den wenig sanglichen viertaktigen Vordersatz zusammenzu-
halten.

Die Begleit–Zweiklänge in den Mittelstimmen erscheinen gegen den Taktschwerpunkt. Somit wirkt auch die Rhythmik unter Berücksichtigung der übrigen Stimmen
undurchsichtig.

Dieser kontrapunktisch angelegte Vordersatz entfaltet sich aus T. 1. Der Takt enthält
das Motiv der kleinen Sekunde mit Sechzehntel–Punktierung und Tonrepetition (Motiv a), das ab dem zweiten Achtel in der Mittelstimme des oberen Systems zu finden
ist. Die volltaktig beginnende Oberstimme übernimmt im letzten Achtel und im
punktierten Viertel des folgenden Taktes dieses Motiv. Die Begleit–Zweiklänge, die
im unteren System zwei Takte lang andauern, bilden sich auf einer verminderten
Quinte.

Die Töne *cis–g* der Zweiklänge werden in der Melodie des 2. Taktes nacheinander
im Intervallabsprung wiederaufgegriffen. Mit dem Eintritt des 3. Taktes über dem
Ton *d* entsteht erneut ein Halbtonschritt. Zusammen mit dem letzten Achtel des 3.
Taktes ist die Tonfolge von kleiner Sekunde und deren Tonwiederholung trotz der
anderen Notenwerte wieder zu erkennen.

Dieses in T. 1 zweimal auftretende Motiv a wird in den folgenden beiden Takten
zuerst in der Mittelstimme, dann im Baß nachgeahmt. Außer dieser Imitation werden die ersten drei Takte mit ihrem punktierten Viertel auf der schweren Zählzeit in
der Oberstimme ebenso rhythmisch zusammengehalten. Durch die Verdopplung der
Oberstimme in einer Mittelstimme setzen sich die letzten beiden Takte jedoch von
den ersten beiden Takten in der Doppeldominante ab.

Der Nachsatz basiert auf derselben Harmoniefolge DD-D-T des Vordersatzes, den-
noch ist er in keinem Takt der bloßen Übernahme aus dem Vordersatz unterworfen.
Dies ist zunächst auf die Modifizierung im Doppeldominant–Bereich zurückzuführen.
Der Nachsatz wird also nicht mit dem übermäßigen Quintsextakkord, sondern mit

dem Septakkord ohne Grundton eingeleitet. In T. 6 werden die große und die kleine None als Vorhalt verwendet.

Der Nachsatz ist aus einer melodischen Variante des Vordersatzes gestaltet.

Die Oberstimme beginnt hier eine Oktave tiefer und stellt eine Verkürzung des Vordersatzes dar, so daß sich schon in T. 7 der zwei Halben andauernde Endton d^1 der Periode zeigt. Der vorangegangene T. 6 leitet dafür in die Oberstimme neue synkopische Rhythmik (Motiv b) ein, die mit dem punktierten Sekundmotiv (Motiv a)[23] im Baß aufeinanderprallt. Das punktierte Sekundmotiv tritt im Nachsatz nicht mehr in einer Mittelstimme, sondern in den Außenstimmen auf, so daß es deutlicher als im Vordersatz zu hören ist. Im vorletzten Takt (T. 7) der Periode erscheint das Motiv sogar in Oktaven. Damit wird das Anfangsmotiv abschließend nochmals in den Vordergrund gestellt.

Kleine Abweichungen erfolgen auch in den übrigen Stimmen. Durch die Verlegung der Oberstimme nach unten mutiert das Intervall des Zweiklangs in der Mittelstimme in T. 5 von der verminderten Quinte zur übermäßigen Quarte. Die chromatische Baßlinie entfällt im Nachsatz. Durch den Quartschritt aufwärts im Baßgang zwischen den Takten 7 und 8 wird dem Nachsatz trotz der Quintlage eine abschließende Wirkung gesichert. Der unvollkommene Ganzschluß wird dabei durch die im unteren System auftretende Tonika–Dreiklangsbrechung kompensiert, die in T. 4 auch in der Oberstimme erschienen war.

Zweiter Abschnitt (T. 9–16)

Nachdem das Thema mit d^1 in der Oberstimme abgeschlossen ist, erklingt der erste Ton der Oberstimme vom zweiten Abschnitt mit einem großen Tredezimen–Intervallsprung, wodurch das Signal für einen Neubeginn gegeben wird.

Der zweite Abschnitt ist eine Variante des Themas in einer anderen harmonischen Konstellation. Die Verkettung der Dominanten wird hier mit den Zwischendominanten und Vertreterharmonien der Tonika vertauscht. Während sich Vorder- und Nachsatz des Themas in demselben harmonischen Rahmen bewegen und mit der

---

[23]Das erscheint diesmal allerdings absteigend als Variante.

Tonika enden, schließt die erste Hälfte des Abschnitts mit dem Dur–Gegenklang von
G-Dur, und die zweite mit dem Gegenklang von g-Moll infolge einer Transposition
der ersten Hälfte in die verminderte Oberquarte. Enharmonisch betrachtet stehen so
die beiden Viertakter im Abstand einer großen Terz zueinander. Mit dem Eintritt
der Reprise ist der Großterzzirkel vollendet. Der zweite Abschnitt wird durch die
regelmäßig markierten Halben im Baß zusammengehalten.

Die Oberstimme der ersten Phrase (T. 9–12) setzt mit der dritten Tonstufe der
Grundtonart G-dur ein und stellt eine neue Version eines Viertakters dar, in dem
sich Elemente der beiden Halbsätze des Themas vermischen. Nach dem anfänglichen
Sekundmotiv wird der synkopische Rhythmus des Nachsatzes in T. 10 wieder aufgegriffen, wobei der Intervallabsprung von der verminderten Quinte zur reinen Quarte
abgewandelt ist. Dementsprechend werden die Begleit–Zweiklänge der Mittelstimmen von der verminderten Septime (T. 9) zur konsonanten Sexte im folgenden Takt
modifiziert. Das absteigende Sekundschritt–Motiv aus dem zweiten Achtel des 6.
Taktes wird hier durch die Zweiklänge hervorgehoben. Weil das Intervall der verminderten Septime jedoch auf der Tastatur des Klaviers mit der großen Sexte identisch
ist, handelt es sich hier um eine an Wohlklang orientierte Phrase im Vergleich zum
Thema, wo der Themenkopf in T. 1 und 2 einen Absprung der verminderten Quinte
in der Melodie enthielt und vom Zweiklang desselben Intervalls begleitet wurde. Im
letzten Takt (T. 12) ist – wie im Vordersatz des Themas – der melodische Anfangston der Phrase in der Unteroktave wiederhergestellt. Diese Tonstufe *h* wird über
dem Leitton *ais* im Rhythmus von T. 3 ♩. ♪ erreicht. So bildet die Oberstimmenmelodie der ersten Hälfte des zweiten Abschnitts einen in sich geschlossenen
Kreis, indem auf die ersten beiden Töne von T. 9 in den letzten beiden Takten
in der umgekehrten Reihenfolge zurückgegriffen wird. Der abschließende Charakter
dieses Viertakters wird durch den Quintfall im Baß zwischen den Takten 11 und 12
unterstützt.

Die Transposition der ersten Phrase in die verminderte Oberquarte in der zweiten
(T. 13–16) geschieht leicht modifiziert. Die zweite Phrase erreicht den Höhepunkt
des ersten Formteils mit Spitzenton es^3 und höchster Lautstärke mit f. Gleichzeitig
bereitet sie den Eintritt der Reprise vor. Zu diesem Zweck wird in T. 15 der Zwei-

klang der verminderten Quinte in der Mittelstimme wieder aufgegriffen. Um den Mittelstimmen genügend Platz zu gewähren, tritt der Baß eine Oktave nach unten versetzt auf. Dies schafft auch die Möglichkeit, das betonte letzte Achtel im unteren System zum ersten Achtel des Sextvorhaltstons in T. 16 überzubinden.

Dritter Abschnitt (T. 17–24)

Der Eintritt der beiden viertaktigen Phrasen des zweiten Abschnitts ist durch die großen Tonsprünge der Stimmen in gleiche Richtung ohrenfällig. Die Reprise des ersten Abschnitts wird dagegen durch die Gegenbewegung ausgleichend eingeführt. Indem sie im pp noch leiser als zu Beginn des Stückes einsetzt, steht sie der mit f begonnenen zweiten Phrase des zweiten Abschnitts gegenüber.

Der erste Baßton der Reprise wird bereits im letzten Takt des zweiten Abschnitts als Grundton des Gegenklangs von g-Moll vorausgenommen. Aufgrund der Gegenbewegung setzt der Baßton als Halbe eine Oktave tiefer als in T. 1 an. Diese Differenz wird durch die Hereinnahme des Zweiklangs der Quinte in T. 18 aufgehoben, wobei der Baß eine übermäßige Quarte nach oben springt. Der Aufsprung bildet ein Gegenstück zum verminderten Quintabsprung in der Oberstimme des 18. Taktes. Die tiefalterierte Quinte löst sich eine Oktave höher zur Quinte auf. Mit dieser ein wenig veränderten Reprise ist der erste Formteil abgeschlossen, dessen Ende nach *Ritardando* und *Diminuendo* mit einer *Fermate* versehen ist und in die Tiefe zu versinken scheint. So kristallisiert sich der Gegensatz zwischen A- und B-Teil umso wirkungsvoller heraus.

4.1.6.2   Teil B (T. 25–104)

Der Mittelteil steht in c-Moll, der Mollsubdominante von G-Dur. Er ist wie der A-Teil regelmäßig aufgebaut und aus zehn Achttaktgruppen gebildet. Während der A-Teil aus gleich langen Abschnitten mit jeweils acht Takten zusammengesetzt ist, umfaßt der zweite Abschnitt des B-Teils mit sechzehn Takten nur die Hälfte der beiden Eckabschnitte.

Erster Abschnitt: T. 25–56

Zweiter Abschnitt: T. 57–72

Dritter Abschnitt: T. 73–104

Hier sind „die Viertel wie vorher die Achtel" zu spielen. Eine Achttaktgruppe entspricht somit in ihrer Dauer einem Viertakter des ersten Teils.

Der Teil zeichnet sich durch eine großzügige Bewegung der Stimmen aus, die auch einen größeren Tonumfang für sich in Anspruch nehmen. Im Gegensatz zum ersten, durch eine vielschichtige Unterteilungsrhythmik gekennzeichneten Teil enthält der zweite Teil keine punktierte Note und weist eine ebenmäßige Viertel–Bewegung auf. Jeder Zweitakter beginnt stets mit einer Viertelpause, die aber nicht als erste Zählzeit wahrgenommen wird. Erst das nachfolgende Viertel scheint der erste Taktschwerpunkt zu sein. Trotzdem bleibt der Höreindruck eines quadratischen Taktes durch die anschließenden Viertel gewahrt, denn die Wiederkehr der Viertelpause wird nun eher als letzte Zählzeit empfunden.

Erster Abschnitt (T. 25–56)

Das Thema im ersten Teil trat mit der Doppeldominante ein, woran sich die Harmoniefolge von Dominante–Tonika anschloß. Der zweite Teil basiert auf dem verkürzten harmonischen Verlauf von Dominante–Tonika ohne Doppeldominante. In dieser Harmoniefolge entsteht mit Hilfe von Vorhaltsbildungen eine klare Tonleitermelodie.

Im zweimaligen Harmoniewechsel von Dominante und Tonika wird die melodische c-Molltonleiter in den ersten acht Takten (T. 25–32) in zwei Richtungen exponiert. In Vierteln sind die Töne von g an aufwärts im oberen System zu finden, während im unteren System der Tonleiterausschnitt von f bis c als tiefste Töne in Gegenbewegung erscheint. Diese absteigende Viertel–Bewegung des unteren Systems wird in der zweiten Achttaktgruppe (T. 33–40), wo die ersten acht Takte in der Oberquinte erscheinen, durch die Oktavzweiklänge in regelmäßigen Vierteln auf c–b–a–g deutlicher.

Die dritte Achttaktgruppe (T. 41–48) führt die ersten beiden Achttaktgruppen zusammen, indem sie alle bisher verwendeten Akkorde (DD, D, T) auftreten läßt. Die

Melodie der diatonischen Tonleiter in Gegenbewegung verschwindet. Stattdessen lassen sich in den beiden Systemen parallel abwärtsgehende, chromatische Schritte feststellen, welche die ersten Viertel nach der Viertelpause in jedem Zweitakter bilden: Die Viertel auf b–a–as–g im oberen System und g–fis–f–e im unteren System.

Die letzte Achttaktgruppe des ersten Abschnitts kadenziert im Plagalschluß nach D-Dur. Nachdem der Grundton d im unteren System des 51. Taktes chromatisch erreicht worden ist, wird er im jedem Zweitakter wiederholt. In der rechten Hand tritt die Viertelnote ab T. 53 nicht mehr auf: Es werden nur Akkorde auf den Halben gesetzt. Der erste Teil endet im p auf den Halben in den beiden Systemen und erreicht den vorläufigen Ruhepunkt.

Zweiter Abschnitt (T. 57–72)

Der zweite Abschnitt bildet eine Analogie zum zweiten des A-Teils dadurch, daß die ersten acht Takte in den folgenden eine Transposition in die Obersekunde erfahren. Der zweite Abschnitt bewegt sich ausschließlich im f–Bereich und gelangt somit zum klanglichen Höhepunkt des Stückes.

Die erste Phrase steht in der Varianttonart des ersten C-Dur, womit die Erwartung der D-Dur–Tonart am Ende des ersten Abschnitts getäuscht wird.

Der zweite Abschnitt wird mit der Molldominante von c-Moll eingeleitet, die dann in den Takten 59–62 zur Durdominante übergeht. Sie löst sich im letzten Zweitakter der ersten Phrase zur Dur–Tonika auf. Somit bleibt die Harmoniefolge von Dominante und Tonika des ersten Abschnitts erhalten, während der Dominant–Bereich auf sechs Takte erweitert wird.

Durch das Ausdehnen der Dominante auf sechs Takte wirkt diese Phrase etwas statisch, und die Tonleiter–Melodie der Oberstimme fällt auch kürzer aus.

Der zweite Abschnitt endet auf der Doppeldominante, an die sich die Reprise des ersten Abschnitts in der Dominante anschließt.

Dritter Abschnitt (T. 73–104)

Der dritte Abschnitt (T. 73–104) der veränderten Reprise knüpft wieder an die emporstrebende Tonleiter in Viertelnoten an. Die ersten sechzehn Takte übernehmen die erste Hälfte des ersten Abschnitts notengetreu, allerdings wird im unteren System des ersten Viertakters zur Verdeutlichung der absteigenden Baßlinie leicht davon abgewichen.

In den folgenden Takten 89–100 wird die aufsteigende Tonleiter–Melodie in je vier Takten, also doppelt so schnell wie in der ersten Hälfte des Abschnitts, eingesetzt. Dabei wiederholt sich keine Harmoniefolge. So ist auch der harmonische Fluß verdichtet.

In den ersten vier Takten wird eine natürliche c–Moll–Tonleiter verwendet: Die aufsteigende Tonfolge von *as* bis *f* erscheint in der rechten Hand in Vierteln, während der ausgebliebene Ton *g* mit dessen Untersekunde *f* in der linken Hand zu finden ist. Um den zugkräftigen melodischen Verlauf des oberen Systems zu unterstützen, stellt sich die linke Hand in Parallelbewegung zur rechten Hand ein.

Diese Phrase wird im Folgenden zweimal in der Untersekunde sequenziert, wobei die Takte 93–100 durch die gemeinsame Verwendung des Tonvorrats aus der melodischen Molltonleiter miteinander verbunden werden. Die absteigenden Viertel der linken Hand der Takte 97 und 99 stellen wieder eine Gegenbewegung zu der Oberstimme her und werden mit der Anfangsidee des B-Teils, die Tonleiter in der Gegenbewegung zu präsentieren, wieder verknüpft.

Mit dem Einsatz des Viertels in T. 101 wird im Baß ein Quintrahmen von *g* bis *c* abwärts ausgefüllt, wodurch die letzten sechzehn Takte des B-Teils zusammengehalten werden. Als Ganzes betrachtet bestehen die Viertelnoten der rechten Hand aus einer fortlaufenden Tonleiter mit 18 Tönen von *as* bis *d*, die mehrere Oktaven umfassen und zweimal in Oktaven versetzt werden. Dadurch wird hier die Tonleiter–Melodie im Umfang intensiviert.

Dieser Abschnitt endet mit dem Dominant–Septakkord G-Dur, der die c-Moll–Tonika erwarten läßt. Weil der A'-Teil in der Doppeldominante von G-Dur eintritt, bleibt der harmonische Einschnitt verdeckt. Unterstützt durch pp und *Ritardando* am Ende des B-Teils vollzieht sich der Beginn der Reprise unmerklich, was Kirchner in seinen Kompositionen häufig beabsichtigt.

4.1.6.3   Teil A' (T. 105–128)

Der A'-Teil wiederholt den ersten Teil A fast notengetreu, was für Kirchners Komposition ungewöhnlich zu sein scheint, aber für das Stück die richtige Lösung darstellt. Das Thema des A-Teils entwickelte sich aus beschränkten musikalischen Elementen durch die Verwendung imitatorischer Satztechnik. Der zweite Abschnitt des A-Teils stützte sich auf die Transposition des Themas, so daß das Verbleiben bei der Themengestalt als kompositorisches Vorhaben des Stückes angenommen werden kann. Demnach wird der erste Teil in der Reprise nur mit minimaler Veränderung in Hinblick auf die Schlußbildung wiederaufgenommen.

Das Wiederholungszeichen nach dem achttaktigen Thema fällt aus. Die punktierten Viertel in T. 105, 113, 117 und 121 in der Oberstimme sind mit einem Akzent versehen und verdeutlichen den gleichen Abstand von enharmonischen Großterz (g–h–es–g) zu Phrasenbeginn. Im vorletzten Takt wird das punktierte Sekundmotiv im unteren System dank des Aussetzens des wiederholenden Achtel–Zweiklangs besonders hervorgehoben. Die Achtel der Mittelstimmen, die bislang für innere Spannung gesorgt hatten, verstummen nun im letzten Takt gänzlich. „Nach und nach langsamer und schwächer" werdend schließt das „Fantasiestück" mit dem nachgeschlagenen Grundton.

Das „Fantasiestück" beruht auf der Harmoniefolge Dominante–Tonika, die auch auf die zweifache Dominantkette ausgedehnt wird. Dafür wird für den Mittelteil nicht die Dominanttonart, sondern die Tonart der Mollsubdominante ausgewählt. Zusammen mit dem Durchlaufen des „Großterzzirkels" im A-Teil wird somit die G-Dur–Tonalität verschiedenartig beleuchtet. Auf diesen Zusammenhang weist der Titel „Fantasiestück" insofern hin, als sich der Erfindungsreichtum auf die Verwandtschaftsgrade der Tonarten als formbildendes Mittel erstreckt.

4.1.7 Wohin op. 2, Nr. 7

Das dreiteilige Stück Nr. 7 hat einen schwungvollen, hüpfenden Tanzcharakter, der von dem Grundrhythmus des Stückes im 6/8-Takt herrührt. Der Titel „Wohin" gibt über die kompositorische Idee des Stückes Auskunft: Der A-Teil beginnt in G-Dur als Grundtonart und schließt auf der Dominanttonart D-Dur. Er weist jedoch dazwischen noch zwei weitere Tonarten auf. Der dadurch entstehende Eindruck der Ruhelosigkeit korrespondiert mit dem Titel „Wohin". Der B-Teil dagegen verweilt ausschließlich in der Varianttonart g-Moll, als sei die Suche hier beendet. Die Reprise des A-Teils verzichtet ebenfalls auf einen Tonart–Wechsel und verbleibt in der Grundtonart.

Das Stück läßt sich wie folgt gliedern:

A: T. 1–28
B: T. 29–52
A': T. 53–76

4.1.7.1 Teil A (T. 1–28)

Der A-Teil ist in drei Abschnitte unterteilt. Dem achttaktigen Thema, das den ersten Abschnitt bildet, wird die Moll–Variante des Themas als zweiter Abschnitt gegenübergestellt. Als Abschluß des ersten Teils folgt ein Nachspiel. Der A-Teil ist mit einem Wiederholungszeichen versehen und umfaßt somit mehr als die Hälfte des ganzen Stückes.

Erster Abschnitt: T. 1–8
Zweiter Abschnitt: T. 9–20
Dritter Abschnitt: T. 21–28

Erster Abschnitt (T. 1–8)

Der erste Abschnitt weist mit acht Takten, bestehend aus zwei Viertaktern, einen regelmäßigen Aufbau auf. Dennoch läßt er sich nicht eindeutig Strukturmodellen wie

Periode oder Satz zuordnen. Der erste Viertakter ist durch periodentypischen Kontrastreichtum charakterisiert. Er beginnt mit einem gebrochenen G-Dur–Dreiklang in Oktavparallelen. Dieses raumgreifende, zwei Oktaven durchmessende, aufwärtsstrebende Dreiklangsmotiv (Motiv a) eröffnet das Stück fanfarenartig, was eine Aufbruchsstimmung erzeugt.

Die Takte 3–4 stehen zu den beiden Eröffnungstakten in völligem Gegensatz: Sie sind nicht mehr einstimmig, sondern akkordisch aufgebaut. Außerdem steht der einfachen Tonika der ersten beiden Takte des Themas nun eine reiche Harmoniefolge (ZD–Tp–ZD–Sp) gegenüber (Motiv b). Dabei wird der Dur–Charakter der Zwischendominante durch die Vorausnahme der Septime der Tonikaparalle (d^1) getrübt, was im Vergleich zu dem klaren Dreiklangsmotiv der Takte 1–2 als Ausdruck der Unentschlossenheit bzw. des Zögerns interpretiert werden kann.

Motiv b ist im zweiten Viertakter des Themas nicht mehr vertreten, so daß sich der erste Abschnitt einer Deutung als einfache Periode mit der motivischen Entsprechung von Vorder- und Nachsatz entzieht. Der zweite Viertakter ist eine Fortführung des Motivs a, es fehlt ihm jedoch der für einen Satz typische „sich öffnende Zug"[24]: er schließt mit der Tonika und wird durch die Tonrepetition der fünften Stufe der Grundtonart in der linken Hand zusammengehalten. Im Unterschied zum ersten Viertakter, in welchem den ersten beiden Takten in der Tonika im Folgenden die eingefügte Zwischendominant–Konstruktion (T. 3–4) gegenübergestellt wird, wiederholt sich im zweiten Viertakter der Kadenzvorgang über Subdominante und Dominante zur Tonika zweimal. Dadurch wird die Spannung und Komplexität des gegensätzlich aufgebauten ersten Viertakters zurückgenommen. Melodisch wird das anfängliche Sprungmotiv wieder aufgegriffen, allerdings richten sich die Sprünge nicht nur wie in den Takten 1–2 in aufsteigende Richtung, sondern auch abwärts. Der Abschnitt schließt mit der Tonika, endet aber melodisch auf der Terz und bleibt damit zum zweiten Abschnitt des A-Teils hin geöffnet.

---

[24]C. Kühn: Formenlehre der Musik. Kassel 1987, S. 59.

Zweiter Abschnitt (T. 9–20)

Der zweite Abschnitt besteht aus drei Viertaktern. Nachdem der erste Abschnitt in der Tonika beendet ist, greift der zweite Abschnitt das Dreiklangsmotiv (Motiv a) auf, allerdings nach h-Moll gewendet. In den Takten 11–12 erscheint anstelle der gesteigerten harmonischen Dichte des ersten Abschnitts ein neuer, mit längeren Notenwerten versehener Rhythmus $\frac{6}{8}$ ♩ ♪ | ♩. ♩ (Motiv c) im Wechsel von Subdominante mit Sixte ajoutée und Tonika.

Die Oberstimme der ersten Noten in den Takten 10–12 steht auf der fünften Stufe und dem Grundton in h-Moll und bildet eine absteigende Linie, die dem gebrochenen aufsteigenden Tonika–Dreiklang im Anfangstakt (T. 9) gegenübersteht. Die Takte 10–12 werden analog zu den Takten 5–8 durch die Tonrepetition der linken Hand auf *h* zusammengehalten; so wird die absteigende Kontur der Oberstimme, die schon durch die Akzente kenntlich gemacht ist, zusätzlich hervorgehoben.

Der zweite Viertakter greift auf diese absteigende Linie der Oberstimme der Takte 10–12 zurück. Danach wird der Tonumfang von fis^3 bis fis^2 dieser Takte in den ersten beiden Takten des zweiten Viertakters in der Oberstimme dargestellt, wobei auch ihre Harmoniefolge, Subdominante und Tonika, in D-Dur wiedergegeben ist. In den letzten beiden Takten kadenziert der Viertakter über den Dominant–Septakkord zur Tonika. Ebenso wie der erste Viertakter des zweiten Abschnitts mit einer Rückung von G-Dur nach h-Moll beginnt, steht der zweite Viertakter ohne Modulation in D-Dur.

Der dritte Viertakter bringt eine rhythmische Wiederholung des zweiten, wobei auch die Anfangsmelodie übernommen wird. Er steht jedoch bei der gleichen Harmoniefolge eines Kadenzvorgangs in fis-Moll. Damit nimmt der zweite Abschnitt des A-Teils diejenigen drei Tonarten auf, die zueinander in terzverwandter Beziehung stehen.

Die letzten beiden Viertakter beginnen mit einer übergebundenen Achtel–Synkope als neuem Rhythmus. Dadurch wird der Eintritt des jeweiligen Viertakters besonders prägnant. Die Tonrepetition der linken Hand in der zweiten Hälfte der Viertakter findet auf der fünften Stufe der jeweiligen Tonarten, *a* und *cis*, statt.

Der zweite Abschnitt greift den Themenkopf des Dreiklangsmotivs auf und entwickelt

es weiter, wobei die rechte Hand im zweiten und dritten Viertakter in Akkorden fortschreitet und das Motiv b miteinbezieht.

Dritter Abschnitt (T. 21–28)

Zum Abschluß des A-Teils kehrt im dritten Abschnitt das ursprüngliche Dur–Tongeschlecht wieder. Er steht in der Dominant–Tonart des Stückes D-Dur. Der dritte
Abschnitt besteht aus zwei Viertaktern, die jeweils einen Wechsel von Dominante und Tonika aufweisen, so daß eine Verbindung zu den Takten 5–8 des Themas
hergestellt werden kann. Als Nachspiel läßt er das Motiv a aus, mit der die ersten
beiden Abschnitte begannen. Durch Umkehrung des Quartfalls cis^3–gis^2 (zwischen
den Takten 18–19) in einen Quartsprung (zwischen den Takten 20–21) ist das Nachspiel in der Oberstimme mit dem Schluß des zweiten Abschnitts verknüpft. Mit Hilfe
seines melodischen Halbschlusses wird diese Korrespondenz unterstrichen.

Bemerkenswert ist, daß der Ton *gis* der beiden Spielhände in der Bewegung vom
letzten Achtel des 20. Taktes zum ersten Viertel des 21. Taktes auseinandergeführt
und damit der Dominant–Septakkord in D-Dur erreicht wird: die Dominantquinte
gis in fis-Moll in der linken Hand zur Dominantseptime in D-Dur und in der rechten
Hand zur Dominantterz. Daraus ergibt sich zwischen dem *gis* der rechten Hand und
dem *g* der linken Hand ein Querstand, der an das Motiv b erinnert. Bei der zweimaligen Wiederholung dieses Verlaufs impliziert der Anfang des Nachspiels auch eine
gewisse harmonische Offenheit.

Sobald das Nachspiel den zweiten Abschnitt und das Motiv b des Themas miteinander in Verbindung gebracht hat, exponiert es ein neues Motiv, nämlich die diatonischen Tonschritte *cis–d–e–fis*, die in der linken Hand von einer Parallelbewegung
in der Untersexte begleitet werden (Motiv d). Dieses stufenartige Fortschreiten in
der Melodie wird im B-Teil eine wichtige Rolle spielen. Das neue Motiv verleiht
dem Nachspiel trotz seines engen Zusammenhalts mit dem Voraufgegangenen Eigenständigkeit. In dem ersten vollkommenen Ganzschluß des Stückes drückt sich die
Geschlossenheit des A-Teils aus.

4.1.7.2   Teil B (T. 29–52)

Der B-Teil in g-Moll setzt sich aus drei Achttaktgruppen zusammen, deren letzte
beiden eine sechzehntaktige Periode mit Halbschluß auf der Dominante in T.
44 und Ganzschluß auf der Tonika in T. 52 bilden. Sie bestimmt durch ihre Sanglichkeit
im Wesentlichen den Charakter des Mittelteils. Die erste Achttaktgruppe leitet diese
Periode ein und stellt zugleich ein verbindendes Element zwischen A- und kontrastierendem B-Teil dar.

Erster Abschnitt: T. 29–36
Zweiter Abschnitt: T. 37–52

Erster Abschnitt (T. 29–36)

Der erste Abschnitt des B-Teils gliedert sich in zwei Viertakter. In jedem Viertakter
wird die Auf– und Abwärtsbewegung der Oberstimme der Takte 9–12 von Teil A
aufgegriffen.

Der erste Viertakter beginnt analog zu T. 9 mit einer nach oben gerichteten Dreiklangsbrechung in g-Moll. Nachdem in T. 30 der Spitzenton des ersten Viertakters
g^2 im Zwischendominant–Septakkord der Tonikaparallele erreicht ist, kehrt sich die
Bewegungsrichtung um, wobei das Motiv der diatonischen Viertongruppe aus dem
Nachspiel des ersten Abschnitts (T. 23) nun abwärtsgerichtet erscheint. So ist in der
Oberstimme von T. 31 zusammen mit dem letzten Achtel des 30. Taktes die Viertongruppe es^2–d^2–c^2–h^2 zu finden, die wie in T. 23 gemeinsam mit der Untersexte
auftritt. An der Tondauer der fünf Achtel in T. 30, die aus den Takten 11, 12, 14
und 18 stammen, ist hier die Zusammenfügung des zweiten und dritten Abschnitts
von Teil A erkennbar.

Die Melodie der Takte 31–32 wird von orgelpunktartigen Zweiklängen begleitet, die
von der linken Hand repetiert werden. Diese Zweiklänge setzen mit dem auf die Takte
13 und 17 zurückzuführenden synkopischen Rhythmus ein und stehen zunächst in der
rhythmischen Augmentation von zwei Achteln bis vier Achteln, so daß sie hier das
6/8-Metrum der rechten Hand beeinträchtigen. Der letzte Zweiklang in T. 32 wird
dann auf drei Achtel reduziert, um an den zweiten Viertakter, der eine Variante des

ersten ist, anzuschließen. Damit ist die unregelmäßige Unterteilung, die Quartole, im letzten Takt des ersten Achttakters von Teil B (T. 36) langsam vorbereitet.

Der zweite Viertakter wird harmonisch in einer Dominantkette gestaltet. Er beginnt mit dem verminderten Septakkord der Dominante dritten Grades und erhält den Intervallsprung der verminderten Quinte in der Melodie des 33. Taktes. Nach dem Erreichen des höchsten Tons h^3 des zweiten Viertakters in T. 34 in der Doppeldominante erklingt in der Oberstimme die diatonische Viertongruppe g^2–fis^2–e^2–d^2, die also in der Oberterz der Viertongruppe des ersten Viertakters steht.

Der letzte Takt des ersten Achttakters (T. 36) dient der Vorbereitung auf die nachfolgende sechzehntaktige Periode. Durch den harmonischen Halbschluß ist er zum Folgenden hin geöffnet. Darüber hinaus nimmt er ein wesentliches Charakteristikum der Periode vorweg: einen an einen „Walzer" erinnernden Rhythmus in der linken Hand. Somit ist hier der Grundrhythmus des zweiten Abschnitts des B-Teils, Achtelquartole gegen sechs Achtel, d.h. der Konfliktrhythmus bereits eingeführt.

Zweiter Abschnitt (T. 37–52)

In der sechzehntaktigen Periode des zweiten Abschnitts wird die Auf- und Abbewegung der Oberstimme des ersten Abschnitts weiter beibehalten. Diese Oberstimmenmelodie wird in der linken Hand von quartolischem „Walzer–Rhythmus" begleitet, der dem B-Teil eine spezifische Charakteristik verleiht.

Der Vordersatz (T. 37–44) gliedert sich in zwei Viertakter. Im Gegensatz zum ersten Abschnitt findet das Dreiklangsmotiv in der absteigenden Melodie Verwendung, während das Motiv der diatonischen Viertongruppe in der aufsteigenden Melodie eingesetzt wird. So beginnt die Melodie des ersten Viertakters mit der zweiten Hälfte der aufsteigenden äolischen g-Moll–Skala (d^2–es^2–f^2–g^2) im Mollsubdominant–Septakkord. Nach dem Sextsprung zu es^3 erfolgt in der durch Vorhaltstöne modifizierten Dreiklangsbrechung der Tonikaparallele B-Dur die absteigende Melodie, die analog zum ersten Abschnitt im Zweiklang erscheint. In T. 41 des zweiten Viertakters werden die letzten drei Tonfolgen aus der g-Moll–Skala in die Mittelstimme verlagert, jedoch von es^1–f^1–g^1 zu e^1–f^1–g^1 abgewandelt. In den letzten beiden Takten des Vordersatzes wird als Ausklang die oben genannte Tonfolge in der Verkleinerung c^1–cis^1–d^1 nachgeahmt, so daß der lyrische Teil die Imitationstechnik miteinbezieht.

Der Nachsatz (T. 45–52) ist eine geringfügige Variante des Vordersatzes. Er stellt in der Oberstimmenmelodie das vergrößerte Gefälle der Spitzentöne der beiden Viertakter dar. So ist der Spitzenton des ersten Viertakters g^3 in T. 46 gleichzeitig der höchste Ton der Periode, und der Ton a^2 in T. 50 ist um eine Terz tiefer als der Ton c^2 in T. 42.

Anders als im Vordersatz tritt der erste Viertakter des Nachsatzes im Tonikagegenklang auf, wobei die diatonische Viertongruppe des ersten Taktes in der rechten Hand erhalten bleibt. Die absteigende Melodie in T. 47 steht wie im Vordersatz in der Tonikaparallele, ist jedoch durch die Erniedrigung des g^2 zum ges^2 leicht abgewandelt, welche durch den Moll–Tonikagegenklang im letzten Achtel von T. 46 angekündigt wird. Die Tonikaparallele steht auch in den Takten 31–32 des ersten Abschnitts von Teil B und hält die drei Achttaktgruppen des B-Teils zusammen.

Die Takte 45–47 weisen eine absteigende Baßlinie auf, die ihre Entsprechung im aufsteigenden Baßgang in den Takten 49–51 findet. Somit kündigt sich eine gewisse Abgeschlossenheit an. Durch die parallelen Oktavsprünge in beiden Systemen zwischen den letzten beiden Takten des Nachsatzes wird dem lyrischen Gesang des B-Teils endgültig ein Ende gesetzt, wobei der lineare Beginn des A-Teils ins Gedächtnis zurückgerufen wird. Nach dem *Ritardando* schließt der Nachsatz im Takteins nachdrücklich.

4.1.7.3 Teil A' (T. 53–76)

Die verkürzte Reprise des A-Teils besteht wie Teil A aus drei Abschnitten. Sie verharrt ohne Veränderung der Tonart in G-Dur. So entfällt der zweite Abschnitt des A-Teils, der durch seine Rückungen drei verschiedene Tonarten–Ebenen einschloß, die zueinander im terzverwandten Verhältnis standen. Stattdessen erscheint im zweiten Abschnitt des A'-Teils eine Variante des Themas. Sie bezieht aber den zweiten Abschnitt des A-Teils im Hinblick auf den Rhythmus mit ein. Nachdem das Thema des A-Teils im ersten Abschnitt notengetreu wiederholt wird, tritt der Themenkopf in der Oberquarte ein, der in T. 64 durch die Einführung des Doppeldominant–Septakkords auf den fünf Achteln abgebrochen wird. Diese Tondauer kommt innerhalb des A-Teils nur im zweiten Abschnitt, und zwar in den Takten 11, 12, 14 und 18, vor. Es folgt sodann der zweimalige Dominant–Tonika–Wechsel in den Takten 65–68, wobei die Dominante mit Quartvorhaltston versehen ist. Die Takte 65 und 67 lassen durch ihre Synkopenbildung in der rechten Hand auf den Nachsatz des zweiten Abschnitts von Teil A (ab T. 13) zurückblicken. Der zweite Abschnitt des A'-Teils endet melodisch in der Quintlage, worauf sich das Nachspiel mit der Transposition des dritten Abschnitts des A-Teils in die Unterquinte anschließt. So werden alle drei Abschnitte des A'-Teils mit dem Dominant–Tonika–Wechsel beendet, wobei die Dominante jeweils unterschiedlich gefärbt ist: Im ersten Abschnitt schwingt sich die Dominante bis zum Undezimenakkord auf und läßt die Subdominante durchschimmern. Im zweiten ist sie mit dem Quartvorhalt versehen, und im dritten wird sie durch die auseinandergerichteten Stimmführung eingeleitet. Somit faßt der A'-Teil den A-Teil verkürzt zusammen und läßt die kompositorische Idee der Unbestimmtheit („Wohin") noch einmal zutage treten.

Der zweite Viertakter des Nachspiels steht noch leiser als zuvor im pp, und der vorletzte Takt ist mit *Decrescendo* und *Ritardando* versehen. Dies vermittelt das Gefühl eines langsamen musikalischen Stillstandes. Das Stück endet „schnell" und im f überraschend. Der Grundrhythmus $\frac{6}{8}$ ♪ | ♩ ♪ ♩ läßt bereits auf die Überschrift „Wohin" schließen. Sie ist vor allem innermusikalisch belegbar: durch den häufigen Tonartwechsel innerhalb des A-Formteils, die Querstände infolge der auseinandergerichteten Stimmführung und durch die subtilen Färbungen der Dominantharmonik.

4.1.8   Mein Lied op. 2, Nr. 8

„Mein Lied" ist als dreiteilige Liedform mit kontrastierendem Mittelteil angelegt. Jeder Teil besteht aus acht Takten. Durch diese regelmäßige Gliederung macht das Stück einen schlichten und transparenten Eindruck. Der A-Teil stellt das Thema des Stückes als achttaktige Periode in H-Dur vor. Der Mittelteil weist zwei unterschiedliche tonale Felder, dis-Moll und Fis-Dur, auf. Mit der Reprise des Themas im dritten Teil schließt das Stück, wodurch die Grundtonart zurückkehrt. Somit gleicht die Tonarten–Disposition des Stückes den Tönen des H-Dur–Akkordes: H-Dur, dis-Moll, Fis-Dur und H-Dur. Das kürzeste Stück mit 24 Takten innerhalb der Sammlung op. 2 gliedert sich wie folgt:

A: T. 1–8
B: T. 9–16
A': T. 17–24

4.1.8.1 Teil A (T. 1–8)

Die Periode des Themas besteht aus einem jeweils viertaktigen Vorder– und Nachsatz. Der Halbschluß in T. 4 beruht aber nicht auf der Dominante, sondern auf der Tonikaparallele.

Der Vordersatz läßt sich dem melodischen Verlauf nach in zwei Taktgruppen (2 + 2) gliedern, wobei die zweite Taktgruppe eine Variante der ersten darstellt: Die Oberstimme der Takte 1–2 wird durch den Intervallsprung der verminderten Quinte charakterisiert, wohingegen die Melodie der Takte 3–4 den Quintrahmen von ais^1 bis dis^1 abwärts ausfüllt. Dementsprechend tritt der Baß hier in Gegenbewegung zu dieser Abwärtsführung der Oberstimme auf, indem er mit Hilfe der Vorhaltsbildung den Terzraum von E bis Gis chromatisch abdeckt.

Das Intervall der verminderten Quinte, das in den ersten beiden Takten in der Melodie verwendet wird, erscheint auch hier aufgrund des verminderten Septakkords vertikal im punktierten Achtel des 3. Taktes. Die linke Hand basiert ebenfalls in der ersten Hälfte des 1. Taktes infolge der Dreiklangsbrechung auf der reinen Quinte, so daß der Wechsel zwischen der reinen und verminderten Quinte im Thema eine Rolle spielt.

Parallel zur Verminderung der reinen Quinte wird auch zu Beginn des Stückes innerhalb des Dominant–Septnonenakkords die große None gis^1 in der Mittelstimme zur kleinen mit g^1. Die dadurch entstandene Anfangschromatik der Mittelstimme (gis^1–g^1–fis^1) korrespondiert mit der schon oben genannten Chromatik der zweiten

Hälfte des Vordersatzes im Baß.

Im vierten Achtel des 2. Taktes ist dieser Dominant–Nonenakkord über den Vorhalts–
Quartsextakkord zur Tonika aufgelöst. Die Vorhaltstöne befinden sich jedoch in den
Mittelstimmen, während der Tonika–Grundton *h* schon in der Oberstimme erreicht
ist, so daß hier zunächst die Subdominante wahrgenommen wird.

Nach der kurzen Tonika in Grundstellung im vierten Achtel setzen die beiden Auftaktachtel zum zweiten Zweitakter im Subdominant–Quintsextakkord ein, der sich
gleich in T. 3 in den Tonika–Quartsextakkord auflöst. Hieraus bildet sich in den
Takten 2–3 eine Zone mit Subdominante und Tonika, in der keine der beiden Harmonien überlegen scheint. Dieser harmonische Schwebezustand verbindet die beiden
Zweitakter des Vordersatzes. Durch die Einschaltung der Zwischendominante wird
im letzten Takt des Vordersatzes in die Tonikaparallele ausgewichen.

Die Takte 3–4 weisen damit einen vielfältigen harmonischen Rhythmus im Vergleich
zu den beiden Anfangstakten auf, die im Wechsel von Dominante und Tonika stehen. Im letzten Viertel des 3. Taktes tritt der neue Rhythmus ⟃ als eine
Diminution von ⟃ auf. Somit ist die zweite Phrase eine harmonische und
rhythmische Verdichtung der ersten beiden Takte, wobei die Sprungmelodie in kleinere Schritte aufgelöst wird.

Der Nachsatz schließt nach einer vollständigen Kadenz mit der Tonika, wobei die
Oberstimme durch den melodischen Ganzschluß nur in den letzten beiden Noten
vom Vordersatz abweicht. Die Chromatik im Baß von *E* bis *Gis* bleibt auch bestehen. Bemerkenswert ist, daß die Septime des Dominant–Septakkordes (*e*) in T. 7
erst im vierten Begleitachtel des folgenden Taktes, also direkt vor dem Auftakt des
kontrastierenden Mittelteils, zur Terz der Tonika (*dis*) aufgelöst wird. Dies geschieht
aber zu dem Zweck, den Einsatz des B-Teils (T. 9–16) in dis-Moll umso überraschen-
der erscheinen zu lassen. Der Beginn des B-Teils ist ohnehin mit der Lautstärke mf
gegensätzlich zum A-Teil konzipiert, der sich im Bereich p–pp bewegt.[25]

---

[25]Der Nachsatz des A-Teils wird im pp leiser als der Vordersatz im p gehalten.

4.1.8.2   Teil B (T. 9–16)

Der aus 4 + 4 Takten aufgebaute B-Teil entwickelt sich auch aus dem Vordersatz
des A-Teils und ist damit trotz der klanglichen Entfremdung durch die Aufnahme
der neuen Tonart als eine Variante aufzufassen. Der anfängliche Intervallabsprung
der verminderten Quinte des A-Teils wird diesmal auf eine reine Quinte erweitert
und erscheint im Rhythmus ⟨♪⟩ , der aus dem letzten Viertel des 7. Taktes
stammt.

Die diatonisch abwärtsgerichtete Oberstimme der zweiten Hälfte des Vordersatzes
(T. 11–12) entspricht in ihrem Quintrahmen (*ais–gis–fis–eis–dis*) der des A-Teils
(T. 3–4). Die Baßtöne des gesamten Vordersatzes greifen rückwärts diese Tonfolge
auf und umfaßen auch eine Quinte, die in diesem Stück als ein thematisches Element
fungiert. Die ungewöhnliche Stimmführung im letzten Viertel in T. 10 unterstützt
die Annahme, daß die vier Takte des Vordersatzes durch den Tonleiterabschnitt
miteinander verbunden sind: Der siebte Ton *gis* des Dominant–Nonenakkords in
dis-Moll löst sich im punktierten Achtel des unteren Systems nicht abwärts zur Terz
der Tonika auf, sondern wird zur Quinte weitergeführt. Dafür geht die Quinte *eis* in
die Terz der Tonika *fis* über.

Der Vordersatz des B-Teils beginnt und schließt mit der Tonika. Während sich im A-
Teil der harmonische Wechsel zwischen Subdominante und Tonika befindet (T. 2–3),
erscheinen hier die Bestandteile des Dominant–Undezimenakkords allesamt im ersten
Viertel des 9. Taktes und erzeugen einen Mischklang aus Dominante und Subdominante. Diese Harmonien werden in den folgenden Takten (T. 9–10) als Subdominante
mit Sixte ajoutée und verminderter Septakkord nacheinander aufgegriffen.

Der Nachsatz des B-Teils (T. 13–16) ist eine Steigerung des Vordersatzes. Er beginnt
mit einer Transposition des Vordersatzes in die Oberterz und steht in Fis-Dur. Dabei
erreicht er mit der größten Lautstärke im f und dem höchsten Ton d^3 den Höhepunkt
des Stückes. So ist das *Staccato* im ersten Achtel des Nachsatzes als Akzent zu
interpretieren.

Die Melodie der letzten beiden Takte erfährt eine leichte Modifizierung zugunsten
der Einschaltung der Subdominante im letzten Viertel des 15. Taktes, womit der

B-Teil in vollkommer Kadenz zur Tonika übergeht. Daran schließt sich die Reprise des ersten Formteils nahtlos an, die mit dem Nonenakkord in Fis-Dur beginnt. Obwohl die beiden Halbsätze des Mittelteils tonartlich unterschiedlich ausfallen, ist eine Verbindung durch eine gemeinsame Mittelstimme hergestellt: Dadurch, daß die Töne fis^1–fis^1–gis^1 im unteren System zu Beginn des Nachsatzes nicht transponiert werden, wird sowohl der Zusammenhang zwischen Vorder– und Nachsatz als auch das Steigerungsverhältnis der melodietragenden Stimme verdeutlicht.

4.1.8.3   Teil A' (T. 17–24)

Der A-Teil ist in der Reprise bis auf die letzten beiden Takte wörtlich wiedergegeben, in denen die Kadenz über dem Orgelpunkt auf der Tonikaquinte ausgeführt wird. Die Subdominante auf dem vorletzten Achtel von T. 23 enthält keinen Vorschlag mehr. Der Dominant–Septakkord ist im letzten Takt regelrecht zur Tonika aufgelöst, die als Halbe einen rhythmischen Ganzschluß vollzieht.

Demnach erhält das Stück seine charakteristische Gestalt durch die ständige Variantenbildung, die auf dem Intervall der Quinte basiert. Als vorwärtstreibende Mittel werden Vorhaltschromatik und harmonisches Changieren durch die Intervallveränderung innerhalb eines Akkordes sowie harmonische Doppeldeutigkeit durch die Mischklänge herangezogen. Diese Gestaltungsmittel sind zweifelsohne nicht für einen melodiebetonten Gesang geeignet. Der Beginn mit dem Intervallabsprung einer verminderten Quinte zeigt auch, daß der Titelüberschrift „Mein Lied" kein vokaler Charakter zugewiesen werden kann. Jede Stimme nimmt hier am musikalischen Geschehen gleichbedeutend teil, so daß das instrumentale Wesen des Stückes unterstrichen wird. Die Tonart H-Dur ist ebenfalls für ein Vokallied nicht geläufig, wohingegen die klare dreiteilige Form noch einem einfachen Liedtypus entspricht.

4.1.9   Leidenschaft op. 2, Nr. 9

Die „Leidenschaft", in es-Moll stehend, ist ein virtuoses Stück, das als einziges in dieser Klaviersammlung mit ununterbrochenen Begleitfiguren in Sechzehnteln bzw.

Achteltriolen auftritt. Es besitzt eine Vielzahl von Merkmalen, die für die Themenbildung und Gestaltungsweise der Werke Kirchners charakteristisch sind. Das Stück ist in der zusammengesetzten dreiteiligen Liedform mit verkürzter Reprise komponiert und gliedert sich wie folgt:

A: T. 1–48
B: T. 49–72
A': T. 73–108
Coda: T. 109–116

4.1.9.1 Teil A (T. 1–48)

Der A-Teil beginnt mit einer für Kirchner untypischen zweitaktigen Einleitung, wonach das mit einem Wiederholungszeichen versehene Thema in den Takten 3–10 als achttakter Satz geformt ist. Die Takte 11–26 greifen das Anfangsmotiv des Themas auf, das dann variiert und fortgesponnen wird. Es folgt die ausgedehnte Reprise des Themas. So ist der A-Teil folgendermaßen zu gliedern:

Erster Abschnitt: T. 1–10
Zweiter Abschnitt: T. 11–26
Dritter Abschnitt: T. 27–48

Erster Abschnitt (T. 1–10)

Die schon erwähnte Einleitungsfigur basiert auf den gebrochenen Akkorden der Molltonika. Diese ist aber erst auf den schwachen Zählzeiten 2 und 4 durch die Leittonbildung zur Quinte und durch die None auf den Zählzeiten 1 und 3 zu erkennen. Die wellenförmige Sechzehntelfigur dient dann im Verlauf des Stückes weiter als Begleitmodell, jedoch wird der Tonumfang der Wellenfiguren reichlich variiert.

Das Thema besteht aus jeweils viertaktigem Vorder- und Nachsatz: Die ersten vier Takte unterscheiden sich durch die harmonische Verbindung von Tonika und Subdominante mit Sixte ajoutée vom Nachsatz der Takte 7–10, der eine Kombination von Tonika und Dominante aufweist. Der Vordersatz läßt sich in zwei Zweitakter gliedern, deren zweiter eine Variante des ersten ist. Wie schon in Kirchners Kompositionen mehrfach zu sehen war, entwickelt sich das Thema in diesem Stück ebenfalls aus dem Grundmotiv in den ersten beiden Vierteln des 1. Taktes. Die Oberstimme der ersten beiden Takte des Themas greift die Wellenfigur der Einleitung auf, allerdings bewegt sie sich in beide Richtungen, indem die Quinte b^1 als Achse fungiert. Dabei sind die beiden Takte gegensätzlich konzipiert, so daß der T. 3 den ersten Ton b^1 nach Quartsprüngen wieder herstellt, während der T. 4 den Ton stufenweise zuerst abwärts und dann aufwärts führt.

Statt des Quartsprungs tritt in T. 5 der Sextsprung ein. Bevor der Ton b^1 wieder erreicht ist, bildet sich dann in der Oberstimme mit den weiteren absteigenden Achteln eine Ces-Dur–Dreiklangsbrechung. So wird die durch die Leittöne getrübte Begleitfigur in der Tonika es-Moll zusätzlich mit dem Tonikagegenklang konfrontiert.

Während sich jede zweitaktige Phrase des Vordersatzes aus der zweifachen harmonischen Kombination Tonika und Mollsubdominante mit Sixte ajoutée entfaltet, ist der Nachsatz harmonisch eindeutig in zwei Gruppen zu gliedern: Die ersten beiden Takte bewegen sich im Tonika–Bereich, die letzten beiden Takte im Dominant–Bereich. Dies korrespondiert mit der gegensätzlichen Gestaltungsweise der Oberstimmenmelodie in T. 3 und 4.

Der Nachsatz ist eine Fortspinnung der Wellenfigur der Vorspieltakte.

Anders als im Vordersatz ist die Oberstimmenmelodie des ersten Zweitakters zuerst aus einer aufsteigenden Tonskala gebildet. So ist der Quintrahmen von b^1 bis f^2 diatonisch ausgefüllt. [26] Durch die Erhöhung der sechsten Stufe entsteht in T. 7 auf der Halben der Tritonus (ges^1–c^2), der zusammen mit dem längsten Notenwert innerhalb des Themas den Beginn des Nachsatzes markiert.

In T. 8 erreicht die Melodie durch den Quintsprung den höchsten Ton des Themas b^2 im dritten Viertel. Hier bricht der bisher wie ein Orgelpunkt wiederkehrende Grundton es in der Begleitfigur zum ersten Mal ab. Dafür tritt die Durtonika–Parallele in den zwei Oktaven umfassenden Begleit–Sechzehnteln auf und signalisiert das Verlassen des Molltonika–Bereichs.

---

[26] Auf der Halben in T. 7 sind die beiden ersten Tönen zu finden. Die letzten beiden Töne sind in der Reihenfolge vertauscht.

In dem abwärtsgerichteten gebrochenen Moll–Dominantakkord (mit dem unteren Leitton) ist in T. 9 der Anfangston b^1 wieder erreicht. Diese Melodie wiederholt sich im letzten Takt des Themas eine Oktave nach unten versetzt. Während die Oberstimme des Vordersatzes um den Ton b wellenförmig kreiste, bildet sich in der Oberstimmenmelodie des Nachsatzes eine Aufwärts- und Abwärtsbewegung, die ihren Endton auf dem Ton b findet, so daß ein größerer Bogen als im Vordersatz entsteht. Das Thema ist somit als eine Figuration um den Ton b, die Quinte in es-Moll, zu umschreiben.

Der Nachsatz ist trotz seiner Andersartigkeit im Verlauf der Oberstimme als melodische Steigerung des Vordersatzes angelegt: Das Motiv des Quartsprungs aus T. 3 wird in T. 8 zum Quintsprung erweitert, und die absteigende Dreiklangsbrechung aus T. 5 erscheint im letzten Zweitakter des Nachsatzes zweimal modifiziert wiederholt. In den letzten beiden Vierteln des 10. Taktes steht die Sechzehntelfigur in Dur, wobei der Dominant–Quartsextakkord seine Grundstellung annimmt. Dadurch entsteht ein abschließender Eindruck, obwohl das Thema mit der Durdominante offen endet.

Zweiter Abschnitt (T. 11–26)

Der zweite Abschnitt besteht aus zwei Achttaktern, deren zweiter eine Variante des ersten ist. Der erste achttaktige Satz kreiert einen neuen musikalischen Gedanken, indem er die Elemente der beiden Halbsätze des Themas in umgekehrter Reihenfolge aufgreift. So wird im Vordersatz (T. 11–14) auf den Rhythmus aus T. 8 ─♪𝄿♪𝄽─ im oberen System der Takte 12 und 14 zurückgegriffen. Der Nachsatz (T. 15–18) beginnt mit dem Themenkopf, so daß er durch den Quartsprung mit nachfolgender diatonischer Abwärtsführung geprägt ist.

Dieses regressive Aufgreifen des thematischen Materials als Verarbeitungstechnik gehört bei Kirchners Kompositionen zum vorherrschenden Gestaltungsprinzip.

Jeder Halbsatz des ersten achttaktigen Satzes besteht aus zwei Zweitaktgruppen. Sie stehen zueinander wieder im Verhältnis einer Variante: So sind die letzten beiden Takte des Vordersatzes eine Abwandlung der ersten beiden Takte. Während T. 12 durch die Zusammenstellung von Subdominante und Dominante konstruiert ist, bleibt der ihm entsprechende Takt 14 im Subdominant–Bereich mit der Harmonieverbindung von Subdominant– und Wechselsubdominant–Septakkord. Dabei sind die Stimmen der letzten beiden Viertel von T. 12 eine Terz höher transponiert. Die mit einem Akzent versehenen Noten in T. 14 bilden eine diatonische Tonleiter von f–ges–as. Ihre Entsprechung findet sich in T. 12 als d–es–f, so daß die Variante des ersten Zweitakters auf einer linearen Entfaltung der vorgestellten Melodie beruht. Dieses Verfahren betrifft ebenfalls den folgenden Nachsatz.

Während im viertaktigen Vordersatz nur ein Takt (T. 12) an der Transposition beteiligt ist, sind die Außenstimmen der Takte 15–16 im Folgenden in die Unterterz transponiert. In T. 17 stehen auch die Begleit–Sechzehntel eine Terz tiefer. Die Baßtöne aus einem Tonleiterabschnitt unterstreichen diesen Vorgang: In den Takten 15 und 16 wird eine Skala von des–ces–b–as, in den Takten 17–18 b–as–ges–f aufgestellt.

Das akzentuierte letzte Sechzehntel des 16. Taktes Ces bildet den oberen Leitton zur folgenden Tonikaquinte und zeichnet den Eintritt des zweiten Zweitakters vor. Während die erste Zweitaktgruppe auf dem Dominant–Septakkord endet, wird die zweite mit dem Doppeldominant–Septakkord abgeschlossen, wodurch die Oberstimme bis zum f^1 gezogen wird.

Die beiden Halbsätze sind durch eine Zwischendominante verknüpft, indem die Wechselsubdominante in der zweiten Hälfte des 14. Taktes als Zwischendominante zur Tonikaparallele in T. 15 umgedeutet wird.

Der zweite Achttakter (T. 19–26) ist als Steigerung angelegt. Nachdem der Anfangstakt des ersten Achttakters wieder aufgegriffen wurde, tritt bei gleichbleibender Oberstimme die veränderte Baßführung durch die Aufnahme des Neapolitaners in T. 20 anstelle des Subdominant–Quintsextakkords ein. Im Baß wird dabei der dem 15. Takt entstammende doppelpunktierte Rhythmus übernommen, der dann in den ersten drei Takten des Nachsatzes auf jeder Halben erscheint.

Diese ersten beiden Takte 19–20 sind in der zweiten Hälfte des Vordersatzes eine Quarte höher transponiert, während an der Stelle des ersten Achttakters die Transposition nur teilweise stattfand. So tritt jetzt schon im Vordersatz die taktweise vollzogene Transposition auf, die im ersten Achttakter erst im Nachsatz herangezogen wurde.

Wie im ersten Achttakter sind die beiden Halbsätze des zweiten Achttakters durch die Zwischendominant–Konstruktion miteinander verzahnt. So stellt sich der Es–Dur–Septakkord in T. 22 als Zwischendominante der Subdominante in T. 23 heraus.

Der Nachsatz des zweiten Achttakters (T. 23–26) übernimmt nur das Sprungmotiv aus dem Nachsatz des ersten Achttakters ohne die darauffolgende Abwärtsführung. Diese Takte sind in den beiden Systemen durch die Tonwiederholungen von *es* auf zwei Oktaven zusammengehalten, wobei in der Oberstimme das Intervall des Sprungmotivs vergrößert wird. So ist im zweiten Takt (T. 24) der Quartsprung zum Quintsprung erweitert. Nach der Wiederholung des Taktes erscheint dann im letzten Takt des Abschnitts der Sextsprung, wonach der Ansatzton es^2 nicht zurückkehrt. Dadurch bricht der melodische Verlauf gleichsam ab.

An dieser Stelle unterbleiben auch die Baßtöne mit Doppelpunktierungen, jedoch wird die absteigende Sekunde der vorangegangenen Takte aufgegriffen, so daß sie als *Heses–As* im ersten Sechzehntel auf der ersten und dritten Zählzeit wiederzufinden ist. Diese zwei untersten Töne in T. 26 sind im letzten Achtel desselben Taktes und im ersten Achtel des darauffolgenden Anfangstaktes der Reprise im oberen System mit *a* und *gis* nachgeahmt. Durch diese Imitation der Tonfolge und die Zwischendominant–Beziehung[27] sind die beiden Abschnitte zusammengeschweißt. Dies mildert das abrupte Ende des zweiten Abschnitts, in dem der erwartete Sextabsprung in der Oberstimme nicht erfolgt.

Die Intervallvergrößerung des Sprungmotivs im zweiten Abschnitt von der Quarte bis zur Sexte läßt sich auf die Themengestaltung zurückführen. Im Vordersatz des Themas sind der Quart– und Sextsprung verwendet, und im Nachsatz erscheint der Quintsprung, nach dem zweimal der Quartabsprung folgt. Dieser wiederholte Quartabsprung findet in den Takten 15 und 17 Verwendung, wohingegen im letzten Viertakter des zweiten Abschnitts die drei Varianten erscheinen. Somit wird im zweiten Abschnitt auf die Sprungintervalle des Themas auch in umgekehrter Reihenfolge zurückgegriffen.

---

[27]Der letzte As-Dur–Akkord ist als Gis-Dur, die Dominante von cis-Moll, auszudeuten.

Dritter Abschnitt (T. 27–48)

Der dritte Abschnitt tritt mit der Scheinreprise des Themas ein. Sie reicht von T. 27–34 und beginnt in einer neuen Tonart, nämlich cis-Moll. Der achttaktige Satz setzt sich aus dem Vordersatz des Themas (T. 3–6), der hier enharmonisch einen Ganzton tiefer versetzt erscheint, und dem Nachsatz des zweiten Achttakters vom zweiten Abschnitt (T. 23–26) zusammen.

Der Vordersatz ist im oberen System um eine Stimme gegenüber dem Thema erweitert. In der zweiten Hälfte des letzten Taktes (T. 30) schlagen die Sechzehntelfiguren des unteren Systems zum ersten Mal in Triolen um. Die letzte Triole auf f über drei Oktaven ist mit Akzenten versehen und kennzeichnet das definitive Ende des Vordersatzes. Gleichzeitig dient sie dem Eintritt des Nachsatzes in b-Moll, der nun, wieder in der ursprünglichen Vorzeichnung stehend, eine Transposition der Takte 23–26 in die Obersekunde darstellt. So erscheint das Sprungmotiv auf der Quinte f^2 aufgebaut. Im letzten Takt unterbleibt der Sextsprung in der Oberstimme, stattdessen geschieht die Imitation der Baßtöne $ces–B$ in den letzten beiden Achteln im *Ritardando*. Dadurch bildet sich die Tonskala von $es^2–d^2–ces^2–b^1$ sowie eine deutliche Zäsur, bevor die Reprise in der es-Moll–Tonika erscheint.

Die Scheinreprise faßt, wie schon erwähnt, den Vordersatz des Themas und die letzten vier Takte des zweiten Abschnitts zusammen. Zugleich verbindet sie sich mit dem auf Steigerung hinzielenden Gestaltungsprinzip des zweiten Abschnitts, so daß das Sprungmotiv, das im zweiten Abschnitt in T. 15 auf dem des^2 und dann in T. 23 auf dem es^2 stand, hier auf dem f^2 einsetzt.

In der Reprise ist der viertaktige Vordersatz des Themas notengetreu wiederholt. Dann wird der Nachsatz abgewandelt und auf acht Takte erweitert präsentiert. Der erste Viertakter des Nachsatzes (T. 39–42) ist eine Vermischung des Themennachsatzes (T. 7–10) mit dem Vordersatz des folgenden Achttakters (T. 11–14) in umgekehrter Reihenfolge. Wie in T. 11 beginnt er mit den Sechzehntelfiguren, deren jeweiliger Spitzenton ces^2 die Melodielinie markiert. Im zweiten Takt endet die Melodie analog zur Oberstimme des 12. Taktes mit dem Sextsprung. Auf diesem Tonraum der Sexte (T. 40) beruht die Oberstimme des folgenden Taktes.

Außer dem ces^2 werden die Melodietöne des 41. Taktes im letzten Takt variiert wiederaufgenommen und eine Oktave nach unten verlegt, was sich auf die gleiche Technik in den Takten 9–10 zurückführen läßt. Diese ersten vier Takte des Nachsatzes (T. 39–42) werden im abschließenden Viertakter (T. 43–46) transponiert wiederholt: Die ersten beiden Takte sind in den Takten 43–44 in der Unterquinte, der dritte Takt in der Untersexte (T. 45) und der letzte Takt in der Unteroktave (T. 46) abgebildet. Somit schließt der „wiederholte" Nachsatz in der Reprise auch mit der Tonika, während der Nachsatz des Themas in der Dominantöffnung blieb.

Es folgt das zweitaktige Nachspiel mit Sechzehntel–Arpeggio in e-Moll, das, korrespondierend mit der zwei Takte umfassenden Einleitung, den ersten Formteil beschließt. Dieses Nachspiel leitet gleichzeitig den B-Teil ein, der mit dem Es-Dur-Akkord, also mit der Verdurung der Schlußharmonie des A-Teils, beginnt. So haben die letzten beiden Takte eine doppelte Funktion: Schlußbildung des A-Teils und Einleitung des B-Teils.

4.1.9.2 Teil B (T. 49–72)

Der „ruhigere" Teil B setzt sich aus drei regelmäßigen Achttaktern zusammen:

Erster Abschnitt: T. 49–56
Zweiter Abschnitt: T. 57–64
Dritter Abschnitt: T. 65–72

Das Thema des B-Teils wird in den ersten acht Takten aufgestellt. Entsprechend dem A-Teil wird das Thema hier auch wiederholt. Der zweite Abschnitt vollzieht eine Abspaltung des motivischen Materials analog zur Gestaltungsweise im A-Teil. Die Reprise des Themas im dritten Abschnitt schließt den B-Teil ab.

Erster Abschnitt (T. 49–56)

Das Thema des B-Teils weist zwei Tonarten auf. Der viertaktige Vordersatz steht in g-Moll. Der Nachsatz tritt dann in Es-Dur ein und endet offen auf der Dominante, wie der Nachsatz des Themas im ersten Formteil A.

Die kontrastierende, ruhige Oberstimmenmelodie des B-Teils über der Triolen–Begleitung leitet sich aus dem Thema des A-Teils ab. Der sinus– und kosinusförmige Verlauf der Oberstimme der Takte 3–4 wird in den ersten beiden Takten (T. 49, 50) auf einen Bogen reduziert, der auf Tönen des g-Moll–Dreiklangs basiert, wobei sich im Baß eine absteigende Leiter von Es bis B^1 bildet. In der zweiten Hälfte des Vordersatzes ist die Molldreiklangs–Melodie in die Oberterz gestellt und somit verdurt, wohingegen im Baß eine chromatische Leiter von F bis D einsetzt.

Die zweitaktigen Phrasen des Vordersatzes sind durch die gleiche Harmonik miteinander verbunden. So wird der g-Moll–Akkord im 50. Takt mit dem Eintritt des 51. Taktes zum Septakkord erweitert. In der Art und Weise sind die beiden Halbsätze miteinander verzahnt, so daß der B-Dur–Dreiklang in T. 52 im Anfangstakt des Nachsatzes in den B-Dur–Septakkord übergeht und als Dominant–Septakkord in Es-Dur fungiert.

Wie in Teil A entstammt der Nachsatz dem Vordersatz: Der erste Takt beinhaltet die letzten beiden Takte des Vordersatzes, allerdings wird hier die einstimmige Melodie der Takte mittels kontrapunktischer Satztechnik zur Zweistimmigkeit aufgespalten. Dadurch wird der gegensätzliche Charakter zum A-Teil verschärft, der sich im Grunde auf einem horizontalen melodischen Verlauf stützte. Die Oberstimme greift auf die Rahmentöne b^1–f^2 dieser Takte nun als f^2–b^2 zurück und bezieht sich somit auf den Quartsprung des Themenkopfes von Teil A. Die mit einer Halben auf b^1 beginnende Mittelstimme nimmt dann die Töne des punktierten Rhythmus aus dem zweiten Viertel des 52. Taktes auf, wobei der Rhythmus zu ⏑ variiert wird. Die beiden Töne werden in der Oberstimme mit dem Viertel auf e^2 kontrapunktiert, das nach dem verminderten Quintabsprung erscheint. Der Ton wird als Vorhalt zur Quinte im B-Dur–Septakkord im nächsten Takt aufgelöst, der den vorangegangenen wiederholt. Dabei ist der Rhythmus ⏑ in der Oberstimme imitierend übernommen.

Die Melodie der letzten beiden Takte des Nachsatzes ist aus den Takten 53–54 entwickelt. Der vorletzte Takt spinnt so das Motiv des verminderten Quintabsprungs von b^2–e^2 fort. Es erscheint in den ersten beiden Vierteln des 55. Taktes in der Unteroktave, so daß die Auflösung des Tons e auf das dritte Viertel des 55. Taktes verschoben ist. Zwischen den Takten 55–56 wird das Quartsprungmotiv aus dem T. 53 über dem Rhythmus ♩♪♩ zum Schluß noch einmal aufgegriffen. Der harmonische Verlauf des 53. Taktes mit Dominante und Zwischendominante der nicht auftretenden Doppeldominante ist im zweiten Anlauf durch die motivische Weiterführung des verminderten Quintabsprungs in der Oberstimme auf anderthalb Takte erweitert. Daran schließt sich die letzte Phrase auftaktig an. Im Nachsatz wird somit die stets nach einer Viertelpause einsetzende melodische Einheit und damit auch die bisher eingehaltene Zweitaktigkeit unterbrochen.

Zweiter Abschnitt (T. 57–64) und Dritter Abschnitt (T. 65–72)

Der Mittelabschnitt (T. 57–64) greift wieder in der bereits angewandten spiegelverkehrten Reihenfolge erst den Nachsatz und dann Vordersatz des Themas auf. Der Rhythmus aus dem 54. Takt ♩♪♩♩ ist im ersten Viertakter mit Intervallsprung der verminderten Quinte und der Quarte kombiniert. Diese Intervalle stammen aus der Oberstimme des Taktes 53. Der erste Viertakter T. 57–60 gliedert sich in zwei Zweitaktgruppen. Die erste Gruppe übernimmt das sechstönige Begleitmodell aus dem Thema, während in der zweiten Gruppe jede Triole mit dem Viertelbaßgang verbunden wird.[28]

T. 60 ist wie T. 58 mit der Parallele der Molltonika und deren Zwischendominante harmonisiert, so daß die Zweitaktgruppierung auch harmonisch gewährleistet bleibt. T. 59 ist durch die zusätzlich kontrapunktierende Mittelstimme im oberen System wie die Anfangstakte des Nachsatzes (T. 53, 54) vom Thema vierstimmig.

Der zweite Viertakter (2 + 2) beruht sowohl in motivischer als auch gestalterischer Hinsicht auf dem Vordersatz des Themas (T. 49–52): Dreiklangsmotiv und Transposition dienen als Gestaltungsmittel.

---

[28]Das letzte Viertel des 59. Taktes und das zweite Viertel des 60. Taktes bilden eine kleine Abweichung.

So ist das Dreiklangsmotiv des Vordersatzes im zweiten Viertakter des Mittelabschnitts (T. 61–64) wieder verwendet. Es erscheint jedoch versteckt und im verminderten Dreiklang, der sich im ersten Zweitakter auf a infolge des verkürzten Septnonakkords der Doppeldominante bildet: die Halben auf es^2 und c^3 und das übergebundene letzte Viertel des 61. Taktes auf a^2. Diese Töne sind im Baß in Viertelnoten (das erste und vierte Viertel des 61. Taktes und das letzte Viertel des folgenden Taktes als es^1–c^1–a) in der Gegenbewegung zu finden. Durch die Transposition der Takte 61–62 in die Unterquinte endet der Mittelabschnitt auf der Mollsubdominante. Die dreifachen Leittoneinstellungen (fis^1–g^1, as–g, d–Es) führen zum Eintritt der Reprise (T. 65–72) in Es-Dur.

Nach der notengetreuen Wiedergabe der ersten sechs Takte ist im vorletzten Takt des B-Teils die Oberstimme des 69. Taktes in die Oberquarte sequenziert.[29] Über den verminderten Septakkord der Doppeldominante und den Dominant–Septakkord kadenziert der B-Teil zur Tonika Es-Dur. Die Oberstimmenmelodie erreicht über den Leitton auch den Grundton es.

4.1.9.3   Teil A' (T. 73–116)

In der Reprise bleibt das Thema aus, stattdessen werden zunächst der zweite Abschnitt und die Scheinreprise wörtlich wiedergegeben. In der Oberoktave erscheint die Reprise des Themas von Teil A (T. 35–48) hier auf 20 Takte erweitert und unterzieht sich einer Abwandlung. Der Vordersatz von T. 97–100 ist im oberen System um eine Stimme angereichert. Die ersten beiden Takte des Nachsatzes nehmen den Rhythmus der Takte 7–8 aus dem Thema ♩ ♩ ♪ wieder auf, so daß das Auslassen des Themas zu Beginn des A'-Teils kompensiert wird.

Während sich der Nachsatz im dritten Abschnitt des A-Teils durch die transponierte Wiederholung erweiterte, erstreckt sich der Nachsatz hier durch das Aufspalten des Taktes 102 über acht Takte (4 + 4). Seine Oberstimmenmelodie erscheint zweimal in zwei Takten variiert.

---

[29]Dabei verwandelt sich der Vorhalt e^2 in der Mittelstimme enharmonisch in die Vorhaltsnone fes^2 zur Zwischendominante der unterbleibenden Subdominante.

Mit dem verminderten Septakkord eingeführt, bildet die erste Zweitaktgruppe (T. 105–106) eine andere Tonartebene in A-Dur, die zur es-Moll–Grundtonart im Tritonus–Abstand steht. Dabei tritt in T. 105 das rhythmische Modell der ersten Hälfte des 102. Taktes[30] mit Akzenten versehen in beiden Systemen ein. Durch das *Ritardando* und die veränderte Dynamik (f) wird zunächst nur eine Verfremdung wahrgenommen, zumal die Oberstimmenmelodie durch den Quintsprung von Takt 102 abweicht und die Sechzehntel–Begleitfigur plötzlich unterbricht. Die Melodie der Oberstimme *a–ces–b–ges* des 102. Taktes spiegelt sich allerdings in der chromatischen Abweichung *a–cis–h–(dis)–gis* in den Takten 105–106 wider, wenn das punktierte Achtel der zweiten Oberstimme berücksichtigt wird. In der zweiten Hälfte des 107. Taktes kehren die ersten drei Tonstufen *a–ces–b* des 102. Taktes mit Akzenten versehen wieder.

In T. 108 erreicht die Oberstimmenmelodie über das d^2 wieder den Tonika–Grundton, wobei das punktierte Achtel des 107. Taktes im zweiten Viertel in den unteren Stimmen noch einmal imitiert wird.

4.1.9.4   Coda (T. 109–116)

Die Coda —„ubernimmt die Oberstimmenmelodie des 104. Taktes in der Unteroktave zweimal. In den folgenden Takten 111–112 wird der Rhythmus der Takthälfte zu ♩ modifiziert und viermal wiederaufgenommen. Dabei stellen die Spitzentöne des 112. Taktes und das erste Achtel des folgenden Taktes die Melodie des 108. Taktes $b^1–d^2–es^2$ in der Oberoktave dar. Diese Melodie mündet dann in ein abwärtsgerichtetes Sechzehntel–Arpeggio der Tonika. So ist in der "nach und nach schneller„auszuführenden Coda mit der auf– und absteigenden Kontur die bogenförmige Sechzehntelfigur der Einleitung von T. 1 abgebildet. Die Coda des Stückes führt somit zum Beginn der Komposition zurück. Die Schlußakkorde verweisen ebenfalls durch ihren terzfreien Tonika–Dreiklang[31] auf die Einleitungsfigur, die in ihren aufsteigenden Sechzehnteln jeweils die Terz umgangen hatte.

---

[30]Unter Weglassung der Sechzehntelpause ergibt sich der punktierte Achtel–Rhythmus im letzten Viertel.

[31]Die Terz erscheint hier nur im Vorschlag.

Das Stück erhält ein homophon geprägtes Aussehen durch seine Oberstimmenmelodie und deren Begleitung in der linken Hand. Es entfaltet sich dementsprechend durch die melodische Variantenbildung. Dabei ergeben sich mittels der Technik der Transposition und der Abspaltung einzelner Motive die abgehackten Melodien, die jedoch miteinander in Verbindung bleiben. So erscheint das Sprungmotiv der unterschiedlichen Intervalle im zweiten Abschnitt von Teil A (T. 11–26) auf des^2 (T. 15) und es^2 (ab T. 23) und in der Scheinreprise des Themas auf f^2 (ab T. 31) aufgebaut, also in einer ganztönigen Steigerung. Weil sie in der neuen Tonart cis-Moll steht, kann der Eintritt der wirklichen Reprise in der Grundtonart es-Moll als das Erreichen des Ziels interpretiert werden. Diese Reprise wird jedoch weiter (im Nachsatz) einer Veränderung unterworfen. Somit läßt sich die Überschrift "Leidenschaft„außer auf die ununterbrochenen Sechzehntel–Begleitfiguren, auf die sukzessive Steigerung, die tonartlichen Veränderungen und das ständige Streben nach Abwandlung beziehen. Die außergewöhnliche Rückung in den Tritonus–Abstand im A'-Teil (ab T. 105 ff) hat ebenfalls ihren Ursprung im impulsiven Charakters der "Leidenschaft„.

4.1.10   Nachtgesang op. 2, Nr. 10

Der „Nachtgesang" steht in H-Dur wie „Mein Lied" (op. 2, Nr. 8) und ist auch in manch anderer Hinsicht mit dem Stück vergleichbar. Als zweitkürzestes Stück, nach „Mein Lied" in op. 2, weist der „Nachtgesang" in seinem Tonartenplan Parallelen auf, denn der Mittelteil beginnt ebenso in einer terzverwandten Tonart. Diesmal handelt es sich jedoch nicht um die Dominantparalle dis-Moll, sondern um die Parallele der Molltonika D-Dur. Über die Dominanttonart Fis-Dur mündet der Mittelteil in die Reprise, welche die Grundtonart wiederaufnimmt. Damit wird die Tonarten–Disposition auf dem h-Moll–Akkord gebildet und nicht wie bei „Mein Lied" auf dem H-Dur–Akkord. Das dreiteilige Stück weist ebenfalls keine Coda auf und gliedert sich demnach wie folgt:

A: T. 1–8

B: T. 9–18

A': T. 19–26

4.1.10.1 Teil A (T. 1–8)

Der A-Teil ist eine Periode, deren Nachsatz nach D-Dur moduliert. In den ersten beiden Takten des Vordersatzes (T. 1–4) erscheint die Melodie eines ausgeschriebenen Doppelschlags (Motiv a) auf *ais* und *h* mit einem Intervallsprung verbunden (Motiv b), der zuerst zu einer verminderten Quinte und dann in T. 2 zu einer reinen erweitert wird. Im Kontrast dazu bildet sich in den Takten 3–4 eine absteigende Oberstimme, wobei in der Mitte des 3. Taktes das Motiv a durchschimmert. Die Gesangsmelodie des Vordersatzes wird in der Unteroktave im oberen System und in der Untersexte im Baß parallel begleitet.

Der modulierende Nachsatz greift zunächst den Vordersatz in ausgedehntem Stimmumfang und erweiterten Stimmen auf. Dann wird die Modulation in T. 6 mit der Wechseldominante eingeleitet, die betont (sfz) auftritt und als Dominante von D-Dur umgedeutet wird. Dabei springt die Oberstimmenmelodie eine kleine Sexte hinauf, so erfährt das Sprungmotiv (Motiv b) eine weitere Vergrößerung. In den Takten 7–8 erscheint die absteigende Oberstimme der ersten vier Töne von T. 4 zweimal ausgeterzt und kadenziert zur Tonika im Quartsextakkord. Indessen wird der Grundton der neuen Tonart in den ersten Achteln dieser Takte in der Oberstimme hinzugefügt, so daß er (*d*) zweimal über das Subsemitonium modi erreicht wird. Der B-Teil setzt im letzten Achtel des 8. Taktes mit dieser melodischen Wendung ein, die also auf der Halben des folgenden Taktes zum Grundton gelangt und dadurch entsteht der Eindruck, daß der Nachsatz des A-Teils bis dahin reicht. Demnach erfolgt der Übergang vom A- zum B-Teil fließend.

4.1.10.2 Teil B (T. 9–18)

Der Mittelteil mit zehn Takten setzt sich aus zwei, zunächst in ihrer Tonart unterschiedlichen Phrasen zusammen: Die erste Phrase (T. 9–14) steht in D-Dur, die zweite (T. 15–18) in der Dominanttonart des Stückes, Fis-Dur.

Im Gegensatz zum ersten Teil, in dem die Oberstimmenmelodie von der parallelen Stimmbewegung begleitet wurde, ist der B-Teil durch kontrapunktische Satzweise geprägt.

In der ersten Phrase ist das an einen Doppelschlag erinnernde Motiv a mit vier Tönen aus dem ersten Teil abgewandelt, indem der zweite Ton durch einen Quartabsprung zum dritten gelangt. Diese Motivvariante (h^2–a^2–e^2–fis^2) im oberen System des 10. Taktes erscheint dann in Engführung hintereinander auf c^1 im vierten Viertel desselben Taktes und auf d^2 im dritten Viertel des 11. Taktes. Dadurch wird die „immer sehr langsam und schwach" zu spielende Phrase zusammengehalten. Mit der Modulation nach Fis-Dur endet die Phrase. Die leichte Abweichung der Motivvariante auf h in T. 13 ist durch den veränderten tonalen Boden bedingt. Die Rahmentöne des Motivs bleiben unverändert. Die große Sekunde zwischen den ersten beiden Achteln wird jedoch zum kleinen Sekundschritt (h–ais). Dieses Verhältnis trifft auch auf die folgenden beiden Achtel zu.

Die Modulation vollzieht sich über die Dur–Tonikaparallele (H-Dur) von D-Dur, die auf der zweiten Halben des 12. Taktes erscheint und zur Subdominante von Fis-Dur umgedeutet wird. Hier wird der Grundton des Dominant–Septakkords von T. 13 cis vorausgenommen, so daß die Töne des diatonischen Tonleiterausschnitts von der Quarte bis zum Grundton in Fis-Dur (h–cis–dis–eis–fis) Verwendung finden. Dabei sind die einzelnen Töne über drei Oktaven verstreut, wodurch dieser Zusammenhang nicht gleich erkennbar wird. Die entsprechende Stelle des A-Teils in T. 6, wo der Wechselsubdominant–Nonenakkord als modulatorischer Kern auftrat, erbrachte vier aufeinanderfolgende Töne von der vierten Stufe zum Leitton der neuen Tonart D-Dur (g–a–h–cis). Mit dem Grundton d im ersten Achtel des folgenden Taktes wurde dort auch ein Tonleiterabschnitt, der einen Quintrahmen ausfüllt, verwendet. Somit läßt sich die strukturbildende Modulation der beiden Teile zueinander in Beziehung setzen. Die erste Phrase des B-Teils repräsentiert also den ganzen A-Teil, und die zweite Phrase übt die Funktion einer Überleitung zum A'-Teil aus.

Von der zweiten Hälfte des 13. Taktes an erscheint wieder das Anfangsmotiv der doppelschlagähnlichen kreisenden Tonfolge, womit jeder Takt der zweiten Phrase (T. 15–18) beginnt und den Einsatz der Reprise des A-Teils ankündigt. Hier erklingt darüber eine Gegenstimme, die aus der rhythmischen Augmentation der Oberstimme des 10. Taktes geformt ist und auf der Dreiklangsmelodik beruht. Diese beiden Stimmen werden von Akkorden in einem neuen Achtel–Triolen–Rhythmus begleitet.

Durch diesen Konfliktrhythmus (♪ ♪ gegen ♫) ist die zweite Phrase des B-Teils spannungsreich und wirkt drängend. Sie bildet somit ein Gegenstück zur statischen ersten Phrase, was mit Hilfe der Vortragsangabe „nach und nach stärker" noch unterstrichen wird. In T. 17 erscheint die erste Halbe der Oberstimme mit einem Doppelvorschlag im großen Intervallsprung über eine Oktave versehen und ruft den 10. Takt ins Gedächtnis. In der zweiten Phrase erfolgt die Modulation zur Grundtonart H-Dur und wird mit dem Einsatz der Reprise abgeschlossen. So setzt sich der Tonika–Septakkord Fis-Dur des 17. Taktes im letzten Viertel zur Wechselsubdominante fort, die dann als Subdominante von H-Dur fungiert und in die Dominante übergeht.

4.1.10.3   Teil A' (T. 19–26)

Der „Nachtgesang" wirkt im A'-Teil durch f und *Portato* emphatisch, was die erweiterten Füllstimmen und das punktierte Achtel in den Takten 19–20 zusätzlich hervorheben. Durch die beibehaltenen Triolen im Baß dieser Takte ist der Vordersatz mit der zweiten Phrase des Mittelteils verknüpft. Die rhythmisch verdichtete Reprise, die bei Kirchners Werken häufiger anzutreffen ist, wird somit auch hier erzeugt. Der Nachsatz ist wie im A-Teil im p gehalten. Anstelle der Wechselsubdominante, welche die Modulation nach D-Dur in T. 6 einleitete, erscheint der nach der Subdominantparallele strebende verminderte Septakkord. Über den Dominant–Septnonakkord schließt das Stück auf der Tonika, wobei die abwärtsgeführten Sekundschritte der Oberstimmenmelodie im vorletzten Takt mit den verminderten Quintsprüngen aus T. 1 kombiniert werden. Unter dem Tonikagrundton auf der punktierten Halben wird im letzten Takt des Stückes diese Abwärtsführung in den Mittelstimmen nachgeahmt, womit in den beiden Takten im Gegensatz zum A-Teil[32] alle diatonische Stufen von H-dur in der Abwärtsbewegung gebraucht werden. Während die Sekundbewegung im letzten Takt des Stückes von der Unterterz begleitet wird und den Takten 7–8 entspricht, bringt sie im vorletzten Takt ihre Untersexte mit sich, wodurch die Sextparallele zu Beginn des Stückes zum Schluß nochmals in Gedächtnis

---

[32] Dort wurde sie in der Unteroktave wiederaufgegriffen.

gerufen wird. So wird den letzten beiden Takten des Stückes auch mit Hilfe der verminderten Quintsprünge in der Melodie ein zusammenfassender Charakter verliehen,
der die Funktion der Coda vertritt.

Die Klaviersammlung von op. 2 ist mit dem „Nachtgesang" abgeschlossen, der auch
aus Variantenbildung entsteht. Der durch die parallele Stimmführung sanglich wirkende A-Teil verliert sich in den letzten beiden Takten (T. 7–8) in die Tiefe, indem die
Melodie zwei Oktaven abwärtsgeführt wird. Ab hier wird der düstere Stimmungscha-
rakter des Stückes deutlich. Er wird im Mittelteil durch die kontrapunktische Verarbeitung der Engführung, die große Spannweite der Stimmen und die Vortragsangabe
„immer sehr langsam und schwach" intensiviert. Durch die Überleitungsphrase (T.
15–18) vorbereitet, setzt die Reprise des A-Teils affirmativ im f ein, verklingt jedoch
im letzten Takt des Stückes auf der Terz als Endton und versinnbildlicht zum Schluß
die dunkle Unbestimmtheit eines Nachtgesangs.

4.2   Präludien op. 9

Die „Präludien" op. 9 erschienen im Jahr 1859 in zwei Heften mit jeweils acht Stücken
im Rieter–Biedermann–Verlag. Anders als bei den meisten Werken Kirchners ist die
Entstehungszeit in diesem Falle bekannt. Aufschluß darüber gibt ein Brief Clara
Schumanns vom 23. März 1858 an Kirchner: „Ich hoffe sehr, sie sind jetzt wieder
ruhiger und arbeiten fleißig an Ihren Präludien?"[33] Es ist also anzunehmen, daß
die Kompositionen kurz vor der Drucklegung in Winterthur fertiggestellt wurden.
Das Werk ist Clara Schumann zugeeignet, und so schreibt sie am 27. Juli 1859
einen Dankesbrief an den mit ihr befreundeten Komponisten, in dem sie sich zu den
einzelnen Stücken auch kritisch äußert:

> „Ich habe mich an vielem Schönen darin sehr erfreut, kann Ihnen aber
> nicht verhehlen, daß ich hie und da Härten finde, über die ich nicht hinweg
> kann. Warum aber thun Sie das, dem die Harmonie ihre süßesten Zauber
> erschlossen? wollen Sie dadurch Kraft erzielen? ... Wer Sie nicht besser

---

[33]B. Litzmann (Hg.): Clara Schumann. 1920, Bd. 3, S. 33.

kennte aus vielem Anderen, müßte nach solchen Harmonien auf einen angehenden Zukünftler rathen. Verzeihen Sie mir meine Offenheit aber wo ein wahres Interesse mich beseelt, muß ich jedes sagen, was ich denke und fühle... Daß im Ganzen die Stücke mich sehr an meinen Robert erinnern, kann ich nicht leugnen, doch hat man bei Ihnen nie das Gefühl des Nachgeahmten, sondern der eigensten Empfindung, die eben nur von liebevollster Hingebung für Ihn zeugt. So nehmen Sie denn nach allen Fürs und Widers noch einmal den herzlichsten Dank."[34]

Offenbar hat also die Widmungsträgerin an dem Werk vieles auszusetzen. An Brahms schreibt sie am 5. August 1859 folgendes:

„Hast Du die Präludien von Kirchner gesehen? Sie enthalten meiner Ansicht nach viel Schönes, aber häufig gar zu sehr auf die Spitze getrieben harmonisch, nicht natürlich fließend genug, und oft zu klein in der Form für die breite Anlage."[35]

Dennoch nahm Clara Schumann die Kompositionen, die ihr anfangs übertrieben erschienen, noch im Jahre 1866 in ihr Repertoire auf [36], obwohl jeglicher Kontakt zwischen ihr und dem Komponisten seit zwei Jahren abgebrochen ist. Daraus ist zu schließen, daß sie im Laufe der Zeit Kirchners Musik zu schätzen gelernt hat.

Das Werk wurde nach seinem Erscheinen unter der Rubrik „Kammer- und Hausmusik" in der NZfM angezeigt, in welcher der Reichtum an neuen harmonischen Wendungen gepriesen, der übersteigerte Gebrauch von Vorhalten und Dissonanzen jedoch als verderblich für das Erfassen des poetischen Inhaltes des Werkes bewertet wurde.[37]

Die meisten Stücke der „Präludien" stehen in Dur–Tonarten und sind mit der Tempobezeichnung *Allegro* versehen, durch die sich eine gewisse Virtuosität erahnen läßt. Ihr folgt jedoch die weiteren ergänzenden Angaben *ma non troppo, comodo, grazioso*

---

[34]Ebd., S. 59.

[35]Ebd., S. 60.

[36]Ebd., S. 623.

[37]C. P.: Theodor Kirchner, op. 9. Präludien für Clavier. In: NZfM Bd. 53 1860, S. 12 f.

oder *agitato, scherzando*, so wird bei den Stücken die musikalische Seite mehr in den Vordergrund gestellt.

Der Titel „Präludien" ist nicht allzu wörtlich zu nehmen, weil nur wenige Stücke einen Vorspielcharakter aufweisen,[38] während die meisten als eigenständige Charakterstücke anzusehen sind. Ohne einen zyklischen Zusammenhang durch bestimmte Tonarten oder Motive sind die Stücke in einer Sammlung zusammengefaßt.

Die Stücke der „Präludien" sind ebenfalls in Form, Länge und Struktur verschieden, wie es in op. 2 der Fall war. Sie zeichnen sich weiter durch die kompositorischen Merkmale Kirchners aus, die in op. 2 zu finden waren.

Die „Präludien" gehören nach Puchelt „zum bedeutendsten, was nach dem großen Aufbruch der romantischen Klaviermusik geschrieben worden ist".[39] Nach eigener Aussage spielte Kirchner dieses Werk „sehr gern"[40] vor.

4.2.1 Präludium op. 9, Nr. 1

Das erste Stück der Sammlung „Präludien" in c-Moll besteht aus Passagenwerk mit gebrochenen Akkorden und Tonleitern. In schnellem Tempo (*Allegro energico ma non troppo*) rauscht es ohne eine ausgeprägte Melodie und Zäsur am Hörer vorbei. Das dreiteilige Stück gliedert sich folgendermaßen:

A: T. 1–8

B: T. 9–12

A': T. 13–25

4.2.1.1 Teil A (T. 1–8)

Der A-Teil besteht aus acht Takten, die jedoch keine Periode bilden, sondern einen musikalischen Gedanken dreimal rhythmisch sequenzieren. Die ersten beiden Takte

---

[38] Vgl. Analyse von Nr. 1 und 11.

[39] G. Puchelt: Verlorene Klänge. 1969, S. 69.

[40] P. Schneider: Theodor Kirchner. 1949, S. 9.

in der Tonika formen eine Sequenzeinheit für den weiteren Verlauf des A-Teils. Der erste Takt basiert auf reiner Dreiklangsbrechung, wobei die absteigende Begleitfigur in Sechzehnteln zunächst eine Quinte höher als die Halbe beginnt, so daß Melodie und Begleitung nicht klar zu unterscheiden sind. Demgegenüber ist in T. 2 die natürliche Molltonleiter in der rechten Hand mit der Begleitung der Akkordbrechung in c-Moll verwoben. Dabei werden die c-Moll–Akkordtöne des 1. Taktes auf der ersten Zählzeit übernommen.

Die erste Sequenz dieses zweitaktigen musikalischen Gedankens in den Takten 3–4 ist harmonisch so verdichtet, daß jeder Takt eine eigene Harmonie vertritt. Sie beginnt mit dem Tonikagegenklang–Septakkord und geht in T. 4 in die Mollsubdominante über. Bei der Tonleiterbildung in T. 4 fehlt die siebte Stufe *b*. Während sich die erste Hälfte des A-Teils harmonisch von der Tonika zweimal abwärts im Terzabstand entfernt, wird in der zweiten Hälfte eine Kadenz zur Tonika gebildet und damit zum Ausgangspunkt des A-Teils zurückgekehrt.

So greift die zweite Sequenz (T. 5–6) zunächst die Harmonie des 4. Taktes auf, nun mit Sixte ajoutée versehen. Der verminderte Dominant–Septakkord in der zweiten Hälfte des 6. Taktes leitet zur Tonika der abschließenden beiden Takte des A-Teils zurück. In der Melodik wird dieser Übergang durch den akzentuierten oberen Leitton *des* (von c-Moll) verstärkt, der die anschließende Tonskala hervorhebt.

Die letzte Sequenz (T. 7–8) des A-Teils enthält in der Melodie keine nennbare Tonskala mehr und läuft in den reinen Tonika–Dreiklang aus, obgleich in T. 7 durch die Halben und in T. 8 durch das erste und vierte Achtel auf *d* eine Sekundreibung erzeugt wird.

Der A-Teil wird vor allem durch den im Baß betonten Grundton in c-Moll zusammengehalten, der regelmäßig auf der ersten und dritten Zählzeit angeschlagen wird. Er erscheint in den ersten sechs Takten bis zum ersten Achtel des 7. Taktes auf dem Ton C^1 und wird danach eine Oktave höher gelegt. In der dritten Zählzeit des 6. Taktes tritt der Tonikagrundton als Orgelpunkt zum Dominant–Nonenakkord auf. Die Takte 5–8 sind dynamisch bewegter als die erste Hälfte des A-Teils. Nach dem *Crescendo* ab T. 5 ist in T. 7 der Höhepunkt des A-Teils im ff erreicht. In der zweiten Hälfte des 8. Taktes stellt sich dann das *Decrescendo* ein, das zum pp des B-Teils hinleitet.

4.2.1.2   Teil B (T. 9–12)

Der B-Teil hebt sich vom A-Teil dadurch ab, daß er im pp einsetzt und die charakteristische Tonrepetition auf C^1 im Baß und die betonten Halben–Melodietöne des A-Teils ausläßt. Die zweitaktige Strukturierung des A-Teils bleibt erhalten, wobei die Tonleiterbildung in der Melodiestimme variiert wird. So wird in den letzten sechs Achteln des 10. Taktes in der linken Hand die natürliche Molltonskala von d aus im Terzraum zunächst ab– und dann aufsteigend in Oktaven dargestellt. Die drei aufsteigenden Achtel in der zweiten Hälfte des Taktes sind im *Stringendo* zu spielen, und das letzte Achtel auf f wird in T. 11 zum Grundton in fis-Moll weitergeführt. In T. 12 sind alle Tonstufen in c-Moll wieder absteigend in der rechten Hand vertreten. Der B-Teil tritt in die Dursubdominante ein, der in T. 10 die Doppelsubdominante folgt. Es handelt sich hier also um die Harmoniefolgen, die sich zueinander im Quintenzirkel abwärts verhalten. Dies steht der ersten Hälfte des A-Teils gegenüber, wo in den Harmonien zwei Terzfälle aufeinander folgten.

Während der A-Teil am Ende auf der Tonika schließt, gelangt der B-Teil zur Dominante, die sich erst im ersten Takt des A'-Teils zur Tonika auflöst, so daß er als Überleitung zum A'-Teil fungiert. Der Dominant–Nonenakkord in der zweiten Hälfte des 12. Taktes wird konsequent erreicht, da er durch die Harmonien vorbereitet ist, die auf den unteren und oberen Leittönen zu dem Grundton der Dominante aufgebaut sind. So erscheint in T. 11 der Akkord in fis-Moll und in der ersten Halbe des 12. Taktes der As-Dur–Septakkord, der zum Dominant–Nonenakkord schreitet. Die beiden Akkorde sind durch die chromatische Veränderung von fis- Moll miteinander verbunden: Die erniedrigte Terz und Quinte as und c in der zweiten Hälfte des 11. Taktes sind in den Tonikagegenklang–Septakkord in T. 12 aufgenommen. Der fis-Moll–Akkord in T. 11 ergibt sich auch aus der chromatischen Fortführung von der Doppelsubdominante in T. 10 (b–a, d–dis, f–fis), so daß der B-Teil nach dem Abwärtsschreiten im Quintenzirkel (T. 9–10) in der nacheinander vollzogenen chromatischen Veränderung die Dominante (T. 12), also die Mediante der Doppelsubdominante, erreicht. Damit bleibt eine Idee des A-Teils, die Bewegung in die

Unterterz, im B-Teil auch enthalten.

Der B-Teil hat nur die halbe Taktzahl des A-Teils, entspricht ihm aber in der Geschlossenheit der Dynamik. Wie der A-Teil besteht auch Teil B aus einem dynamischen An- und Abschwellen. Während sich der A-Teil zwischen f und ff bewegt, umfaßt der B-Teil eine Dynamik von pp bis f und stellt auf Grund seiner Kontrastfunktion die leisere Partie des Stückes dar.

4.2.1.3   Teil A' (T. 13–25)

An der Wiederkehr des Dreiklangsmotivs in der Tonika ist die Reprise des A-Teils erkennbar. Der A'-Teil ist eine auf 13 Takte erweiterte Variation des A-Teils, wobei das chromatische Element des B-Teils miteingeflochten ist. Er ist analog zum A-Teil zweiteilig. Die ersten vier Takte des A'-Teils (T. 13–16) entsprechen der ersten Hälfte des A-Teils mit den in jedem zweiten Takt auftretenden Halben in der rechten Hand. Die absteigende Tonleiter in den Takten 2 und 4 wird in T. 14 und 16 durch ein neues Motiv, aufsteigende Akkordbrechungen in Triolen ersetzt. Während im A-Teil T. 4 infolge von zweimaliger Terzfortschreitung abwärts in der Mollsubdominante steht, wird in T. 16 über den verminderten Septakkord auf *d* die Tonikaparallele erreicht.

Der zweite Abschnitt des A'-Teils (T. 17–25) entspricht der zweiten Hälfte des A-Teils und kehrt ebenfalls zur Tonika zurück. Er ist auf neun Takte erweitert und besteht im Gegensatz zu der fortlaufenden Zweitakteinheit im A-Teil aus einer Vier- und einer Fünftakteinheit.

Im letzten Takt der Viertakteinheit (T. 20) wird über den verminderten Septakkord der Doppeldominante (T. 19) der Dominant–Septakkord erreicht, der sich dann in T. 21 zur Tonika auflöst. Danach sind die vorangegangenen Takte 18–19 im Vergleich zur zweiten Sequenz des A-Teils (T. 5–6) aus harmonischer Sicht als Einschub aufzufassen, der den Eintritt der Dominante hinausschiebt. Dieser „Einschub" aber bringt die stärkste melodische Ausprägung hervor, die aus Chromatik und Sprüngen von Septime und verminderter Quinte besteht. Er enthält den dynamischen Höhepunkt des A'-Teils mit ff in T. 18 und den Spitzenton *es*^{4} des ganzen Stückes in T. 19. Der letzte Takt der Viertakteinheit führt den musikalischen Gedanken in Vier-

teln fort, allerdings bleibt das im A'-Teil neu eingetretene Triolenmotiv in dieser
Viertakteinheit aus.

Während der regelmäßig im Baß auftretende c-Moll–Grundton den A-Teil zusam-
menhält, greift ihn der A'-Teil nur in den ersten beiden Takten auf. In den Takten
15–17 steigt der Baß aufwärts und erreicht in T. 18 die fünfte Stufe g, die als Orgelpunkt auf der ersten Zählzeit bis zum T. 20 auftritt. Mit dem Quintabsprung wird im
Baß in T. 21 der Grundton der Tonika wieder erreicht, auf dem die letzte Takteinheit
des Stückes einsetzt. Die Halben des A'-Teils, mit denen jeder Motiveinsatz (T. 13,
15, 17, 21) im oberen System beginnt, bilden zusammen den c-Moll–Akkord, wobei
die jeweilige Halbe gleichsam den Impuls für die nachschlagende Sechzehntel–Oktave
gibt.

Somit trifft im ersten Takt der Fünftakteinheit (T. 21) der Bogen der Baßlinie mit
dem der Oberstimme in der Tonika zusammen, die jedoch durch das Fehlen der Terz
das Tongeschlecht nicht erkennen läßt. Nach der Dursubdominante in T. 22 stehen
die folgenden Takte bis zum Schluß der Komposition in der Durtonika C-Dur. So endet das Stück mit Plagalschluß, womit Kirchner öfters seine Kompositionen beendet.
Die Takte 21–22 sind durch eine abwärtsgerichtete chromatische Tonleiter verbunden, die, von dem gebrochenen Subdominant–Dreiklang unterbrochen, den Ambitus
einer Oktave umfaßt. Sie erscheint in Triolen und greift dadurch motivisch auf die
erste Hälfte des A'-Teils zurück. Darüber hinaus ruft sie das chromatische Element
des B-Teils in Erinnerung. Zusammen mit den Akkordbrechungen werden die jeweils
charakteristischen Motive der drei Teile in dieser Fünftakteinheit miteinander verbunden, so daß sie als Coda bezeichnet werden kann. In der verlängerten Reprise des
A-Teils wird damit eine kleine Coda mitgestaltet.

Die Komposition beruht auf der Sequenzbildung der Akkordbrechungen und der
Tonleiter, wobei das tonale Zentrum c-Moll nicht verlassen wird. Im kurzen B-Teil
bleibt der Grundcharakter des Passagenwerkes beibehalten. Somit erhält die Komposition dem Titel der Sammlung „Präludium" entsprechend tatsächlich einleitenden
Charakter.

4.2.2 Präludium op. 9, Nr. 2

Im Gegensatz zur energischen ersten Komposition in op. 9 ist das *una corda* zu spielende *Lento ma non troppo* ein zierliches Stück in Des-Dur. Es gliedert sich in fünf Teile mit je acht Takten. Die viertakige Coda schließt das Stück ab. Die fünf Teile bauen sich aus dem Wechsel von zwei Achttaktern (A, B) auf. Der Achttakter A bildet den ersten, dritten und fünften Teil, so daß es sich hier um eine Bogenform handelt:

A: T. 1–8
B: T. 9–16
A: T. 17–24
B: T. 25–32
A: T. 33–40
Coda: T. 41–44

4.2.2.1 Teil A (T. 1–8)

Der A-Teil des Stückes ist als achttaktige Periode mit Halb– und Ganzschluß aufzufassen: Der viertaktige Vordersatz endet auf der Subdominantparallele melodisch offen, wohingegen der Nachsatz über dem Dominant–Septakkord auf der Tonika schließt.

Dem Wesen einer Periode entsprechend, verhalten sich die ersten beiden Takte des Vordersatzes konträr zum folgenden Zweitakter. Der erste Zweitakter unterscheidet sich durch die gebrochenen Akkorde im oberen System von den Takten 3–4, in denen die Oberstimme lediglich in Oktaven abwärts fortschreitet. Auch in harmonischer Hinsicht sind die beiden Zweitakter gegensätzlich gebaut.

Der erste Zweitakter verweilt in der Tonika, da T. 2 den Anfangstakt wiederholt. Der zweite Zweitakter weist hingegen harmonische Dichte auf: Er setzt in der Tonikaparallele ein und gelangt über die Zwischendominante zur Subdominantparallele. Die unterschiedlich gebauten beiden Zweitakter des Vordersatzes bilden in der Melodieführung eine Einheit, da alle diatonischen Tonstufen der Grundtonart Des-Dur verwendet werden (s. unten).

Wie so oft bei den Werken Kirchners entwickelt sich das Stück aus dem ersten Takt heraus. Die aufsteigende Melodie des 1. und 2. Taktes besteht aus einem Quintsprung und einem Sekundschritt. Aus diesen Intervallen besteht auch der zweite Zweitakter des Vordersatzes. Vom Beginn des 3. Taktes bis zur ersten Note des 4. Taktes wird schrittweise abwärts ein Quintrahmen ausgefüllt, der dem Quintsprung des ersten Zweitakters entspricht. Vertauscht man die Reihenfolge der Töne es^2 und f^2 in den Takten 1 bzw. 2, so läßt sich unter Hinzunahme von T. 3–4 eine absteigende Linie von f bis ges aufstellen, welche aus den diatonischen Bestandteilen von Des-Dur gebildet ist.

Nach dem regelmäßigen Viertelrhythmus in T. 3 wird in T. 4 auf den Anfangs-rhythmus des punktierten Viertels zurückgegriffen. Hier ist auch der in T. 3 aus-komponierte Sekundschritt wieder aufwärts in der Oberstimme vertreten. Der letzte Takt des Vordersatzes spiegelt sowohl den Anfangstakt als auch den unmittelbar vorangegangenen Takt wider. Ein solcher synthetischer Charakter ist in Kirchners Melodiebildung des öfteren anzutreffen.

Der Nachsatz ist aus der Transposition des Vordersatzes gewonnen: Die rechte Hand der Takte 5–6 ist die Transposition der Takte 1–2 in die Obersekunde. Die Viertel-linie mit dem Achtel–Auftakt in T. 3 und das punktierte Viertel des 4. Taktes sind im Nachsatz in die Oberquarte versetzt. Zugunsten des Ganzschlusses schreitet die Melodie dann über die fünfte Stufe zum Grundton. Die Oberstimmenmelodie bildet dabei wie im Vordersatz auch eine absteigende Tonleiter, die von ges bis as reicht, wenn man sich im 8. Takt den Anfangston b^1 des Nachsatzes in der Melodie mit-denkt.

Die weit auseinander liegenden Begleitachtel des Vordersatzes nehmen im Nachsatz durch die zweifachen Oktavsprünge im Baß der Takte 5–6 an Umfang zu, was den Aufstieg der Melodie im oberen System unterstützt. Während die Achtelfiguren in den Takten 1–2 ohne Terz zwischen Grundton und Quinte der Tonika pendeln, wird die Terz ges der Subdominantparallele in der zweiten Hälfte der Takte 5 bzw. 6 mitaufgenommen. Damit werden die Melodietöne in der Begleitung verdoppelt. Der Nachsatz erzielt also eine Steigerung durch die erhöhte Oberstimmenmelodie, die sich dann weiter aus der Begleitung herauskristallisiert.

4.2.2.2   Teil B (T. 9–16)

Der B-Teil besteht aus zwei Viertaktern, die gleich mit der Tonika einsetzen. Der
erste Viertakter endet über die Zwischendominante auf dem Durgegenklang der Des-
Dur–Tonika, während der zweite Viertakter über die Subdominante zum Dominant–
Septakkord, zum phrygischen Halbschluß, gelangt. So bleibt der B-Teil gegenüber
dem folgenden musikalischen Verlauf offen, in dem der A-Teil wiederkehrt.

Anders als im A-Teil, in dem die Begleitfigur locker über den gebrochenen Akkordtönen mit großen Intervallsprüngen gefügt ist, werden die Begleitachtel des B-
Teils überwiegend in wiederholten Zweiklängen dargestellt. Im ersten Viertakter ist
die Begleitung in den Mittelstimmen gehalten, wohingegen sie in den ersten beiden
Takten des zweiten Viertakters ins untere System verlegt wird. Die letzten beiden
Takte des B-Teils (T. 15, 16) weisen keine wiederholende Begleitfigur des Zweiklangs
mehr auf und treffen somit die Vorbereitung für den Eintritt der Achtel–Begleitfigur
im gebrochenen Akkord des A-Teils.

Wie oben geschildert, liefert der B-Teil optisch ein eigenständiges Bild, beruht aber
auf einer melodischen Variante des A-Teils: Der erste Viertakter ist auf das Sprungmotiv der ersten beiden Takte des A-Teils zurückzuführen, der zweite Viertakter auf
das Sekundmotiv der Takte 3–4.

Die Melodie des B-Teils beginnt im unteren System „ausdrucksvoll" mit einem übermäßigen Quartsprung, der eine Verkleinerung des Quintsprungs von T. 1 darstellt.
Im Gegensatz zu A-Teil wird das Sprungmotiv in der übermäßigen Quarte im Folgenden in verschiedenen Stimmen durchgelaufen, d.h. hier wird Imitationstechnik
angewendet. Sie ist allerdings bereits in den Takten 3–4 ansatzweise verwirklicht:
Der absteigende Quintzug der rechten Hand wird in den Achteln der linken Hand als
des^2–ces^2–b^1–ges^1 nachgezeichnet. Bevor der B-Teil auftritt, ergibt sich das Intervall
des Tritonus schon im dritten Viertel des 7. Taktes (es–$heses$) und im ersten Viertel
des folgenden Taktes (c–ges) zwischen der Melodie– und Begleitstimme, so daß der
B-Teil schrittweise eingeleitet wird. In der zweiten Hälfte des 9. Taktes wird das
übermäßige Intervall der linken Hand beim Absprung in der verminderten Quinte
als enharmonisches Intervall wiederaufgefangen.

In T. 10 erscheint das Intervall in einer Mittelstimme auf den ersten beiden Vierteln.

Diese Intervallsprünge bringen einen Halbtonschritt, der, entweder nach oben oder nach unten gerichtet, auch als Verkleinerung des Ganztonschritts in T. 1 aufgefaßt werden kann.

In der zweiten Hälfte des 11. Taktes tritt noch einmal der Intervallsprung der verminderten Quinte (e–b) in beiden Systemen in Gegenbewegung auf, so daß das Intervall nicht nur durch die horizontale, sondern auch durch die vertikale Verwendung betont wird. Dazu bilden die Baßtöne der Halben im Tritonus–Abstand die rhythmische Augmentation der Viertelmelodie aus der zweiten Hälfte des 9. Taktes. Durch diesen mehrschichtigen Gebrauch wird die Sprungmelodie in der verminderten Quinte bzw. im Tritonus des 9. Taktes hier intensiviert.

Wie in den beiden Halbsätzen des A-Teils verwendet die Oberstimme des ersten Viertakters von Teil B alle diatonischen Tonstufen in Des-Dur, wobei die fünfte Stufe as zu a und die zweite Stufe es zu e erhöht sind.

Die Melodie des ersten Viertakters von Teil B basiert auf dem Rhythmus aus dem A-Teil. Der zweite Viertakter führt in die Oberstimme die Achtelbewegung neu ein, durch welche die Des-Dur–Töne in jeweils zwei Takten aufgebracht werden. So ist der zweite Viertakter des B-Teils in Analogie zum A-Teil als eine Steigerung des ersten Viertakters auszulegen.

In der Oberstimme der ersten beiden Takte des zweiten Viertakters (T. 13–14) ist eine aufsteigende Tonskala[41], von as^1 bis ges^2 aus Des-Dur festzustellen, wobei die sechste Stufe b zu $heses$ erniedrigt ist. T. 15 exponiert im zweiten Viertel den höchsten Ton ces^3 des B-Teils, der im verminderten Septakkord mit einem Akzent versehen ist. Danach wird in der Oberstimme der letzten beiden Takte eine im ganzen absteigende Linie hervorgebracht, die von ges^2 bis as^1, also korrespondierend zu der aufsteigenden Linie der Takte 13 und 14, reicht. Der Grundton des wird dabei jedoch ausgelassen.

Die fünf aufeinanderfolgenden Schritte des 14. Taktes rufen die Viertel von T. 3 mit dem punktierten Viertel des 4. Taktes in Erinnerung. Diese Achtelmelodie von c^2 bis f^2 mit dem Viertel ges^2 schließt das Intervall der verminderten Quinte ein, so daß sie sowohl zum ersten Viertakter des B-Teils als auch zu den Takten 3–

---

[41]Die Echobildung in der Mitte des 13. Taktes wird dabei außer acht gelassen

4 bzw. 7–8 des Themas in Beziehung steht. Wie im ersten Viertakter des B-Teils wird die Verwendung dieses Intervalls, der verminderten Quinte, durch den Tritonus eingeleitet, der hier im fünften Achtel des 13. Taktes in der linken Hand (ges–c^1) zu finden ist.

Das den Takten 3–4 entstammende Sekundmotiv ist überdies in der Oberstimme des zweiten Viertakters von Teil B durch chromatische Veränderung der Töne auf ein Halbtonmotiv verkleinert: as–$heses2$ in T. 13 und a–b–ces in T. 15 zusammen mit dem Achtel–Auftakt. Diese Töne erscheinen auch in die Oktave versetzt.

Die Dreiklangsmelodie in der zweiten Hälfte des 15. Taktes kündigt den Einsatz des nachfolgenden A-Teils an, wobei aber der anschließende Intervallsprung in der übermäßigen Quarte zwischen den Takten 15 und 16 noch die Zugehörigkeit zum B-Teil sichert. Mit den aufeinanderfolgenden Sekundschritten im letzten Takt des B-Teils wird eine Brücke zum wiederkehrenden A-Teil in T. 17 geschlagen.

4.2.2.3 Coda (T. 41–44)

Nachdem der A-Teil zum dritten Mal erschienen ist, tritt die viertaktige Coda auf, die den B-Teil und den A-Teil zusammenfaßt. Wie im B-Teil erscheint im ersten Takt der Coda der übermäßige Quartaufsprung, der in der linken Hand im Oktav–Unisono mit dem Grundton *des* einsetzt. Die rechte Hand übernimmt das Halbtonmotiv, das im letzten Viertel des 41. Taktes ebenfalls mit dem Grundton beginnt und bis zum b^1 in T. 42 abwärts fortgesetzt wird. Diese chromatische Oberstimme wird in einer Mittelstimme des unteren Systems verdoppelt.

Die letzten beiden Takte des Stückes vertreten den A-Teil, indem sie die Oberstimme der Takte 7–8 wiederaufnehmen. Das erste Viertel der rechten Hand ist mit vier Tönen verziert, die, aus dem Dreiklang der Subdominantparallele bestehend, zusammen mit dem ersten Achtel der linken Hand der Klangfülle dienen. Die begleitenden Achtel wiederholen dreimal betont die vierte Stufe *ges*, die dann im Schlußakkord des letzten Taktes in die Terz der Tonika übergeht. Hierdurch wird der subdominantische Charakter in der Schlußkadenz stark hervorgehoben, was als ein Phänomen bei den Kompositionen Kirchners oftmals zu finden ist.

Das Stück hebt sich gegenüber den üblichen dreiteiligen Kompositionen Kirchners durch seine fünfteilige Form ab. Die Gestaltung des Kontrastteils stützt sich jedoch weiter auf das Prinzip der motivischen Variante, die hier auf die Intervalle (Sprungmotiv, Sekundmotiv) zurückzuführen ist. Dabei wird das kontrapunktische Mittel der Imitation herangezogen, die im A-Teil nur andeutungsweise hervortritt, und unterstreicht somit den entgegengesetzten Charakter des B-Teils. Es kommt häufig vor, daß das variative Verhältnis des kontrastierenden B-Teils zum A-Teil durch die kontrapunktische Satzweise zunächst versteckt bleibt. Am Ende der Coda werden zusammen mit dem letzten Achtel des 42. Taktes die diatonischen Tonstufen von Des-Dur in der Oberstimme zum Schluß noch einmal komplett verwendet.

4.2.3   Präludium op. 9, Nr. 3

Das dritte Stück der Präludien, *Allegretto grazioso* in Fis-Dur, wurde von Clara Schumann gelobt: „... durchweg reizend, wie lauter dahingestreute Bouquets, dabei in der Form abgerundet, ..."[42]. Die Form dieses Pr—„aludiums vermeidet die gewöhnliche dreiteilige Liedform mit kontrastierendem Mittelteil. Es ist vielmehr als allmähliche Entwicklung zur lyrischen Melodie der achttaktigen Periode von T. 23–30 gestaltet. Es läßt sich in zwei Teile gliedern, an die sich eine zehntaktige Coda anschließt:

A: T. 1–16
B: T. 17–30
Coda: T. 31–40

4.2.3.1   Teil A (T. 1–16)

Der A-Teil des Stückes ist in zwei Abschnitte unterteilt, deren zweiter in der Paralleltonart dis-Moll steht. Die Abschnitte umfassen jeweils acht Takte. Der erste Abschnitt (T. 1–8) besteht aus zwei gleich gebauten Viertaktern, deren Ende mit der Bezeichnung *Ritenuto* versehen ist. Der Viertakter beginnt mit dem aufsteigenden gebrochenen Dominant–Septakkord in der ersten Umkehrung, wobei das Subsemitonium modi *Eis* im ersten Sechzehntel in der linken Hand durch die hochal-

---

[42]B. Litzmann (Hg.): Clara Schumann. 1920, Bd. 3, S. 59.

terierte Sexte *Disis* als Auftakt angereichert wird. Es wird in der zweiten Hälfte
des 1. Taktes zum Grundton *Fis* im Baß aufgelöst, während in der rechten Hand
das absteigende Arpeggio im verkürzten Nonenakkord erscheint. Dieses auf– und
absteigende Sechzehntel–Arpeggio bildet das Grundmotiv des Stückes. T. 1 enthält
darüber hinaus noch ein weiteres wichtiges Element, die Tonrepetition, die hier auf
h erscheint.

T. 2 wiederholt T. 1, so daß die ersten beiden Takte im Bereich des Dominant–
Akkords verweilen. Im Gegensatz dazu bewegt sich die Harmonik der Takte 3–4 von
der Dominante zur Subdominantparallele. Darüber stellt sich im oberen System eine
Melodiestimme ein, die in der zweiten Zählzeit des 3. Taktes mit einem Sextsprung
beginnt und sich in T. 4 beim zweiten Anlauf zu der eine Oktave (h–h^1) umfassenden
Melodie entfaltet. In diesem Zweitakter bleibt das absteigende Arpeggio der Takte
1–2 aus.

Die vierte Stufe in Fis-Dur, *h*, spielt im ersten Viertakter eine besondere Rolle. Sie
wird zunächst im aufsteigenden Arpeggio der ersten beiden Takte zweimal wiederholt und bildet in den Takten 3–4 als Altstimme zusammen mit der oben genannten
Oberstimme Zweiklänge. Dann erscheint sie als höchster Ton der Oberstimmenmelodie innerhalb der beiden Takte.

Der zweite Abschnitt (T. 9–16) in dis-Moll besteht ebenfalls aus zwei Viertaktern,
deren letzter eine Versetzung des ersten in die Oberquarte bringt. Der erste Viertakter des zweiten Abschnitts ist analog zu den ersten vier Takten des ersten Abschnitts
aus 1 + 1 + 2 Takten gebaut. Die ersten beiden Takte (T. 9–10) treten wie in T. 1–2
auch in der Dominante ein und stellen die durchgehende auf– und abwärtsgerichtete
Sechzehntelbewegung wieder her, die am Ende des ersten Abschnitts unterbrochen
wurde und sich nun auf zwei Oktaven (h–h^2) beschränkt. Dabei erscheint in der
Mittelstimme eine zweimal wiederholte Melodie, die aus der Umkehrung der den
Terzraum ausfüllenden Oberstimme des 4. Taktes auf *eis*¹ gebildet ist. Die Melodiestimme erstreckt sich dann in den Takten 11–12, mit dem Ton *eis* beginnend, über
eine absteigende Tonleiter in Fis-Dur. Dabei wird über Tonikaparallele und Mollsubdominante zur Tonika dis-Moll kadenziert. In der ersten Hälfte des 12. Taktes
wird der Oberstimmen–Rhythmus des 4. Taktes wiederaufgegriffen, so daß die bei-

den Abschnitte des ersten Teils zueinander in korrespondierendem Verhältnis stehen. Infolge der Transposition des ersten Viertakters in die Oberquarte schließt der erste Teil in T. 16 mit der Mollsubdominante, die dann mit dem Einsetzen des B-Teils in Fis-Dur als Subdominantparallele umgedeutet wird.

4.2.3.2   Teil B (T. 17–30)

Der B-Teil ist wie der A-Teil zweigliedrig gebaut. Die ersten sechs Takte bilden als erster Abschnitt des B-Teils eine Überleitung zur achttaktigen Periode von T 23–30. Die Überleitung ist aus drei Zweitaktern aufgebaut, welche die Auf- und Abwärtsbewegung in den Sechzehnteln des ersten Teils nach und nach verwischen, um dann eine periodisch angelegte Liedmelodie auftreten zu lassen. Die ersten beiden Takte übernehmen die Sechzehntel–Arpeggiofigur des 1. Taktes, wobei die zusätzliche Melodiestimme des oberen Systems mit der Tonwiederholung einsetzt, die aus T. 1 stammt. Das absteigende Arpeggio steht in T. 18 auf der Subdominante mit Sixte ajoutée, weil das *eis* durch den Grundton ersetzt wird.

Das absteigende Arpeggio wird in den weiteren Takten des B-Teils nicht mehr verwendet. In den Takten 19 und 20 wird in der aufsteigenden Sechzehntel–Begleitung das Motiv der Tonrepetition über den Septakkordketten weitergeführt, die mit dem Dominant–Terzquartakkord beginnen und nach Parallele der Molltonika und der Tonikadurparallele in den Subdominant–Septakkord übergehen. Die Subdominant–Endung korrespondiert mit T. 18 durch dessen Subdominante mit Sixte ajoutée. So gehören die ersten vier Takte des Überleitungsabschnitts zueinander.

Die Sechzehntelfigur ist in den Takten 21–22 auch in die rechte Hand vorgedrungen und nimmt an der Oberstimmenmelodie teil, die eine Modifizierung des Tonrepetitionsmotivs darstellt. Während in den Takten 19–20 Einzeltöne nacheinander wiederholt werden (*cis, dis*), erscheinen in den ersten punktierten Achteln der Takte zwei Töne (*fis, gis*) als Zweiklang und werden dann in den darauffolgenden Sechzehnteln nacheinander wiederholt. Die beiden Töne treten auch im unteren System dreimal hintereinander auf, so daß die Absicht der Tonwiederholung bestätigt wird. Die Takte 19–22 sind durch den chromatischen Baßgang vom Quintrahmen, *Gis–Dis*, miteinander verbunden.

Der zweite Abschnitt des B-Teils bildet als einziger im Stück eine Periode mit viertaktigem Vorder- und Nachsatz. Weil die letzten beiden Takte des ersten Abschnitts in der Doppeldominante stehen, erscheint der Beginn dieses Abschnitts mit der Dominante wie eine neue Tonart. Der Vordersatz endet dementsprechend in T. 26 offen auf der Doppeldominante. Der Nachsatz wiederholt zunächst den Vordersatz und kadenziert dann über den Dominant–Septakkord zur Tonika in vollkommenem Ganzschluß, so daß die Grundtonart Fis-Dur zum ersten Mal im Stück gefestigt wird.

Die Melodie der ersten beiden Takte entsteht aus den Tönen der Oberstimme der Takte 19–22 in umgekehrter Reihenfolge (gis–fis), (dis–cis), wobei jede Takthälfte anders rhythmisiert wird. In der Quartole des 24. Taktes wird die Tonstufe ais eingeführt, die in der Oberstimme des ersten Abschnitts im B-Teil umgangen wurde. Dieser neu eingeführte Ton wird im Folgenden mehrmals eingesetzt, so tritt er in T. 25 als Wechselton und in T. 26 als Nonenvorhalt in der Doppeldominante auf.[43]

In diesen letzten beiden Takten des Vordersatzes wird der Rhythmus des Tonwiederholungsmotivs aus den Takten 19–20 wieder aufgegriffen. Somit enthält die scheinbare Überleitung des ersten Abschnitts von Teil B bereits den lyrischen zweiten Abschnitt. Anders gesagt ist die Gesangsmelodie der achttaktigen Periode von ihr abgeleitet bzw. aus ihrer Variante gewonnen.

Der Beziehungsreichtum zwischen den beiden Abschnitten des B-Teils reicht weiter auf den A-Teil zurück. Die kantable Melodie des Vordersatzes umfaßt eine Oktave von gis^2 zu gis^1. Der Oktavrahmen spielte bereits im A-Teil eine Rolle: Der erste Abschnitt enthält eine Melodie, die von h bis h^1 reicht, und im zweiten Abschnitt befindet sich die Tonleitermelodie in Fis-Dur und H-Dur.

Den Tönen eis und h von Fis-Dur, die in der Oberstimme der Periode im B-Teil vermieden werden, kommt im A-Teil besondere Bedeutung zu: Im ersten Abschnitt bildet die siebte Stufe den Höhepunkt (eis^2), während die vierte Stufe h – wie schon erwähnt – den Rahmen der Oberstimmenmelodie markiert. In den ersten beiden Takten des zweiten Abschnitts (T. 9–10) finden die beiden Töne als Spitzenton (h^3) und als erster akzentuierter Melodieton (eis^1) in der Mittelstimme Verwendung.

---

[43]Im letzten Takt der Periode (T. 30) erscheint er als Nebennote, die zum Grundton abspringt.

4.2.3.3   Coda (T. 31–40)

Die Coda besteht aus 4 + 2 + 4 Takten. Im ersten Viertakter wird eine vollständige
Kadenz aufgestellt: Wie Teil A beginnt die Coda mit den auf- und abwärtsgerichteten Sechzehntelläufen. Die Oberstimme der ersten Hälfte der Takte 31–33 endet
jeweils mit dem Grundton *fis*, der jedoch als Spitzenton dort durchgängig vermieden wird. Im letzten Takt der Kadenz wird der Ton dann schließlich nach dem
vorangestellten Subsemitonium modi *eis* erreicht, wobei beide Töne von der absteigenden Sechzehntelbewegung begleitet werden, die auch im Folgenden bestehen
bleibt. Nach der zweimaligen Abwechslung der Dominante mit der Tonika in den
Takten 35 und 36 über dem Baß auf *Fis* schließt das Stück mit der Tonika, die sich
über vier Takte erstreckt. Die Oberstimme der punktierten Viertel bildet dabei eine
Tonika–Dreiklangsmelodie, die sich als Pendant zum modifizierten Anfangsarpeggio
des Stückes erweist. Der letzte Akkord erklingt in der Terzlage, die sich schon in den
Takten 35 und 36 ankündigt.

Die Komposition beginnt also mit der Sechzehntel–Begleitfigur, aus der die achttaktige Periode des B-Teils schrittweise erwächst. So stellt das Stück das Voranschreiten
zu dieser Periode als kompositorisches Ziel vor, an das sich die Rückführung zur
Anfangs–Charakteristik in der Coda anschließt.

Diese zweiteilige Komposition läßt besonders das Rückkehrprinzip bei der Melodiebildung durch das Verhältnis zwischen dem Überleitungsabschnitt und das folgende
gesangvolle Thema des B-Teils deutlich werden. Die Melodie des Themas umfaßt eine
Oktave wie die melodischen Linien des A-Teils, was ebenfalls ein Merkmal bei Kompositionen Kirchners bildet. Die Töne *h* und *eis*, die im A-Teil als Spitzenton und
Anfangston in der Tonleitermelodie hervorgehoben werden, finden in der lyrischen
Gesangsmelodie des B-Teils keine Verwendung. Dadurch wird die Geschlossenheit
der Form bekräftigt.

4.2.4 Präludium op. 9, Nr. 4

Das Stück erinnerte Clara Schumann „an eine freudige Überraschung"[44]. Dieser Eindruck läßt sich durchaus bestätigen und erklärt sich aus der irregulären Form und der auffällige Melodieführung des Stückes, wie in der folgenden Analyse dargelegt werden soll. Das kurze *Allegretto agitato*, das *da capo* zu spielen ist, gliedert sich in zwei Teile, die in A-Dur stehen. Es folgt die Coda, die mit acht Takten beinahe ein Drittel der gesamten Länge umfaßt. Der Komposition liegt folgendes Formschema zugrunde:

A: T. 1–9
B: T. 10–17
Coda: T. 18–25

4.2.4.1 Teil A (T. 1–9)

Der A-Teil ist ein neuntaktiges Gebilde, das aus 5 + 4 Takten unregelmäßig aufgebaut ist. Die erste Phrase (T. 1–5) beginnt mit einem Sechzehntel–Auftakt, der mit einem Akzent versehen ist, so daß das eigentliche 2/4-Taktmetrum im ersten Takt verschleiert wird. In T. 1 befindet sich in der linken Hand eine absteigende Tonika–Dreiklangsmelodie, die von sich wiederholenden Sechzehntel–Zweiklängen im oberen System begleitet wird. Die pochenden Begleit–Sechzehntel durchziehen das ganze Stück, entweder in Zweiklängen bzw. Dreiklängen oder als Tonrepetition jeweils auf den schwächeren Zählzeiten, was u.a. den aufgeregten Charakter des Stückes begründet.

Die folgenden vier Takte (T. 2–5) bilden eine Kette von verkürzten kleinen Nonenakkorden und stehen dem reinen Tonika–Dreiklang des 1. Taktes gegenüber. Sie kontrastieren auch sonst mit T. 1: Der vermeintlich synkopierte Rhythmus des 1. Taktes wird hier zugunsten eines regulären 2/4-Metrums aufgegeben.
Außerdem wird die Melodie in die rechte Hand verlegt. Die Tonhöhe der Oberstimmenmelodie (T. 2–5) ist progressiv ansteigend. Die Spitzentöne dieser Takte sind in

---

[44]B. Litzmann (Hg.): Clara Schumann. 1920, Bd. 3, S. 59.

einen Oktavrahmen von a^1 bis a^2 eingespannt, der als eine Reduktion der absteigenden Baßmelodie in T. 1 mit dem Auftaktton von a bis A^1 interpretierbar ist. Durch die Reihung der drei verminderten Septakkorde, die nicht regulär aufgelöst werden, wird die unruhige Stimmung beibehalten, die in T. 1 durch die oben erwähnte rhythmische Besonderheit erzeugt wurde. Bemerkenswert ist, daß sich jene verminderten Septakkorde aus der Auflösung von Septvorhalten ergeben.

Die Takte 2–5 sind weiter in zwei Zweitakter einzuteilen: Dabei ist T. 3 eine notengetreue Sequenz von T. 2 in die Oberquarte, während T. 5 über der absteigenden Baßmelodie des verminderten Septakkords den 4. Takt echoartig wiederholt. Die letzten beiden Takte der fünftaktigen Anfangsphrase enthalten im Gegensatz zu den Takten 2 und 3 keinen Quartvorhalt, wodurch die Spannung verringert wird. In T. 4 wird der dynamische Höhepunkt der ersten fünf Takte durch ein zwei Takte früher einsetzendes *Crescendo* erreicht, während in T. 5 – auch infolge seiner oben genannten Echowirkung zu T. 4 – mit pp der bis dahin leiseste dynamische Wert auftritt.

Die nachfolgende viertaktige Einheit (T. 6–9) des A-Teils ist mit ihrer Verwendung der gleichen Harmonien – Tonika, Dominante und Doppeldominante als eine Neuformulierung der Takte 2–5 aufzufassen. Die Spitzentöne dieser Takte bewegen sich in einer absteigenden Linie, also in gegenläufiger Richtung zu den Takten 2–5. Dies erinnert an das komplementäre Verhältnis von Vorder– und Nachsatz einer Periode. Zudem stehen wesentliche diastematische Elemente der beiden Einheiten (T. 2–5, 6–9) in einer spiegelsymmetrischen Relation: Die Melodietöne (d^2–cis^2) von T. 3 sind im ersten Takt des Viertakters (T. 6–9) in den Harmonien von Dominante und Tonika enthalten. Die beiden Tonstufen, d und cis, werden im Pendel–Baß des unteren Systems vorweggenommen, anders als in T. 3, in dem der erste Ton der Oberstimmenmelodie d im Baß nachgeschlagen wird und der zweite Ton cis mit dem Baß zusammentritt.

Der Oberstimmenrhythmus der Takte 4 und 5 wird in den letzen beiden Takten des A-Teils (T. 8–9) verwendet, während die Töne der Oberstimme von T. 2 a^1–gis^1 augmentiert auftreten. Somit ergibt sich eine Synthese der Takte 2, 4 und 5. Die oben genannten Entsprechungen belegen erneut den inneren Zusammenhang zwischen der fünf- und der viertaktigen Einheit des gesamten A-Teils (T. 1–9). Dieser endet harmonisch offen auf dem Dominant–Septakkord der Grundtonart A-Dur.

4.2.4.2 Teil B (T. 10–16)

Der B-Teil bildet – harmonisch betrachtet – eine achttaktige Periode mit Halb- und Ganzschluß. Er ist liedhaft und kontrastiert also zu dem A-Teil, der unregelmäßig aufgebaut ist und eher brüsk wirkt. Der Vordersatz greift T. 1 wieder auf, der auch im A-Teil als eine Keimzelle für den weiteren Verlaufs fungierte. Die absteigende Dreiklangsmelodie der linken Hand in der Tonika erscheint diesmal in T. 11 nach cis-Moll transponiert. Dabei tritt der Ton *e* nach dem Terzsprung in beiden Systemen melodisch auf, und der gebrochene Dreiklang in der linken Hand geht in eine Begleitfloskel über.

Während im A-Teil auf die Tonika des 1. Taktes sogleich ein verminderter Septakkord folgt, erscheint an analoger Stelle des B-Teils (T. 11) der Tonikagegenklang, der im ganzen A-Teil nicht auftrat. Der Tonikagegenklang läßt sich übrigens als Ausgangspunkt für eine Quintschrittsequenz deuten, die in T. 14 fortgeführt wird. Die Quinte *e* tritt als neuer Melodieton ein, der in der Oberstimme des A-Teils ausgelassen wurde. Zudem durchzieht der Ton *e* das untere System des ganzen B-Teils. In den letzten beiden Takten des Vordersatzes wird diese Stufe unterterzt chromatisch zur vierten Tonstufe geführt. Dabei werden die Zweiklänge des oberen Systems im unteren System verdoppelt. Somit ist der Vordersatz des B-Teils melodiebetont, wobei die Chromatik der Expressivität dient.

Der Nachsatz besteht aus zwei Zweitaktern. Dort spielt der verminderte Septakkord wieder eine Rolle. Während er im A-Teil hintereinander ohne regelrechte Auflösung in Ketten erschien, tritt er im B-Teil mit dessen Auflösung zweimal auf. Der verminderte Akkord des 14. Taktes löst sich in T. 15 mittels eines Quintfalls (Fis-Dur, h-Moll) zur Subdominantparallele auf. Die Quintschritte abwärts setzen sich in den nächsten beiden Takten fort. So erscheint in T. 16 der kleine Dominant–Nonenakkord über *e*, dem die Tonika im Quartsextakkord im letzten Takt des B-Teils folgt, was eine zu starke Schlußwirkung aufhebt.

In T. 14 ist mit *cis*³ sowohl der Spitzenton des Nachsatzes als auch der absolut höchste Ton des ganzen Stückes erreicht. Dieser mit einem Akkord–Vorschlag versehene Ton wiederholt sich dann in T. 15 reflexhaft in der Unteroktave. Allerdings fungiert er hier im harmonischen Kontext der Subdominantparallele h-Moll als Sekundvorhalt zu deren Grundton h.

Diese Oberstimmenmelodie der ersten beiden Nachsatztakte wird in den folgenden zwei Takten in die Untersekunde transponiert. Dort erscheint die melodische zweite Stufe h sowie der Grundton a. Zusammen mit dem Quintton e und der Quarte d als melodischen Stütztönen in der Oberstimme des Vordersatzes bilden die melodischen Pfeilertöne im Nachsatz eine absteigende Tonleiter über dem Tonraum einer Quinte (e–d–cis–h–a). Dadurch wird die Zäsur zwischen den Halbsätzen der Periode eindrucksvoll überbrückt.

Die vier Takte des Nachsatzes werden von einer aufwärtsgerichteten Dreiklangsbrechung begleitet, die schon im letzten Takt des Vordersatzes von B-Teil (T. 13) vorweggenommen wurde. Diese Dreiklangsbrechung der fünf Takte beginnt mit dem e als unterem Ton, der stets im zweiten Achtel wie ein Orgelpunkt erscheint. Dies steht den letzten drei Takten des A-Teils gegenüber, in denen die Begleitung über zwei Oktaven abwärtsgerichtet ist und der Ton e im jeweils letzten Achtel der Takte erscheint.

4.2.4.3   Coda (T. 18–25)

Die Coda besteht aus 3 + 5 Takten und erinnert an den unregelmäßigen A-Teil. Sie ist zunächst aus T. 6 entwickelt, so daß der Rhythmus mit den Sechzehntelpausen des oberen Systems über dem Pendel–Baß in den ersten drei Takten 18–20 frei sequenziert wird. Mit dem Eintritt der kurzgliedrigen Motive wird ab T. 18 die eher melodische Passage des B-Teils beendet. Die Baßlinie ab T. 18 greift jedoch den Quintambitus – hier auf eine verminderte Quinte (F–H^1) reduziert – der Oberstimmenmelodie des B-Teils wieder auf. Nachdem die Tonika bzw. deren Variante in T. 19 dominantisch befestigt worden ist, erscheint in T. 20 eine doppeldominantische Ausweichung. Dieser doppeldominantische Klang verstärkt indirekt den selbst nur schwach ausgesetzten Dominantklang in der zweiten Hälfte des 20. Taktes. Darüber hinaus kommt dem gesamten Takt 20 eine harmonische Penultima–Funktion zu, welche auf die abschließende Tonika–Harmonie der letzten Takte hinzielt. Dort (T. 21–25) kehrt die Dreiklangsmelodie des 1. Taktes wieder. Als Abschluß wird die Tonika–Dreiklangsmelodie nun in der linken Hand auf– und absteigend dargestellt, bevor das Stück in T. 25 in der Terzlage schließt. Das erste Achtel des unteren Systems in den Takten 22 und 24 ist übergreifend zu spielen, woraus sich ein Anklang an den Nachsatz des B-Teils (T. 15, 17) ergibt. So involviert die Coda die beiden Teile A und B, obwohl sie hauptsächlich aus den Elementen des A-Teils geformt ist.

Die Komposition besteht aus zwei kontrastierenden Formteilen in derselben Grundtonart. Während der B-Teil einen periodischen Aufbau vorweist, läßt sich der A-Teil mit neun Takten schwer dem herkömmlichen syntaktischen Grundmuster einer Periode oder eines Satzes zuordnen. Die beiden Formteile beginnen mit der absteigenden Tonika–Dreiklangsmelodie in der linken Hand. Ihr folgt in der ersten Hälfte des A-Teils eine gegensätzlich konzipierte Melodielinie, die dann in der zweiten rückläufig aufgegriffen wird. Im B-Teil wird die Dreiklangsmelodie modifiziert fortgesetzt, indem der abwärtsgerichtete Tonleiterabschnitt des Quintrahmens von e–a, auch in der Oktavversetzung, als Melodietöne verwendet wird. Während der Ton e im A-Teil in der Oberstimmenmelodie nicht angewendet wird, setzt im B-Teil die expressive Melodie der chromatischen Abwärtsführung in den Takten 12–13 mit dem Ton e an. Er erscheint überdies in jedem Takt im Baß wie ein Orgelpunkt. Dadurch stehen die beiden Teile A und B in einem komplementären Verhältnis, wodurch die geschlossene Formkonzeption des Stückes hervorgerufen wird.

4.2.5 Präludium op. 9, Nr. 5

Das fünfte Stück *Allegro vivace* ist dreiteilig gebaut. Es beginnt in d-Moll, steht jedoch ab T. 55 des dritten Teils in der Varianttonart D-Dur. Die Komposition stellt im A-Teil als Thema zunächst eine achttaktige Periode vor, auf das zwei Varianten des Themas folgen. Sie greifen zunächst den Themenkopf auf und spinnen ihn dann mit neuen Motiven fort, die dem Thema entstammen. Der B-Teil ist auch eine Variante des Themas, unterscheidet sich aber duch seine kontrapunktische Satzweise von den beiden Rahmenteilen. Durch die veränderte Reprise des A-Teils läßt sich das Stück als ständige Umgestaltung des Themas charakterisieren. Die Formteile lassen sich wie folgt gliedern:

A: T. 1–38

B: T. 39–46

A': T. 47–82

4.2.5.1   Teil A (T. 1–38)

Der A-Teil besteht aus drei Abschnitten, die das Thema und dessen zwei Varianten enthalten:

Erster Abschnitt: T. 1–8

Zweiter Abschnitt: T. 9–24

Dritter Abschnitt: T. 25–38

Erster Abschnitt (T. 1–8)

Der erste Abschnitt des Themas bildet eine Periode, die sich aus zwei rhythmisch miteinander übereinstimmenden Halbsätzen zusammensetzt. Sie unterscheiden sich lediglich durch einen Halb- bzw. Ganzschluß voneinander.

Der Halbsatz (1 + 1 + 2) ist ein motorisch geprägtes Gebilde, das sich aus T. 1 entwickelt. In T. 1 wird die Oberstimme in regelmäßigen Achteln gehalten, die nach dem Quartfall a^1–e^1 den Ton e^1 repetieren. Diese Tonrepetition auf e^1 wird in den beiden Händen von Sechzehntel–Pendelfiguren begleitet. Somit wird dem Takt eine gewisse rhythmische Kraft verliehen. Die Pendelfiguren bilden gemeinsam mit dem Ton e den verminderten Septnonakkord, dem der Grundton d als Klangreiz noch hinzugefügt wird, so daß dem ersten Achtel in der Tonika die folgenden fünf Achtel des spannungsreichen, verminderten Septakkords mit dem Zusatzton d gegenüberstehen. Im ersten Achtel des 2. Taktes wird dieser Septakkord zur Tonika aufgelöst, wobei die Sechzehntel–Pendelfigur gleichzeitig in den beiden Systemen aufhört und damit auch die rhythmische Kontinuität unterbricht. Durch das plötzliche Ausbleiben der Sechzehntel staut sich die Spannung auf, die in der zweiten Zählzeit des 2.

Taktes den verminderten Septakkord im *Sforzato* auslöst. Dieser *Sforzato*-Akkord wird harmonisch durch den Sextvorhalt verschärft und rhythmisch durch das vorgeschaltete Sechzehntel hervorgehoben. Das *Sforzato* korrespondiert mit dem betonten Baßachtel des 1. Taktes, das dort den ersten Anstoß zur Pendelfigur im Baß gab. Nach einer Achtelpause setzt hier die Sechzehntel–Pendelfigur nun in Oktaven wieder ein. Der *Sforzato*-Impuls auf der schwachen Zählzeit initiiert dann die Achtelakkorde gegen die Zählzeit in der Oberstimme der Takte 3–4, wodurch das Dreier–Metrum beeinträchtigt wird. Im Viertel–Akkord in T. 4 ist das ursprüngliche Metrum wiederhergestellt.

Die ersten beiden Takte des Vordersatzes basieren auf dem Wechsel von Molltonika und vermindertem Dominant–Septnonakkord. Erst im letzten Viertel des 3. Taktes tritt die Mollsubdominante als neue Harmonie auf, die durch den verminderten Septakkord der Zwischendominante im zweiten Viertel vermittelt erscheint. Damit greift T. 3 den verminderten Septakkord des Anfangstaktes noch einmal auf. So ist die harmonische Spannung, die durch das Nebeneinander von Molldreiklang und dissonierendem vermindertem Septakkord erzeugt wird, als ein thematisches Element anzusehen. Der letzte Takt des Vordersatzes endet über die Mollsubdominante mit Sixte ajoutée auf der Dominante.

Nach der wörtlichen Wiederholung der ersten drei Takte des Vordersatzes kadenziert der Nachsatz über die Dominante mit Quartvorhalt und anschließender Sexte statt Quinte zum Tonikagrundton. Durch diese doppelte Leittönigkeit (*e–f*, *d–cis*) und durch den abschließenden Einklang wird die Schlußwirkung einerseits erhöht. Andererseits wird sie rhythmisch nur bedingt bestätigt, denn in der schwachen letzten Zählzeit des Taktes erscheint das Viertel auf dem Grundton, wovor fünf synkopisch eintretende Achtel–Akkorde angeschlagen werden. Dadurch wird die unmittelbare Rückkehr des motorischen Themenkopfes in T. 9 legitimiert, die den Beginn der ersten Variante des Themas signalisiert.

Zweiter Abschnitt (T. 9–24)

Die zwei Varianten des Themas lassen sich innerhalb des A-Teils durch die Wiederkehr des Tonrepetitionsmotivs von T. 1 erkennen.

Die erste Abwandlung des Themas steht in a-Moll und ist in drei Glieder aus 4 + 6 + 6 Takten unterteilt. Das erste Glied (T. 9–12) entspricht den Takten 1–2. Dabei wird der T. 2 modifiziert in T. 10 aufgenommen, indem der punktierte Rhythmus des 2. Taktes in einer Mittelstimme wegbleibt und die Achtelpause der linken Hand mit der Achtelnote ausgewechselt wird. Die Pendelfigur in Oktaven des unteren Systems wird durch eine akzentuierte Halbe ersetzt, die dem verminderten Septakkord den Sekundreiz stiftet, welchen das punktierte Viertel dem 2. Takt verschaffte. Die Takte 11–12 sind die Transposition der ersten beiden Takte des Glieds in die Untersekunde. Darauf leitet der verminderte Septakkord des 10. Taktes hin, der auf dem Ton *fis* aufgebaut und so als Zwischendominante der Wechselsubdominante im ersten Achtel des 11. Taktes zu deuten ist. In der gleichen Weise tritt in T. 13 nach dem verminderten Septakkord auf *e* der Tonikagegenklang auf, in dessen Harmonik das ganze zweite Glied (T. 13–18) steht.

Das zweite Glied hebt den im ersten Glied ausgelassenen punktierten Rhythmus des 2. Taktes in der Oberstimmenmelodie hervor. Dem Rhythmus folgt dann als Kontrast die regelmäßige Achtelbewegung in der aufsteigenden Dreiklangsbrechung, so daß hier das rhythmische Aufgreifen der Takte 1–2 in umgekehrter Reihenfolge stattfindet.

Nach einmaliger Wiederholung des Zweitakters verschwindet der eintaktige rhythmische Kontrast (punktierter Rhythmus und Achtelbewegung), stattdessen wird der Rhythmus ⟪♪ ♪♩⟫ abgespalten, der sich auf die ersten beiden Viertel des 13. Taktes zurückführen läßt. Dabei bereiten die mit Akzenten versehenen Achtel, *cis*, *d* und *dis*, die übergreifend zu spielen sind, auf den Quart–Sextakkord der a-Molltonika des 19. Taktes vor, womit das letzte Glied der ersten Variante (T. 19–24) einsetzt. Es beginnt nach dem *Crescendo* der Takte 17–18 mit f im dynamischen Höhepunkt des A-Teils.

Das letzte Glied der ersten Variante führt die ersten beiden Glieder zusammen. Die

ersten beiden Takte lassen sich somit rhythmisch jeweils auf den ersten Takt der
beiden voraufgegangenen Glieder zurückführen, wobei allerdings einige Veränderungen
vollzogen werden. In T. 19 wird der Quartabsprung im ersten Viertel des 9.
Taktes in der Oberstimme als Quintaufsprung wiedergegeben. Durch das Liegenlassen
des Grundtones *e* erscheint der vollständige Dominant–Septnonakkord und die
Pendelbewegung des unteren Systems in der None. Das erste Viertel des 20. Taktes
wird anders als in T. 13 in zwei Achtel aufgeteilt. Nach der Wiederholung des Zweitakters in der Unteroktave greifen die letzten beiden Takte der ersten Variante (T.
23–24) die Anfangstakte des zweiten Glieds (T. 13–14) auf. Sie stehen jedoch nicht
in F-Dur, sondern in a-Moll und legen die Melodie in die linke Hand. Hier wird das
Achtelmotiv der aufsteigenden Dreiklangsbrechung aus dem 14. Takt nicht im *Staccato*, sondern im *Legato* dargestellt, so daß die erste Variante mit sanftem Ausdruck
(*dolce*) erklingt.

Dritter Abschnitt (T. 25–38)

Die zweite Variante steht wieder in einem neuen harmonischen Zentrum, in B-Dur.
Sie ist wie die erste auch in drei Glieder (4 + 6 + 4) unterteilt.
Das erste Glied (T. 25–28) kombiniert das Motiv der Tonrepetition mit dem Arpeggio im *Legato* aus dem letzten Takt der ersten Variante (T. 24). Diese Dreiklangsbrechung wird allerdings abwärtsgerichtet und dient dem „weichen" Charakter des
Glieds. Das Tonrepetitionsmotiv erscheint dementsprechend nicht mehr im verminderten Septakkord, sondern im Dominant–Septakkord.

Dem steht das zweite Glied (T. 29–34) gegenüber, das Viertel– und Achtelsynko-
pen neu einführt und damit eine gewisse Unruhe weckt. Das zweite Glied setzt mit
dem im ersten Glied ausgebliebenen Rhythmus aus T. 2 ein, der in der absteigenden
Baßlinie wiederzufinden ist, wobei das Viertel doppelpunktiert wird. Die Oberstimme
tritt als Kontrapunkt zu diesen Baßtönen in Vierteln auf. Nach der synkopischen
Überbindung zum 31. Takt wird sie melodietragend und bringt die fallende Dreiklangsbrechung des ersten Glieds wieder herein. Sie setzt in T. 31 auf Vierteln ein
und erscheint im folgenden Takt in Achteln wie in T. 26, wobei das erste Achtel als

Achtelsynkope in T. 31 vorweggenommen wird. Nach der Wiederholung der beiden Takte (T. 31–32) schließt sich das dritte Glied an.

Das dritte Glied (T. 35–38) greift in seiner Kontrapunktik auf den ersten Takt des zweiten Glieds zurück und spinnt ihn fort. Da der B-Teil den Themenkopf ebenfalls kontrapunktiert, scheint dieses vom Themenkopf entfernteste Gebilde innerhalb des A-Teils auf den B-Teil hinzuzielen. Während die ersten beiden Glieder der zweiten Variante mit der Dominante begannen, setzt das dritte Glied in der Tonika B-Dur ein und moduliert nach Es-Dur, womit der B-Teil seinen Anfang nimmt.

4.2.5.2 Teil B (T. 39–46)

Im B-Teil verwandelt sich die Sechzehntel–Pendelfigur, die den A-Teil durchlief und für Klanggrundierung sorgte, in Tonleiter–Läufe. So wird der B-Teil von Linearität bestimmt und klingt transparent. Er ist in zwei Viertakter zu unterteilen, die jeweils mit dem Achtel–Tonrepetitionsmotiv aus T. 1 einsetzen, jedoch gegensätzlich konzipiert sind. Nachdem wie in T. 2 eine Halbe im zweiten Viertel des 40. Taktes synkopisch erschienen ist, bewegt sich der erste Viertakter vom Themenkopf dadurch fort, daß in den Takten 41–42 jeweils drei Achtel durch die Balkenbildung ein 6/8-Metrum erzeugen. Im Gegensatz dazu spaltet der zweite Viertakter das Tonrepetitionsmotiv weiter ab. In den letzten beiden Takten werden die beiden Anfangstakte des Themas annähernd wiederhergestellt, wobei wiederum im oberen System das Achtelmotiv auftritt, das ab T. 40 im unteren System lag. Der zweite Viertakter moduliert zur Grundtonart d-Moll wieder zurück, während der erste Viertakter in Es-Dur beginnt und über c-Moll nach g-Moll moduliert. Somit führt der zweite Viertakter nicht nur motivisch, sondern auch harmonisch die Reprise schrittweise ein.

4.2.5.3 Teil A' (T. 47–82)

Nachdem nun das Thema eine leicht modifizierte Gestalt angenommen hat, werden im A'-Teil die zwei Varianten des A-Teils in umgekehrter Reihenfolge aufgegriffen und weitergeführt. Diese beiden weiteren Varianten stehen in der Paralleltonart D-dur, deren Einsatz optisch durch einen Doppelstrich kenntlich gemacht ist. Während

im A-Teil die beiden Varianten des Themas mit dem Themenkopf (dem Tonrepetitionsmotiv des verminderten Septakkords) beginnen und sich somit voneinander
abheben, lassen die Varianten des A'-Teils das Anfangsmotiv fallen und schaffen
dadurch fließende Übergänge.

Das veränderte Thema in der Reprise bildet keine Periode mehr. Der Vordersatz des
Themas tritt nicht in der Tonika, sondern in der Dominante auf, wobei die Oberstimmenmelodie beibehalten wird. Der Nachsatz beginnt wie im A-Teil, unterläßt aber
die synkopischen Achtelakkorde. Stattdessen wird der Rhythmus des 52. Taktes abgespalten und läuft auf eine Achtelbewegung hinaus, die aufwärtsgerichtet ist und
Raum schafft für die nachfolgende Variante, die mit der absteigenden Dreiklangsbrechung beginnt. Der Nachsatz moduliert dabei nach D-Dur, das in T. 56 etabliert
ist.

Die erste Variante (T. 55–66) ist, aus drei Viertaktern bestehend, ebenfalls dreiglied-
rig wie die zweite Variante aus dem A-Teil. Im ersten Glied (T. 55–58), das nach
D-Dur kadenziert, wird der Rhythmus der linken Hand vom zweiten Viertel des 36.
Taktes bis zum T. 37 aufgegriffen. Die Melodie der abwärtsgeführten Dreiklangsbrechung ist auf den T. 32 bzw. 34 zurückzuführen.
Das zweite Glied (T. 59–62) beruht auf Transposition der Takte 29–30 in die Unterterz. Danach wird die Viertelbewegung hier weiter fortgeführt, wobei jeder Takt mit
einer Viertelsynkope beginnt und somit das Dreier–Metrum ins Wanken bringt.
Das dritte Glied (T. 63–66) ist eine harmonische und rhythmische Wiederaufnahme
des ersten Glieds (T. 55–58), wobei die Oberstimme im aufsteigenden Arpeggio zu
finden ist.

Die zweite Variante (T. 67–82) des A'-Teils besteht aus 7 + 4 + 5 Takten. Hier
werden die drei Glieder der ersten Variante des A-Teils in umgekehrter Reihenfolge
aufgegriffen. Bevor die Takte 13–16 im zweiten Glied (T. 74–77) in der Tonika wiedergegeben werden, erscheinen also die ersten vier Takte aus dem dritten Glied (T.
19–22), in den Takten 70–73 leicht variiert im Wechsel von Doppeldominante und
Dominante über dem Orgelpunkt auf dem Tonika–Grundton.
Die beiden Varianten des A'-Teils werden durch die ersten drei Takte 67–69 miteinander verbunden. So nimmt der T. 67 den Rhythmus des 70. Taktes mit dem

folgenden Achtel vorweg, worauf der Rhythmus —♩ —♩— des 55. Taktes, der Anfangsrhythmus der ersten Variante folgt. Die Oberstimme dieser drei Takte setzt mit
dem diastematischen Höhepunkt des Stückes ein, wobei sie die diatonisch absteigende
Linie von a^3 bis cis^3 bildet.

Die letzten fünf Takte des Stückes sind auf das erste Glied der ersten Variante (T.
9–12) zurückzuführen, wo der Themenkopf wiederholt wurde. Während dort der
verminderte Septakkord über der Pendelfigur ungefähr eine Halbe lang ausgehalten
wurde, fungiert er in den Takten 78–79 als Übergangsakkord zwischen Tonika und
Dominante. Nach diesen Takten auf den abwärtsgerichteten Sechzehnteln erscheint
in T. 80 wieder die Sechzehntel–Pendelfigur in der Tonika, durch die auf den Beginn
und gleichzeitig den Schluß des Stückes hingedeutet wird.

Die Sechzehntelfigur des vorletzten Taktes stellt noch einmal das Motiv der Akkordbrechung in der Tonika dar, das bei der Variantenbildung des Themas eine substanti-
elle Rolle spielte. Nach den auseinandergerichteten Oktavsprüngen der beiden Hände
schließt das Stück in zwei Stimmen, die jedoch fast vier Oktaven in Anspruch nehmen. Damit bildet der letzte Takt des Stückes einen Gegensatz zum Anfangstakt, wo
alle Akkordtöne dicht aufeinander lagen. Das Stück entfaltet sich eindeutig aus der
Technik der Variantenbildung und zeigt damit das wesentliche Merkmal der Formgestaltung bei Kompositionen Kirchners auf. Wenngleich die Codabildung fehlt, wird
die in sich rückläufige Formanlage durch das spiegelsymmetrische Zurückgreifen auf
die Formabschnitte in der Reprise gewährleistet. Dabei werden die Themenvarianten
des A-Teils weiter einer Abwandlung unterzogen, womit auch das Steigerungsprinzip
der Kirchnerschen Reprise unterstrichen wird.

4.2.6   Präludium op. 9, Nr. 6

Das *Allegro con brio* in A-Dur bedient sich der großen dreiteiligen Liedform mit
anschließender Coda. Es gliedert sich somit folgendermaßen:

A: T. 1–40
B: T. 41–80

A': T. 81–96

Coda: T. 97–116

Für die Vortragsangabe *con brio* läßt sich zunächst im Notenbild kein Anhaltspunkt finden, weil die Komposition überwiegend auf Achtel–Bewegung basiert und demnach kein Anzeichen von Virtuosität bietet.

Das Feurige entfaltet sich vielmehr im harmonischen Bereich in Form einer Dominantkette, die für die ungewöhnliche Melodieführung verantwortlich ist. Außerdem spielt sie bei der Themengestaltung eine konstruktive Rolle.

4.2.6.1 Teil A (T. 1–40)

Der A-Teil gliedert sich in drei Abschnitte. Im ersten Abschnitt wird das Thema des A-Teils als sechzehntaktige Periode vorgestellt. Nach dem achttaktigen zweiten Abschnitt wird die Periode im letzten Abschnitt des A-Teils mit einer leichten melodischen Modifizierung wiederaufgenommen:

Erster Abschnitt: T. 1–16

Zweiter Abschnitt: T. 17–24

Dritter Abschnitt: T. 25–40

Erster Abschnitt (T. 1–16)

Das Thema deutet zwar mit sechzehn Takten äußerlich auf einen regelmäßigen Aufbau hin, gliedert sich jedoch in 9 + 8 Takte, wobei der Nachsatz mit dem letzten Takt des Vordersatzes verschränkt ist.

Der Vordersatz setzt sich aus zwei Gliedern zusammen, die dem melodischen Verlauf nach gegensätzlich gebaut sind. So weist das erste Glied (T. 1–5) eine aufsteigende Oberstimme mit Achtel–Begleitfigur in Akkordbrechung auf, während das zweite (T. 6–9) in einer absteigenden Oberstimme erscheint. Statt der Arpeggio–Begleitung werden die Oberstimmen–Viertel der Anfangstakte des zweiten Glieds (T. 6–7) in einer Mittelstimme in der Unteroktave auf Achteln nachgeschlagen. Dadurch heben sich die Takte umso mehr gegen das erste Glied ab, wo die Melodiestimme von der

Begleitung deutlich getrennt war.

Die letzten beiden Takte des Vordersatzes übernehmen den Rhythmus der Takte 2–3 in umgekehrter Reihenfolge und kehren zum Ursprung zurück. Die Takte 2–3 sind insofern als die Anfangstakte des Stückes anzusehen, als die letzten beiden Achtel des 1. Taktes, im oberen System notiert, zum Auftakt der Oberstimmenmelodie des 2. Taktes werden. Das Rückkehrprinzip ist ein herausragendes Merkmal der Melodiebildung bei Kirchners Kompositionen.

Der Rhythmus ─♩·─♪ ♩─ erweist sich später dann als Kernrhythmus des Stückes.

Die vier Takte des ersten Glieds (T. 2–5) lassen sich keiner tonalen Melodie zuordnen, werden aber durch die vierfache Dominantkette zusammengehalten. Nach der „Einleitung" in der Tonika setzt der erste Takt der Oberstimme, also T. 2, mit dem übermäßigen Terzquartakkord vierten Grads ein. Die Terz des Akkords eis^1 erscheint in der Oberstimme mit einem Akzent versehen als punktierte Halbe. Zusammen mit den beiden Achteln in T. 1 erfolgt hier in der Oberstimmenmelodie der Intervallsprung der großen Terz zweimal nacheinander. (a–cis^1–eis), womit die tonale Einordnung bereits erschwert scheint. Regelgemäß wird der Leitton eis^1 nach fis^1 im Dominant–Septakkord dritten Grads in T. 3 aufgelöst, wonach in den Takten 3–4 die Fis-Dur–Dreiklangsmelodie zu hören ist.

In T. 5 erreicht die Melodie durch den Sextsprung das Subsemitonium modi, das im ersten Viertel des folgenden Taktes zum Grundton a aufgelöst wird und den Gipfelton des Vordersatzes erreicht.

Bevor T. 5 durch seine punktierte Halbe auf T. 2 zurückgreift, wird jeder Takt des ersten Glieds in der Oberstimme rhythmisch variiert. Im Kontrast dazu beginnt das zweite Glied mit der zwei Takte lang andauernden ebenmäßigen Viertelbewegung, die nicht nur in der Oberstimme, sondern auch im Baß auftritt. Dabei wird der ursprüngliche Dreiertakt mit der Akzentsetzung im zweiten Viertel des 6. Taktes und im ersten Viertel des 7. Taktes kurzfristig durch einen Zweiertakt ersetzt.

In den letzten beiden Takten des Vordersatzes wird der 3/4-Takt durch das rhythmische Zurückgreifen auf die Takte 2–3 wiederhergestellt. Gleichzeitig erscheinen die

Töne des 4. Taktes zusammen mit dem voraufgegangenen Viertel ais^1 ab dem dritten
Viertel des 7. Taktes erneut, wobei die Dominantkette ab dem dritten Grad bis zur
Tonika noch einmal Verwendung findet. Das zweite und dritte Viertel der Oberstim-
me des 6. Taktes gibt die Töne von T. 2 und vom ersten Viertel des 3. Taktes (eis^1,
fis^1) in der Oberoktave wieder. So erweist sich das scheinbar kontrastierende zweite
Glied als eine Variante des ersten. Die beiden Glieder werden durch die absteigende
Tonleiter zusammengehalten, die über eine Oktave von a bis dis reicht.

Der Vordersatz erscheint im Nachsatz in der Oberoktave, wobei die ursprüngliche
Oberstimme des ersten Glieds in den Takten 10–13 als unterste Stimme erhalten
bleibt und damit für eine zusätzliche Steigerung im Klang sorgt.

Das zweite Glied (T. 14–16) wird einen Takt verkürzt, indem die rhythmische Anlehnung des zweiten Glieds an das erste unterbleibt. So wird das Viertelmotiv weiter
fortgesponnen. Durch diese Verkürzung kommt die Achttaktigkeit des Nachsatzes
(T. 9–16) und somit ebenfalls die quadratische sechzehntaktige Periode zustande.
Infolge der andauernden Viertelmelodie unterstreicht das zweite Glied des Nachsatzes
den regelmäßigen Rhythmus und dient damit zusätzlich dem Abbau der Perioden-
spannung. Dieser Spannungsabbau wird durch die abwärtsgerichtete Achtelbewegung
der Mittelstimme in T. 16 unterstützt, während die Begleitfigur des 9. Taktes in auf-
steigender Tonika–Dreiklangsbrechung stand.

Zweiter Abschnitt (T. 17–24)

Der zweite Abschnitt besteht aus zwei Viertaktern, deren zweiter eine Transposition
des vorderen in die Oberquarte darstellt. Nachdem im Nachsatz des Themas der
Viertelrhythmus durchgezogen wurde, spaltet dieser Abschnitt den Rhythmus aus
den Takten 8–10 ab, jedoch wird das punktierte Viertel zu einem Viertel mit einer
Achtelpause modifiziert.

Nach der eintaktigen „Einleitung" im Arpeggio greift T. 18 melodisch den Halbtonschritt zwischen den Takten 2 und 3 auf, der in den folgenden beiden Takten durch
den Septsprung ersetzt wird, so daß hier auch der Halbtonschritt des Themenkopfes

abgespalten ist.

Weil der Oberstimmenrhythmus der Takte 8–9 eine Variante der Takte 3–2 ist, läßt sich der erste Viertakter und damit der zweite Abschnitt des A-Teils als Umgestaltung des Themenkopfes deuten. Somit kann der zweite Abschnitt als thematische Rückführung bezeichnet werden.

Wie die beiden Glieder in den Halbsätzen des Themas werden die beiden Viertakter durch die absteigende Tonfolge im unteren System miteinander verbunden. Sie erscheint in Oktavzweiklängen und regelmäßigem Rhythmus (♪ 𝄾 𝄾 𝄾 ♩), bzw. ♩ ♩), der auf den vorletzten Takt des Themas zurückzuführen ist. Der mit der Dominante beginnende erste Viertakter endet in T. 20 auf der Doppeldominante. So kehrt der zweite Abschnitt in T. 24 durch die Transposition in die Oberquarte zur Dominante zurück, womit zur in der Tonika eintretenden Reprise des Themas übergeleitet wird.

Dritter Abschnitt (T. 25–40)

Die Reprise erfolgt mit einer melodischen Abwandlung bei gleichbleibender Harmonik in den ersten Gliedern der beiden Halbsätze.

Die Oberstimmenmelodie des Vordersatzes setzt in der Oberoktave des Themas ein, wobei der Terzaufsprung des 3. Taktes in T. 27 zum Sextabsprung wird, um zur ursprünglichen Gestalt zurückzukehren. Der Melodieton eis^2 des 10. Taktes erscheint in T. 34 im letzten Achtel nach dem h^2, das mit drei Vorschlagsnoten versehen ist, die aus Akkordtönen des 10. Taktes bestehen. Durch die Verzierung und den Intervallabsprung der verminderten Quinte im letzten Viertel des 34. Taktes gewinnt der Nachsatz in der Reprise an Ausdruck.

In Hinblick auf die Diastematik und Stimmenanzahl war der Nachsatz des Themas bereits eine Steigerung des Vordersatzes, und insofern stellt der Nachsatz der Reprise den eigentlichen Höhepunkt des A-Teils dar.

Der Ton eis wird in T. 34 in den Begleitachteln zweimal verwendet, gleichsam als Kompensation für den Verlust seiner Stellung als melodietragender Ton in T. 10.

4.2.6.2 Teil B (T. 41–80)

Der B-Teil steht in der Paralleltonart fis-Moll. In diesem Mittelteil verschwindet die Arpeggio–Begleitung, stattdessen werden Tonrepetionen bzw. wiederholende Zweiklänge in den Begleitstimmen verwendet und tragen zur weniger belebten Stimmung *meno vivo* bei.

Wie der A-Teil setzt sich der B-Teil auch aus drei Abschnitten (16 + 8 + 16) zusammen. Der erste Abschnitt ist mit einem Wiederholungszeichen versehen und erscheint im dritten in der Oberquarte.

Wie so oft im Mittelteil von Kompositionen Kirchners ist der B-Teil ebenfalls als Variation des Themas konzipiert. Die Besonderheit dieses B-Teils liegt darin, daß die Variation im Verlauf vom Thema weiter weggeführt wird, so daß in den letzten vier Takten des ersten Abschnitts nur noch die Viertelbewegung in Tonrepetition bzw. Sekundschritt zu finden ist. Der thematische Abbauprozeß wird im B-Teil als kompositorisches Ziel gesetzt.

Erster Abschnitt (T. 41–56)

Der erste Abschnitt des B-Teils läßt sich in zwei Achttakter unterteilen. Der erste Achttakter (T. 41–48) veranschaulicht seine Verbundenheit mit dem Thema, indem er, bestehend aus 4 + 4 Takten, in der Oberstimme zweimal Bögen herstellt, die sich jeweils durch den Oktavsprung mit den nachfolgenden Intervallabsprüngen bilden. Diese Bögen entsprechen der Auf- und Abbewegung in den achttaktigen Halbsätzen des Themas. Dadurch wird die melodische Einheit beschleunigt, was diesem Achttakter trotz seiner ruhigeren Stimmung innere musikalische Spannung verleiht. Sie wird ebenfalls durch die gegen die Zählzeit angeschlagenen Achtel in einer Mittelstimme unterstützt.

Harmonisch bewegt sich der Achttakter im Subdominant–Bereich (Dursubdominant–Septakkord, –Quintsextakkord und Wechselsubdominante) im Gegensatz zum Thema, wo die Dominantkette als kompositorischer Plan zugrundelag. Es entsteht hier jedoch ein dreifacher Quintfall abwärts (fis, H, E, A), weil die Takte 41–48 mit der

Tonika beginnen und mit der Tonikaparallele enden. Somit wird in diesem Achttakter ebenfalls ein Teil aus der Dominantkette des A-Teils widergespiegelt und die
harmonische Bezogenheit auf die Themengestalt verdeutlicht.

In rhythmischer Hinsicht wird der jeweils viertaktigen Einheit durch die Synkopenbildung und die Doppelpunktierung als neue Elemente selbständige Gestalt verliehen. Dabei lehnt sich jedoch der gleiche Kernrhythmus des Stückes aus dem 3. Takt

(♩. ♪ ♩) im jeweils zweiten Takt der Einheit (T. 42 bzw. 46) an das erste
Glied der Halbsätze des Themas an. [45]

Der zweite Achttakter (T. 49–56) ist zweitaktig zu untergliedern und stellt somit
eine kürzere Einheit dar. Bevor sich der Melodiebogen in den letzten vier Takten
ohne Intervallsprünge einebnet, spannt sich in der ersten Hälfte dieses Achttakters
der große melodische Bogen aus den Takten 41–44 bzw. 45–48. Die mannigfaltigen
Taktrhythmen durch verschiedene Notenwerte und Synkopen des ersten Achttakters des B-Teils münden ebenfalls in den ebenmäßigen Viertelrhythmus ein. Als
allmählicher Übergang zur Ablösung von der thematischen Gestalt erscheint der

Kernrhythmus ♩. ♪ ♩ in T. 50 und 52 zum ♩ ♩. ♪ abgewan-
delt. Die Oberstimme des B-Teils begann mit Vierteln und kündigte zusammen mit
dem gleichmäßigen Viertelabstand in der linken Hand bereits die Bedeutsamkeit des
Viertelrhythmus aus den Takten 6–7 in diesem Teil an. Entsprechend diesem Reduktionsprozeß pendelt die Harmonie nur noch zwischen Tonika und Subdominante.
Die beiden Achttakter des Abschnitts werden nun durch die Tonleiterbildung im Baß
zusammengehalten.

Zweiter Abschnitt (T. 57–64) und Dritter Abschnitt (T. 65–80)

Bevor sich der erste Abschnitt im dritten in der Oberquarte wiederholt, wird der
Viertelrhythmus im zweiten Abschnitt (T. 57–64) weitergesponnen, wobei die bogenförmige Melodielinie aus dem ersten Abschnitt zweimal wiederhergestellt wird.

---

[45]In T. 2 setzte die Oberstimmenmelodie ein, so tritt der Rhythmus im Thema nun auch an
derselben Stelle auf.

Somit übt der zweite Abschnitt eine überleitende Funktion aus, die ebenfalls durch den stufenweise einsetzenden Melodiebogen unterstützt wird: Er tritt in T. 57 auf d^2 ein, und auf dessen Obersekunde (e^2) folgt der zweite in T. 61 nach. So erscheint der Beginn der Oberstimme des dritten Abschnitts auf dem Ton fis^2 planvoll und konsequent.

4.2.6.3   Teil A' (T. 81–96) und Coda (T. 97–116)

Im A'-Teil wird nur der dritte Abschnitt des A-Teils wiederaufgenommen. Der A'-Teil tritt im Dominant–Nonenakkord ein, der sich über den Septakkord in T. 83 zur Tonika auflöst. Durch diese harmonische Veränderung bleibt die Dominante des vierten Grads am Anfang des Themas aus. Dadurch wird die Oberstimme auch einer Abwandlung unterzogen und stimmt erst ab dem letzten Viertel des Taktes 83 mit dem ursprünglichen Ton ais^1 überein. Nach der Reprise der sechzehntaktigen Periode schließt sich eine Coda von zwanzig Takten an. Sie setzt sich aus fünf Viertaktern zusammen und stellt einen harmonischen, melodischen und rhythmischen Reduktionsprozeß dar.

Als Resümee der Themengestalt lassen die ersten acht Takte noch die Dominantkette, allerdings von dem dritten Grad an, erkennen. Sie wird im ersten Viertakter (T. 97–100) mit reichlichen Vorhaltstönen verschleiert. Die Dominante des dritten Grads tritt im zweiten Viertakter (T. 101–104) nicht mehr auf. Die drei verschiedenen Rhythmen der Oberstimmenmelodie des ersten Viertakters werden in den Takten 105–108 nur auf eine Viertelbewegung reduziert, während die Harmonik in der Tonika verweilt, die bis zum Ende des Stückes andauert. Bevor das Stück auf einem über zwei Takte anhaltenden Akkord schließt, werden die Takte 109–112 mit der wieder aufsteigenden Akkordbrechung, die in den voraufgegangenen Takten der Coda stets abwärts geführt wurde, zum T. 1 zurückgebracht. Dadurch bestätigt sich die bei Kirchner häufig anzutreffende kreisförmige Schlußbildung in diesem Stück noch einmal.

Das Stück beginnt mit der sechzehntaktigen Periode, die jedoch nur einen scheinbar regelmäßigen Aufbau aufweist, weil sie aus 9 + 8 Takten durch die Taktverschränkung besteht. Die klare Untergliederung verschafft dem Stück Ausgewogenheit, während die innere Irregularität für durchgehende Spannung sorgt. Der B-Teil basiert auf einer diastematischen Variantenbildung. Während der A-Teil aus der mehrfachen Dominantkette entfaltet wird, orientiert sich die Harmonik des B-Teils an die gegensätzliche Richtung des Subdominant–Bereichs. Weil der B-Teil in der Paralleltonart fis-Moll steht, sind Dursubdominante, Wechselsubdominante (H-Dur, E-Dur) und die darauffolgende Tonikaparallele (A-Dur) dieselben Akkorde, die im A-Teil in anderem harmonischem Zusammenhang der Dominantkette verwendet wurden. Somit ist die entgegengesetzte harmonische Konzeption des B-Teils auch nur ein scheinbarer Gegensatz. Die stark verkürzte Reprise wird durch die ausgedehnte Coda kompensiert.

Clara Schumann fand die Komposition „bis auf eine Ausweichung S. 15 1. System [T. 18–22] sehr gemüthlich". [46] Daß diese „Ausweichung" eine Abspaltung aus dem Thema ist, die der Überleitung zur Reprise dient, beweist wieder einmal Kirchners bis ins Detail ausgefeilte Kompositionsweise. Clara Schumanns Beurteilung über das Trio (Mittelteil), es gäbe dort „etwas zu viel A-Dur"[47], weist auf ihr mangelndes Verständnis für die harmonischen Zusammenhänge hin, denn das A-Dur erscheint nur in den Takten 48, 64 und 72.

4.2.7   Präludium op. 9, Nr. 7

Das *Allegro con spirito* in Des-Dur ist dreiteilig gebaut. Der A-Teil formt sich aus der ständigen Abwandlung der ersten beiden Takte, wobei keine schematische Unterteilung in eine Periode oder einen Satz möglich ist. Der kurze Mittelteil steht in der Paralleltonart und hebt sich durch die kontrapunktische Satztechnik von den Eckteilen ab. Nach der verkürzten und abgewandelten Reprise des A-Teils wird das Stück mit der Coda abgeschlossen. Es gliedert sich wie folgt:

A: T. 1–29

B: T. 30–43

A': T. 44–63

---

[46]B. Litzmann (Hg.): Clara Schumann. 1920 Bd. 3, 59.
[47]Ebd., S. 59.

Coda: T. 64–70

4.2.7.1   Teil A (T. 1–31)

Der A-Teil läßt sich in zwei Abschnitte gliedern, deren zweiter eine Variante des ersten darstellt:

Erster Abschnitt: T. 1–18
Zweiter Abschnitt: T. 19–29

Der erste Abschnitt ist mit ununterbrochenen Sechzehntel–Tremoli bzw. Akkordwiederholungen in Triolen versehen und wirkt drängend und lebhaft. Der zweite behält zwar die triolische Einteilung des Viertels, vermittelt jedoch ein weniger belebtes Moment, was durch *meno vivo* gekennzeichnet ist.

Erster Abschnitt (T. 1–18)

Der erste Abschnitt beinhaltet drei Sechstaktgruppen. Der Einsatz der zweiten und dritten Taktgruppe ist deutlich zu erkennen, da diese Taktgruppen jeweils eine neue Melodie mit unterschiedlichem Charakter präsentieren. Sie entstehen jedoch durch die schrittweise vollzogene Variantenbildung der vorangegangenen Taktgruppe, so daß die drei Taktgruppen des Abschnitts in einer rhythmischen und harmonischen Beziehung zueinander stehen.

Die erste Sechstaktgruppe wird durch die Sechzehntel–Tremoli den folgenden Taktgruppen in Trioleneinteilung entgegengesetzt. Weil der zweite Abschnitt des A-Teils und der B-Teil mit den Sechzehntel–Tremoli eingeführt werden, lassen sich die ersten sechs Takte als Einleitung betrachten.

Die erste Sechstaktgruppe ist in sich dreiteilig (2 + 2 + 2). Sie beginnt in der rechten Hand mit einem synkopisch einsetzenden Tonika–Akkordschlag und geht dann in ein Punktierungsmotiv über. Das Punktierungsmotiv wird mit Intervallsprüngen kombiniert, denen diatonische Tonschritte in den Achteln des 2. Taktes folgen.

Das obere System des ersten Zweitakters, der sich im Wechsel von Tonika und Subdominante bewegt, wird in den weiteren Takten der ersten Sechstaktgruppe zweimal real in die Sekunde sequenziert, so daß hier alle Akkorde in Des-Dur außer auf dem Subsemitonium modi durchlaufen werden.

In T. 1 setzt das auf Dreiklangsbrechung basierende Sprungmotiv mit der Terz der Tonika an, die gleich zur Terz der Subdominante abspringt. Zusammen mit folgendem Grundton *des* bildet sich demnach der Molldreiklang der Tonikaparalle. Über den verminderten Dreiklang der Takte 3–4 ist der Tonika–Dreiklang erst in den letzten beiden Takten zu finden. Der Rahmen der Tremoli in der Begleitung ändert sich dabei etappenweise von Oktave und Quinte im ersten Zweitakter zu Sexte und Terz im letzten. Dabei bleibt der Ton *des* in einer Mittelstimme stets als Orgelpunkt erhalten, der dann in der zweiten Sechstaktgruppe in die Oberoktave verlegt wird.

Die zweite Sechstaktgruppe greift die Terz *b–des* aus den Tremoli der Takte 5–6 auf. Sie wird sowohl in der neu eintretenden Triolenbegleitung der Takte 7–8 als auch in der Oberstimme übernommen. Vom harmonischen Gesichtspunkt aus ist der in der Subdominante auftretende 7. Takt die Fortsetzung der ersten Sechstaktgruppe, denn die Sequenzbildung der Takte 1–6 läßt die vierte Stufe von Des-Dur erwarten. Durch die Einlösung der harmonischen Erwartung sind die beiden Sechstaktgruppen zusammengeschlossen, obwohl die zweite durch ihren Trioleneinsatz auf den ersten Blick unvermittelt erscheint.

Die zweite Sechstaktgruppe besteht auch aus drei Zweitaktern. Nach den zwei Überleitungstakten, in denen der Punktierungsrhythmus aus dem Sprungmotiv der ersten Sechstaktgruppe in ―♪♩ abgewandelt erscheint, setzt eine neue emphatische Melodie in ff nach dem Duodezimensprung zwischen den Takten 8 und 9 ein. Diese Melodie beruht auf Dreiklangsbrechung und steht in der rhythmischen Variante des 3. Taktes, indem das letzte Viertel nicht punktiert, sondern in zwei Achtel unterteilt ist. Zu Beginn der Melodie wird diese Variantenbeziehung durch die Halbe als bisher längsten Notenwert verschleiert, die mit einem Akzent versehen volltaktig eintritt und damit den neuen Anfang markiert.

Die zweitaktige Einheit in Doppeldominante und Tonika wiederholt sich in den letzten beiden Takten der zweiten Sechstaktgruppe.

Auf diese harmonische Folge wird in der letzten Sechstaktgruppe des ersten Abschnitts zurückgegriffen. So wird sie in T. 13 innerhalb eines Taktes wiedergegeben, wobei die Oberstimme im Rhythmus des 9. Taktes steht. Damit setzt die letzte Sechstaktgruppe mit der zweiten sowohl harmonisch als rhythmisch verknüpft ein. Sie beginnt aber im p als Kontrast zur hervorgehobenen Melodie der vorangegangenen Sechstaktgruppe im ff und läßt nicht mehr die Dreiklangsmelodie erkennen, die bisher eine wesentliche Rolle gespielt hatte. Die „espressive" Melodie stützt sich mehr auf die Sekundschritte und beansprucht im ersten Zweitakter alle sieben Tonstufen. Die begleitenden Triolen werden in die Mittelstimme verlegt, während der Baß sich selbständig bewegt. T. 14 steht weiter im harmonischen Rahmen des 13. Taktes, im zweiten Viertel wird allerdings der Dominant–Septakkord zwischen den beiden Harmonien eingeschoben und sorgt für den chromatischen Baßgang. Weil T. 13 im übermäßigen Terzquartakkord eintritt, füllt der Baß des ersten Zweitakters den Rahmen von *heses* bis *f* chromatisch aus.

Diese Takte 13–14 werden in den letzten vier Takten des ersten Abschnitts aufgespalten. So wird in den Takten 15–16 der 13. Takt herausgegriffen und nach und nach variiert, während der 14. Takt die Basis der folgenden beiden Takte bildet. Die Abwandlung des 13. Taktes erfolgt vor allem im rhythmischen Bereich. Im letzten Viertel des 15. Taktes assimiliert sich die triolische Begleitung mit den zwei Achteln der Melodietöne. Die Achtel werden als Antwort auf die akzentuierten Akkorde zum Taktbeginn mit *Sforzato* versehen und weiter durch den Achtelbaß unterstützt. In T. 16 entfällt die triolische Begleitung in den Mittelstimmen auch im dritten Viertel, das ebenfalls in zwei Achteln in den beiden Händen dargestellt wird. So zeigt sich die Absicht immer prägnanter, die beiden Rhythmen ♪♪♪ , ♪♪ als Kontrast nebeneinanderzusetzen, was sich bereits in T. 14 im letzten Viertel abzeichnet.

T. 16 verweilt in der Doppeldominante, wobei seine Oberstimmenmelodie durch den Sextaufsprung auf T. 14 rekurriert. Ihre Auflösung erstreckt sich über die folgenden beiden Takte, auf deren zweiten Halben der ♪♪♪ Rhythmus aus der zweiten Hälfte des 9. Taktes zurückgeholt wird. Somit entfaltet sich der letzte Viertakter des ersten Abschnitts daraus, daß die Triolen allmählich ihre Beteiligung an der musikalischen Entwicklung einbüßen: In den letzten beiden Takten (T. 17–

18) erscheint also die triolische Einteilung nur noch jeweils im ersten Viertel in einer Mittelstimme.

Zweiter Abschnitt (T. 19–29)

Für den Neubeginn kehren im unteren System der ersten beiden Takte (T. 19–20) die Sechzehntel–Tremoli aus der Einleitung des Stückes wieder. In der Oberstimme wird der von dem ersten Abschnitt übernommene ♪ ♪ ♪ ♪ Rhythmus mit dem aufwärtsgerichteten Sechzehntel–Arpeggio kombiniert. Harmonisch sind die Takte an den Beginn der zweiten Sechstaktgruppe (T. 7–9) mit Subdominante und anschließender Doppeldominante angelehnt. Somit werden in diesen beiden Takten die zwei Sechstaktgruppen zusammengefaßt. Nach einem Überleitungstakt, der den einheitlichen Rhythmus in beiden Händen aufweist, setzt die Variante der dritten Sechstaktgruppe als Achttakter ein. Er beruht so auf der harmonischen Folge von Doppeldominante und Tonika in der Triolenbegleitung. Dabei wird ein neues Element, das Intervall der verminderten Quinte eingeführt, mit dem die Oberstimmenmelodie des Achttakters beginnt.

Der Achttakter (4 + 4) läßt sich weder einer Periode noch einem Satz zuordnen. Er wird durch den Intervallabspung der verminderten Quinte zusammengehalten, der nach einem Sept– bzw. Oktavsprung in jedem zweiten Takt in der Oberstimme zu finden ist: In T. 23 und 25 als ges^2–c^2 und in T. 27 und 29 als b^2–e^2. Der Intervallabsprung liegt auf dem Rhythmus ♩· ♪ , d.h. auf der rhythmischen Augmentation des Punktierungsmotivs ♪· ♪ aus dem ersten Abschnitt. Gewisse Regelmäßigkeit des Achttakters zeigt sich auch darin, daß das obere System der Takte 28–29 eine Transposition der Takte 24–25 in die Oberterz und das untere System eine Transposition in die Untersexte darstellt. Dabei wird die Stimmerweiterung in den ersten beiden Vierteln des 29. Taktes zugunsten der Vortragsbezeichnung *stringendo e crescendo* herbeigeführt, wodurch die Anfangstakte des B-Teils im f vorbereitet werden.

Die verminderte Quinte spielt auch in der Harmoniefolge eine Rolle. So erfolgt die

Auflösung der Doppeldominante des ersten Taktes (T. 22) zur Dominante in der zweiten Hälfte des 23. Taktes über den Neapolitaner mit seiner Wechseldominante. Enharmonisch gesehen steht die Wechseldominante des Neapolitaners zu dem Anfangsakkord der Doppeldominante im Abstand einer verminderten Quinte, wie die Dominante zum Neapolitaner. So wird der „espressive" Charakter der dritten Sechstaktgruppe hier in ihrer Variante durch das neue Element der verminderten Quinte gefördert.

4.2.7.2   Teil B (T. 30–43)

Der B-Teil wird mit der Modulation nach der Paralleltonart b-Moll eingeleitet, die durch den harmonischen Wechsel von Dominante und Tonika in den ersten beiden Takten gefestigt ist, welche die Sechzehntelfiguren aus den Takten 19–20 wieder aufnehmen. Die folgenden Takte 32–43 des eigentlichen B-Teils (4 + 4 + 4) greifen den Rhythmus des 21. Taktes heraus, der einen Übergang zwischen den Sechzehntelfiguren und Triolen des zweiten Abschnitts im A-Teil bildete, und wiederholen ihn unter Weglassung der Synkope.

T. 32 verbindet das Sprungmotiv mit absteigenden Tonschritten, die eine Umkehrung der aufsteigenden Tonfolge der Einleitung des Stückes darstellen. Das neue Motiv setzt in der Dominante ein und löst sich über dem Neapolitaner in T. 34 auf der ersten Halben des folgenden Taktes zur Tonika auf. In diesen beiden Takten (T. 34–35) wird das Sprungmotiv in Tonrepetitionen umgewandelt.

Auf der zweiten Halben des 35. Taktes erscheint die Mollsubdominante, in deren Durvariante die folgende Einheit der vier Takte einsetzt, die eine Abwandlung der ersten vier Takte bilden. Während die erste Hälfte der Takteinheit in der Subdominantkette (Es, as, des) steht, kehrt die ursprüngliche Gestalt von der zweiten Hälfte des 38. Taktes an zurück, wobei die rechte Hand in die Oberoktave versetzt wird.

Die letzten vier Takte bilden die Überleitung in die Reprise des A-Teils. Sie sind insofern eine Variante des zweiten Viertakters, als die ersten drei Takte 40–42 im subdominantischen Bereich mit Wechselsubdominante und Neapolitaner bleiben. Der letzte Takt steht im Dominant–Septakkord, der als Dur–Tonikagegenklang der Tonart des A'-Teils (Des-Dur) umzudeuten ist. Die überleitende Funktion dieser

Takte manifestiert sich in der chromatischen Gegenbewegung der Außenstimmen. In der Oberstimme erfolgt die chromatische Skala des Quintrahmens von ges^2 bis des^3 aufwärts, während der Baß den Rahmen der verminderten Quinte von es bis a abwärts ausfüllt. Beim Einsatz der Reprise wird im Baß ebenfalls ein Quintrahmen umschlossen.

4.2.7.3   Teil A' (T. 44–63)

Die verkürzte Reprise des A-Teils gibt den ersten Abschnitt des A-Teils modifiziert wieder. So treten die ersten beiden Sechstaktgruppen des A-Teils in leichter Abwandlung auf. Der Orgelpunkt der ersten Sechstaktgruppe liegt nicht auf der Tonika, sondern auf der Quinte as. Statt der Imitation des Punktierungsmotivs führt der Baß der ersten beiden Takte der zweiten Sechstaktgruppe (T. 50–51) chromatisch in Halben von der Quinte zur Terz und mündet in T. 52 in den Grundton der Doppeldominante.

Die Takte 56–63 bilden einen neu entwickelten Achttakter, in dem die dritte Sechstaktgruppe und der *meno vivo*–Abschnitt des A-Teils vermischt erscheinen. Durch die metrische Entsprechung läßt sich der Achttakter gleichsam als Periode bezeichnen. Der viertaktige „Vordersatz" beginnt in der Untersekunde des 13. Taktes, demnach mit dem Zwischendominant–Septakkord der nachfolgenden Subdominante, und endet im Trugschluß. Dabei schließt die Oberstimmenmelodie das Intervall der verminderten Quinte ein, das im *meno vivo*–Abschnitt als neues Element eingeführt wurde. Der „Nachsatz" schließt offen auf dem Dominant–Septakkord, der sich dann mit dem Einsatz der Coda zur Tonika auflöst.

Die Melodie ab dem zweiten Viertel des 58. Taktes setzt im Nachsatz eine Halbe verschoben (im letzten Viertel des 62. Taktes) ein. Dieser verspätete Einsatz hat seinen Ursprung in der verminderten Quinte, die im „Nachsatz" dreimal (T. 61–63) besonders hervorgehoben wird, während sie im „Vordersatz" lediglich in T. 59 auftritt. Dadurch wird die Bedeutung des *meno vivo*–Abschnitts im „Nachsatz" unterstrichen.

4.2.7.4 Coda (T. 64–70)

Die Coda basiert auf dem B-Teil, wobei die Modulation nach b-Moll entfällt. Die ersten beiden Takte stehen wie die Takte 1–2 der Einleitung im Wechsel von Tonika und Subdominante. Durch den synkopischen Akkordeinsatz, der aus T. 1 entlehnt ist, formen sie eine Variante der Takte 30–31. Nachdem der Anfangstakt des B-Teils zweimal in der Tonika aufgegriffen wurde, endet das Stück über die Sechzehntel-Tremoli im Tonika–Quartsextakkord im ff. So fassen der A'-Teil und die Coda das ganze Stück noch einmal zusammen.

Das „Allegro con spirito" entwickelt sich aus der ständigen Abwandlung des Grundmotivs der ersten beiden Takte wie die meisten Kompositionen Kirchners. Weil das Stück jedoch kein ausgeprägtes Thema im Sinne einer Periode bzw. eines Satzes aufweist, sieht es auf den ersten Blick formlos und ungeordnet aus. Seine Besonderheit in der Formgestaltung liegt darin, daß das rhythmische, melodische und harmonische Element eigenständig bleibt und unabhängig voneinander variiert wird. Der konsequente Zusammenhang zwischen den benachbarten Abschnitten ergibt sich dennoch daraus, daß einige musikalische Elemente des vorangegangenen Abschnitts im Folgenden beibehalten werden. So läßt sich die Verwendung des Orgelpunkts auf dem Grundton *des* vom Beginn an in einer Mittelstimme auf diese formbildende Funktion zurückführen, wobei auch der Effekt der Klangfülle miteinbezogen wird. Kirchner experimentiert in diesem Stück mit tradierter Formbildung, indem er die drei musikalischen Grundelemente voneinander getrennt entwickelt.

4.2.8 Präludium op. 9, Nr. 8

Das *Allegro comodo* ist in der dreiteiligen Liedform mit veränderter Reprise komponiert, der eine elftaktige Coda folgt:

A: T. 1–47
B: T. 48–67
A': T. 68–108
Coda: T. 109–119

Der erste Teil beginnt in c-Moll und geht in die Paralleltonart Es-Dur über. Der kurze Mittelteil erscheint in es-Moll und moduliert zur Haupttonart c-Moll, die mit dem Einsatz der Reprise des ersten Teils gefestigt wird. Das Stück endet jedoch in C-Dur, das durch die Auflösung der Vorzeichen in T. 98 kenntlich gemacht wird. So werden vier Tonarten in der Komposition verwendet, wodurch größere musikalische Veränderungen bzw. Gegensätze zu erwarten sind. Diese Erwartung wird jedoch infolge einer schrittweise vollzogenen Variantenbildung nicht erfüllt.

4.2.8.1   Teil A (T. 1–47)

Der zu wiederholende A-Teil läßt sich harmonisch in zwei Abschnitte (c-Moll, Es-Dur) unterteilen:

Erster Abschnitt: T. 1–16
Zweiter Abschnitt: T. 17–47

Erster Abschnitt (T. 1–16)

Der erste Abschnitt stellt zuerst einen achttaktigen Satz als das Thema des Stückes vor, der im Folgenden in einer harmonischer Variante wiederaufgegriffen wird. Er beginnt in der linken Hand auftaktig mit der Tonwiederholung des *g* in zwei Sechzehnteln. Mit dem Einsatz des 1. Taktes springt der Ton dann zum Tonika–Grundton *c* ab. Während der Grundton bis zum dritten Achtel des 2. Taktes wie ein Orgelpunkt erhalten bleibt, imitiert die rechte Hand zweistimmig den Sechzehntel–Rhythmus und geht dann in sechs Achtel über. Die Achtel in Zweiklängen sind im ganzen nach unten gerichtet, werden jedoch in Pendel–Bewegung geführt, was eine beruhigende Stimmung auslöst. Dies wird durch die zurückgenommene Dynamik (*Decrescendo*) gefördert. Den Takten 1–2 liegt die Akkordbrechung zugrunde, die zuerst im Tonika–Nonenakkord ansetzt und ohne dessen Auflösung auf den Dominant–Septakkord zielt, der im zweiten Viertel des 2. Taktes auftritt. So ist das zweite Achtel des Taktes als doppelter Vorhalt zu deuten.

Die folgenden beiden Takte sind eine Wiederaufnahme des ersten Zweitakters, indem sie sich von der Tonika zur Doppeldominante bewegen, die im letzten Achtel des 4. Taktes als Septakkord erscheint. Sie wird ebenso mit Vorhaltstönen eingeleitet, b^1 als Sextvorhalt und es^2 als Nonenvorhalt. Im Gegensatz zur übergebundenen Halben des 1. Taktes springt der Baß in T. 3 zwei Oktaven hinauf. Weil er danach zum Grundton der Doppeldominante abspringt, erklingen die Takte 3–4 rhythmisch bewegter als der Themenkopf.

In harmonischer Hinsicht stellt der zweite Zweitaker ebenfalls eine Steigerung dar, indem die beiden Vorhaltstöne in der Melodiestimme nacheinander zwischen den Takten 3–4 verwendet werden und damit den Dissonanzgrad zusätzlich[48] erhöhen. Dadurch wird der harmonische Übergang verschwommen, wenn auch der Grundton der Doppeldominante in T. 4 stets präsent bleibt. Dies wird durch den zweimal auf schwacher Zählzeit ansetzenden Bindebogen über den sechs Achteln des oberen Systems gleichfalls unterstützt. Der erste Bindebogen tritt im letzten Achtel des 3. Taktes mit der Vortragsbezeichnung *tenuto* auf, wodurch die verzögerte Auflösung der Vorhaltstöne deutlich beabsichtigt erscheint.

Die Oberstimme setzt in T. 3 in der Unterterz des 1. Taktes ein, so daß im viertaktigen Vordersatz insgesamt eine absteigende Kontur zu verzeichnen ist.

Der Nachsatz steht in seiner aufsteigenden Melodie dem Vordersatz gegenüber, bleibt aber harmonisch in der Dominante. Somit wird die Doppeldominante des 4. Taktes regelrecht zur Dominante fortbewegt. Sie wird in den Takten 5–6 durch den unaufgelösten Quartvorhalt getrübt. wobei der Anfangsrhythmus der beiden Sechzehntel nun mit einem Viertel verknüpft zweimal aufgegriffen wird. Während sich der Dominant–Septakkord von T. 7 an durch die Auflösung des Quartvorhalts zur Terz deutlich herauskristallisiert, werden die beiden Sechzehntel mit einem Achtel verbunden dreimal eingesetzt. So beschleunigt sich der Bewegungsfluß im Nachsatz, was der sich öffnenden Funktion des Satzes dient. Durch die Erweiterung der Stimmen ist der Nachsatz gegenüber dem Vordersatz auf Steigerung angelegt. Er korrespondiert jedoch durch das wiederholte Einsetzen der Vorhaltstöne mit dem Vordersatz.

Der zweite Achttakter des ersten Abschnitts bleibt im Rhythmus des Themas bestehen. Nachdem die ersten beiden Takte des Themas notengetreu wiederaufgenommen

---

[48]Der Dissonanzwert wird durch den Baßsprung im letzten Achtel des 3. Taktes bereits herausgestellt.

wurden, setzt im dritten Takt (T. 11) nicht die Doppeldominante wie in T. 3, sondern die Subdominante ein, die dann in die Wechselsubdominante übergeht. Also verweilt der zweite Achttakter des ersten Abschnitts (T. 9–16) in der Subdominant–Region und kontrastiert damit zum Thema, das sich ausschließlich in der dominantischen Zone befindet. Trotz der veränderten Harmonik von der Doppeldominante zum Subdominant–Septakkord wird in T. 12 die Oberstimmenmelodie des 4. Taktes außer dem dritten Achtel beibehalten. Die bereits im Thema angelegte Steigerung wird im zweiten Themenanlauf durch den *Sforzato*–Einsatz und das *Crescendo* verstärkt.

Zweiter Abschnitt (T. 17–47)

Der zweite Abschnitt besteht aus der zweimaligen Fortführung des Themas. Die erste Fortführung reicht von T. 17–33 und die zweite von T. 33–47.

Die erste Fortführung läßt sich in 8 + 9 Takte gruppieren. Der erste Achttakter setzt nach dem *Crescendo* am Ende des ersten Abschnitts im f ein, wodurch der fortschreitende Zug des ersten Abschnitts weitergeführt wird. Der erste Achttakter (4 + 4) greift zunächst den Rhythmus der Takte 1–2 auf, wobei die Melodie jedes viertaktigen Glieds mit der Schrittbewegung beginnt. Sie wird im unteren System verdoppelt, so daß eine klare Melodielinie zu hören ist. Daher tritt der Achttakter kontrastierend zum Themenanfang mit der Pendel–Bewegung auf. Die Melodieschritte entstammen jedoch wiederum dem Vordersatz des Themas, in dem die Oberstimmenlinie der Achtel von g^2 bis d^2 abwärtsgeführt wurde. Der Sekundgang scheint durch das erste Achtel des 19. Taktes auf f^2 zunächst unterbrochen zu sein, das durch einen Quartsprung erreicht wird. Er ist aber als Fortsetzung von es^2 des 18. Taktes anzusehen. Die schon eingesetzte Abwärtsbewegung der Oberstimme gelangt weiter über b^2 zu a, das dann infolge der Modulation nach B-Dur wieder zum Grundton b geführt wird. Die zweite Hälfte des Achttakters (T. 21–24) ist eine Transposition dieser vier Takte in die Oberquarte, so wird nun die neue Tonart des zweiten Abschnitts Es-Dur gefestigt. Dabei wird das erste Achtel des 21. Taktes zusammen mit dem Auftakt der beiden Sechzehntel für eine größere Klangfülle in die Unterquinte versetzt, um dem folgenden Neuntakter im f gerecht zu werden.

Der Neuntakter tritt im diastematischen Höhepunkt in dieser Fortführung ein, wobei das neue Punktierungsmotiv in den Takten 25–27 dreimal hintereinander eingesetzt wird. Währenddessen wird die neue Tonart Es-Dur durch die Anwendung von drei Hauptharmonien noch einmal befestigt. Das Punktierungsmotiv stammt aus dem Rhythmus von T. 19 , wo das zweite Achtel in Sechzehntel und Sechzehntelpause aufgeteilt wird. So wird das neue Punktierungsmotiv in allmählichem Prozeß entwickelt und in dreimaliger Wiederholung verselbständigt. Die Noten des 19. Taktes sind mit *Staccato* versehen und unterstreichen dadurch die künftige Bedeutungsschwere der rhythmischen Veränderung innerhalb der Phrase. Die Takte 25–28 heben sich innerhalb der Fortführung auch durch die aufeinanderfolgenden Sprünge in der Oberstimmenmelodie ab. Die Dominante des 27. Taktes mündet in den verminderten Septakkord auf *e* in p und *Ritardando*, wodurch eine Zäsur gebildet wird.

Während die Takte 17–24 aus dem Vordersatz des Themas entwickelt sind, wird der Neuntakter der ersten Fortführung auf den Nachsatz zurückgef—„uhrt, indem der Oberstimmenrhythmus der Takte 7–8 ab T. 29 zweimal ins untere System aufgenommen wird.

Die letzten fünf Takte der ersten Fortführung des Themas (T. 29–33) beginnen, den verminderten Septakkord des 28. Taktes auflösend, mit der Subdominantparallele. Nach der Tonika gelangen die ersten beiden Takte analog zum Ende der ersten Viertaktgruppe (T. 27–28) wieder zum verminderten Septakkord auf *e*, wobei die melodische Schrittbewegung [49] ebenfalls beendet wird. Bei der Wiederaufnahme des Zweitakters steht der verminderte Septakkord auf *a* und löst sich dann in T. 33 zum Dominant–Septakkord (B-Dur) auf. Somit bleibt die erste Fortführung zur folgenden hin geöffnet.

Während im Fünftakter der ersten Fortführung die in T. 24 etablierte Tonart Es-Dur durch die häufige Einschaltung des verminderten Septakkords abgeschwächt wird, bildet die zweite Fortführung des Themas (T. 34–47) durch Harmoniewechsel von Tonika und Dominante und Orgelpunkt auf *es* einen Kontrast.

Die zweite Fortführung besteht aus 8 + 6 Takten. Die ersten acht Takte sind an den Achttakter der ersten Fortführung angelehnt. Sie treten mit der Melodie aus den

---

[49] Der Septabsprung in der Mitte des 29. Taktes ist als eine Heterolepsis zu interpretieren.

Takten 17–18 auf, wonach dann das Sprungmotiv aus den Takten 25–28 im beibehaltenen Rhythmus anklingt. So werden hier Elemente aus der ersten Fortführung auch zusammengefaßt. In der Unteroktave wiederholt der zweite Viertakter den ersten im p.

Als Anhang des Achttakters greifen die letzten sechs Takte des A-Teils nur das Sprungmotiv der Takte 40–41 wieder auf und verebben ohne weitere motivische Anklänge über dem Bordun–Baß auf *es*. Somit wird in der zweiten Fortführung des Themas der Nachsatz ausgelassen, und gleichzeig tritt ein scheinbarer Stillstand in der thematischen Entwicklung auf. Der Bordun–Baß enthält jedoch das neue Element der Synkopen, die im B-Teil eine wichtige Rolle spielen.

4.2.8.2   Teil B (T. 48–67)

Der B-Teil ist im oberen bzw. unteren System mit fortlaufenden Sechzehnteln versehen, die als Fortsetzung der zwei Auftakt–Sechzehntel zu Beginn des Stückes interpretierbar sind. Diese Sechzehntelnoten partizipieren sowohl an der Melodiebildung als auch an den Begleitfiguren. Sie dringen über diesen Mittelteil hinaus in die Reprise bis zum Takt 83 vor. Der B-Teil kontrastiert zum A-Teil durch seine Thematisierung der Synkopenbildung, die am Ende des A-Teils auf den Achteln auftraten. Während der A-Teil von der thematischen Gestalt weggeführt wird, zielt B-Teil auf die Wiederherstellung des Themas, die erst mit dem Einsatz der Reprise vollzogen ist. Der B-Teil läßt sich in zwei Abschnitte gliedern:

Erster Abschnitt: T. 48–59
Zweiter Abschnitt: T. 60–67

Erster Abschnitt (T. 48–59)

Diese zwölf Takte sind aus 5 + 7 Takten unregelmäßig gebaut. Durch die im *Marcato* einsetzenden beiden Sechzehntel im *Staccato* kündigt sich der Beginn des B-Teils an. Nach der eintaktigen Sechzehntel–Pendelbewegung als Introduktion wird die an den zweiten Abschnitt des A-Teils erinnernde Schrittmelodie in das Punktierungsmotiv der Takte 49–50 hineingebracht, worauf sich die absteigenden Arpeggien der folgenden beiden Takte anschließen. Als neues Element tritt dabei die synkopische Akzentsetzung auf dem letzten Sechzehntel des 49. Taktes auf.

Diese Akzentuierung gegen die Zählzeit wird in den Takten 53–56 (2 + 2) verdoppelt (auf dem vierten und siebenten Sechzehntel) eingesetzt und mit einem eintaktigen Sechzehntel–Arpeggio zweimal abgewechselt. So lassen sich die Takte als eine gedrängte Abspaltung der Takte 49–52 auffassen. Weil der akzentuierte Ton jeweils auf einer Tonstufe (d, as) liegt, wird der unregelmäßige Rhythmus deutlich hervorgehoben, durch den die weitertreibende Kraft entsteht. Als Gegensatz dazu wird der Rhythmus des Vordersatzes des Themas im Baß der Takte 56–57 zurückgebracht, nachdem zweimal der Anfangsrhythmus ♪♪♪ zwischen den Takten 52–53 und 54–55 Anlauf genommen hatte. Der erste Abschnitt endet mit den abwärtsgerichteten Sechzehntel–Arpeggien unter der aufsteigenden Viertel–Oberstimmenmelodie, die zu den beiden Vortragsangaben *Crescendo* und *Stringendo* beiträgt.

Zweiter Abschnitt (T. 60–67)

Der achttaktige zweite Abschnitt ist auch unregelmäßig aus 3 + 5 Takten gebaut. Diese Taktgruppen lassen sich auf die beiden des ersten Abschnitts zurückführen und sind somit als ihre Verkürzungen anzusehen. Indem der Dreitakter in der Obersekunde der Takte 48–50 auftritt, wird im zweiten Abschnitt des B-Teils die Modulation nach c-Moll eingeleitet, das nach dem Wechsel der Doppeldominante und Dominante in den Takten 63–67 in der Reprise vollzogen wird.

Über diesem Harmoniewechsel wird das betonte Synkopenmotiv analog zu den Takten 53–56 vom letzten Sechzehntel des 61. Taktes an zweimal mit einem regulären Takt verknüpft aufgegriffen, der den Sechzehntel–Auftakt beibehält. Beim letzten Mal wird der Takt ohne Synkopen auf zwei Takte erweitert und korrespondiert mit dem Einleitungstakt (T. 48 bzw. 60), wodurch die geradtaktige Gestaltung des zweiten Abschnitts ermöglicht wird.

4.2.8.3   Teil A' (T. 68–108) und Coda (T. 109–119)

Die veränderte Reprise des A-Teils besteht auch aus zwei Abschnitten. Der erste Abschnitt (T. 68–83) wird durch die Sechzehntel–Begleitfiguren belebt, die überwiegend in höherer Tonlage eingesetzt werden. So wird die Melodie meistens in die linke Hand verlegt. Weil die Modulation entfällt, wird der zweite Achttakter des ersten Abschnitts, also die Variante des achttaktigen Satzes einer Abwandlung unterzogen. So bleibt der Nachsatz der Takte 80–83 im Tonikagegenklang, wobei die rechte Hand im Gegensatz zum A-Teil eine absteigende Dreiklangsmelodie ausprägt. Sie korrespondiert mit der aufwärtsgerichteten Oberstimmenlinie der Takte 74–75 und signalisiert den Abschluß des ersten Abschnitts.

Im zweiten Abschnitt der Reprise wird die zweite Fortführung des Themas ausgelassen. Stattdessen wird der Vordersatz der ersten Fortführung in den Takten 84–108 über sechzehn Takte (8 + 8) lang fortgesponnen. Dabei findet die Modulation zur Varianttonart C-Dur statt, die ab T. 98 durch die fehlenden Vorzeichen erkennbar wird. Diese Tonart kündigt sich in den Takten 92–97 durch den Orgelpunkt auf c an. Die beiden Achttakter werden durch die absteigende Baßlinie von $as–d$ in den Takten 88–96 miteinander verknüpft. Der auf den Nachsatz des Themas zurückzuführende Neuntakter (T. 25–33) erscheint dann aufgrund der Modulation in die Unterterz versetzt, womit die Reprise abgeschlossen ist. Diese Transposition erfolgt aber nicht notengetreu, so wird in T. 105 der Baß des 103. Taktes wiederholt. Dadurch bildet sich eine chromatische Baßlinie zwischen den Takten 104 und 105, wenngleich sie in Oktavversetzung vollzogen wird. Ihr Pendant ist in den letzten beiden Takten der Reprise zu finden: Die Quinte der linken Hand wird in T. 108 chromatisch erreicht. Die beiden chromatisch abwärtsgeführten Akkorde der rechten Hand erfolgen ohne Pausen. Durch das Herausstellen der Chromatisierung wird die Dominante am Ende der Reprise spannungsreicher. Mit dem Einsatz der Coda in der Tonika löst sich die Erwartung der Auflösung ein.

In der Coda wird das achttaktige Thema modifiziert wiederaufgenommen. So erscheinen im oberen System des ersten Zweitakters statt der Achtel–Pendelbewegung chromatisch absteigende Viertel. Sie werden in einem Achtelabstand in den Mittelstimmen erwidert, wodurch der Anfangsrhythmus des Themas im oberen System zurückkehrt. Durch das Abspalten des Rhythmus ins untere System wird die gesamte rhythmische Struktur verdichtet. Nach einer Wiederholung dieser Takte in der Unteroktave erscheint als Nachsatz zweimal der Rhythmus der Takte 5–6 im Wechsel von Tonika und Dominante. Die Dominante ist jedoch durch das Fehlen der Terz unvollständig, und die erhöhte Quinte korrespondiert mit den Vorhaltstönen des Themenbeginns, welche die Auflösung erwarten ließen. Im letzten Achtel des 117. Taktes treten Terz und Quinte der Dominante verspätet ein und bilden den Anfang der abwärtsgeführten Zweiklänge in Achteln. Ihr Gegenstück erscheint gleichzeitig im oberen System, bevor das Stück auf einer Halben in der Tonika endet. Während der achttaktige Satz des Themas rhythmisch steigernd angelegt war, kehrt die Coda somit zum Achtel–Anfangsrhythmus zurück. Weil die linke Hand ab T. 113 den Baßrhythmus der Takte 1–2 übernimmt, und das Stück im *Lento* schließt, liefert die Coda ein rhythmisch gegensätzlich gebautes Gebilde im Vergleich zum Thema.

Das Stück zeichnet sich gegenüber den übrigen Kompositionen der Sammlung "Präludien„durch die umgekehrt gebildete Melodielinie des Themas ab, die hier zuerst absteigend und dann aufsteigend gerichtet ist und somit die Vortragsbezeichnung *comodo* begründet. Auch in dieser Komposition ist die Variantenbildung des thematischen Materials als Gestaltungsmittel ausschlaggebend. Während sie sich im A-Teil mehr an der Harmonik und dem Intervallverhältnis orientiert, wird im B-Teil das rhythmisch–metrische Element durch die Synkopenbildung berücksichtigt. Über die mehrfachen Veränderungen des tonalen Zentrums wird in dieser Komposition das Thema verschiedentlich fortgesponnen, wobei das neue Element schrittweise miteinbezogen wird. Das Stück läßt sich durch das "gemächliche„Fortspinnen des Themas charakterisieren.

4.2.9 Präludium op. 9, Nr. 9

Das zweite Heft der „Präludien" wird mit *Allegro ma non troppo* eröffnet. Das dreiteilig gebaute Stück in B-Dur beginnt mit einem ununterbrochenen Viertelrhythmus im 4/4-Takt, der marschähnlich klingt. Durch ein Wiederholungszeichen hebt sich der A-Teil auch optisch vom Mittelteil ab. Der Mittelteil in der Paralleltonart g-Moll

setzt in einer Variante des ersten Teils ein, an den sich die kontrastierende Achtelbewegung in gebrochenen Akkorden anschließt. Das Stück endet mit der veränderten
Reprise des ersten Teils. Es gliedert sich so folgendermaßen:

A: T. 1–26

B: T. 27–62

A': T. 63–97

4.2.9.1   Teil A (T. 1–26)

Der A-Teil läßt sich in zwei Abschnitte unterteilen:

Erster Abschnitt: T. 1–9

Zweiter Abschnitt: T. 9–26

Der erste Abschnitt reicht von T. 1 bis zum ersten Viertel des 9. Taktes und stellt das
Thema des Stückes vor. Der zweite Abschnitt setzt im zweiten Viertel des 9. Taktes
ein und variiert das Thema in zweifacher Länge mit achtzehn Takten. So erhält der
ganze A-Teil Geradtaktigkeit.

Erster Abschnitt (T. 1–9)

Das Thema ist ein neuntaktiger Satz (4 + 5), der aus den ersten beiden Takten im
Prinzip der permanenten Abwandlung erwächst. Das Thema beginnt volltaktig auf
dem Grundton b mit einer liegenden Oktave, die bis zum ersten Viertel des 2. Taktes
andauert. Währenddessen setzt die Mittelstimme als Melodie in einer absteigenden
Tonleiter von g^1 bis d^1 im *Staccato* ein. Diese Melodiestimme in Vierteln wird in
der Unterdezime vom Baß parallelisiert, so daß die absteigende Tonleiterbewegung
deutlich hervortritt.

In den zweiten und dritten Vierteln des 2. Taktes wird die liegende Oktave nun auch
im *Staccato* auf die fünfte Stufe verlegt, wobei die Melodie der Mittelstimme auf zwei
Achteln und einem Viertel chromatisch aufsteigt. Damit vollzieht das Grundmotiv
des Stückes eine melodisch ab- und aufsteigende Bewegung.

Der zweite Zweitakter (T. 3–4) ist eine Variante der Takte 1–2. Er setzt auftaktig im vierten Viertel des 2. Taktes ein, indem die beiden vorangegangenen Viertel desselben Taktes aufgegriffen werden. Dabei sind die Stimmen vertauscht. So wird die Drei–Tonfolge des oberen Systems c^1–cis^1–d^1 vom Baß imitiert, während die rechte Hand die Baßtöne a–b übernimmt. Die Oberstimme erreicht auf der punktierten Halben des 3. Taktes den Grundton, mit dem das Stück als liegender Oktavklang seinen Anfang nahm.

Die Mittelstimme bewegt sich hier auch ab– und aufwärts wie in den Takten 1–2, jedoch rhythmisch in T. 4 durch das punktierte Viertel abgewandelt. Diese Modifizierung entsteht durch die Überbindung des ersten Viertels des 2. Taktes zum folgenden Achtel. Die aufsteigende Melodie dieser Mittelstimme umfaßt eine kleine Terz als Vergrößerung der großen Sekunde in T. 2.

Die Viertelbewegung wird bereits im letzten Viertel des 3. Taktes durch die Oberstimme unterbrochen, weil das Viertel in zwei Achtel aufgelöst wird. Die Oberstimme der Takte 3–4 bleibt somit nicht mehr als liegende Stimme erhalten. Vom letzten Viertel des 3. Taktes an erscheint sie als Kontrapunkt zur Mittelstimme in Gegenbewegung. Rhythmisch ist sie auch selbständig, da sie neue Notenwerte (Halbe und punktierte Halbe) enthält.

Der Baßgang dieser Takte beruht auf dem ersten Zweitakter und verharrt in Viertelbewegung.

Die Takte 5–7 unterscheiden sich von den übrigen Takten des Themas außer ihrer Ungeradtaktigkeit dadurch, daß sie nicht mehr auf der Schrittbewegung, sondern auf Intervallsprüngen basieren. Die Oberstimmenmelodie bewegt sich zwischen zwei Tönen c–es, die auch in Oktavversetzung erscheinen. Das Intervall der kleinen Terz läßt sich auf die nach oben gerichtete Mittelstimme in T. 4 zurückführen, die ebenso die kleine Terz e–g umschloß.

Während die ersten beiden Zweitakter im harmonischen Wechsel von Tonika und Dominante bzw. Doppeldominante stehen, bewegen sich diese Takte ausschließlich in der Dominante. Weil die letzten beiden Takte des Themas einen Kadenzvorgang darstellen, heben sie sich ebenso durch ihr harmonisches Stagnieren heraus. Das anfängliche Pendeln im Baß zwischen zwei Tonstufen (f–c) unterstreicht diesen Zustand.

Nachdem in T. 7 der Spitzenton c^3 erreicht wurde, schließt sich wieder die absteigende Tonleiter in Vierteln des Grundmotivs an, womit das Thema des neuntaktigen
Satzes in sich geschlossen wird.

Zweiter Abschnitt (T. 9–26)

Der zweite Abschnitt besteht aus 8 + 10 Takten. Die Halbsätze des Themas sind also
jeweils auf doppelte Takte ausgedehnt. Der Vordersatz tritt im zweiten Viertel des
9. Taktes ein, verschränkt mit dem letzten Takt des Themas. Der erste Zweitakter
des zweiten Abschnitts ist eine notengetreue Wiederholung der Takte 1–2. Die Takte
3–4 werden auf sechs Takte erweitert, indem die Oberstimme als Melodie Oberhand
gewinnt und ihre auf– und absteigende Linie fortspinnt. Dabei setzt die Modulation
nach F-Dur ein, die erst im Nachsatz gefestigt wird. Nach der Tonwiederholung auf
d^1 wird in der Oberstimme die F-Dur–Tonleiter aufwärts bis zum c^2 im ersten Viertel
des 13. Taktes im Rhythmus ──♩♩ ♩── exponiert. Somit bricht eine drängende
Stimmung ein, die durch das *Crescendo* unterstützt wird.

Nach einem Septsprung erreicht das zweite Viertel des Taktes den Spitzenton des
Vordersatzes (b^2), der jedoch durch die Oktavversetzung in der Abwärtsbewegung
erzielt wird. Zusammen mit dem folgenden Viertel erhält der Ton einen Akzent,
wobei der Takt selbst nach dem *Crescendo* im ff den dynamischen Höhepunkt des
ersten Teils manifestiert.

Die erste abwärtsgerichtete Viertongruppe der Oberstimme b–a–g–f wird im Folgenden zur Krebsumkehrung auf d verarbeitet und anschließend zweimal wiederholt.
Somit ist das Tonmaterial von F-dur außer dem Leitton komplett in der Melodie zu
hören.

Bei der letzten Wiederholung wird die zweite Viertongruppe allerdings variiert, indem der dritte Ton b^1 im letzten Viertel des 16. Taktes mit dem f^1 vertauscht wird.
In diesem Viertel setzt der Nachsatz auftaktig ein, so daß die beiden Halbsätze ineinander übergehen.

In der Parallelbewegung unterstützt der Baß die Oberstimme. Durch diese Abwärts-

.

führung in Tonleitern im Viertelrhythmus werden die letzten beiden Takte des Themas inhaltlich bereits im Vordersatz eingerahmt. Somit erhält der Vordersatz trotz
der Verzahnung mit dem Nachsatz einen selbständigen Charakter, der diesem erweiterten Abschnitt einen Ruhepunkt verschafft.

Der Nachsatz des zweiten Abschnitts setzt sich aus 4 + 6 Takten zusammen. Der
Viertakter aus 2 + 2 Takten ist aus den Takten 5–6 entwickelt. Diesmal sind an der
Gestaltung der Oberstimmenmelodie zwei Töne im Abstand von einer großen Terz
f–a beteiligt. Anders als dort werden die Töne aufsteigend in der Akkord–Begleitung
von Doppeldominante und Tonika dargestellt. Durch den harmonischen Wechsel wirken die Takte aufgelockert. Diese Stimmung fördern ebenfalls die Vorschlagsnoten
der Takte 18 und 20.

Die folgenden sechs Takte, die den A-Teil abschließen, bestehen aus drei Zweitaktern. Der erste wird in der Unteroktave wiederholt und bringt im gleichmäßigen
Viertelabstand die Melodie der Tonleiter wieder, die allerdings in einer Mittelstimme versteckt gehalten ist. Indem er nach F-Dur kadenziert, weist der erste Zweitakter
f^2–es^2–d^2–des^2–c^2–b^1–a^1 auf. Das kontrastierende Sprungmotiv (T. 17–20) wird somit „scherzhaft" annulliert.

Zusammen mit dem Auftaktviertel wird in den letzten beiden Takten des A-Teils auf
das zweite und dritte Viertel des 24. Taktes humoristisch zurückgegriffen, indem die
Chromatik d–des–c in den beiden Händen abwechselnd erscheint. Durch den harmonischen Wechsel von Dominante und Tonika bestätigt der Zweitakter die neue
Dominant–Tonart F-Dur noch einmal und verlängert den Nachsatz auf zehn Takte.

4.2.9.2   Teil B (T. 27–62)

Die eindeutig erreichte F-Dur–Tonart am Ende des A-Teils wird gleich mit dem
Einsetzen des B-Teils verleugnet, da er mit der Mollonika beginnt und vom T. 30 an
durch das fis auf g-Moll hinweist.

Der geradtaktig gebaute B-Teil läßt sich in zwei Abschnitte gliedern:

Erster Abschnitt: T. 27–42

Zweiter Abschnitt: T. 43–62

Der erste Abschnitt ist eine weitere Variante des Themas, die also an den zweiten Abschnitt des A-Teils angelehnt ist, wobei sich jeder Halbsatz über acht Takte erstreckt. Der zweite Abschnitt befreit sich von der Verbundenheit mit dem Thema und stellt den eigentlichen Kontrast zum A-Teil durch die aufsteigende Achtel–Arpeggien her, die sich durch ihre fließende Bewegung vom Marschrhythmus des A-Teils abheben.

Erster Abschnitt (T. 27–42)

Die ersten acht Takte des B-Teils sind in zwei Viertakter zu gliedern, die jeweils auf– und absteigende Bewegung aufweisen und damit auf die Takte 11–14 zurückgreifen. Die Takte 27–28 beginnen mit dem Oberstimmenrhythmus von T. 11 und werden dann mit den Vierteln verknüpft, wobei vier Töne im Ganztonschritt aufwärts von f bis h als Melodie erscheinen. Der Zweitakter wird in den folgenden beiden Takten (T. 29–30) in die Oberquinte transponiert, so daß eine ununterbrochene Aufwärtsführung in der Tonleiter von f bis fis über eine Oktave gebildet wird.

Die Takte 31–32 kadenzieren nach g-Moll, wobei die absteigende Oberstimmenmelodie c^3–b^2–a^2–g^2 des 32. Taktes ab dem zweiten Viertel des 31. Taktes vom Baß vorweggenommen wird. Da diese Takte in Analogie zum ersten Viertakter im Folgenden in die Unteroktave transponiert werden, erscheint diese Melodie in den Außenstimmen imitierend. Die Transposition vollzieht eine kleine Veränderung, so ist der Baß oktaviert und übernimmt im zweiten Viertel des 34. Taktes die zwei Achtel der Mittelstimme des 33. Taktes vor dem Erreichen des Grundtons von g-Moll. Dadurch wird die Kadenzierung nach g-Moll wirkungsvoller.

Der Nachsatz des ersten Abschnitts (T. 35–42) setzt jedoch wie der Vordersatz im f-Moll–Akkord ein und stellt zunächst einen dreifachen Quintfall abwärts dar, wodurch die ersten vier Takte zusammengehalten werden und die Tonart Es-Dur hervortritt. Während die Oberstimmenmelodie der Takteinheit 17–18 lediglich aus Intervallsprüngen besteht, werden in den Takten 35–36 die Sekundschritte eingeschlossen, die in den Achteln erscheinen. Dadurch nimmt die Oberstimme einen melodiös–anmutigen Charakter an. Diese Sanglichkeit steigert sich zusätzlich durch die Auslassung von Achtelpause und *Staccato*.

Nach der zweimaligen Sequenzierung dieser Takteinheit in der Untersekunde endet der erste Abschnitt mit der absteigenden Tonleiter–Melodie in Vierteln (as^2–g^2–f^2–es^2–d^2–c^2), wodurch die Grundstimmung des Stückes zurückgeholt wird. Der erste Abschnitt endet im Trugschluß von Es-Dur.

Zweiter Abschnitt (T. 43–62)

Hierauf schließt sich der zweite Abschnitt an, der mit dem aufsteigenden gebrochenen verminderten Septakkord auf *fis* beginnt. Das Arpeggio tritt im gleichmäßigen Achtelrhythmus auf, so daß der erste Zweitakter ein neues Element mit sich bringt. Die folgenden beiden Takte stehen in der Transposition der Schlußtakte des ersten Abschnitts (T. 41–42) in die Oberquinte als Reminiszenz an die Tonleiter–Melodie und den Viertelrhythmus. Dabei setzt die Tonart g-Moll des zweiten Abschnitts ein. Der zweite Abschnitt des B-Teils besteht aus fünf Viertaktern. Nachdem im ersten Viertakter das neue musikalische Element, Achtelrhythmus und Dreiklangsbrechung, vorgestellt wurde, wird es im Folgenden fortgesponnen. Der zweite und dritte Viertakter gehört durch die aufsteigende Achtelbewegung zusammen. Die beiden Viertakter sind auch durch den Baß miteinander verbunden, indem die Tonfolge von *cis–d–e* der ersten Achtel der Takte 47–49 im dritten Viertakter (T. 51–53) in der Oberterz versetzt erscheint.

Im Gegensatz zu diesen Viertaktern richten sich die Achtel des vorletzten Viertakters (T. 55–58) im abgeänderten Arpeggio im Wechsel von Dursubdominant–Nonenakkord (unter Weglassung des Grundtons) und Tonika nach unten. Im vierten Viertel des 56. Taktes setzt die Abwärtsbewegung in Achteln nach dem Intervallaufsprung um zwei Oktaven erneut ein und erstreckt sich über drei Oktaven.

Der letzte Viertakter des B-Teils steht weiter in der Subdominante. Als Übergang zum A'-Teil bringt er den bewegungsreichen B-Teil allmählich zum Stillstand. Er wird mit der Pendelbewegung der ersten beiden Takte in Halben eingeleitet. Sie ergibt sich in den beiden Händen aus dem Abstand einer verminderten Quinte, die aus der Terz und Septime der Subdominante entstanden ist.

Mit der anderthalb Takte anhaltenden liegenden Stimme auf *b* kündigen die letzten beiden Takte des B-Teils den Einsatz des A'-Teils an, der auch mit der liegenden

Oktave auf derselben Tonstufe beginnt. Der im Quartsextakkord eintretende A'-Teil wird zusätzlich durch den oberen Leitton im Baß des 62. Taktes vorbereitet.

4.2.9.3   Teil A' (T. 63–107)

Der A'-Teil gibt die beiden Abschnitte des A-Teils in der gleichen Länge mit sechsundzwanzig Takten wieder, wonach die Schlußfloskel das Stück beendet. Im Gegensatz zum A-Teil werden jedoch die Takte 9–10 ausgelassen, die den Themenanfang wiederholten, woraus die Ökonomie in der Formgestaltung zu ersehen ist. Dafür werden die letzten beiden Takte des Themas mit der absteigenden Tonleiter–Melodie (T. 69–70) weiter fortgesponnen, bis die Variante der Takte 3–4 in T. 73 eintritt. Diese Melodie in den abwärtssteigenden Sekundschritten wird mit einem Quartaufsprung zwischen dem zweiten und dritten Viertel des 69. Taktes eingeleitet, so daß sie sich in der Oberquarte von der Melodie der Takte 7–8 mit einem nachfolgenden Viertel bewegt. Dadurch endet das Thema nicht in der Tonika, sondern für die weitere Entwicklung offen in der Subdominante.

Diese Abwärtsbewegung der Oberstimme greift auf die Imitationstechnik der Takte 31–34 des B-Teils zurück, indem sie zusammen mit dem nun betonten Quartaufsprung in Engführung erscheint. So setzt im letzten Viertel des 70. Taktes diese Melodie auf *b* und dann im zweiten Viertel des folgenden Taktes ein. In diesem Einsatz geht die absteigende Viertelbewegung in die Mittelstimme über. Der Quartaufsprung in T. 73 schließt sich an die aufsteigende Oberstimmenmelodie der Takte 11–12 an, so daß die Zäsur zwischen den beiden Abschnitten im A'-Teil verwischt wird. Diesen verschleierten Einschnitt unterstreicht der ununterbrochen absteigende Baßgang in Vierteln der Takte 71–74 im Rahmen von zwei Oktaven.

Anders als im A-Teil tritt die neue Tonart F-dur nicht mehr auf. Der Vordersatz des zweiten Abschnitts endet in T. 78 im Trugschluß, nachdem die absteigende Viertongruppe der Oberstimmenmelodie der Takte 13–15 in die Obersekunde transponiert wurde. Der Nachsatz erscheint infolge der beibehaltenen Tonart in die Oberquarte transponiert. Während die letzten beiden Takte des A-Teils den Wechsel von Dominante und Tonika wieder aufgreifen, stehen die Takte 87–88 im Wechsel von Subdominante und Tonika.

Die Schlußfloskel ab T. 89 bekräftigt noch einmal die B-Dur–Grundtonart des Stückes durch die Harmoniefolge von Doppeldominante, Dominante und Tonika und übernimmt die Funktion einer Coda. Der Hauptrhythmus in Vierteln wird in der Coda aufgehoben, indem sie mit einem Sechzehntel–Oktavtremolo einsetzt, das in der linken Hand auf dem Grundton erscheint und damit an die liegende Stimme zum Beginn des Stückes erinnert.

Im übermäßigen Quintsextakkord der Takte 91–92 wird der Grundton als Orgelpunkt beibehalten. Die zwei Auftaktachtel der rechten Hand zum T. 91 und 93 setzen ebenfalls auf b^1 ein, wobei Septabsprung und nachfolgender Halbtonschritt wiederum auf den Grundton in T. 93 hinzielen.

In den letzten beiden Takten des Stückes wird die Viertelbewegung wieder in beide Hände zurückgebracht, und die musikalischen Elemente aus A- und B-Teil werden zusammengefaßt: Die aufsteigende Tonika–Dreiklangsmelodie der Oberstimme stammt aus gebrochenen Akkorden des B-Teils, während der linken Hand in der Gegenbewegung zur rechten Hand die Tonleiter–Melodie aus dem A-Teil zugrundegelegt ist. Die Melodie beginnt mit der vierten Stufe und wird zum Grundton abwärts geführt. Dadurch wird wiederum auf den von der Subdominante beherrschten B-Teil angespielt und die Stellung der Subdominante am Ende des Stückes noch einmal hervorgehoben, was zu den Merkmalen bei Schlußbildungen in Kirchners Werken zählt.

Das Stück unterscheidet sich von den anderen Kompositionen Kirchners insofern, als nicht der B-, sondern der A-Teil die kontrapunktischen Elemente enthält. Der A-Teil beginnt mit einem Satz, der ungeradzahlig aus neun Takten konstruiert ist und im Folgenden auf achzehn Takte erweitert variiert wird. Somit tritt hier der Wille zur streng strukturierenden Form hervor. Weil die Variante durch die Taktverschränkung mit dem Thema eintritt, bleibt die Gesamtlänge des Formteils A mit sechsundzwanzig Takten ebenfalls geradzahlig. Diese Absicht wird durch den volltaktig einsetzende Anfangstakt des Stückes unterstrichen, der vom gesammten Verlauf her jedoch als Auftakt der Einleitung auszudeuten ist. In diesem Stück kommt somit die Verschleierungstechnik, die sich auf die formale Struktur erstreckt, besonders zum Vorschein.

4.2.10   Präludium op. 9, Nr. 10

Das sanglich–fließende „Cantabile" in G-Dur ist ein feingesponnenes ätherisches
Stück, das *una corda* auszuführen ist. Demnach bewegt sich die Komposition dynamisch meistens im Bereich von pp bis p. Sie läßt sich in drei Teile gliedern, denen
die Coda folgt. Der erste Teil von T. 1–6 stellt das Thema des Stückes vor, das in den
folgenden beiden Teilen erweitert und variiert wird. Das Stück gliedert sich somit
wie folgt:

A: T. 1–6

A': T. 7–20

A": T. 21–32

Coda: T. 33–43

4.2.10.1   Teil A (T. 1–6)

Der A-Teil ist zweigliedrig. Das erste Glied erstreckt sich von den Takten 1–4, in
denen eine auf– und absteigende Oberstimmenmelodie in Vierteln dargestellt wird.
Die Melodie wird mit zweimaligen Arpeggien im harmonischen Wechsel von Tonika
und Dominante im unteren System begleitet.

Dieser Melodie selbst läßt sich zunächst kein tonales Zentrum zuordnen. Sie enthält
aber das vollständige, diatonische Tonmaterial der Grundtonart G-Dur, wobei der
Rahmen vom Grundton bis zur Terz chromatisch ausgefüllt wird.

Von den ersten sechs Vierteln der Oberstimme in den ersten beiden Takten ist zuerst
anzunehmen, daß es sich um eine a-Mol–Tonleiter handelt. Außer der sechsten Stufe
fis sind hier alle Töne von a-Moll präsent. Der Ton *fis* wird im zweiten Viertel
des 3. Taktes vor dem Grundton *g* eingefügt, durch dessen Doppelvorschlag (*fis–
a*) die aufwärtsgerichtete Bewegungstendenz der siebsten Stufe abgeschwächt wird.
Dadurch entsteht der charakteristische durchscheinende Zug des Stückes.

Der Anfangston *gis*[1] des Stückes ist im zweiten Viertel des 4. Taktes wieder erreicht,
um dann chromatisch zur dritten Stufe in T. 5 fortzuschreiten.

Das zweite Glied (T. 5–6) kontrastiert mit dem ersten durch seinen neuen punktierten Rhythmus. Dabei wiederholt sich die fünfte Tonstufe *d* in der Oberstimme

mehrmals, und die Arpeggio–Begleitachtel des unteren Systems verdoppeln die Töne in der Unteroktave. Somit wird die Grundtonart hier im Gegensatz zum ersten Glied auch melodisch bekräftigt.

Harmonisch bewegt sich das zweite Glied wie das erste zwischen Tonika und Dominante. Mit dem übermäßigem Dreiklang der Dominante öffnet sich T. 6 zum folgenden A'-Teil hin. Das erste punktierte Viertel des jeweiligen Taktes vollzieht mit seinem Halbtonschritt den chromatischen Themenbeginn nach.

Dieses zweite Glied des A-Teils umfaßt nur die Hälfte des ersten. Durch die gleiche zweimalige Auf– und Abwärtsbewegung der Begleitfigur entspricht es jedoch dem viertaktigen ersten Glied.

4.2.10.2   Teil A' (T. 7–20)

Die beiden Glieder des A-Teils sind im A'-Teil entsprechend ihrer Anlage erweitert: So erstreckt sich das erste Glied auf zehn Takte von T. 7–16 und das zweite auf vier Takte von T. 17–20.

Das erste Glied (T. 1–16) besteht aus zwei Gruppen, die jeweils eine Variante des Themenanfangs bilden. In der ersten Taktgruppe von T. 7–10 sind zunächst im unteren System die ersten neun Viertel der Takte 1–3 auf *cis* transponiert, wobei die letzten vier Viertel in Zweiklängen aufgegriffen werden. Somit wird die melodische d–Molltonleiter in den Takten 7–8 komplettiert.

Die Viertelbewegung der linken Hand wird ab T. 9 in der rechten fortgeführt. Dabei kehrt der Tetrachord aus zwei Halbtonschritten der Anfangsmelodie in T. 10 zusammen mit dem ersten Viertel des folgenden Taktes in der Oberterz als *h–c–d–es* zurück. Die zweimaligen Halbtonschritte des 9. Taktes bleiben durch ihren Intervallrahmen der kleinen Sexte, die den ersten sechs Vierteln der Takte 1–2 vor dem Quintaufsprung entspricht, mit dem Beginn des Stückes in Verbindung.

Die ersten vier Takte des A'-Teils sind durch die Anfangs–Baßtöne zusammengehalten, die den abwärtgerichteten Quartrahmen von *g* bis *d* ausfüllen.

Die zweite Taktgruppe des ersten Glieds (T. 11–16), aus drei Zweitaktern bestehend, kombiniert die melodische Kontur der Takte 1–4 mit dem oben genannten

Tetrachord. So setzt die Taktgruppe im ersten Zweitakter mit der melodischen Ur-
gestalt ein und stellt die auf– und abwärtsgerichtete Melodie zu Beginn des Stückes
verkürzt dar. Nachdem der Tetrachord auf h zweimal in den folgenden beiden Takten
aufgenommen worden ist, schließt das erste Glied des A'-Teils wieder mit der bo-
genförmigen Melodie ab. Der Spitzenton f^2 der Melodiestimme in T. 12 trifft mit dem
fis^1 aus der Begleitung zusammen und trübt den Klang des Dominant–Septakkords.
Er bildet mit dem folgenden Ton es^2 eine absteigende Sekunde, die bislang auch nur
im melodischen Höhepunkt zwischen den Takten 2–3 bzw. T. 8 erschienen war. Zusammen mit dem Ton d^2 werden somit in der ersten Phrase dieser Taktgruppe die
letzten beiden Töne der ab T. 13 auftretenden Viertonreihe (h–c–d–es) vorweggenommen. So hat der Querstand in T. 12 im strukturbildenden melodischen Verlauf
seinen Ursprung.

Der wiederholte Tetrachord ab dem zweiten Viertel des 14. Taktes wird statt von
der Mollsubdominante (T. 13) von dem Mollgegenklang von g-Moll harmonisiert.
Dadurch entsteht der Querstand mit h und b und korrespondiert mit T. 12.

Die Melodie der Takte 15–16 lehnt sich an den Tetrachord an, indem sie mit seinen
ersten beiden Tönen beginnt und mit seinem letzten Ton es endet. Durch den Querstand auf f und fis läßt sich T. 15 auch zu T. 12 in Beziehung setzen. Diese Takte
stehen in der Zwischendominante der folgenden Tonikaparallele B-Dur in T. 17, in
der das zweite Glied des A'-Teils eintritt.

Das zweite Glied (T. 17–20) setzt mit der in der Oberstimme der Takte 15–16 fehlenden Tonstufe aus der Viertonreihe d ein und gibt zunächst die Oberstimme der
Takte 5–6 in der Oberterz wieder. Als Abschluß des A'-Teils bringt das zweite Glied
den Halbtonschritt aus dem Themenkopf in Vierteln noch einmal herein. Im oberen
System erscheint er vom letzten Viertel des 19. Taktes an zweimal nacheinander,
während er im unteren System ab dem zweiten Viertel desselben Taktes ansetzt und
beim zweiten Mal ab dem letzten Viertel, durch einen Intervallsprung über eine Oktave getrennt, wie ein Echo erfolgt. Der dritte Einsatz im unteren System am Ende
des 20. Taktes ist eine chromatische Fortführung des zweiten Halbtonschritts und
mündet in die Begleitfigur des A"-Teils ein.

Der letzte Takt des A'-Teils steht in der Dominante wie der Schlußtakt des A-Teils

(T. 6) und bereitet den Eintritt der Tonika für den A"-Teil vor.

4.2.10.3   Teil A" (T. 21–32)

Der A"-Teil läßt sich in zwei Glieder (8 + 4) unterteilen. Die Oberstimme der Takte
1–4 wird in den ersten vier Takten des A"-Teils wieder aufgegriffen und gleichzeitig
in der ersten Hälfte kontrapunktiert. Der Quintsprung nach den ersten sechs Vierteln
tritt in der Hauptstimme nicht mehr ein, weil der Ton h schon vom zweiten bis zum
dritten Viertel des 22. Taktes als Kontrapunkt vorausgenommen wurde. Nach dem
folgenden großen Sekundschritt zum a^2 erscheint die ursprüngliche Melodie ohne
Gegenstimme. Somit bilden die zwei höchsten Töne auf h^2, a^2 im ersten Viertakter
des A"-Teils auch die Spitzentöne (s. T. 1–4).

In der zweiten Hälfte des ersten Glieds vom A"-Teil erscheinen die beiden Stimmen
in der Oberquarte, wobei die Viertelmelodie der Takte 23–24 in Achteln in einem
Takt (T. 27) abgebildet ist. Der Takt bildet im f den dynamischen Höhepunkt des
Stückes. Die Takte 25–27 werden stets von dem Zwischendominant–Septakkord der
Subdominante begleitet, die mit dem zweiten Glied in T. 29 eintritt.

Das zweite Glied (T. 29–32) erstreckt sich über vier Takte wie im A'-Teil. Enharmonisch betrachtet ist die Oberstimme der ersten beiden Takte aus einer Transposition
in die Oberquarte der Takte 5–6 gewonnen, wobei eine kleine Modifizierung eingeschlossen ist. Durch die Oktavversetzung wird also zwischen den Takten 28–29 ein
Halbtonschritt gebildet (f–e), dem ein weiterer Halbtonschritt (e–es) zwischen den
Takten 29–30 folgt. Dieser wurde bereits in den Vierteln des unteren Systems (T.
27–30) vorweggenommen und mit Akzentsetzungen geführt (a^1–as^1–g^1–g^1). Dadurch
wird das Element des Sekundschritts aus dem thematischen Gebilde vor dem Einsatz
der Coda unterstrichen. Gleichzeitig unterstützen die letzten beiden Viertel auf g^1
die Oberstimmenmelodie und somit den Grundton der Tonart G-Dur. Die Subdominante des 29. Taktes steht jedoch im folgenden Takt in Moll, um die g-Moll–Melodie
in den Takten 30–31 harmonisch vorzubereiten. Die nach oben gerichtete Melodie
aus der harmonischen Molltonleiter bildet mit g^4 den Gipfelton des ganzen Stückes.
Die ausgebliebene fünfte Stufe d wird dann zu Beginn der Coda in der linken Hand

miteinbezogen und durch den unteren Leitton eingeführt, der bereits den Baßton der Achtelbegleitung in T. 30 als chromatischen Übergangston bildete.

4.2.10.4 Coda (T. 33–43)

Die elftaktige Coda ist in zwei Glieder aus 4 + 7 Takten zu unterteilen. Sie ist aus einem Reduktionsprozeß der Anfangsmelodie des Themas gestaltet. Im ersten Glied wird die auf– und abwärtsgehende Melodiebewegung des A-Teils, der eine Mittelstimme als Kontrapunkt dient, zweimal verkürzt wiedergegeben.

Die Oberstimme setzt im Tonikagegenklang mit der chromatisch aufsteigenden Melodie ein, die den aus zwei Halbtonschritten zusammengesetzten ersten vier Vierteln des Themas entspricht. In T. 34 wird der Spitzenton wie in T. 2 nach einem Quintaufsprung als Sextvorhalt der Dominante erreicht, der sich im dritten Viertel zur Quinte auflöst.

Die Takte 35–36 sind den ersten beiden Takten der Coda entlehnt, der Quintaufsprung wird jedoch infolge der harmonischen Veränderung zur Dur–Tonikaparallele durch einen Sextaufsprung ersetzt.

Das in der Subdominante auftretende zweite Glied (T. 37–43) stellt zunächst nur die beiden Halbtonschritte aus dem Themenbeginn zweimal vor, die jeweils auf dem zweiten Viertel der Takte 37–38 einsetzen. Die chromatisch aufsteigende Melodie des ersten Glieds ist in T. 37 durch einen Terzsprung in der Mitte modifiziert. In T. 38 erscheint die Melodie des Themenkopfes wieder notengetreu. Diese Melodie wird in den Takten 41–42 in die Unterquarte versetzt und mit den Terzsprüngen kombiniert, nachdem in T. 40 das Motiv des Halbtonschritts ins untere System verlegt zweimal hintereinander (d^1–cis^1–c^1) aufgetreten ist. Somit wird der Quintsprung der Anfangsmelodie hierbei mitberücksichtigt. Zusammen mit dem folgenden Sekundschritt wird der melodische Umriß des Themenkopfes resümierend abgebildet. Diese Melodie wird von der Akkordbrechung der Subdominante im oberen System begleitet, wobei die erste Achtelnote das Subsemitonium modi fis^1 des 40. Taktes in der Unteroktave übernimmt. Sie wird in der zweiten Takthälfte zum Grundton aufgelöst, so daß das Motiv des Halbtonschritts aus dem Thema auch in den Begleitfiguren aufgegriffen wird.

.

Während die voraufgegangenen beiden Takte der Coda (T. 39–40) durch die wiederholten Baßtöne auf der Quinte *d* miteinander verbunden werden, stehen die beiden Takte über dem Tonika–Grundton als Orgelpunkt. Somit ist das fis^1 des 40. Taktes bereits im Baß des folgenden Taktes aufgelöst, wobei die oktavversetzte Übernahme des Tons in der Begleitfigur des oberen Systems als Zeichen des bewußten Einsetzens des Halbtonschritts zu interpretieren ist.[50]

Nach dem vorletzten Takt, in dem Tonika und Subdominante vermischt sind, klingt das Stück mit der Tonika in Terzlage aus, so daß der Spitzenton des Themenkopfes als Ganze noch einmal angeschlagen wird.

Das Stück *Cantabile* beginnt mit einer Melodie, die von der Dreiklangsbrechung begleitet wird. Sie besteht aus 4 + 2 Takten und ist nicht einem Satz oder einer Periode zuzuordnen. Die Idee bei der Melodiebildung scheint in der kompletten Verwendung des Tonleitermaterials der Grundtonart G-Dur zu liegen, die am Anfang durch den Tonleiterabschnitt von a–Moll getrübt wird. Diese Melodie wird dann in den folgenden Formteilen variierend erweitert. Diese Abwandlung beruht auf der Intervallkonstruktion der Themenmelodie, so wird die lineare Entwicklung hervorgehoben. Dementsprechend wird im A"-Teil die Melodie neben den Begleitachteln kontrapunktiert, so daß diese melodiebetonte Komposition eine polyphone Dimension erreicht. Das Stück verrät also wiederum die bevorzugte Gestaltungsweise Kirchners.

4.2.11 Präludium op. 9, Nr. 11

Das *Allegro brillante* in e-Moll basiert auf Zweistimmigkeit. Die obere Stimme der beinahe durchgängigen Sechzehntelfiguren, die einen großen Tonumfang beanspruchen, verleiht dem Stück einen glänzenden und virtuosen Charakter. Die Komposition bedient sich einer dreiteiligen Liedform mit angehängter Coda. Der durch einen Doppelstrich gekennzeichnete A-Teil stellt das Thema als achttaktige Periode vor. Der B-Teil greift auf ein Element des A-Teils, die chromatische Tonleiter, zurück und

---

[50]Clara Schumann beurteilt das Stück im Brief an den Komponisten „ganz reizend bis auf ein *Fis* am Schluß, das mir empfindlich." B. Litzmann (Hg.): Clara Schumann. 1920, Bd. 3, S. 59. Dabei muß ihr dieser Zusammenhang entgangen sein.

erweitert sie im folgenden Verlauf. Der dritte Formteil weist eine Synthese der ersten beiden Teile auf. Das Stück läßt sich folgendermaßen gliedern:

A: T. 1–8

B: T. 9–12

A': T. 13–22

Coda: T. 23–27

4.2.11.1 Teil A (T. 1–8)

Die achttaktige Periode des Themas besteht aus einem Vordersatz mit Dominantöffnung und einem Nachsatz mit Ganzschluß. Diese Modellhaftigkeit in der harmonischen Anlage ist für die Periodenbildung des Komponisten Kirchner untypisch. Der viertaktige Vordersatz trägt durch seine Binnenstruktur von $1 + 1 + 2$ Takten satzartigen Charakter. Der Nachsatz stellt eine Steigerung des Vordersatzes in Stimmen und Stimmumfang dar.

Das Stück entfaltet sich aus der Sechzehntel–Melodie des Anfangstaktes. Sie ist zweigliedrig: In ihrer ersten Hälfte erscheinen zweimal Intervallsprünge mit einem folgenden kleinen Sekundschritt, wohingegen die zweite Hälfte der Melodie auf einem abwärtsgerichteten Arpeggio beruht. Diese Sechzehntel–Melodie tritt in der Tonika mit einem Sextaufsprung auf, der nach einer Sechzehntelpause einsetzt. Im zweiten Viertel springt die Melodie, der die Tonrepetition auf *e* als Ansporn zur Vergrößerung dieses Sextsprungs in die Dezime dient, wobei die Harmonie von der Tonika zur Subdominante wechselt. Sie dauert bis zum Taktende an.

Nach einer notengetreuen Wiederholung des Taktes wird das Sprungmotiv in T. 3 abgespalten. Dabei wird das Sprungintervall im zweiten und letzten Viertel auf die Undezime bzw. Duodezime vergrößert, und der folgende kleine Sekundschritt jeweils durch einen Intervallabsprung ersetzt. In T. 4 bildet sich das absteigende Arpeggio des verminderten Septakkords in den drei Vierteln, wobei auch der Tonumfang der Oberstimme auf drei Oktaven erweitert wird. Vom melodischen Verlauf her ist also die Oberstimme von T. 1 in zwei Takte (T. 3–4) aufgespalten. T. 3 stellt jedoch im unteren System das neue Motiv eines Tonleiterabschnitts vom Grundton zur Sexte

in Oktaven vor. Es ist im Grund eine Weiterführung des kleinen Sekundschritts aus
T. 1, weil die dritte Stufe g dabei chromatisiert und demzufolge jede Zählzeit außer
der ersten durch einen Halbtonschritt eingeleitet wird. Gleichzeitig wird der Rahmen
von fis bis a chromatisch ausgefüllt. Diese Chromatik wird in der rechten Hand in
der Gegenbewegung beantwortet: In der ersten Hälfte des Taktes findet sich die chromatische Linie g–fis–f, die mit der ersten Sechzehntelnote im dritten Viertel auf e
einen Terzrahmen umschließt. In der zweiten Hälfte erscheint sie in der Oberquarte
als c^1–h–ais, und ihre Fortsetzung folgt in der ersten Sechzehntelnote des 4. Taktes
um eine Oktave höher versetzt als a^1.

Der harmonische Verlauf von der Tonika zur Unterquinte der Takte 1–2 wird in T.
3 beibehalten, so daß sich der Takt nicht nur motivisch, sondern auch harmonisch
auf T. 1 bezieht. Dabei bringen die beiden Hauptharmonien ihren Parallelklang,
so erscheint nach der Tonika die Tonikaparallele, genauso wie der Unterquinte die
Subdominantparallele folgt.[51]

Die Oberstimme des Nachsatzes ist um eine Oktave nach oben versetzt. Dabei wird
die zweite Sechzehntelnote der Takte 5–7 um eine Stimme angereichert, die in der
Oberterz über der ursprünglichen Melodie auftritt. Der Nachsatz erfüllt die Funktion einer klanglichen Steigerung des Vordersatzes. In der linken Hand der Takte
5–6 wird die Halbe über zwei Viertel geteilt, wobei das dritte Viertel als Zusammenklang der Subdominante betont wird. Vor dieser Akzentuierung bekommt das
erste Sechzehntel des zweiten Viertels im oberen System einen zusätzlichen Ton c^1.
Dadurch erscheint die Mollsubdominante schon im zweiten Viertel vollständig, so
daß der Harmoniewechsel zur Subdominante im Nachsatz bestimmter eintritt. Der
Nachsatz schließt mit der Tonika–Dreiklangsbrechung.

4.2.11.2   Teil B (T. 9–12)

Der viertaktige B-Teil besteht aus $1 + 1 + 2$ Takten wie die beiden Halbsätze des
Themas. Hier wird die Chromatik aus T. 3 aufgegriffen und in der linken Hand
abwärts und drei Takte lang über eine Oktave geführt. Dabei bewegt sich die Har-

---

[51]Dieses Phänomen wird im anschließenden B-Teil deutlicher.

monie konsequent im Terzabstand nach unten, wobei deren Zwischendominante eingeschlossen wird. So wird die Subdominante in T. 10 über den Tonikagegenklang in der zweiten Hälfte des 9. Taktes erreicht. In der Mollsubdominante beginnt T. 11 und geht im dritten Viertel in den Neapolitaner über. Mit der Wechselsubdominante im ersten Viertel des folgenden Taktes wird in der zweiten Hälfte des B-Teils der Subdominant–Bereich besonders herausgestellt, wobei sich die vierfache Kette im Terzabstand ergibt. Über die Doppeldominante endet der B-Teil auf dem Dominant–Septakkord.

Nach der Sechzehntel–Melodie läßt sich der B-Teil auch als eine Variante des Vordersatzes des Themas auffassen, weil der dritte Takt (T. 11) auch viermalige Sprungmotive ohne Arpeggiofigur aufweist. Das jede zweite Viertel der übrigen Takte von Teil B setzt mit einer Sechzehntelpause ein, wodurch der chromatische Baßgang deutlicher herausgestellt wird. Zusammen mit der dadurch entstandenen Kurzgliedrigkeit ruft der B-Teil somit eine emphatische Steigerung hervor. Dementsprechend sind die abwärtsgeführten gebrochenen Akkorde jeweils mit einer Vorschlagsnote eingeführt, die mit dem ersten Sechzehntel einen großen Intervallsprung nach sich zieht. Dabei bilden diese ersten betonten Sechzehntel–Anfangstöne der Arpeggien einen e-Moll–Dreiklang, der dem bewegteren und drängenderen B-Teil Halt gibt.

4.2.11.3   Teil A' (T. 13–22)

Der A'-Teil besteht aus 4 + 6 Takten und weist keinen periodischen Bau auf. Der erste Viertakter gibt den Nachsatz des Themas mit dem Ganzschluß in gesteigerter Form wieder. So erscheint die Oberstimme eine Oktave höher versetzt. Die linke Hand der Takte 13–14 greift auf den Rhythmus des 1. Taktes zurück und stellt eine Verbindung zum Vordersatz des Themas her. Dabei wird den Oktavzweiklängen die jeweilige Quinte hinzugefügt. Diese Zusammenklänge werden gemeinsam mit dem ersten und fünften Oberstimmen–Sechzehntel[52] der Takte akzentuiert, so daß das Grundmotiv des *Allegro brillante* in dieser Reprise auch rhythmisch gesteigert erscheint. Zudem bildet der Viertakter mit ff dynamisch den Gipfelpunkt des Stückes

---

[52] Die Sechzehntelpause des ersten Viertels von T. 1 wird durch einen Zweiklang ersetzt.

Nachdem zu Beginn der Reprise der Nachsatz des Themas in der verstärkten Version dargestellt wurde, folgt die im verminderten Septakkord offen endende Sechstaktgruppe (T. 17–22).

Sie greift zunächst auf den B-Teil zurück, die absteigende Chromatik der linken Hand wird aber durch eine aufsteigende Dreiklangsmelodie der Subdominante als Gegenbewegung zur Oberstimme ersetzt. Diese Subdominante wird durch den verminderten Septakkord auf *gis* im zweiten Viertel vermittelt. Im folgenden Takt (T. 18), der mit der Subdominante einsetzt, kehrt die Tonika nach dem verminderten Septakkord auf *dis* zurück. Somit bildet T. 18 eine harmonische Umkehrung des 17. Taktes.

Die beiden Takte werden im Folgenden in der Unteroktave wieder aufgenommen, wobei der verminderte Septakkord im zweiten Viertel des 20. Taktes jedoch nicht zur Tonika aufgelöst wird, sondern in die abwärtsgerichtete Akkordbrechung übergeht. Durch ihren Umfang von drei Oktaven, die sich bis in die erste Hälfte des 21. Taktes erstrecken, weisen die Arpeggien auf T. 4 hin. Auf diese Weise vereinigt die Reprise A- und B-Teil, und somit macht sich der synthetische Charakter in der Formgestaltung auch in diesem Stück bemerkbar. Dabei bewahrt der A'-Teil durch das aufsteigende Achtel–Arpeggio der Takte 17 und 19 dennoch seine Eigenständigkeit. Im dritten Viertel des 21. Taktes wird der Tonika–Grundton im unteren System erreicht. In der rechten Hand wird der Grundton durch die eintaktige Überleitungsfigur im *Lento* eingeleitet. So wird die siebte Stufe von e-Moll im letzten Viertel des 21. Taktes nicht direkt zum Tonika–Grundton geführt, sondern springt eine verminderte Septime hoch zu c^2, das dann weiter zu a^2 aufspringt. Nach dem verminderten Quintabsprung setzt das Subsemitonium modi noch angespannter ein und löst sich dann normgerecht im ersten Viertel des 23. Taktes zum Grundton auf. Somit werden in dieser Phrase die Töne der Subdominante mit der siebten Stufe von e-Moll kombiniert. Dadurch kündigt sich bereits der Plagalschluß am Ende der Komposition an, worauf ebenfalls die *Fermate* auf dem Subdominant–Grundton a^2 hindeutet. Weil das Stück im Wechsel von Tonika und Subdominante begann, bildet sich hier eine Parallelität dazu.

4.2.11.4   Coda (T. 23–27)

Als Coda kehrt die Sechzehntel–Melodie zu Beginn des Stückes *a tempo* wieder, wobei die Oberstimmenmelodie auf die letzten beiden Viertel des A'-Teils (dis^2, e^2) zweimal zurückgreift. In T. 25 wird das Motiv der Tonrepetition auf *e* mit dem Dezimenaufsprung aus dem zweiten Viertel des 1. Taktes dreimal hintereinander aufwärts in der Oktavversetzung aufgenommen.

Die abwärtsgerichtete Tonika–Dreiklangsbrechung des folgenden vorletzten Taktes schließt den Ton *fis* mit ein, so daß alle Töne des ersten Viertels von T. 1 in den Sechzehntelfiguren verwendet werden. Somit werden in diesen Takten die ersten beiden Viertel des 1. Taktes in der umgekehrten Reihenfolge wiederaufgegriffen, wobei Auf– und Abwärtsbewegung in den Sechzehntelfiguren den gesamten Melodiebogen des 1. Taktes nachbildet. In der Coda wird das Stück also zu seinem Anfang zurückführt. Dieses Rückkehrprinzip in der Coda zählt zu einer Spezialität von Kirchners Formgestaltung. Nachdem das Viertel des 25. Taktes und die Halbe des folgenden Taktes im unteren System akzentuiert das Motiv des Sextsprungs aus dem Themenkopf imitiert haben, ruht das Stück der ununterbrochenen Sechzehntelbewegung schließlich in einem Akkord auf einer Ganzen im ff aus, die mit einer *Fermate* versehen ist.

Das dreiteilige Stück in e-Moll ähnelt in mancher Hinsicht dem ersten Stück „Allegro energico ma non troppo" in c-Moll aus den „Präludien" op. 9. Zunächst gleichen sich die beiden Stücke durch die immer wiederkehrende Sechzehntelfigur der absteigenden gebrochenen Akkorde. Die Grundtonart wird im *Allegro brillante* ebenfalls in den drei Formteilen durchgehalten, woraus der einleitende Charakter entsteht. Im c-Moll–Präludium spielt die strukturbildende terzverwandte Harmonik im A-Teil eine Rolle, während sie sich im e-Mol–Präludium im kurzen B-Teil mehr herauskristallisiert. Dabei bringt jede Harmonie ihre Zwischendominante mit sich, so daß der B-Teil den harmonisch bewegtesten Teil bildet.

4.2.12   Präludium op. 9, Nr. 12

Das dreiteilige Stück „Con moto" in C-Dur zeichnet sich durch ein offenbares Spiel mit Tonleitern aus, die in Gegenbewegung zueinander erscheinen. Der Mittelteil tritt im Gegensatz zu den im *Staccato* beginnenden Außenteilen mit den absteigenden gebundenen Noten in der Oberstimme auf, die weiter mit der Vortragsanweisung *con espressione* versehen sind. Somit wird der Einsatz des Mittelteils herausgestellt, der jedoch im weiteren Verlauf keinen charakteristischen Kontrast zu den übrigen Teilen mehr bildet, weil das Element der aufsteigenden Tonleiter im *Staccato* weiter beibehalten wird. An die auf sechs Takte verkürzte Reprise des A-Teils schließt sich die Coda an. So gliedert sich das Stück wie folgt:

A: T. 1–18

B: T. 19–30

A': T. 31–36

Coda: T. 37–44

4.2.12.1   Teil A (T. 1–18)

Der A-Teil besteht aus zwei neuntaktigen Gebilden, die sich jeweils aus drei ungeradtaktig konstruierten Dreitaktgruppen zusammensetzen. Die ersten neun Takte werden in der zweiten Hälfte des A-Teils durch Stimmtausch und doppelten Kontrapunkt leicht modifiziert wiederholt.

Die ersten drei Takte des A-Teils stellen einen ersten musikalischen Gedanken vor, der alle musikalischen Elemente des folgenden Verlaufs enthält.

T. 1 bildet eine aufsteigende Tonleiter von *e* bis *c* in C-Dur als Oberstimmenmelodie, wobei der erste Terzrahmen (*e–g*) durch die erhöhte vierte Stufe *fis* chromatisch ausgefüllt ist. Diese Tonleiter erscheint im selben Takt gleichzeitig in der untersten Stimme im Krebs, also in Gegenbewegung zur Oberstimme. Diese auseinandergerichtete Tonleiterbildung in den beiden Händen wird durch einen Quartsprung in der Oberstimme zwischen den ersten beiden Takten des Stückes abgebrochen, so daß die Tonleiter–Melodie des 1. Taktes auf das akzentuierte erste Achtel des folgenden hinzuzielen scheint. Tatsächlich wird hier der Gipfelton f^2 innerhalb der ersten Dreitaktgruppe erreicht.

Dieser Ton wiederholt sich unmittelbar dreimal auf unterschiedlichen Notenwerten (♪ ♪ ♩.), wodurch auch dem gleichmäßigen Achtelrhythmus der Oberstimmenmelodie ein Ende gesetzt wird.

Die zweite Hälfte des ersten Dreitakters bringt die Achtel–Bewegung wieder. Dabei ist die im ganzen abwärtsgerichtete Oberstimmenmelodie in drei Vierer–Tongruppen gebunden auszuführen und bildet somit einen Kontrast zum aufsteigenden Tonleitermotiv des 1. Taktes im *Staccato*. Dennoch läßt sich diese Oberstimme auf das Tonleitermotiv zurückführen. In der ersten Vierer–Tongruppe wird seine zweite Hälfte von g bis c verwendet[53]. Die erste Hälfte des Tonleitermotivs von e bis g wird dann in der letzten aufgegriffen. Dabei wird das fis durch a ersetzt, und somit werden die letzten beiden Töne der zweiten Tongruppe (a–g) wiederaufgenommen. Mit diesen Tönen endete auch die erste Vierer–Tongruppe. Durch die wiederholte Aufnahme dieser Melodietöne steht die zweite Hälfte des Dreitakters der ersten gegenüber. Der Anfangston des Stückes e^1 wird im ersten Achtel des 4. Taktes wieder erreicht. Der in der Oberstimme vermiedene Ton d bildet in T. 2 als bislang längster Notenwert mit einer punktierten Halben den Baßton, so daß die leitereigenen Töne in C-Dur im ausgewogenen Verhältnis vollständig gebraucht werden.

Der erste Dreitakter wird melodisch in den Takten 4–6 variiert. Diese drei Takte modulieren nach G-Dur, wobei die Baßtöne der Takte 5–6 durch die reichere Harmoniefolge den Terzrahmen von e bis c chromatisch ausfüllen. Somit wird die chromatische Tonleiter im Baß der zweiten Hälfte von T. 4 weitergeführt.

Während die Oberstimme des 4. Taktes mit der rhythmischen Vorwegnahme des folgenden Taktes ( ) beginnt, bleibt das Tonleitermotiv des 1. Taktes im unteren System vollkommen erhalten. In T. 5 wird die Oberstimmenmelodie infolge des Harmoniewechsels zur Doppeldominante statt zur Dominante einen Halbton erhöht. Nach der Tonrepetition auf diesem Ton fis werden für die Melodie zwei Dreitongruppen angewendet, die von g aus ab– und aufwärts gebildet sind: Auf den letzten drei Achteln des 5. Taktes werden die drei Tonstufen g–f–e und in der zweiten Hälfte des folgenden Taktes, zusammen mit dem ersten Achtel des 7. Taktes, die Stufen h–a–g verwendet.[54] Die Abwärtsbewegung zum g^1 hin wird dabei im *Ritenuto*

---

[53]In der zweiten Vierer–Tongruppe wird der Ton h ausgelassen.

[54]In der ersten Hälfte des 6. Taktes befinden sich die Rahmentöne aus den beiden Tongruppen (h, e, g).

besonders hervorgehoben, so daß die Modulation auch in der Melodie nachvollzogen wird.

Ähnlich wie die Oberstimmenmelodie der Takte 1–3 im ersten Achtel des folgenden Taktes zum Anfangston e^1 gelangt, weist dieser Ton g^1 ebenfalls das akzentuierte Viertel des 4. Taktes auf, den Anfangston der Oberstimmenmelodie des zweiten Dreitakters. Damit wird hier das in sich zurücklaufende Gestaltungsprinzip bei der Melodiebildung, also die Rückkehr zum Anfangston, trotz der variierten Gestalt eingehalten.

Der in der Oberstimme der Takte 4–6 entfallene Ton d aus der C-Dur–Tonleiter wird analog zum ersten Dreitakter ebenfalls im unteren System (T. 6) aufgefangen. Dabei wird das durch den unteren Leitton eingeführte d in der zweiten Hälfte des 6. Taktes unmittelbar in der Oktavversetzung auf dem betonten Viertel wiederholt und entspricht als punktierte Halbe des 2. Taktes seiner gewichtigen Stellung.

Die Takte 7–9, die letzte Dreitakteinheit des ersten Neuntakters, festigen die neue Tonart G-Dur, indem die Tonika zweimal mit der Dominante abwechselt. So greift der letzte Dreitakter in der harmonischen Anlage den ersten wieder auf.

Melodisch faßt er die beiden vorangegangenen Dreitakter zusammen. Die Tonleiter–Melodie wird nach den ersten vier chromatisch aufsteigenden Tönen unterbrochen, die eine Transposition der ersten vier Achtel von T. 1 darstellen. Sie sind auch als die Wiederaufnahme der chromatischen Baßlinie des vorausgegangenen 6. Taktes (c–cis–d) mit Hinzufügung des unteren Leittons zu c (h) anzusehen. Die Rahmentöne dieses chromatischen Schrittes h, d sind in den letzten drei Achteln des 7. Taktes in der Oberoktave mit der siebten Stufe von G-Dur kombiniert, die sich im ersten Achtel des folgenden Taktes zum Grundton g auflöst. Dadurch sind die beiden Spitzentöne des zweiten Dreitakters miteinbezogen (fis, g). Diese zum Grundton g geführte Melodie wird wie am Ende des zweiten Dreitakters auch durch die Vortragsanweisung *Ritardando* hervorgehoben, wodurch die neue Tonart auch melodisch gefestigt wird. An die Wiederholung dieses Taktes schließt sich das Motiv der Tonrepetition aus T. 2 bzw. 5 mit dem Oktavabsprung kombiniert in T. 9 an. In den unteren Stimmen setzt das Motiv der auseinandergerichteten Tonleiter wieder ein, die dann mit dem Beginn des zweiten Neuntakters im zweiten Achtel des 10. Taktes fortgesetzt wird.

Somit ist der Umfang der Tonleiter erweitert, wobei die Grenze zwischen den beiden Neuntaktern verwischt wird und die Anfangstonart C-Dur zurückkehrt. Also wird der eingetretenen neuen Tonart G-Dur durch die die Fortführung des Tonleitermotivs blitzartig ausgewichen.

Der zweite Neuntakter ist eine Steigerung des ersten, die sich vor allem in der linken Hand manifestiert. So tritt die absteigende Tonleiter im unteren System des 1. Taktes (T. 10) in der Unteroktave verdoppelt im f auf. Die weiteren Baßtöne des ersten Dreitakters werden in der Unteroktave aufgegriffen, wobei die repetierte Quinte auch in Oktavverdopplung wie das Tonleitermotiv erscheint und somit auch an der klanglichen Verstärkung teilnimmt. Die Tonrepetition des 4. Taktes auf g^1 ist in T. 13 von der linken Hand zu spielen, so daß sich in der ersten Takthälfte ein Stimmtausch ergibt. Dies verursacht jedoch keine klangliche Veränderung, sondern dient der effektiven Hervorhebung der Tonrepetition im Rhythmus ♪♪ in erhöhter Dynamik.

Im vorletzten Takt des A-Teils werden die Außenstimmen miteinander vertauscht und zielen gleichsam auf g. Durch die Chromatik der linken Hand in der zweiten Hälfte des 18. Taktes wird jedoch die neue Tonart Es-Dur eingeführt, in deren Dominante der B-Teil im folgenden Takt einsetzt. Hier wird also wieder die Dominant–Tonart G-Dur durch die chromatische Tonleiterbildung annulliert.

4.2.12.2   Teil B (T. 19–30)

Der B-Teil läßt sich in drei Viertakter gliedern. Diese Dreiteiligkeit entspricht dem Neuntakter des A-Teils (3 + 3 + 3). Dabei kontrastiert jeder Viertakter aus 2 + 2 Takten mit dem ungeradtaktig gebauten Neuntakter aus dem A-Teil.

Im B-Teil werden Tonleitermotiv und Tonrepetition aus dem A-Teil weiter fortgesponnen.

Anders als in den Takten 1–3 beginnt die Oberstimme des ersten Viertakters (T. 19–22) von Teil B mit absteigender Tonleiter, der sich in T. 20 eine aufsteigende Es-Dur Tonleitermelodie anschließt. In den folgenden beiden Takten ist dieser Vorgang in g-Moll wiederholt, wobei die Tonrepetition des 20. Taktes auf es^1 nun auf d^1 verlegt wird.

Der zweite Viertakter (T. 23–26) wird mit der Tonrepetition auf c nun in Zusammenklängen im oberen System eingeleitet. Durch die Fortsetzung der Tonrepetition im Rhythmus ♪♪♪ werden die ersten beiden Viertakter verbunden. Die Oberstimme des ersten Viertakters verlief in beide Richtungen. Dagegen beruht die Oberstimme des zweiten Viertakters auf einer abwärtsgerichteten Tonleiter. Die ersten beiden Takte des Viertakters kadenzieren nach c-Moll. Dabei wird ein Ausschnitt der Tonleiter von b bis g chromatisch ausgefüllt, wodurch die Anfangschromatik des A-Teils im Terzrahmen eingeschlossen wird. Diese Chromatik in der Oberstimme setzt nach einem Septimensprung ein. Die Halbtonschritte von b–a–as werden von der linken Hand weiter unterstrichen. Im *Ritardando* und *Portato* tritt diese chromatische Ausführung deutlich hervor und kontrastiert zu der unmarkanten transitorischen Wesensart der Chromatik aus dem A-Teil.

Diese Takte 23–24 erfahren im Folgenden eine Sequenzierung: das obere System in die Oberquarte, das untere in die Unterquinte. Somit kadenziert der im ff stehende zweite Viertakter nach f-Moll. Dabei wird die Oberstimme nach der chromatischen Tonfolge weiter akzentuiert.

Während in T. 23 das Motiv der Tonrepetition zur Akkordwiederholung abgewandelt ist, wird es im letzten Viertakter des B-Teils in der rechten Hand abgespalten, wobei im unteren System die aufsteigende Tonleiter zunächst in f-Moll und dann in g-Moll ertönt. In der g-Moll Tonleiter (T. 29) ist die dritte Stufe b erhöht, so daß hier das Tongeschlecht verwischt wird.

Diese Akkordwiederholung erscheint nun in einem Sechzehntel und einer akzentuierten Halben[55] rhythmisch augmentiert. Durch den gemeinsamen Ton auf c wird die Akkordwiederholung der ersten drei Takte zusammengehalten.

In den beiden Systemen des 30. Taktes bildet sich der verminderte Septakkord auf fis, der die Auflösung nach G-Dur erwarten läßt. Stattdessen tritt im ersten Achtel des 31. Taktes C-Dur auf, wodurch der Anschluß an die Reprise in C-Dur geschaffen wird. Diese (unerwartete) Täuschung entspricht dem Übergang vom ersten zum zwei-

---

[55] In T. 30 ist die Halbe durch ein Viertel ersetzt.

ten Neuntakter des A-Teils, wo die neue Tonart G-Dur lediglich durch die Tonleiter vermittelt zur Anfangstonart C-Dur zurückkehrt.

4.2.12.3   Teil A' (T. 31–36)

Unmittelbar nach der Lautstärke ff am Ende des B-Teils beginnt die Reprise des A-Teils im p, so daß ihr Eintritt deutlich zu merken ist. Sie ist auf sechs Takte beschränkt. Nach der Wiedergabe der ersten drei Takte des A-Teils werden die Takte 13–15 aus dem zweiten Neuntakter in die Oberquarte versetzt, wodurch die Modulation nach G-Dur vermieden, das Steigerungsverhältnis innerhalb des A-Teils jedoch berücksichtigt wird.

4.2.12.4   Coda (T. 37–44)

Wie üblich in Kirchners Kompositionen, faßt die Coda die musikalischen Elemente des Stückes noch einmal zusammen. Sie ist zweitaktig gegliedert. In den ersten beiden Takten der Coda wird die C-Dur–Tonleitermelodie zwei Oktaven lang ausgeführt. In den Takten 39–40 werden die Akkordwiederholungen auf dem Rhythmus und die akzentuierte Abwärtsbewegung der Oberstimme im *Ritardando* aus dem B-Teil aufgegriffen, während die chromatische Aufwärtsführung aus T. 1 (e–f–fis–g) nun in der linken Hand des 40. Taktes wieder Eingang findet.

In den Takten 41–42 wird der Rhythmus im Oktavsprung über dem Grundton c dreimal wiederholt, woraufhin im *Staccato* die Melodie der an den letzten Takt des B-Teils mahnenden Dreiklangsbrechung in der Tonika erfolgt. Im Gegensatz zu den modulationsreichen ersten beiden Teilen endet das Stück im f auf dem Tonika–Grundton in dreifacher Verdopplung.

Die verkürzte Reprise und die Coda lassen sich aber auch als ein Teil zusammenbinden, in dem das strukturelle Element von Teil A und B subsumiert wird: Während die dreitaktige Anordnung der Reprise auf den A-Teil verwies, beruht die zweitaktige Einheit der Coda auf der Struktur des B-Teils.

Das Stück ist vergleichbar mit der neunten Komposition *Allegro ma non troppo* der
„Präludien" durch die thematische Verwendung der Tonleiter. Während dort die
Simplizität eines schlichten Tonleitermotivs durch Taktverschränkung und damit
Verschleierung der Formglieder vermieden wird, weicht das Stück *Con moto* dieser
Gefahr durch die Ungeradtaktigkeit des neuntaktigen Themas (3 + 3 + 3) aus. Der
Melodieton kehrt in den ersten beiden Dreitaktgruppen zum Anfangston zurück, so
schlägt sich das von Kirchner bevorzugte Prinzip für die Melodiebildung auch in
diesem Stück nieder. Die Oberstimmenmelodie der beiden Dreitakter erfüllt zudem
ein weiteres Charakteristikum für seine Melodiebildung mit Auf– und Abwärtsbewegung. Das Tonleitermotiv durchzieht auch den B-Teil, so daß sich in ihm kein
kontrastierendes Motiv ausprägt. Ein Wechsel findet dennoch durch die zweitaktige
Struktur statt, die der dreitaktigen Takteinheit des A-Teils gegenübersteht.

4.2.13   Präludium op. 9, Nr. 13

Das „Allegro con passione" in As-Dur ist durch einen regelmäßigen Aufbau gekennzeichnet, der seine Einteilung durch die rhythmische Anlage erhält. Dies wirkt sich
auf die Melodiebildung aus, die in ihrer musikalischen Ausformung Kirchners Kompositionsweise verrät und im Folgenden dargelegt werden soll.
Die Harmonik paßt sich der Melodiebildung an, so daß Sept– und Nonenakkorde
mehrfach nacheinander ohne Auflösungen verwendet werden. Das Stück ist dreiteilig
gebaut, wobei der Mittelteil B nicht im kontrastierenden Verhältnis zu den Eckteilen
steht. Er ist dem variierenden Prinzip unterworfen, das sich im letzten Teil fortsetzt:
Die Reprise beginnt mit der modifizierten Anfangsmelodie des A-Teils, schließt jedoch den B-Teil ein. So erhält der A'-Teil einen integrierenden Charakter, der oft
in der Reprisengestaltung bei Kirchner anzutreffen ist. Der Reprise wird dennoch
eigenständige Bedeutung durch das Erreichen des musikalischen Ziels verliehen, das
anschließend nur noch bestätigt wird. Das Stück gliedert sich wie folgt:

A: T. 1–8

B: T. 9–16

A': T. 17–27

4.2.13.1   Teil A (T. 1–8)

Der A-Teil beginnt mit einem viertaktigen musikalischen Gedanken, der sich aus zwei gegensätzlich gebauten Phrasen a und b zusammensetzt. Die Phrase a der Takte 1–2 enthält eine nach oben gerichtete Melodie, während die Phrase b eine fallende, bzw. in sich ruhende Melodie in weniger bewegtem Rhythmus darstellt. Dieser Kontrast wird weiter durch die Dynamik unterstrichen. So steht die Phrase a im *Crescendo* und f, wohingegen sich die Phrase b im Bereich von p bis pp bewegt. Ihr Einsatz wird auch durch *Diminuendo e Ritardando* kenntlich gemacht.

Die Phrase a (1 + 1) setzt im Dominant–Septakkord ein, dem in der zweiten Hälfte des 1. Taktes die kleine None *fes* hinzugefügt wird. Dabei bilden sich in der Oberstimme zwei aufeinanderfolgende Intervallsprünge in einer kleinen Terz (*b–des–fes*). Im folgenden Takt geht der Nonenakkord in den Zwischendominant–Septakkord der Variante der Tonikaparallele F-Dur über, wobei die melodische Kontur in der Mitte des 1. Taktes mit zweimaligen Intervallaufsprüngen erhalten bleibt. T. 2 stellt eine melodische Variante auf, indem nun die Sprungintervalle zu einer großen Terz und einer Quarte (*c–es–a*) vergrößert werden.

Der Spitzenton des 1. Taktes *fes* wird im ersten Viertel des 2. Taktes mit enharmonischer Verwechslung infolge der veränderten Harmonie als *e* wieder aufgenommen, wodurch die beiden Takte miteinander verknüpft werden. Die Phrase b der Takte 3–4 steht den Takten 1–2 durch ihren Rhythmus und ihre Melodie mit Intervallabsprung gegenüber. Die komplementär wirkende Phrase b ist jedoch als eine Variante der Phrase a auszudeuten.

Sie beginnt mit den letzten beiden Melodietönen der ersten Phrase *a–f*, die durch ihre Vertauschung einen kleinen Sextabsprung bilden.

Die in der Melodie der Phrase a verwendeten Töne stellen nacheinander eine Reihe von *a–b*, *c–des*, *e–f* auf. Demnach bewegt sich die Phrase b in den gleichen Rahmentönen der Phrase a. Im weiteren Verlauf dieser Phrase wird auf die Intervallsprünge der Phrase a in umgekehrter Reihenfolge zurückgegriffen, was eine stilistische Besonderheit bei der Melodiebildung Kirchners ausmacht. So wird das dritte Viertel des 3. Taktes auf *c* analog zum Quartaufsprung mitten im 2. Takt

durch den Quartabsprung erreicht. Es folgt ein weiterer Intervallsprung in einer
großen und dann einer kleinen Terz (*d–b, c–a*), so daß alle Intervalle im Rhythmus

 aus den Takten 1–2 hier wiederzufinden sind.

T. 4 endet harmonisch genauso wie T. 2 auf F-Dur nach der Zwischendominante, die
nun mit Quartvorhalt in den Begleitachteln versehen ist. So werden die Takte 3–4
als harmonische und melodische Variante zu den ersten beiden Takten in Beziehung
gesetzt. Der erste Viertakter mit der Ausweichung nach F-Dur wird in den Takten
5–8 notengetreu in die Obersekunde transponiert, so daß sich der achttaktige A-Teil
weder einem Satz noch einer Periode zuordnen läßt.

In diesem Zusammenhang fällt auf, daß im A-Teil die Tonika konsequent vermieden wird. Der Tonika–Grundton *as* wird weder in Melodie noch in Begleitakkorden
verwendet. Der A-Teil besteht aus dem ständigen Umgehen der Tonika und des
Tonika–Grundtons, was hier als besonderes Gestaltungsprinzip hervorzuheben ist.

4.2.13.2   Teil B (T. 9–16)

Der B-Teil ist eine Fortführung der rhythmischen und melodischen Elemente von
Teil A, indem sie hier neu zusammengesetzt werden. Mit einer auf- und absteigenden Linie wie im A-Teil weist die Oberstimme einen Bogen auf, wobei hier allerdings
eine weiter ausgreifende Melodie gebildet wird. Dadurch beinhaltet der B-Teil eine
Variante des A-Teils, die gleichzeitig eine Steigerung hervorbringt.

Der B-Teil läßt sich nach seiner rhythmischen Struktur in 2 + 4 + 2 Takte untergliedern.

Der erste Zweitakter (T. 9–10) beruht auf dem ersten Viertakter des A-Teils. Nachdem der Anfangsrhythmus des 1. Taktes aufgegriffen worden ist, wird hier der Rhyth-

mus 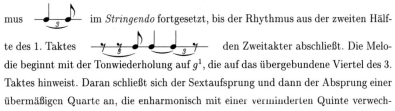 im *Stringendo* fortgesetzt, bis der Rhythmus aus der zweiten Hälf-

te des 1. Taktes 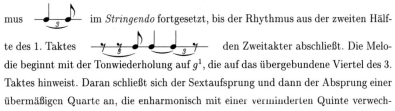 den Zweitakter abschließt. Die Melodie beginnt mit der Tonwiederholung auf g^1, die auf das übergebundene Viertel des 3.
Taktes hinweist. Daran schließt sich der Sextaufsprung und dann der Absprung einer
übermäßigen Quarte an, die enharmonisch mit einer verminderten Quinte verwech-

selt werden kann. Somit spiegelt sich im dritten Viertel des 9. Taktes das jeweilige Rahmenintervall von der zweiten bis zur vierten Note der Takte 1–2 wider. Nach einem Halbtonschritt erfolgt die Tonrepetition auf *a*, die dem zweiten Viertel entspricht.

Dieser melodische Verlauf der zweiten Hälfte von T. 9 wird im folgenden Takt in die Obersekunde verlagert, wonach der Aufsprung in einer kleinen Sexte die zweitaktige Einheit abschließt. Durch diesen Aufsprung gelangt die Melodie zum Anfangston *g* des Zweitakters in der Oberoktave. Der Baß bewegt sich hier in Oktaven chromatisch von *h* bis *e* aufwärts, während die Tonstufe *g* im letzten Triolen–Achtel in jeder Halben dreimal orgelpunktartig wiederholt wird. Dies korrespondiert mit der Oberstimme, die mit dem *g* beginnt und endet.

Der Ton *g* ist das Subsemitonium modi in der Grundtonart As-Dur und wird mit dem Eintritt der nächsten Phrase von T. 11–14 in der Melodie auch zum Grundton *as* aufgelöst, entpuppt sich jedoch als kleine None von G-Dur. Die Takte 11–12 basieren nämlich auf dem verminderten Septakkord auf *h*. Hier wird der triolische Rhythmus

 durch Punktierung zum

Rhythmus modifiziert, dem die fortwährende Triolen–Akkordbegleitung gegenübergestellt wird. So entsteht zwischen Melodie und Begleitung eine rhythmische Reibung, die eine gewisse Spannung erzeugt. Sie nimmt durch die aus verminderten Akkorden gewonnene Melodie im weiteren Verlauf zu.

Die Takte 13–14 wiederholen den Rhythmus dieser Takte, wobei der verminderte Septakkord in T. 13 auf *a* in der ersten Hälfte des 14. Taktes auf *fis* verlagert wird.[56] Im punktierten Viertel des 14. Taktes wird die Kette des verminderten Septakkords unterbrochen. Dafür erscheint die Zwischendominante der Tonikaparallele, womit die letzten beiden Takte des B-Teils einsetzen. Die Oberstimme dieses punktierten Viertels gelangt durch den Aufsprung einer verminderten Quinte zum Gipfelton des Stückes *c*⁴. Somit wird den Terzaufsprüngen in der Oberstimme ein Ende gesetzt, wobei die höchste Lautstärke des B-Teils erreicht ist. Danach setzt sofort der Abbau der bisher angehaltenen Spannungszunahme durch *Ritardando* und *Diminuendo* ein.

---

[56]Für die einheitliche Notation bleibt in den Begleitakkorden der Ton *ges* unverändert erhalten.

Dementsprechend verläuft die Melodie der Takte 15–16 im Harmoniewechsel von Doppeldominante und Dominante abwärts, wobei der Oberstimmenrhythmus der zweiten Phrase des B-Teils modifiziert wird: Das erste Viertel der Takte ist in zwei Achtel aufgelöst. Im zweiten Viertel des 16. Taktes wird das punktierte Achtel zu einem Achtel mit einer Sechzehntelpause im *Ritardando*. Dieses Viertel setzt mit einem Arpeggio ein und bereitet auf die „espressive" Reprise vor, die im Dominant–Septakkord eintritt.

4.2.13.3 Teil A' (T. 17–27)

Der A'-Teil besteht aus 4 + 4 + 3 Takten. Die Reprise ist eine Vereinigung des bisherigen Verlaufs, wobei die ersten beiden Teile nur ansatzweise aufgegriffen werden. Im ersten Viertakter erscheint die abgewandelte Phrase a des Themas. Die Melodie des 1. Taktes setzt in T. 17 in der Unteroktave ein, wobei das erste Viertel akzentuiert und entsprechend der Vortragsangabe *expressivo* mit einem Doppelvorschlag versehen ist. Sie wird bald von der rechten Hand verdoppelt. Vom folgenden Takt an bis zum Schluß des Stückes liegt die Melodie wieder in der rechten Hand.

T. 2 war als eine Melodievariante des 1. Taktes konzipiert, so daß nun das Sprungmotiv weiter in der Intervallerweiterung beibehalten wird. Im Gegensatz dazu richtet sich die Melodie des 18. Taktes vom zweiten Viertel an schrittweise abwärts (*b–as–g*).[57] Anders als im A-Teil kehrt dabei die Harmoie nach der Mollsubdominante mit Sixte ajoutée wieder zur Dominante zurück.

Die Takte 19–20 kombinieren Sekundschritt mit Septsprung, der eigentlich aus der Umkehrung einer Sekunde entsteht. Somit sind diese Takte als eine Fortsetzung des 18. Taktes aufzufassen. Zusammen mit dem letzten Triolen–Achtel des 18. Taktes wird in T. 19 die Tonfolge *g–f–es* verwendet, die in der zweiten Halben des Taktes um einen Halbton höher als *as–ges–fes* erscheint. Der kleine Septsprung zwischen dem ersten und zweiten Ton verweist hierbei auf den Beginn des Stückes. Der erste Viertakter kadenziert über dem Dominant–Septakkord zur Tonikaparallele im Trugschluß. Nachdem das Septsprungmotiv zum Oktavsprung (d^2–d^3) erweitert wor-

---

[57]Der Ton *fes* erschien in T. 17 bereits als Spitzenton dieser beiden Takte.

den ist, erreicht die Melodie nach dem Subsemitonium modi den Grundton as. Die
Baßtöne der Takte (T. 18–20) reichen aufwärts von as bis f.

Der zweite Viertakter des A'-Teils lehnt sich an den B-Teil an, wobei nur die ersten
beiden Takte (T. 9–10) wiederaufgenommen werden. Die Oberstimme dieser Takte
wird in den Takten 21–22 in die kleine Obersekunde sequenziertt. Der Baß steigt
dabei von b zu f auf, so daß der Rahmen im Vergleich zu den Takten 18–20 um
einen Ganzton verengt ist. Dieser Zweitakter endet in der Tonika–Parallele nach der
Zwischendominante, wobei die Melodie durch einen Sextsprung zum Grundton as
gelangt.

In den folgenden Takten 23–24 wird eine vollständige Kadenz über Doppeldominante
und Dominante zur Tonika gebildet, die vom zweiten Viertel des 22. Taktes aus nach
einem vierfachen Quintfall erscheint. Dabei wird der Grundton in der Oberstimme
im dritten Viertel des 24. Taktes nach der siebten Stufe auf der ersten Halben erreicht, so daß die Tonart As-Dur des Stückes hier zum ersten Mal sowohl harmonisch
als auch melodisch bestätigt wird.

Der Ton g tritt mit einem Schleifer ein und ist mit Triller auszuführen. Der Triller
ist zusätzlich mit einem Nachschlag versehen, wodurch der Auftritt des Grundtons
als Hauptnote absichtlich verzögert wird. Diese Intention ist auch aus der Vortragsbezeichnung *poco ritenuto* über dem Trillerton zu ersehen.

Das Subsemitonium modi g selbst setzt außerdem nach einer ausdrucksvollen Me-
lodie des 23. Taktes ein, demzufolge kommt seine Spannung umso deutlicher zum
Tragen. In der Oberstimme tritt das erste Viertel des 23. Taktes auf b nach einem
Nonensprung akzentuiert ein und bildet den höchsten Ton des A'-Teils. Nach dem
Sekundschritt zum as erfolgt ein verminderter Quintabsprung, der zusammen mit
dem Nonenaufsprung zur Expressivität beiträgt.

Dieser Intervallrahmen der verminderten Quinte bestimmt den folgenden Melodie-
verlauf, da er innerhalb des Quintrahmens bleibt. So füllen die letzten vier Achtel
zunächst den Terzrahmen von $d–es–f$ aufwärts aus, wobei das zweite Achtel die letzte Tonstufe vorwegnimmt, und der Septabsprung zwischen dem dritten und letzten
Achtel eine Analogie zum Beginn des Stückes bildet.

Folgerichtig erscheint das Subsemitonium modi (g^2) in T. 24, das zum Grundton aufgelöst wird, und somit sich der verminderte Quintrahmen abschließt.

Die letzten drei Takte fungieren noch einmal als Bestätigung des Grundtons. So erscheint er auf der zweiten Halben des 25. Taktes, vom oberen und unteren Leitton umspielt. Zusammen mit der Mollterz der Dominante im ersten Viertel bildet sich dabei Chromatik in enharmonischer Verwechslung von *ges* bis *heses*. Die erste Halbe des Taktes wird in der ersten Hälfte des vorletzten Taktes wiederaufgegriffen. Bei der Transposition dieser Melodie in die Oberquinte wird dann in der zweiten Hälfte des Taktes der Einsatz des Grundtons vermieden. Stattdessen wird die Quinte *es* im ersten Achtel des letzten Taktes im Dominant–Quartsextakkord mit dem unteren Leitton eingeführt. Durch einen Sextabsprung wird in der Oberstimme das Subsemitonim modi erreicht, das den folgenden Grundton umso deutlicher hervortreten läßt.

Da sich das *Allegro con passione* aus der konsequenten Vermeidung der Tonika und des Tonika–Grundtons in der Melodie entfaltete, bildet der Ganzschluß im A'-Teil den Endpunkt der kompositorischen Entwicklung. Demnach entsteht die Form des Stück aus dem ständigen Umgehen der Tonika. Die formbildende Kraft liegt überwiegend in der horizontalen Entwicklung, die von dem regelmäßig gebauten Rhythmus unterstützt ist. Die Harmonik bleibt der Melodiebildung unterworfen.

Die Vortragsangabe *Allegro con passione* ist somit auf diesen Zusammenhang zurückzuführen: das leidenschaftliche Streben nach der Tonika. Dieser Charakter wird obendrein durch die fortwährende Triolenbildung in den Begleitakkorden gewährleistet.

Clara Schumann schrieb in einem Brief an den Komponisten zu diesem Stück folgendes: „Nr. 13 aber wäre mir unmöglich lieben zu lernen, diese Ausweichungen gleich nach F-Dur, dann nach G-Dur kann ich nicht ertragen."[58]

Da dieses Werk beim ersten Höreindruck romantisch–leidenschaftliche Züge trägt und seine innere Konstruktion nicht direkt hervortritt, kann der Vorwurf der Willkür zunächst gerechtfertigt erscheinen: Das Stück erwächst jedoch schrittweise aus dem 1. Takt als Grundmotiv und verfolgt sein streng entwickeltes Prinzip der Variation.

---

[58]B. Litzmann (Hg.): Clara Schumann. 1920, Bd. 3, S. 59.

4.2.14   Präludium op. 9, Nr. 14

Das „Allegro agitato" in Des-Dur ist in der zusammengesetzten dreiteiligen Liedform mit angehängter Coda komponiert. Der A-Teil ist durch unaufhörlich eingesetzte Synkopen gekennzeichnet, die für die aufgeregte Stimmung des Teils sorgen. Der B-Teil hebt sich vom A-Teil durch seinen gemächlich–ruhevollen Charakter ab, der durch den Taktwechsel von 3/8 zu 3/4 und den punktierten Rhythmus im *Moderato* erzeugt wird. Durch seine Kreuzvorzeichnung in A-Dur scheint er den gewöhnlichen Rahmen der Tonarten–Disposition zu sprengen, jedoch läßt sich die Tonart des A-Teils als Cis-Dur umdeuten und somit eine Terzverwandtschaft feststellen: Kirchner bevorzugt gewöhnlich für den Kontrastteil terzverwandte oder parallele Tonarten als die Dominanttonart. Das Stück gliedert sich wie folgt:

A: T. 1–50
B: T. 51–85
A': T. 86–125
Coda: T. 126–151

4.2.14.1   Teil A (T. 1–50)

Der A-Teil setzt sich aus drei Abschnitten zusammen. Im ersten Abschnitt wird der musikalische Gedanke des Stückes vorgestellt, der aus zwei gleich gebauten Achttaktern besteht. Nach dem sechzehntaktigen zweiten Abschnitt kehrt der erste Abschnitt im dritten verändert wieder. Dabei wird der zweite Achttakter durch ein Anhängsel auf zehn Takte erweitert:

Erster Abschnitt: T. 1–16
Zweiter Abschnitt: T. 17–32
Dritter Abschnitt: T. 33–50

Erster Abschnitt (T. 1–16)

Der Achttakter des Abschnitts beginnt mit der Tonika und endet über die dreifache Dominantkette wieder auf der Tonika, wodurch harmonische Geschlossenheit entsteht. Melodisch schließt er jedoch offen in der Terzlage. Die Terz f spielt hier eine wichtige Rolle, weil sie für den Oberstimmenverlauf einen Rahmen aufstellt: Die mit f^1 beginnende Oberstimme bildet in T. 3 ihren Höhepunkt auf f^2, also bewegt sie sich innerhalb einer Oktave von f^1 bis f^2.

Die Melodie ist zweiteilig, aber nicht symmetrisch gebaut. Die ersten drei Takte setzen sich aus zwei Intervallaufsprüngen f^1–as^1, g^1–f^2 zusammen und stehen den folgenden fünf Takten gegenüber, wo die Oberstimmenmelodie durch die Terzabsprünge den Oktavraum der ersten drei Takte ausfüllt und abwärtsgerichtet ist. Während sich das untere System durch das regelmäßige Viertel an den 3/8-Takt anlehnt, wird das obere von den Achtel–Synkopen durchzogen. Sie liegen in den ersten drei Takten in einer Mittelstimme, so daß sie nicht als solche wahrgenommen werden. Die synkopisch klingende Oberstimmenmelodie tritt dann ab dem dritten Achtel des 3. Taktes auf und bildet gemeinsam mit der gegensätzlich gerichteten Melodie noch ein Kontrastmittel zwischen den beiden Taktgruppen. In diesem Achtel als melodischem Höhepunkt des Achttakters wird der Pedaleinsatz ausnahmsweise nicht erneuert, und somit erscheinen hier die beiden Taktgruppen klanglich miteinander verschmolzen. Weil in der zweiten Taktgruppe die Akkord–Viertel unmittelbar den einstimmig angewendeten Achtel–Synkopen im Taktschwerpunkt folgen, wird die eigentliche Synkopenwirkung klanglich abgeschwächt. So entsteht ein schwebender Zustand in der Metrik, wenn auch der Pedaleinsatz über Synkopen–Achteln die Synkopenbildung gewährleistet.

Zweiter Abschnitt (T. 17–32)

Der zweite Abschnitt besteht auch aus zwei Achttaktern. Sie sind regelmäßig in zwei Viertakter zu untergliedern. Der erste Achttakter basiert auf einer melodischen Abspaltung der Takte 1–3. So bilden die zwei Tonsprünge die Melodie der ersten vier Takte 17–20. Hier werden die Sprungintervalle abgewandelt, da sie aus einer Quinte als f^1–c^2 (zwischen den Takten 17–18) und aus einer Sexte als f^1–des^2 (zwischen den Takten 18–19) bestehen.

Der erste Viertakter läßt sich auf die Harmoniefolge der Takte 1–2, Tonika und Variante der Tonikaparallele[59] zurückführen, die nun zur Tonikaparallele wird und die Zwischendominante erhält. Im zweiten Viertakter wird der erste in der Oberterz wiederaufgenommen, wobei sein erster Takt als Ausnahme in der Oberquarte, also in der Subdominante, abgebildet wird. Der Achttakter kehrt somit analog zum ersten Achttakter des ersten Abschnitts zur Tonika zurück. Die Oberstimme umfaßt dabei eine Oktave wie in den Takten 1–3. So lehnt sich der Achttakter melodisch an diese Takte an, beinhaltet jedoch in harmonischer Hinsicht die Takte 1–8 als geschlossene Einheit. In jedem Viertakter setzt die Synkope in der Oberstimme bereits im zweiten Takt ein, so daß seine melodische Verwandtschaft zum Stückanfang verdeckt erscheint.

Der Synkopenrhythmus der Oberstimme wird im zweiten Achttakter (4 + 4) herausgestellt, so daß die Oberstimmensynkope in T. 26 und 30 akzentuiert wird und jeweils auf dem höchsten Ton der beiden Viertakter steht. Der zweite Achttakter ist eine Überleitung zur veränderten Reprise des ersten Abschnitts. So wird in ihr die melodische Anfangstonstufe der Reprise *des* chromatisch vorbereitet: Im ersten Viertakter bildet sich die Chromatik von *gis* bis *b*, in den Takten 29–31 von *ais* bis *c*. Im letzten Takt des zweiten Abschnitts ist die Anfangstonstufe der Reprise enharmonisch als *dis* vorweggenommen.

Dritter Abschnitt (T. 33–50)

Bei gleichbleibender Harmonik werden die ersten drei Takte melodisch modifiziert. Hier liegt der höchste Ton nicht auf der Terz *f*, sondern auf der chromatisch erreichten Sekunde *es* im Viertel des 35. Taktes. Diese Tonstufe wurde in der Oberstimmenmelodie im ersten Achttakter des Stückes zusammen mit der siebten Stufe (*c*) ausgelassen. Sie erscheint im letzten Achtel des 46. Taktes und löst sich in T. 48 zum Grundton in der Tonika auf. In der harmonischen Folge von Subdominante und Tonika dauert der Grundton noch zwei weitere Takte im *Ritardando* an, womit der Wechsel zum 3/4-Takt im *Moderato* im folgenden Teil B vorbereitet wird. Durch diesen melodischen Ganzschluß am Ende erhält die Reprise des ersten Ab-

---

[59]Sie wurde in T. 2 als Dominante dritten Grades umgedeutet.

schnitts periodischen Charakter. Dabei werden alle Tonstufen von Des-Dur an der Melodiebildung beteiligt, wodurch der dritte Abschnitt weiterhin eine komplettierend Funktion enthält.

4.2.14.2 Teil B (T. 51–84)

Der B-Teil in A-Dur läßt sich in drei Abschnitte untergliedern, deren letzterer wieder zur Haupttonart des Stückes Des-Dur zurückkehrt. Der erste Abschnitt setzt mit einer zweitaktigen Einleitung in fis-Moll ein, während der zweite wieder über fis-Moll zum dritten gelangt. Somit enthält der B-Teil drei Tonarten (fis-Moll, A-Dur und Des-Dur), wobei fis-Moll als die vermittelnde Tonart fungiert:

Erster Abschnitt: T. 51–60

Zweiter Abschnitt: T. 61–70

Dritter Abschnitt: T. 71–84

Erster Abschnitt (T. 51–60)

Nachdem der A-Teil im p „langsamer werdend" auf dem drei Takte lang andauernden Grundton *des*[1] über einer Fermate beendet wurde, setzt die Einleitung des B-Teils überraschend im f mit einem Oktavsprung auf dem *cis* als Quinte von fis-Moll ein. Weil der Ton *cis* als enharmonische Verwechslung von *des* umgedeutet werden kann, werden die beiden Teile A und B infolge desselben Tons miteinander verknüpft. Durch den Eintritt der Tonika im folgenden Takt gelangt die Einleitung zum fis-Moll, das mit dem Einsatz des Themas von Teil B allerdings negiert wird. Kontrastierend zum Oktavsprung erfolgt in der Melodie zwischen den Takten 50 und 51 der Sekundschritt *gis–a*, der unterterzt wird und sich unmittelbar darauf in der Oberoktave wiederholt. Der Sekundschritt übernimmt im B-Teil eine strukturbildende Rolle, während die Oberstimmenmelodie des A-Teils überwiegend auf dem Terzsprung beruhte. So folgt im dritten Viertel des 51. Taktes nun der abwärtsgerichtete Sekundschritt *Fis–E*. In den Außenstimmen der ersten beiden Viertel des 52. Taktes ist auch die sechste Stufe *d* zu finden, so daß alle Töne von fis-Moll außer der vierten Stufe *h* an der Melodie der Einleitung beteiligt sind. Das *h* erscheint im letzten Viertel des 52. Taktes als Melodieton und wird zum punktierten Achtel des folgenden Taktes übergebunden, womit das lyrische Thema des B-Teils beginnt.

Die beiden Takte der Einleitung setzen sich aus den zwei kontrastierenden Rhythmen der Punktierung in T. 51 und der Viertelbewegung in T. 52 zusammen, die sich später im Thema weiter entfalten.

Der punktierte Rhythmus, in dem die Einleitung auftritt, läßt sich jedoch auf den

Synkopenrhythmus des A-Teils $\;\;\frac{3}{8}\;$ ♩ ♪ ♩ ♪ ♩ zurückführen, weil die Synkopen durch Akkorde auf der schweren Zählzeit klanglich überlagert werden. Dieser Variantrhythmus über dem verlangsamten Tempo *Moderato* im 3/4-Takt wirkt im Gegensatz zum A-Teil getragen. Während die Einleitung im *Lento* und pp langsam zu verstummen scheint, setzt nun das „ausdrucksvolle" Thema des B-Teils ein.

Es wird in den Takten 53–60 als Periode vorgestellt, die in der Dominante von A-Dur auftritt. Diese neue Tonart kündigt sich schon im letzten Viertel des 51. Taktes an, indem die siebte Stufe von fis-Moll *e* nicht erhöht wurde. Das Thema des B-Teils entfaltet sich aus den motivischen Elementen der Einleitung: Die absteigende Sekunde wird für die Melodie über den oben genannten beiden Rhythmen eingesetzt. So werden alle diatonischen Stufen von A-Dur in den ersten drei Takten des Vordersatzes in der Oberstimme verwendet. Auffällig ist, daß die übrigen Stimmen ebenfalls an der Abwärtsbewegung partizipieren.

Diese Periode enthält keine Dominantöffnung. Nachdem der dritte Takt (T. 55) im Harmoniewechsel von Dominante und Tonika beendet wurde, greift der letzte Takt des Vordersatzes (T. 56) den Takt wieder auf und führt die abwärtsgerichtete Melodie in Achteln als Diminution des Viertelrhythmus weiter fort. Dadurch erreicht der Vordersatz die Tonikaparallele und öffnet sich zum Folgenden hin. Die Takte 55–56 heben sich durch den gleichen Rhythmus in den beiden Systemen von den vorangegangenen Takten ab und bilden einen Kontrast, mit dem eine Voraussetzung für den Periodenhalbsatz erfüllt ist.

Im Nachsatz werden die letzten beiden Takte des Vordersatzes vertauscht aufgenommen, wobei die Oberstimme des 56. Taktes in der Oberquinte erscheint. Somit erfährt der Nachsatz eine vollständige Kadenz nach A-Dur, bleibt jedoch durch die

Terzlage melodisch offen, worauf sich der zweite Abschnitt anschließt.

Zweiter Abschnitt (T. 61–70) und Dritter Abschnitt (T. 71–84)

Der zweite Abschnitt setzt sich aus zwei rhythmisch kontrastierenden Viertaktern zusammen, denen wie am Ende des A-Teils ein zweitaktiges Anhängsel als Überleitung zum dritten Abschnitt folgt.

Der erste Viertakter ist durch seine synkopische Begleitung und mehrschichtige rhythmische Struktur auf die ersten beiden Takte des Themas zurückzuführen. Weil der zweite Viertakter auch gleiche Achtelbewegungen in den beiden Systemen aufweist, läßt sich dieser Abschnitt als Variante der Takte 53–56 charakterisieren. So durchzieht diese Variante ebenfalls das Motiv der absteigenden Tonleitermelodie. Es trat im ersten Abschnitt offenkundig im absteigenden Sekundschritt auf, der allerdings im ersten Viertakter dieses Abschnitts in seiner Umkehrung erscheint. Die Idee, alle Töne von A-Dur in der Melodie stufenweise zu verwenden, wird nun unterschwellig und in einer komplexen Art durchgeführt.

Die Oberstimme des zweiten Abschnitts setzt in der Tonika–Terz ein, so übernimmt sie auftaktig den Endton des ersten Abschnitts und bildet mit dem folgenden Ton *dis* eine aufsteigende Sekunde. Diese aufsteigende Sekunde wird dann im ersten Viertakter des zweiten Abschnitts zweigleisig nacheinander chromatisch abwärts geführt, demzufolge auch die Terzsprünge in der Oberstimmenmelodie zu finden sind. Die Melodie erhält durch das neu einsetzende punktierte Viertel in der zweiten Zählzeit synkopischen Charakter, wobei die Begleitung der linken Hand auch gegen die Zählzeit schlägt. Dadurch fällt die einheitliche Bewegung in den beiden Händen des zweiten Viertakters umso deutlicher auf.

Der zweite Viertakter ist zweiteilig gebaut. Die ersten beiden Takte werden im folgenden wiederholt, wobei T. 66 in T. 68 in der Oberoktave wieder erscheint. Der Viertakter wird mit der Dominante von fis-Moll eingeleitet und greift die Harmonik der Einleitung des B-Teils wieder auf. So wird in den Takten 65–66 die Dominante zur Tonika aufgelöst, womit erneut die Tonart fis-Moll gefestigt wird.

Nachdem im ersten Viertakter die chromatischen Töne von *dis* bis *h* in der Melodie Verwendung gefunden haben, erscheinen im zweiten *fis–gis–a* in der Oberstimme.

Diese Tonfolge wird in T. 65 mit dem ersten Achtel des folgenden Taktes im aufsteigenden Sekundschritt dargestellt, wonach sie in absteigender Achtelbewegung
erscheint. Somit werden alle diatonischen Tonstufen von A-Dur außer der fünften
Stufe *e* im zweiten Abschnitt des B-Teils für die Melodie in Anspruch genommen.
In den letzten beiden Takten des zweiten Abschnitts kehrt die synkopische Begleitfigur zurück, wobei die Oberstimmenmelodie in Vierteln den Sekundschritt *gis–fis*
wiederholt. Die Takte leiten über Sixte ajoutée und Doppeldominante, die dann als
Dominante von Des-Dur umgedeutet wird, zur Reprise des ersten Abschnitts über.
Nach der Wiederaufnahme der achttaktigen Periode im dritten Abschnitt wird in den
Takten 79–82 die abwärtsgerichtete Tonfolge *f–es–des* in der Melodie verwendet, was
als Fortsetzung des Sekundschritts in den Takten 69–70 anzusehen ist. Hier treten die
beiden letzten Töne in Septsprüngen auf und erinnern an den Sextsprung zwischen
den Takten 68–69, bzw. 69–70, der den Sekundschritt einführte. Die Achtel–Synkope
auf dem f^2 kündigt den Einsatz des A'-Teils an. Der B-Teil endet auf der Doppeldominante. Ihr Grundton wird im letzten Viertel des 84. Taktes im Baß erhöht, so
daß der Anfangston des A'-Teils *f* chromatisch erreicht wird.

4.2.14.3   Teil A' (T. 85–125)

Die Reprise läßt den dritten Abschnitt des A-Teils aus. Dafür wird der zweite Abschnitt (ab T. 101) in abgewandelter Form auf fünfundzwanzig Takte erweitert. Der
sechzehntaktige erste Abschnitt wird durch den Orgelpunkt auf der Dominante (T.
85–87, 93–95) leicht modifiziert, wodurch eine klangliche Spannung aufgebaut wird.
Sie wird weiter auf den sich in *Crescendo* und *Stringendo* zuspitzenden zweiten Abschnitt übertragen. In ihm werden alle Synkopen in der Oberstimme im Kontrast
zum ersten Abschnitt weggelassen. So beginnt der zweite Abschnitt mit regelmäßigen
Akkordschlägen in Vierteln auf der ersten Zählzeit.

Der erste Achttakter des zweiten Abschnitts (4 + 4) lehnt sich jedoch an die Takte
17–24 an, indem Anfangs– und Endton der Oberstimme in einem Kadenzvorgang
nach Des-Dur eine Oktave von f^1–f^2 umfaßt. Der erste Achttakter wird im zweiten in der Oberoktave wiederholt. Dabei löst sich die Dominante im letzten Takt

nicht zur Tonika auf, sondern wird zum verminderten Septnonakkord erweitert. Dieser Takt (T. 116) bildet zusammen mit den folgenden drei Takten eine Einheit, in denen derselbe Nonenakkord zum verminderten Septakkord auf c verkürzt erscheint. Hier wird durch das es^4 der diastematische Höhepunkt des Stückes erreicht, der im Folgenden in der Wiederholung des Viertakters wiederzufinden ist. Bei seiner zweimaligen Wiederholung tritt der verminderte Septakkord in pp und *Ritardando* und mit einer *Fermate* versehen auf. Dann werden die Akkordtöne mit Sekundschritten in der folgenden Überleitungsspielfigur zur Coda kombiniert, an deren Melodik Subsemitonium modi und Grundton (c–des) nicht teilnehmen. Am Ende der Spielfigur wird der erste Ton der Coda f schrittweise eingeführt.

4.2.14.4 Coda (T. 126–151)

Die Coda entstammt dem ersten Achttakter des Stückes, dessen erste Hälfte jedoch abgewandelt und erweitert wird. So erscheint im zweiten Takt der Tonikagegenklang, der sich in Anlehnung an die Takte 117–119 über drei Takte erstreckt. Er wird mit der synkopierten Quinte (c) eingeleitet, also mit dem Subsemitonium modi, das in der Überleitungsfigur ausblieb. Nach der Wiederholung dieser vier Takte setzt der folgende Viertakter ein, der in der Tonika verweilt, die sich allerdings ab T. 136 zum Nonenakkord erweitert. Hier setzt die absteigende Oberstimmenmelodie in Terzsprüngen aus den Takten 4–8 als es^2–ces^2 wieder an. Im rhythmischen Zurückgreifen auf die Takte 134–136 in der Subdominante erreicht die Oberstimme in T. 140 die Terz f^2, die ebenso in den Takten 1–8 den höchsten Ton bildete. So erklingt die Oberstimmenmelodie der Takte 4–8 im Folgenden über den geringfügig veränderten Begleitakkorden. Das Stück wird mit der erweiterten Variante dieser Phrase beendet, die bereits am Schluß des A-Teils auftrat.

Das Stück entfaltet sich aus der Energie der Synkopen. So setzt jeder Takt des A-Teils mit einer Achtel-Synkope ein. Der Synkopenrhythmus verwandelt sich im B-Teil in den ihm ähnelnden Rhythmus der Punktierung. Sie bildet einen Kontrast zur Viertel- bzw. Achtelbewegung in der achttaktigen Periode des B-Teils. Durch den rhythmischen Kontrast entsteht hier die Gegensätzlichkeit innerhalb des Halbsatzes.

Das Intervall nimmt ebenfalls die Stelle eines thematischen Elements ein: Der A-Teil stützt sich auf die Intervallsprünge auf, wohingegen der B-Teil auf dem Sekundschritt beruht. Bei der Melodiebildung werden möglichst alle diatonischen Tonstufen gebraucht. Dieser Versuch wird im zweiten Abschnitt des B-Teils versteckt ausgeführt, weil in diesem Stück die für die Romantik typische Verschleierungstechnik eine besondere Rolle spielt. Die Themengestalt einer Periode tritt ebenfalls erst im dritten Abschnitt des A-Teils deutlich hervor. Durch Einleitung und Überleitungsanhängsel weist der modulationsreiche B-Teil formal eine vielschichtige Struktur auf, wobei die Verarbeitung des thematisch–motivischen Materials im Sinne von Variantenbildung weiter konsequent durchgeführt wird. Der A'-Teil ist ebenso in einer für Kirchner typischen Art und Weise gestaltet: Der A-Teil wird nicht notengetreu übernommen, stattdessen wird thematisches Material weiter variiert.

4.2.15   Präludium op. 9, Nr. 15

Das *Allegro scherzando* in A-Dur erhält seine musikalische Gestalt durch zwei kontrastierende Themen, die in jedem Formteil gegeneinander ausgespielt werden: das humoristische und das gemessene Thema. Das Stück ist dreiteilig gebaut. Der kurze B-Teil steht in der Paralleltonart fis-Moll. Nach der ausgedehnten Reprise des A-Teils [60] wird das Stück mit der Coda abgeschlossen und gliedert sich somit folgendermaßen:

A: T. 1–32

B: T. 33–48

A': T. 49–122

Coda: T. 123–133

4.2.15.1   Teil A (T. 1–32)

Der A-Teil setzt sich aus zwei Themen zusammen, die jeweils sechzehn Takte (8 + 8) umfassen. So deuten sie auf einen symmetrischen Aufbau hin, von dem sie

---

[60]Die erweiterte Reprise ist eine Ausnahme in Kirchners Reprisengestaltung. s. Resümee.

jedoch durch ihre unregelmäßige Binnenstruktur abweichen. Dadurch entsteht ein überraschendes Moment, das dem Teil vorwärtsdrängende Dynamik verleiht:

Erstes Thema: T. 1–16

Zweites Thema: T. 17–32

Erstes Thema (T. 1–16)

Das rhythmisch geprägte erste Thema besteht aus zwei gleich gebauten Achttaktern. Der Achttakter bildet weder eine Periode (durch das fehlende Verhältnis von „Öffnen" und „Schließen") noch einen Satz (durch die fehlende Entsprechung innerhalb des Vordersatzes). Er wird lediglich durch den immer wiederkehrenden Rhythmus

im Baß zusammengehalten. So ist der auftaktig beginnende erste Achttakter in 1 + 2 + 2 + 2 + 1 Takte zu unterteilen. Die erste Hälfte des 8. Taktes rundet den Auftakt ab.

Diese Unterteilung entspricht auch dem Verlauf der Oberstimmenmelodie. Sie setzt in T. 1 zusammen mit dem Auftakt wie im „4/4-Takt" ein, weil vier Viertel aufeinanderfolgen. Da sich die Stimmen in absoluten Oktavparallelen bewegen, wird hier die Antriebskraft zur weiteren Entwicklung aufgestaut. So wird von T. 2 an die rechte Hand von der linken getrennt und eigenständig fortgeführt, wenn auch die Melodietöne in einer Mittelstimme verdoppelt werden. In der Oberstimme der Takte 2–7 bringt ein Viertel eine Viertelpause mit sich, wodurch sich ein 6/4-Takt herauskristallisiert. Das erste Viertel des 2. Taktes tritt akzentuiert auf und markiert somit den inneren Taktwechsel. Dabei wird der Spitzenton des 1. Taktes als Nonenvorhalt zum Dominant–Septakkord wieder aufgenommen, der sich in T. 3 zur Tonika auflöst. Weil das Stück in der Tonika einsetzt, bilden die ersten drei Takte eine geschlossene Einheit. Die Oberstimmenmelodie erreicht in T. 3 durch einen Quartsprung den Grundton a^2 als Gipfelton des Achttakters.

Die Oberstimme der Takte 4–5 und 6–7 entsteht aus den abwärtsgerichteten Sekundschritten, deren Einsatz in T. 4 durch einen Quintabsprung vollzogen wird. Somit bildet sich melodisch eine Zäsur zwischen den Takten 3 und 4. Die Melodie gelangt wieder zum Grundton in T. 7, der demnach mit dem 3. Takt korrespondiert. Nach der

Wiederholung der Takte 1–7 endet der erste Abschnitt in T. 16 auf einer Halben, die mit einer *Fermate* versehen ist und damit den Neubeginn der bisher ununterbrochen eingesetzten rhythmischen Einheit stoppt. Der humoristische Charakter des Themas entsteht durch das unregelmäßige Metrum und die herausfallenden Spitzentöne im durchgehenden *Staccato*.

Zweites Thema (T. 17–32)

Das *Staccato*, das dem ersten Thema ein wichtiges Charakteristikum stiftete, wird im zweiten Thema aufgehoben. Die Phrasen sind mit Bindebögen versehen und enthalten länger gehaltene Akkorde. Diese Änderung verursacht den gemessenen Charakter des zweiten Themas, der durch die gleichzeitig zurückgenommene Dynamik gefördert wird. Mit dem Einsatz des „weniger lebendigen" zweiten Themas (8 + 8) ist erstmals auch der ursprüngliche 3/4-Takt zu hören, wobei die Taktmetrik am Ende jedes Achttakters durch die Synkopenbildung verwischt wird. Kontrastierend zum ersten Thema werden die Akkorde und die Stimme des oberen Systems im unteren oktaviert, so daß sich die beiden Hände parallel bewegen.

Das Thema beginnt auftaktig und wird mit dem Sekundschritt vom Grundton zum Subsemitonium modi eingeleitet, das einen ganzen Takt andauert. Allein diese siebte Stufe wurde in der Oberstimmenmelodie des ersten Abschnitts nicht verwendet. Dadurch wird die Aufmerksamkeit auf das zweite Thema gelenkt, das diese Erwartung durch seine neuartige „würdevolle" Stimmung erfüllt.

Das kontrastierende zweite Thema greift jedoch auf das Sekundschrittmotiv des ersten zurück und entwickelt sich zur Tonleitermelodie. So sind nach einem großen Intervallsprung (T. 17–18) die Tonstufen von A-Dur in der Oberstimme der Takte 18–23 nacheinander abwärts zu finden. Dabei wird die zweite Stufe *h* ausgelassen, während die vierte einen Halbton höher (*dis*) erscheint.

Im zweiten Achttakter (T. 25–32) wird der erste eine Quarte aufwärts transponiert. Wenngleich der erste Achttakter im *Ritardando* sein Ende vorankündigt, wird der Beginn des zweiten durch die chromatisch eingeführte Oberstimme und durch veränderte Notenlänge und Synkope vertuscht: In T. 25 wird die punktierte Halbe des 17. Taktes auf ein Viertel reduziert, und der Akkord auf einer Halben des 18.

Taktes wird im letzten Viertel vorweggenommen.

Als Folge der oben erwähnten Transposition moduliert dieses *meno vivo*–Thema nach fis-Moll: Nachdem die neue Tonart bereits in T. 21 durch das *eis* angedeutet wurde, erscheint fis-Moll in T. 27 über der Doppeldominante und Dominante. Die Wirkung wird jedoch durch parallele Stimmführung und den Tonika–Sextakkord abgeschwächt. Der A-Teil endet über die Mollsubdominante auf dem Tonika–Quartsextakkord, so daß die Tonart fis-Moll nicht vollkommen gefestigt wird.

4.2.15.2   Teil B (T. 33–48)

Der B-Teil in fis-Moll (8 + 8) kontrastiert zum A-Teil durch seine klare Gliederung in regelmäßige Viertakter, die in den Themen des A-Teils vermieden wurden.

Der erste Achttakter des B-Teils (4 + 4) greift wieder auf das ursprüngliche Zeitmaß und die *Staccato*–Angabe zurück. Somit wird die Munterkeit des ersten Themas wiederhergestellt, während die fortwährende Parallelbewegung der beiden Hände vom zweiten Thema des A-Teils herrührt.

Der erste Viertakter beginnt mit einer Figur, die aus der hüpfenden Bewegung des Beginns gewonnen ist. Die eintaktige Figur wechselt zwischen Dominante und Tonika in Grundstellung und befestigt definitiv die Tonart fis-Moll, die im zweiten Thema nicht hinlänglich bekräftigt wurde. Die Figur besteht aus großen Intervallsprüngen über einer Oktave. Der Tonika–Grundton steht zwar auf der betonten ersten Schlagzeit, der bestätigende Akkord als Achtel–*Staccato* folgt jedoch erst auf der schwachen zweiten, wodurch musikalischer Humor hervorgerufen wird. Durch das Insistieren auf dieser Figur in den ersten drei Takten wird eine Spannung erzeugt, die erst im folgenden Takt von einer absteigenden Melodie aus der reinen Molltonleiter in Achteln abgebaut wird. Die Tonleitermelodie ist als Erweiterung der Sekundschritte aus den Takten 4–7 aufzufassen. Weil die ersten drei Takte des Viertakters dem 1. Takt entstammen, wird im ersten Viertakter des B-Teils das erste Thema des A-Teils zusammengefaßt.

Die letzten vier Takte des Themas stehen im Rhythmus des ersten Viertakters und bilden durch den Wechsel von Subdominante und Tonika eine harmonische Variante.

Analog zur wiederholenden Spielfigur aus dem ersten Achttakter beginnt das zweite *meno vivo*–Thema des B-Teils mit Akkordwiederholungen. Es besteht aus zwei gleich gebauten Viertaktern, die jeweils durch die Harmoniefolge von Subdominante mit Sixte ajoutée und Dominante zur Tonika das erste Thema (T. 33–40) subsumieren. Nach mehrfacher Wiederholung des Subdominant–Akkordes mit Sixte ajoutée erscheint im vierten Achtel des 42. Taktes der Dominant–Septakkord mit Quartvorhalt. Er löst sich im letzten Viertel desselben Taktes, also auf dem betonteren Taktteil zur Terz auf, was der metrischen Gesetzmäßigkeit bei Vorhaltsbildungen nicht entspricht. Das Viertel selbst bringt wiederum den Sextvorhalt mit sich, der jedoch unaufgelöst bleibt. In T. 43 wird der Dominant–Septakkord zur Tonika aufgelöst, die den Nonenvorhalt enthält. Dadurch wird das Subsemitonium modi verzögert zum Zielton gebracht. Diese Art der Fortschreitung von der Dominante zur Tonika bildet einen Gegensatz zum Beginn des B-Teils, wo beide Harmonien die Tonart fis-Moll bestätigten. Statt auf *cis* in T. 44 endet der B-Teil in T. 48 auf *a*, das als Tonika von A-Dur des folgenden A'-Teils umzudeuten ist. Die Rückmodulation zur Ausgangstonart findet damit auf einem einzigen Ton statt. Sie wird durch das Auftakt–Viertel zu T. 49 mit dreifachen Leittönen bekräftigt.

4.2.15.3   Teil A' (T. 49–122) und Coda (T. 123–133)

In der Reprise werden die beiden Themen des A-Teils ausgeweitet:

Erstes Thema: T. 49–96
Zweites Thema: T. 97–122

Erstes Thema (T. 49–96)

Die Takte gliedern sich in zwei Abschnitte. Im ersten Abschnitt wird das erste Thema leicht verändert wiederaufgenommen, worauf dessen Fortführung im zweiten folgt. Zur leittönig eingeführten Tonika in T. 49 bildet die Dominante im dritten Viertel des folgenden Taktes eine Analogie, weil sie auch durch den verkürzten Zwischendominant–Septakkord (D-Dur) der unterbleibenden Wechselsubdominante leittönig vermittelt wird. Der modifizierte Beginn des ersten Themas ermöglicht die schrittweise vollzogene Abwärtsführung im Baß von *f* bis *a* (T. 49–52). Der erste Achttakter wird bei der folgenden Wiederholung auf dreizehn Takte erweitert (T. 57–69), wobei in den letzten vier Takten eine neue viertaktige rhythmische Einheit

herausgebildet wird, auf der die folgenden Takte des zweiten Abschnitts (T. 70–96) beruhen. Weil hier der Themenanfang zurückkehrt, wird die Baßlinie zu Beginn der Wiederholung auf den Umfang einer verminderten Quinte reduziert (*dis–a*). Ihre Entsprechung erfolgt ab T. 61 durch die aufsteigende chromatische Baßfortschreitung (*cis–a*), die sich im *Crescendo* befindet. So setzt die Fortführung des Themas (T. 70) im f ein, der auch den diastematischen Gipfelpunkt des Themas durch fis^3 erhält. Sie gliedert sich in drei Achttakter mit drei angehängten Takten. Die ersten beiden Achttakter (4 + 4) beruhen auf dem Tonika–Dreiklang, den die Oberstimme umspielt. Der jeweils vierte Takt (T. 73, 81) enthält in der Oberstimme die Quinte, wodurch die beiden Achttakter miteinander korrespondieren. Die ersten acht Takte (T. 70–77) stehen auf dem Tonika–Orgelpunkt und werden von der absteigenden Oberstimmenmelodie geprägt.

Die Melodie der folgenden acht Takte (T. 78–85) bewegt sich dagegen auf und ab und gelangt im letzten Takt zum Grundton, wobei die Harmonie innerhalb der beiden Achttakter erstmals über die Dominante zur Tonika schreitet und damit die Grundtonart deutlich hervortreten läßt. Sie wird weiter in den Takten 86–93 bekräftigt, da deren Oberstimme auf dem Tonika–Orgelpunkt nur noch Grundstufe und Quinte über den drei Hauptharmonien wiederholt. Durch das Pausieren im letzten Viertel in T. 93 wird die bis jetzt fortlaufende viertaktige rhythmische Einheit unterbrochen. Nachdem der Rhythmus des Taktes im folgenden Takt im *Ritardando* wiederaufgenommen wurde, endet der erste Abschnitt in T. 95 mit dem Tonika–Oktavklang, der bis zum ersten Viertel des nachfolgenden Taktes übergebunden wird und somit einen Ruhepunkt darstellt.

Zweites Thema (T. 97–122)

Das zweite Thema läßt die Modulation aus. Es besteht aus zwei Achttaktern, denen eine Zehntaktgruppe folgt. Die drei Glieder greifen jeweils auf den Rhythmus der

Takte 17–20 zurück. Der erste Achttakter (4 + 4) tritt in der Zwischendominante der Mollsubdominante auf, die in T. 100 einsetzt und bis T. 103 bestehen bleibt. Über die Parallele der Tonikavariante setzt der zweite Achttakter im Neapolitaner ein, der ab T. 108 viermal durch einen verminderten Septakkord auf Vierteln eingeleitet wird. So basiert der zweite Achttakter nicht wie im A-Teil auf einer Transposition des zweiten, sondern entwickelt sich selbständig. Der Neapolitaner schreitet im letzten Takt des Achttakters (T. 112) zur Dominante fort, in der die folgende Zehntaktgruppe auftritt. Der *Sforzato*–Akkord des 114. Taktes erweist sich im folgenden Takt als Dominant–Quintsextakkord mit erniedrigtem Terz, die über die erniedrigte Sekunde zum Dominant–Grundton (*e*) gelangt. Durch das getrübte Akkordgeschlecht wird hier die Spannung erhöht. Sie wird weiter gehalten, weil die folgende Mollsubdominante *a tempo* dreimal mit doppelter Leittoneinstellung zur Quinte *a* über dem Baßrhythmus ♩ ⅞ ♪♩ aus dem ersten Thema wiederholt wird. In den letzten vier Takten des A'-Teils werden die Akkordtöne der Mollsubdominante horizontal auf die punktierten Halben aufgeteilt, wobei die Quinte allerdings durch den unteren Leitton *gis* ersetzt wird. Mit dem Einsatz der Coda im letzten Viertel des 122. Taktes wird er zu *a* aufgelöst. Im zweiten Thema des A'-Teils dominiert somit der Bereich der Mollsubdominante.

Daran anschließend greift die Coda zunächst die Takte 37–40 des B-Teils auf, wo sich Subdominante und Tonika abwechseln. Statt einer Wiederholung wird die hüpfende Spielfigur zweimal in die Oberoktave versetzt. Im *Vivo e Crescendo* wird dabei die „scherzhafte" Stimmung wieder zurückgeholt. Nach der abwärtsgeführten Tonleitermelodie, in der Grundton und Quinte betont werden, folgt das aufwärtsgerichtete Arpeggio der Tonika als Gegenstück. Das *Allegro scherzando* schließt in den letzten drei Takten den Bogen zum Beginn durch die Pendelbewegung beider Hände, die allerdings durch die auseinandergerichtete Akkordbrechung in der Tonika eine versteckte Mehrstimmigkeit herausbildet.

Die Komposition erinnert an das vorangegangene Stück *Allegro agitato* der „Präludien" durch die unsymmetrische Gliederung des Kopfthemas. Die große rhythmische Beteiligung an der Themengestalt verbindet die beiden Stücke auch miteinander. Das *Allegro scherzando* zeigt seine Besonderheit darin, daß die Formteile aus zwei gegensätzlichen Themen bestehen. So bildet der B-Teil keinen Kontrast zum A-Teil, sondern beinhaltet Varianten der beiden Themen. Das Prinzip der Varinantenbildung durchdringt wie so oft auch das zweite Thema (*meno vivo*), das sich aus dem ersten ableitet, obgleich die beiden Themen auf den ersten Blick unterschiedliche musikalische Charaktere repräsentieren.

Daß die Reprise des A-Teils eine Erweiterung aufweist, indem die beiden Themen weiter fortgeführt werden, gehört zu einer Rarität in den Kompositionen Kirchners.

4.2.16 Präludium op. 9, Nr. 16

Die Klaviersammlung der „Präludien" schließt mit dem *Allegro appassionato* in H-Dur ab, das durch den pochenden Triolen–Rhythmus an das dreizehnte Stück *Allegro con passione* erinnert. Im Gegensatz zum früheren Stück enthält diese Komposition einen kontrastierenden Mittelteil, wo die Begleittriolen ausbleiben und somit eine ruhigere Stimmung hervorgerufen wird. Durch selbständige Stimmführung klingt der Mittelteil wie ein Choralsatz, der die Grundtonart beibehält.

Der A-Teil nimmt mit achtunddreißig Takten über die Hälfte des gesamten Stückes in Anspruch und weist infolgedessen einen gewichtigen musikalischen Inhalt innerhalb des Stückes auf. Dafür ist die Reprise auf siebzehn Takte verkürzt.

Das dreiteilige Stück gliedert sich folgendermaßen:

A: T. 1–38
B: T. 39–53
A': T. 54–70

4.2.16.1 Teil A (T. 1–38)

Der A-Teil läßt sich in drei Abschnitte unterteilen. Im ersten Abschnitt wird das achttaktige Thema exponiert, dem zwei Themenvarianten des zweiten Abschnitts folgen. Mit den überleitenden sechs Takten schließt der A-Teil.

Erster Abschnitt: T. 1–8
Zweiter Abschnitt: T. 9–32

Dritter Abschnitt: T. 33–38

Erster Abschnitt (T. 1–8)

Das Thema besteht aus zwei gegensätzlich gebauten Phrasen (4 + 4). Es eröffnet mit triolischen Akkordwiederholungen, die in der Oberstimme des 1. Taktes im Wechsel von Dominante und Subdominante eine verminderte Dreiklangsbrechung darstellen. Der im p beginnende Takt erfährt ein *Crescendo* und scheint auf den 2. Takt zu zielen, der im *Sforzato* einsetzt. Der 2. Takt steht im Dominant–Septnonakkord und erreicht im ersten Triolen–Achtel durch einen Sextsprung wieder die Quinte *cis*, die bereits im zweiten Viertel des 1. Taktes erschien. Diese Takte werden in T. 3–4 wiederholt, so daß die zweimal aufsteigende verminderte Dreiklangsbrechung als Melodie wahrgenommen wird.

Der vorspielartigen Phrase (T. 1–4) steht die ausdrucksvolle zweite des Themas (T. 5–8) im f–Bereich gegenüber, in der sich die Melodie von den Begleitakkorden löst und verselbständigt. Der Auftritt dieser Melodie wird durch die Vortragsangabe *Ritardando* in T. 4 vorbereitet.

Dabei greift das erste Viertel des 5. Taktes als Quartvorhalt zur Subdominante zusammen mit dem Auftaktachtel die Rahmentöne der Oberstimme von T. 1 (*e–ais*) auf, wodurch die beiden Phrasen miteinander verknüpft werden. Nach der Auflösung zur Quinte *h* erklingt die abwärtsgeführte Dreiklangsmelodie und kontrastiert somit zur aufsteigenden Oberstimmenmelodie der ersten Phrase.

Die Oberstimmenmelodie der Takte 6–8 beruht auch auf dem Dreiklang, der jedoch versteckt gehalten wird: Die Halben bilden zusammen mit der übergebundenen Note zwischen den Takten 6 und 7 den Dis-Dur–Dreiklang, also die Variante des Tonikagegenklangs. Die Baßtöne der Takte unterstreichen noch einmal denselben Akkord. Das Thema endet somit harmonisch offen und weist durch die Wiederholung der ersten beiden Takte Satzcharakter auf.

Durch die Einschaltung der Zwischendominante im dritten Viertel des 7. Taktes entstehen in der Oberstimme Sekundschritte als neues Element, das im dritten Abschnitt des A-Teils und im B-Teil eine wichtige Rolle spielen wird.

Die Melodie des Themas ist insgesamt aus drei verschiedenen Dreiklangsbrechungen geformt, die zuerst auf Dominante[61] (Fis-Dur) und Subdominante in T. 5 (E-Dur), dann auf der Variante des Tonikgegenklangs (Dis-Dur) basieren. So besteht das Thema aus drei Harmonien, deren Grundtöne absteigende Sekundschritte von der fünften zur dritten Stufe bilden.

Zweiter Abschnitt (T. 9–32)

Die ersten acht Takte (T. 9–16) sind eine geringfügige melodische Variante des Themas. Während das Thema mit den gemeinsamen Akkordwiederholungen in den beiden Händen beginnt, wird die Oberstimmenmelodie bereits in der ersten Phrase (T. 9–12) von der Begleitung getrennt.

Sie erscheint hier in Oktaven und wird durch die Dominantnone *gis* im letzten Triolen–Achtel der Takte 9 und 11 erweitert. Durch die ununterbrochen repetierten Zweiklänge *gis* und *ais* in der linken Hand wird die aufsteigende Melodielinie mehr zu Geltung gebracht.

Das jeweils erste Triolen–Achtel der Takte im unteren System tritt in Gegenbewegung zu dieser Oberstimme ein und greift auf den Rahmen der verminderten Quinte der Anfangsmelodie von T. 1 zurück. Die Töne *ais* und *e* spielen auch in der Melodie der zweiten Phrase (T. 13–16) eine zentrale Rolle. So finden sie als Oberstimmenmelodie der letzten drei Takte auf einem Viertel und einer Halben wieder Verwendung.

Die Melodie der zweiten Phrase setzt in der Oberterz des 5. Taktes ein, nachdem in der ersten Phrase die gesteigerte Melodievariante durch die harmonische Erweiterung im *Stringendo* aufgetreten war. Das Auftaktachtel zu T. 5 erscheint in T. 12 zum Viertel augmentiert, so daß der Beginn der zweiten Phrase trotz des schneller werdenden Tempos deutlich gekennzeichnet ist.

Die absteigende E-Dur–Dreiklangsbrechung des 5. Taktes in Oktaven wird in T. 13 als gis-Moll erwartet, die Imitation der ersten drei Noten *gis–cisis–dis* des Phrasenanfangs überlappt jedoch die zweite Takthälfte. Der nach dem h^1 des letzten

---

[61] Unter Weglassung des Grundtons im Dominant–Septakkord ergibt sich ein verminderter Dreiklang in den Takten 1 und 3.

Viertels erwartete Ton gis^1 tritt in den Begleittriolen des 14. Taktes als Septime des Dominant–Septnonakkords auf. Endgültig trifft dieser Akkord nach den chromatischen Vorhaltstönen der ersten Takthälfte erst im dritten Viertel ein und dauert bis zum Ende des zweiten Abschnitts an. Dabei erscheint der oben schon erwähnte Intervallabsprung der verminderten Quinte (e–ais). Durch die zweimalige Wiederholung des Intervallabsprungs steht die zweite der ersten Phrase mit der aufsteigenden Melodie gegenüber. So wird die gegensätzliche Bauweise des Themas in dieser Variante beibehalten, das Intervall der verminderten Quinte wird allerdings in den Vordergrund gerückt.

Die zweite Variante des Themas (T. 17–32) ist auf sechzehn Takte erweitert. Ihr wird Aufspaltungstechnik zugrundegelegt, so daß die ersten acht Takte auf die ersten beiden Takte des Themas und die letzten acht Takte auf T. 5 zurückzuführen sind. Während die Takte 9–12 der ersten Variante an die Oberstimme des Themenanfangs angelehnt sind, tritt die zweite Variante in der Unterterz des Themas ein und entfaltet sich eigenständig. So folgt auf die Akkordwiederholungen des 17. Taktes, dessen Oberstimmenmelodie die verminderte Dreiklangsbrechung auf *fisis* darstellt, eine absteigende Melodie des gebrochenen e-Moll–Akkords im *Espressivo*. Dadurch wird der raketenartige Bewegungsablauf der ersten Phrase des Themas zu einer Bogenform abgewandelt. Die Takte 19–20 greifen harmonisch die Takte 1–2 auf, wobei die Dreiklangsbrechung des 19. Taktes durch die Vorhaltsbildung ein Viertel verzögert einsetzt. Diese Takte 17–20, die durch die aufsteigenden Baßlinie von *dis* bis *fis* zusammengehalten sind, werden in den folgenden vier Takten in der Oberterz dargestellt. So erscheint die Akkordbrechung des verminderten Dreiklangs auf *ais* in der Melodie zweimal nacheinander und weist auf den Themenanfang hin (T. 19–21).

Wie die ersten acht Takte durch das Mittel der Transposition auf Steigerung angelegt sind, bedienen sich die Takte 25–32 ebenfalls dieser Technik. So erklingt die Melodie des ersten Viertakters (T. 25–28) im zweiten eine große Terz höher. Er selbst setzt auch infolge des Steigerungsprinzips in der kleinen Oberterz des 5. Taktes ein. Die Melodie in Oktaven des 25. Taktes wird im folgenden Takt als Echo einstimmig nachgeahmt. Diese Echobildung entstammt den Takten 14–16, wo der verminderte Quintabsprung in seiner Wiederholung einstimmig erschien. Durch den großen Intervallsprung auf *h* zwischen den Takten 26 und 27 geschieht ein Zuwachs an Ausdruck, wobei der Ton die Terz von G-Dur wieder aufgreift, in dem dieser Viertakter (T. 25–28) steht. Der Oktavzweiklang auf *h* klingt in T. 28 auf einem Ton nach. Somit kreist die Melodie der vier Takte innerhalb des Quintrahmens von G-Dur.

Der letzte Viertakter des zweiten Abschnitts (T. 29–32) wird mit der Tonika H-Dur eingeleitet, also mit der Oberterz des ersten Viertakters. Durch den Ton dis^4 in T. 31 im Oktavzweiklang wird der melodische Gipfelpunkt des zweiten Abschnitts und des ganzen Stückes erreicht, während die Harmonie in die Doppeldominante übergeht. In T. 32 erfolgt die erwartete Tonwiederholung in der Unteroktave nicht, dafür erscheint der Grundton *h* in Oktaven als Septime der Doppeldominante.

Dritter Abschnitt (T. 33–38)

Der überleitende Abschnitt des A-Teils (T. 33–38) zum B-Teil greift auf T. 29 zurück, da er als Oberstimme die ersten beiden Tonstufen *eis* und *fis* des Taktes übernimmt. Der dritte Abschnitt ist eine Entfaltung der Takte 7–8 des Themas aufgrund der Weiterführung der Sekundschritte, die hier imitatorisch einsetzen. So werden die Schritte eis^2–fis^2–g^2 der Oberstimme des 33. Taktes in der Unteroktave nachgeahmt, wobei der letzte Ton einen Halbton erhöht im letzten Triolen–Achtel des 34. Taktes erscheint. Die Sekundschritte erfolgen weiter über den Triolen als gis^1–ais^1–his^1–cis^2. Nachdem sie vom zweiten Viertel des 36. Taktes zum ersten Viertel des folgenden Taktes imitiert worden sind[62], werden sie ab dem zweiten Viertel des 37. Taktes in die linke Hand verlegt (dis^1–eis^1–fis^1– gis–ais). In diesem Abschnitt wird somit permanent das Motiv der Sekundschritte verwendet, die zweimal in der Oktavversetzung weitergehen.

4.2.16.2 Teil B (T. 39–53)

Im B-Teil pausiert die Triolen–Akkordbegleitung, so daß hier im Gegensatz zum leidenschaftlichen A-Teil eine andächtige Stimmung hervorgerufen wird, die sich bereits am Ende des A-Teils durch die Sekundschritte in *Ritardando* und *Diminuendo*

---

[62]Das *his* erscheint als *h*.

ankündigte.

Der B-Teil weist eine Periode auf, die harmonisch jedoch mit dem Einsatz des A'-Teils in der Tonika abgerundet wird. Weil der B-Teil aus 7 + 8 Takten besteht, wird der fehlende Takt für die Symmetrie nun durch die Verschränkung ergänzt.

Die ersten sieben Takte des Vordersatzes lassen sich in zwei Phrasen gliedern. Die erste viertaktige Phrase bewegt sich harmonisch im Bereich von Tonika und Subdominante mit ihren Vertreterharmonien, wohingegen sich die zweite Phrase mit ihrer (einleitenden) Doppeldominante im Dominantbereich befindet. In der ersten Phrase ist die triolische Einteilung des Viertels noch erhalten geblieben, verschwindet aber in der zweiten gänzlich. Diese rhythmische Veränderung verschafft den beiden Phrasen des Vordersatzes den Gegensatz, der für eine Periodenbildung erforderlich ist.

Motivisch schließt sich der Vordersatz an die Sekundschritte des letzten Abschnitts von Teil A an. Dabei wird die Tonfolge der Sekundschritte in der ersten Phrase nicht aneinandergereiht und durch die Oktavversetzung einer Abwandlung unterzogen.

Die Melodie der ersten Phrase enthält die Sekundschritte von *gis* bis *ais* abwärts, wodurch alle Töne der H-Dur Tonleiter verwendet werden: In den Takten 39–40 von *gis* bis *dis* und in den folgenden beiden Takten von *dis* bis *ais*.

Die Oberstimmenmelodie der Takte (T. 41–42) beginnt in der Oberquinte der vorangegangenen Takte. Dabei wird das zweite Viertel des 41. Taktes ebenfalls triolisch eingeteilt, so daß die Takteinheit der Phrase sowohl rhythmisch auch melodisch bewegter als die vorangegangenen Takte erscheint.

Durch die aufeinanderfolgenden Sekundschritte wird die zweite Phrase des Vordersatzes (T. 43–45) umso deutlicher hervorgehoben. Aufgrund der Engführung der abwärtsgerichteten Sekundschritte erscheint die Oberstimme der ersten beiden Takte von *cis* bis *fis* vom dritten Viertel des 43. Taktes bis zum zweiten Viertel des 45. Taktes als *h–ais–gis–fis–eis*.

Der Nonensprung des 44. Taktes entstammt der ersten Phrase, so daß die beiden Phrasen zueinander in Beziehung stehen. Der Nachsatz (T. 46–53) greift den Vordersatz durch erweiterten Stimmumfang und f in gesteigerter Form auf und entwickelt sich anders weiter. So schlägt die in der zweiten Phrase angewendete Imitationstechnik in der viertaktigen ersten Phrase durch: Die Tonfolge des zweiten Taktes zusammen mit dem Achtelauftakt (*gis–fis–e–dis*) tritt in einer Mittelstimme (ab T. 47) und dann im Baß (ab dem T. 49) anders rhythmisiert auf.

Die zweite Phrase beruht auf einer Sequenzbildung des dritten Viertels des 51. Taktes und der folgenden Halben, die zweimal in die Obersekunde versetzt werden. Die aufsteigende Oberstimme bricht im letzten Viertel des 53. Taktes auf der siebten Stufe von H-Dur ab, die in der Oktavversetzung im folgenden Takt (Beginn des A'-Teil) zum Grundton aufgelöst wird. Somit erhalten die letzten drei Takte des B-Teils überleitenden Charakter.

4.2.16.3   Teil A' (T. 54–70)

Die Reprise besteht aus 10 + 7 Takten. Sie tritt im vier Takte anhaltenden Zwischendominant–Septakkord H-Dur der unterbleibenden Subdominante ein. Somit bildet sich nun in der Oberstimme statt des verminderten Dreiklangs auf *ais* die Tonika–Dreiklangsbrechung. Diese subtile Veränderung wird nicht auf Anhieb wahrgenommen, richtet sich aber auf die Schlußbildung.

Es folgt zweimal die an den B-Teil (T. 43–45) erinnernde Dreitakteinheit, in der die Melodiestimme in Sekundschritten nun aufsteigend erscheint. Dadurch wird in der Reprise die absteigende Dreiklangsmelodie des Themas (T. 5) weggelassen, die eigentlich als gegensätzliches Element zur ersten Phrase im Thema fungierte, dann in der zweiten Variante des Themas (T. 17–32) im A-Teil jedoch ausgiebig kommentiert wurde. Die Begleittriolen der Zweiklänge in Sexten der ersten Dreitakteinheit (T. 58–60) richten sich abwärts in Gegenbewegung zur Oberstimme.

Im Baß des 60. Taktes werden zusammen mit dem Auftakt (Triolen–Achtel) die Halbtonschritte als Verkleinerung des Sekundschritts eingeführt und in den folgenden Takten (T. 61–63) weiterverfolgt: So wird die Tonfolge *fis–fisis–gis* in T. 61 in die übermäßige Quarte aufwärts verlegt. Während die Halbtonschritte im unteren System in den Triolen–Achteln als *dis–e–eis–fis* in den Takten 62–63 weitergeführt werden, treten die zwei aufeinanderfolgenden Halbtonschritte in der rechten Hand des 62. Taktes auf *eis²* ein und übernehmen die Melodie des 33. Taktes, mit dem die Überleitung zum B-Teil begann. In den letzten sieben Takten des Stückes kehren im Wechsel von Subdominante und Tonika die wiederholenden Akkordtriolen des Themenanfangs wieder. Dadurch lassen sich diese Takte als Coda bezeichnen, und die Gestaltung des Schlußes weist abermals auf die bei Kirchner häufig anzutreffende kreisförmige Anlage hin. Die Oberstimme der Dreiklangsbrechung der Tonika erstreckt sich beim dritten Anlauf über zwei Oktaven aufwärts, wonach der Schlußakkord der Tonika auf einer punktierten Halben ruht.

Die Komposition beginnt mit dem achttaktigen Thema, das keinem syntaktischen Muster zuzuordnen ist, aber die musikalischen Elemente für den weiteren Verlauf exponiert. Das Thema entwickelt sich aus der simplen aufsteigenden Akkordwiederholung, woraus die Anfangsmelodie der Dreiklangsbrechung entsteht. Weil das Thema aus der Variante der Dreiklangsmelodie geformt ist, begründet die horizontale Entfaltung der Dreiklangsmelodie seinen musikalischen Ablauf. Das Thema wird innerhalb des A-Teils zweimal variiert, wobei die zweite Variante durch die Verwendung der Abspaltungstechnik zweifach erweitert wird. Mit der Auffüllung des Terzrahmens wird das Motiv des Sekundschritts gewonnen, das am Ende des Themas auftritt. Es prägt sich in der Überleitung zum B-Teil aus und spielt dann dort eine wichtige Rolle. Somit durchdringt das variierende Gestaltungsprinzip auch in diesem Stück die Formteile, was sich wiederum als grundlegendes Prinzip in den Kompositionen Kirchners erweist.

Kapitel 5

Resümee

Stilmerkmale von Kirchners Klavierstücken

Kirchner wählt für seine Klavierstücke in op. 2 und 9 überwiegend die dreiteilige Liedform, wobei auch das Formschema A A' A" zu finden ist (z.b. op. 2, Nr. 5 und op. 9, Nr. 10). Durch den Wechsel zwischen den Teilen A und B ergibt sich in op. 9, Nr. 2 die Fünfteiligkeit. Die Komposition von op. 9. Nr. 3 und 4 bedient sich der zweiteiligen Liedform.

Die bisherige Untersuchung der zwei Klaviersammlungen Kirchners zeigt trotz der Formenvielfalt, daß seine Stücke im Verfahren der Schönbergschen „entwickelnden Variation"[1] konzipiert sind. Die „entwickelnde Variation" ist das Prinzip „aus einem eng begrenzten Material, im Extrem einem einzigen Intervall, weitreichende Zusammenhänge herauszuspinnen".[2]

Diese Kompositionstechnik wird auf besonders konzentrierte Weise für die Themengestaltung verwendet, welche damit die Eigenart der Kompositionen Kirchners bereits verrät. Sie lassen sich syntaktisch in drei Gruppen einordnen: Das Thema des einzelnen Stückes wird entweder in eine acht– bzw. sechzehntaktige Periode, oder in

---

[1] A. Schönberg: Stil und Gedanke. Frankfurt/Main 1992, S. 45.

[2] C. Dahlhaus: Die Musik des 19. Jahrhunderts (Neues Handbuch der Musikwissenschaft. Bd. 6). Laaber 1980, S. 212.

einen achttaktigen Satz eingekleidet, während es in manchen Stücken keine eindeutige Struktur aufweist (z.B. in op. 2, Nr. 7 und op. 9, Nr. 1, 4, 7, 10, 12, 13 und 16). Diese bleibt aber meistens in der Achttaktigkeit und behält somit die Taktsymmetrie.[3] Die achttaktigen Themen bei Kirchners Kompositionen weisen oft eine unregelmäßige Binnenstruktur auf, so daß die äußere Regelmäßigkeit nicht auf metrisch–harmonische Normen aus dem klassischen Perioden– oder Satzbau schließen läßt. Ein ähnliches Beispiel zeigt das Thema einer sechzehntaktigen Periode von op. 9, Nr. 6, die sich aus 9 + 8 Takten zusammensetzt (Der Nachsatz beginnt mit dem Schlußtakt des Vordersatzes, so daß sich durch die Taktverschränkung dennoch sechzehn Takte ergeben.). Umgekehrt erfährt das Thema von op. 9, Nr. 9 eine Erweiterung auf neun Takte, trägt aber Satzcharakter.

Zusammenfassend läßt sich somit sagen, daß die Themengestalt in den beiden Klaviersammlungen Kirchners überwiegend an der tradierten Form einer Periode bzw. eines Satzes orientiert ist, oft aber subkutane „Irregularität" erhält. Diese „Irregularität" in der Formung des Themas ist stets innermusikalisch begründet und leitet sich nicht selten von der speziellen Melodieführung Kirchners ab. Wie Sietz ihn später den überlegenen Melodiker seiner Zeit nennt,[4] so anerkennt auch Schumann in seiner Rezension über „Zehn Lieder für eine Singstimme mit Pianoforte" op. 1[5] bereits die „melodische Kraft" Kirchners. Er kritisiert aber, daß sie sich „noch zu sehr auf die Harmonie" stütze, was jedoch für Kirchners Werke gerade ein wichtiges Charakteristikum ausmacht, wie im folgenden noch ausgeführt werden wird. Die Besonderheit der Themengestalt Kirchners liegt darin, daß sich die musikalische Hauptidee oft in der horizontalen Dimension der intervallischen Motive manifestiert: Aus der ständigen Abwandlung der intervallischen Motive wächst die Melodie eines Themas unter Berücksichtigung des rhythmischen Elementes. Dabei werden zugunsten gezielter Melodiebildung Nonen–, Dezimen– und Undezimenakkord in beliebigen Nebenstufen eingesetzt, die sich nur trugschlüssig auflösen oder ohne Auflösungsab-

---

[3]Das Thema von op. 9, Nr. 4 ist neuntaktig, Nr. 7 und 10 sechstaktig, Nr. 12 zwölftaktig aufgebaut.

[4]Vgl. R. Sietz: Theodor Kirchner. 1971, S. 139.

[5]R. Schumann: Lieder und Gesänge. 1843, S. 120 f.

sicht in einer Klangfolge erscheinen.[6] Dadurch entsteht des öfteren eine harmonische Unbestimmtheit,[7] obwohl in der Regel den Kompositionen Kirchners die funktionale Deutbarkeit der Harmonik erhalten bleibt. Diese Tatsache läßt sich mit der Lockerung der Tonalität in Verbindung bringen. Den allgemein auftretenden Tendenzen in den Kompositionen der Romantik ist Kirchner somit auf eigene Art verbunden.

Die Melodie der Themen Kirchners umfaßt häufig eine Oktave. Es ist öfters zu beobachten, daß die melodische Auf– und Abwärtsbewegung als konstitutives Mittel bei der Gestaltung einer Periode bzw. eines Satzes eine Rolle spielt. Häufig vollzieht sich nach einem Intervallaufsprung eine abwärtsgeführte Schrittbewegung, die den Sprung auffüllt.[8] Als Konsequenz werden alle diatonischen Töne in relativ gleicher Häufigkeit in Anspruch genommen. Darauf läßt die Melodiebildung des Themas von op. 9, Nr. 2 und 10 deutlich schließen. In den ersten sechs Takten der Nr. 7 des gleichen Werkes werden alle Akkorde in Des-Dur außer auf der siebten Stufe mittels Sequenzbildung schrittweise durchlaufen. Ein besonderer Fall zeigt sich in op. 9, Nr. 9 und 12, indem das Thema jeweils eindeutig aus einer Tonleiterbildung erwächst.

Die Betonung der linearen Entwicklung in der Themengestaltung hat die Einbeziehung der polyphonen Kompositionstechnik zur Folge, was wohl auf die intensive Beschäftigung Kirchners als Organist mit Johann Sebastian Bach zurückzuführen ist.[9] So nimmt jede Stimme am musikalischen Verlauf teil: Die Begleitstimmen stellen mehr als harmoniestützende Füllstimmen dar, so daß die Melodie des Themas allein ohne Begleitung ihre Überzeugungskraft verlieren würde. Daraus erklärt sich, daß keine einförmigen und stereotypen Begleitfiguren, z.B. Alberti–Bässe oder mechanische Dreiklangsbrechungen, vorkommen. Alles in allem stellt das Thema das kompakteste und dichteste Satzgebilde innerhalb des Stückes dar, das im Grunde aus

---

[6]Darin begründet sich beispielsweise, daß die Perioden bei Kirchner selten eine Dominantöffnung enthalten und auch nicht immer mit einem Tonikaschluß enden.

[7]Im „Intermezzo" von op. 2 (Nr. 3) wird der harmonische Schwebe–Zustand sogar thematisiert.

[8]Gerhard Puchelt gibt das ausgewogene Erscheinungsbild der Melodie mit den Worten „herrlich in sich ruhende Melodiebögen" wieder und vergleicht sie mit denen Brahms'. Vgl. G. Puchelt: Verlorene Klänge. 1969. S. 66.

[9]Gründliche Kenntnisse und eine Vorliebe für Bach sind genauso für ihn wie für Schumann bekannt. Vgl. B. Litzmann (Hg.): Clara Schumann. 1920, Bd. 3, S. 36. A. Niggli: Theodor Kirchner. 1888, S. 12.

einem einzigen Anfangsmotiv erwächst. Tatsächlich entschlüsselt sich die Hauptidee
des Themas erst im Verlaufe des Stückes.[10]

Durch die Technik der „entwickelnden Variation" kann der Mittelteil häufig trotz
seines veränderten Erscheinungsbildes und seiner konträren Stimmung als eine Variante des A-Teils aufgefaßt werden.[11]

Die Reprise in Kirchners A B A'-Liedform ist ebenfalls außergewöhnlich gestaltet. Die
Reprise des ersten Teils findet zunächst äußerlich oft verkürzt und in rhythmischer
Steigerung statt, die in den meisten Fällen durch Begleitfiguren mit verkleinerten
Notenwerten erzielt wird. Manchmal ist die Reprise mit episodisch eingeschalteten
Takten versehen, die thematisch–motivisch begründet erscheinen.[12] Dadurch unter-
wirft sich der Formteil A' keiner einfachen notengetreuen Wiederholung des A-Teils,
wie es bei anderen zeitgenössischen Charakterstücken häufig anzutreffen ist. Ferner vereinigt die Reprise des A-Teils bei Kirchners Klavierstücken des öfteren die
vorangegangenen Formteile A und B, weil die Elemente aus dem B-Teil infolge der
„entwickelnden Variation" in den A'-Teil eindringen können. So wird im A'-Teil eine
gewisse Spannung erzeugt, während man bei der gewöhnlichen Reprise des A-Teils
mit einer Entspannung rechnet.

Die Kompositionen Kirchners werden meistens mit der Coda abgeschlossen, die den
fundamentalen Inhalt des ganzen Stückes zusammenfaßt. Dies geschieht auf eine besondere Art und Weise, weil dort die musikalischen Hauptelemente des A- und B-Teils
in spiegelverkehrter Reihenfolge[13] aufgegriffen werden. Nachdem der A'-Teil durch
die Vermischung der beiden vorangegangenen Formteile bzw. durch eine rhythmische
Belebung einen neuen Entwicklungsstand erreicht hat, wird nun auf den Beginn des
Stückes zurückgegriffen. Gleichzeitig wird die bis zur Reprise des A-Teils aufgestaute
Spannung aufgelöst. A. Schubring hebt den besonderen Charakter der Coda als eine
Hauptstärke Kirchners in seiner Besprechung von op. 1–10 hervor:

---

[10]s. Analyse der ausgewählten Stücke.

[11]Reinhold Sietz stellt zu Recht fest, daß dem Hauptthema die Gegenkräfte des Zweiten Themas
ermangelten. R. Sietz: Theodor Kirchner. 1971, S. 83.

[12]Vgl. Analyse von op. 2, Nr. 9.

[13]Das Prinzip wird in op. 9, Nr. 11 so verschleiert, daß es nicht auf den ersten Blick erkennbar
ist.

„[...] jene auch von Schumann öfters angewendete Kunst, den ganzen Charakter eines Musikstückes am Schlusse desselben nochmals in ein Paar
Accorde zusammenzufassen und ihn als ein concentrirtes Bild, wie in einem Zauberspiel, uns zum letzten Male vorzuführen; und diese wenigen
Accorde, so widersprechend dies auch klingt, bringen zu gleicher Zeit
die Wirkung der äußersten Spannung und des befriedigendsten Schlusses
vor."[14]

Durch diese Gestaltung der Coda erhalten die lyrischen Klavierstücke Kirchners
eine kreisförmige Formanlage, die jedem Stück eine stärkere Geschlossenheit verleiht.
Dadurch gewinnen sie ebenfalls mehr Selbständigkeit und Eigenleben, woraus sich
die fehlende Zyklusbildung innerhalb der Klaviersammlung op. 2 und 9 erklärt.

Die oben genannte kompositorische Eigenart in Kirchners lyrischen Klavierstücken
wurde bereits von Niggli bemerkt: „Die Form erscheint bei unserem Künstler stets
auf's Sorgsamste durchgebildet, von tadelloser Geschlossenheit, nie sich ungebührlich vordrängend, sondern bis zur letzten Note erfüllt von geistigem Gehalt."[15] Ernst
Flügel kommt in seiner Beurteilung des Komponisten im Jahre 1891 zu einer Niggli
entsprechenden Charakteristik: „Einheit der Stimmung und des musikalischen Stoffes, strenge Consequenz in dessen Verwendung, ... [sind] zur Vollendung ausgebildet;
da ist keine Note, die nicht zum Ganzen wesentlich wäre, [...] ".[16] In diesem Sinne
sind die Klavierstücke Kirchners mit den vier letzten Klavierwerken (op. 116–119)
von Brahms vergleichbar, deren Besonderheit Walter Georgii rühmt und darin sieht,
daß die thematisch–motivische Verarbeitungstechnik der Wiener Klassiker hier zum
ersten Mal auf die lyrischen Klavierstücke übertragen worden sei.[17] Wenngleich die
Entstehungszeit dieser Werke Brahms' nicht genau festzustellen ist,[18] sind sie bekanntlich ca. 40 Jahre später als die Klaviersammlung op. 2 (1852) von Kirchner
erschienen. So bedarf die Aussage Georgiis einer Korrektur, da Kirchner bereits vor

---

[14]A. Schubring: Schumanniana Nr. 6. 1861, S. 167.

[15]A. Niggli: Theodor Kirchner. 1888, S. 17.

[16]E. Flügel: Hamburgische Musikzeitung, 20. Dezember 1891. Zitiert nach K. Hofmann: Vorwort
zu „Ausgewählten Klavierwerken" von Theodor Kirchner. Mnchen 1992, S. IV.

[17]Vgl. W. Georgii· Klaviermusik. 6. Aufl., Zürich 1984, S. 392.

[18]Vgl. K. Geiringer: Johannes Brahms. Sein Leben und Schaffen. 1974, S. 233.

Brahms die beschriebene Kompositionstechnik der „entwickelnden Variation" auf
seine Charakterstücke angewendet hat. Wolfgang Boetticher stellt die Stücke der
Sammlung (op. 2) lediglich „dem verschlungenen arabeskenhaften Klaviersatz des
frühen Schumann"[19] gleich, übersieht aber dabei die eigentliche Leistung Kirchners,
die Charakterstücke aus der konsequenten Abwandlung eines Anfangsgedanken zu
gestalten.

Als eine weitere Besonderheit der lyrischen Klavierstücke Brahms' führt Dahlhaus
das Verhältnis zwischen A- und B-Teil am Beispiel von Brahms' op. 116, Nr. 3 vor
und bringt es mit dem Prinzip der „kontrastierenden Ableitung" (Arnold Schmitz) in
Verbindung, durch das bereits Beethoven zwischen gegensätzlichen Sonatenthemen
eine verwandtschaftliche Beziehung herstellte.[20] Von diesem Prinzip macht Kirchner
in seinen lyrischen Klavierstücken ebenfalls früher als Brahms Gebrauch.[21] Somit
bleibt ein gewisser Einfluß Kirchners auf Brahms zu konstatieren, wie Sietz in seiner Monographie über Kirchner wie folgt formuliert: „Er [Kirchner] hat als einer
der ersten viele Töne dieses Komponisten vorgeahnt, vorgeformt, und steht ... dort
ziemlich allein."[22]

Das Kennzeichen der Klavierstücke Kirchners liegt außer in der Geschlossenheit insbesondere in der Intimität des Charakters, die durch die polyphone Ausführung des
Tonsatzes begünstigt wird. So ist besonders im B-Teil zu beobachten, daß die Melodie auch in die Mittelstimmen verlegt wird. Dabei kann sie durch Verkleinerung,
Vergrößerung und Umkehrung abgewandelt oder rhythmisch modifiziert erscheinen.
Diese motivische Verarbeitung ist jedoch nicht immer hörbar, vor allem, wenn sie
weiter mit dem komplizierten rhythmisch–metrischen Gestaltungsmittel verknüpft
wird. Hier ist im Notenbild mehr zu sehen, als das Klangergebnis tatsächlich aufweist.

Die melodische Linie kann mit Hilfe der Abspaltungstechnik wieder in kleine Motive
zerlegt und auf mehrere Oktaven verteilt werden. Puchelt bestätigt diese Erschei-

---

[19]W. Boetticher: Einführung in die musikalische Romantik. 1983, S. 133.

[20]Vgl. C. Dahlhaus: Die Musik des 19. Jahrhunderts. 1980, S. 215.

[21]s. Analyse der ausgewählten Stücke.

[22]R. Sietz: Theodor Kirchner. 1971, S. 138.

nung zwar als ein Stilmerkmal bei Kirchners Stücken, hält sie aber nicht immer für ausschlaggebend.[23] Niemann nennt sie „ein durchbrochenes Filigran"[24] und sieht in ihr einen stilistischen Unterschied zwischen den Kompositionen Kirchners und Schumanns trotz aller verwandtschaftlichen Beziehungen. Der daraus resultierende fragmentarische Charakter birgt Gefahren für den melodischen Zusammenhalt,[25] fordert aber mehr Aufmerksamkeit vom Hörer und dient somit weiterhin der Intimität des Satzes.[26] Andererseits wird den nicht sehr ausgedehnten Klaviersätzen Kirchners durch die Verteilung der zerlegten Motive auf die verschiedenen Oktavlagen Geräumigkeit verschafft.

Die rhythmisch–metrischen Elemente spielen in Kirchners Kompositionen eine bedeutende Rolle für den intimen Charakter. Eine auf Affekte zielende Rhythmisierung ist somit kaum zu finden. Vielmehr wird die rhythmische Lebhaftigkeit durch die Verwendung von Komplementär– und Konfliktrhythmen erreicht. Komplexe rhythmische Verflechtungen entstehen ebenfalls aus dem Nebeneinanderstellen von regelmäßigen und unregelmäßigen Unterteilungen der Notenwerte.

Die metrische Feinarbeit Kirchners ist besonders auffällig. Öfters erfährt die Melodiestimme des Themas bereits infolge der Synkopenbildung eine metrische Verschleierung, wie es in op. 2, Nr. 2, 5, und in op. 9, Nr. 6, 14 und 15 der Fall ist. Eine solche Melodie wird beispielsweise in op. 2, Nr. 2 und 5 weiter von der begleitenden Mittelstimme überlagert, die in einem anderen metrischen Verhältnis steht: Die im 3/8-Takt stehende (jedoch verschleierte) Themenmelodie wird also vom Zweier–Metrum begleitet. Mit dem Baß, der stets die Taktmetrik beibehält, entfaltet sich somit eine metrische Vielschichtigkeit.

Es erfolgen auch zwischen den Formteilen Wechsel der Taktarten.[27] In der beibehaltenen 3/4-Taktart wird der Mittelteil von op. 2, Nr. 4 metrisch jedoch doppelt

---

[23]Vgl. G. Puchelt: Verlorene Klänge. 1969, S. 70.

[24]W. Niemann: Theodor Kirchners Hausmusik. In: Türmer, Monatsschrift für Gemüt und Geist. Jg. 13 1911, Bd. 1, S. 629.

[25]Bei undifferenzierter Interpretation kann die Melodie in der Tat willkürlich wirken.

[26]Er kann auch als Ausdruck der romantischen Ästhetik interpretiert werden, die gerade das Fragmentarische als ein Kennzeichen ihrer Weltanschauung postuliert. Vgl. P. Rummenhöller: Romantik in der Musik. Kassel 1989, S. 17.

[27]op. 2, Nr. 1, op. 9, Nr. 14.

verlangsamt, weil der Notenwert eines Achtels dem eines Viertels gleich gestellt wird.
Der Mittelteil von op. 2, Nr. 6 wirkt durch das regelmäßige Einsetzen der Viertelpause 4/4-taktig, obwohl er weiter im 2/4-Takt steht.[28]

Innerhalb der funktionalen Harmonik verbindet Kirchner in der freien Handhabung
der Mischklänge, der Nebenharmonien, des Neapolitaners mit Septvorhalt, der chromatischen Rückungen und der verminderten Septakkorde scheinbar entlegenste Tonarten auf eigene Weise miteinander und bringt reizvolle Schattierungen und farbi-
ge Modulationen hervor. Die immer neu wirkende Modulationskunst Kirchners, die
einen Hauptreiz seiner Stücke bildet, wurzelt in dieser zwanglosen harmonischen Behandlung, die wiederum durch die bestimmte Melodiebildung bedingt ist. Für die
kühnen harmonischen Kombinationen werden auch die auf andere Tonarten bezoge-
nen Neapolitaner verwendet.

Kirchner achtet sehr auf Wohlklang, was auch Hans von Bülow herausstellt.[29] So
pflegt er oft die weiten Lagen zu verwenden, die sich den Obertonreihen anpassen.[30]
Sie sind vor allem in den Arpeggio–Begleitfiguren zu sehen. So wird die Akkordterz in
der tiefen Lage vermieden.[31] Als ein Merkmal von Kirchners Harmonik zählt auch die
Freistimmigkeit. Kirchner fügt also die Stimmen nach Bedarf hinzu oder nimmt sie
weg. Außer vom Orgelpunkt wird auch von der liegenden Stimme Gebrauch gemacht.
Die häufige Verwendung von Dissonanzen, d.h. frei eintretenden Vorhaltsnoten, die
sich verspätet auflösen bzw. unaufgelöst bleiben, Alterationen und Querständen sind
weitere Mittel, um besondere Klangvorstellungen zu realisieren. Kirchner setzt diese
harmonischen Zutaten gezielt für den beabsichtigten Klangreiz ein.

Kirchner bevorzugt für den Mittelteil entweder die Parallel– oder Varianttonart. Dadurch wird das gängige dominantische Verhältnis und somit die harmonische Span-

---

[28]Dabei nehmen allerdings die Viertel eine verkürzte Tondauer ein, weil sie „wie vorher die Achtel"
zu spielen sind. Diese Schreibweise dient so der Verdeutlichung des gegensätzlich angelegten Affekts,
der im Mittelteil hervorgerufen werden soll.

[29]Vgl. M. von Bülow (Hg.): Briefe und Schriften. Bd. 3 Ausgewählte Schriften. 1911, 2. Abteilung
S. 39.

[30]Vgl. L. Riemann: Kampf gegen die Alleinherrschaft des Klaviertones. In: Die Musik. Jg. 4
1904/05, S. 311 f.

[31]Er pflegte, „alles erst durch das Gehör zu prüfen, so daß manchmal noch während des Stiches
geändert werden mußte." R. Sietz: Theodor Kirchner. 1971, S. 44.

nung zwischen den Formteilen aufgehoben, so daß der in sich gekehrte „lyrische" Charakter mehr zur Geltung kommt. Daß in der Schlußkadenz häufiger die Subdominante unterstrichen und ihr Klangwert mit Nachdruck herausgestellt wird, läßt sich ebenfalls aus dieser Intention erklären.

Auch der Baßführung mißt Kirchner einen großen Wert bei: Die aufeinanderfolgenden Baßtöne in Kirchners Klavierstücken bilden oft diatonische bzw. chromatische Tonleiter–Ausschnitte. Dadurch verleiht der Baß der ständigen Abwandlung des motivischen Materials in den oberen Stimmen Halt. Die Formabschnitte bzw. Formteile werden ebenfalls des öfteren durch ihn miteinander verknüpft.

In Kirchners Satzweise werden alle auf äußere Wirkung abzielende Ausdrucksmittel, wie tonleiterförmige Passagen, Läufe, Glissandi, lange Intervallketten vermieden. So sind sogar Verzierungen oft in die Motivik eingebunden.

Stücke mit schnelleren Tempobezeichnungen als *Allegro* sind innerhalb von op. 2 und 9 nicht zu finden, was sich auf die Dichte des musikalischen Inhalts durch die „entwickelnde Variation" zurückführen läßt.

Im Grunde übernimmt Kirchner in seinen Klavierstücken die allgemeinen Eigenschaften des Klaviersatzes von Schumann, d.h. die auf Klangfülle gerichtete Weitgriffigkeit, die Verflechtung freier Stimmen, das Über– und Ineinandergreifen der Hände, den häufigen Synkopeneinsatz und die Polyrhythmik. Er vermeidet jedoch die Literarisierung von Musik wie z.B. in „Papillons" op. 2 und „Kreisleriana" op. 16 und die Aufstellung eines Mottos, wofür Schumann eine Vorliebe zeigt, wie in „Abegg-Variationen" op. 1 „Davidsbündlertänze" op. 6 und „Carnaval" op. 9. Im Gegensatz zu Schumann ist eine Zyklusbildung durch einen Tonartenplan oder ein Motiv ebenfalls nicht festzustellen.

Kirchner entwickelt aus einem inhaltsreichen Grundmotiv das Thema und formt durch seine erschöpfende Behandlung das ganze Stück, wobei der linearen Entwicklung das größte Gewicht zukommt. Christian Martin Schmidt stellt im Hinblick auf die motivische Variation als kompositorische Technik von Brahms entsprechend fest:

> „Die motivische Variation, die sich vorab auf die Intervallkonfiguration,
>
> d.h. den diastematischen Aspekt der musikalischen Gestalten bezieht, ist
>
> das beherrschende Verarbeitungs– und Formprinzip in der Musik von

Brahms."[32]

Somit stehen die Kompositionen Kirchners in ihrer Gestaltungsweise den Werken
Brahms' nahe. Schmidt macht als Besonderheit in der Reprisengestaltung bei Brahms
auf das Aufgreifen des Hauptsatzes in der umgekehrten Reihenfolge im ersten Satz
des Klarinettentrios op. 114 aufmerksam.[33] Diese Gestaltungsweise wurde in der
Analyse der ausgewählten Stücke Kirchners bereits festgestellt, wenngleich sie einem
anderen Zweck dient.[34] Somit ist naheliegend, daß Brahms von Kirchner beeinflußt
worden ist – und nicht umgekehrt, wie lange Zeit vermutet wurde. Aufgrund dieser Werkanalyse sollte auch die Annahme, Kirchner sei ein Epigone Schumanns,
aufgehoben werden: In der Klangfarbe und im Notenbild hingegen ähneln sich die
Kompositionen Schumanns und Kirchners sehr, worauf sich die bisherigen Forscher
stets bezogen haben.

Es hat den Anschein, als seien die Klavierstücke Kirchners leicht ausführbar, weil
ihr Notenbild fern von Brillanz und Virtuosität bleibt. Der durchsichtige Klaviersatz
Kirchners verlangt jedoch vom Interpreten hoch entwickelte Musikalität und subtile
Anschlagskunst. Weiter werden vom Spieler sinngemäße Phrasierungen, dynamische
Abstufungen in den einzelnen Stimmen, rhythmische Festigkeit und die Belebung
der Mittelstimmen verlangt. Niemann stellte bereits fest, daß die Stücke Kirchners
für einen guten Vortrag genauso viel vom Musiksinn wie diejenigen Brahms' verlangen, wenngleich sie im Hinblick auf technische Schwierigkeiten leichter zu bewälti-
gen scheinen.[35] Arnold Niggli, der Kirchners Klavierspiel erlebt hat, behauptet, daß
manche seiner Stücke „selbst dem gereiften Spieler erst recht verständlich"[36] wurden, wenn er sie von Kirchner selbst vorgetragen gehört hatte. Da erweisen sich die
herben Dissonanzen und schroffen und ungewöhnlichen Akkord–Verbindungen seiner Kompositionen als erforderliche Mittel für das beabsichtigte Klangergebnis. Daß
eine differenzierte Anschlagskultur zur adäquaten Interpretation der Kompositionen
Kirchners gehört, spiegelt sich in seiner Äußerung gegenüber seinem letzten Schüler

---

[32]Chr. Schmidt: Brahms und seine Zeit. Laaber 1983, S. 110.

[33]Ebd., S. 131.

[34]s. Analyse von op. 9, Nr. 5.

[35]Vgl. W. Niemann: Theodor Kirchners Hausmusik. 1911, S. 630.

[36]A. Niggli: Theodor Kirchner. 1888, S. 36.

Conrad Hannß wider: „Man muß diese Stücke mit samtnen Katzenpfötchen spielen, dann klingen sie, wie ich es mir vorstelle [...]"[37]

Nach der Analyse der Werke op. 2 und 9 lassen sich die Klavierstücke Kirchners als „kerndeutsch, schwerblütig und tiefinnerlich"[38] charakterisieren. Es erscheint sogar widersprüchlich, daß Kirchner einen komplexen musikalischen Inhalt in die kleine „einfache" Form eines lyrischen Klavierstückes gegossen hat. Dies ist jedoch die Eigenart seiner Kompositionen, die auf äußerste musikalische Konzentration ausgerichtet sind, bedingt durch seine Zurückhaltung im Hinblick auf die Gattungswahl. So teilte Stephen Heller,[39] der sich ebenfalls wie Kirchner in seiner kompositorischen Tätigkeit fast ausschließlich dem Klavier verschrieb, Kirchner nach Erhalt des ihm gewidmeten Werkes („An Stephen Heller" op. 51) am 22. April 1880 mit: „Es ist wieder eine so köstliche Gabe, wie nur Sie sie geben können: voll Reiz, voll Poesie und tief bei aller Einfachheit".[40] Zu den Werken „Neue Kinderscenen" op. 55 und „Novelletten" op. 59 (Klaviertrio) schrieb er:

> „Sie beweisen darin, daß Sie sehr im Stande sind, leicht zu schreiben, ohne Ihre Weise aufzugeben. Es ist ungefähr, wie ein reicher Mann, der augenblicklich gezwungen ist, sich einzuschränken. Aber der Wohlstand blickt überall durch, und man erräth leicht, der alte gewohnte Luxus werde nächstens wieder hervorbrechen."[41]

Das künstlerische Kennzeichnen Kirchners ist der musikalische Aphorismus. Er beschränkt sich also auf die Liedform, die ja keine formale Entwicklung mit einschließt. Er führt seinen musikalischen Gedanken ebenfalls in knappster Form als motivisches Unterbaumaterial ein und läßt durch dessen Abwandlung schrittweise das Thema, die Formteile und das ganze Stück hervorwachsen. Da er in dieser Ent-

---

[37] K. Hofmann: Vorwort zur Ausgabe Th. Kirchner Ausgewählte Klavierwerke. München 1992, S. V.

[38] W. Niemann: Theodor Kirchners Hausmusik. 1911, S. 629.

[39] Er lebte als Konzertpianist und Lehrer in Paris, war nach seiner Aussage ein „warmer Anhänger" der Kirchnerschen Musik und sammelte auch seine Klavierwerke. Vgl. La Mara (Hg.): Musikerbriefe auf fünf Jahrhunderten. 1886, Bd. 2, S. 283.

[40] Ebd., S. 283.

[41] Ebd., S. 287 f.

faltung des Grundmaterials auf alle äußeren Reizmittel verzichtet, sind die Kompositionen Kirchners in Form, Gehalt und Ausdrucksmitteln aufeinander abgestimmt. Zurecht nennt Niemann die Klavierminiatur Kirchners als „die vollendeste musikalische Goldschmiedearbeit".[42]

Die „geheimnisvolle" und „zarte" Schönheit der Kirchnerschen Klavierstücke wird durch ihre eigentümliche Satzweise nicht jedem sofort klar. Um sie würdigen zu können, ist die Auseinandersetzung mit den Stücken selbst und ihre angemessene Ausführung erforderlich. Dies ist nicht zuletzt der ausschlaggebende Grund dafür, daß die Werke Kirchners keine größere Verbreitung erfuhren, wie W. Nieman folgendermaßen beschreibt:

> „Gefühl und Stimmung eines Kirchnerschen Klavierstückes teilt sich uns, haben wir nur Herz und Empfinden auf dem rechten Fleck, bald mit. Ihre kostbare Fassung dagegen kann sich uns erst nach liebevollstem Studium aller so vielsagenden Einzelheiten bei sorglichst abgewogenem und aufs feinste durchgebildetem, bei lebensvollstem und poetischem Vortrag erschließen."[43]

Über die angemessene Stellung seiner Klavierwerke in der Musik des 19. Jahrhunderts machte sich A. Steiner Gedanken, die er sehr anschaulich darstellte:

> „In dem weitläufigen Gebäude ihrer Pensionäre wird sie [Musikgeschichte] ihm [Kirchner] keines der Prunkgemächer, dagegen abseits von den ganz großen Herrschaften ein trauliches, behagliches Turmstübchen mit der Aussicht auf flüsternde Buchen und Eichen, auf ein bewegtes, schimmerndes Gewässer und auf in der Ferne verdämmernde Hügellinien anweisen. Es sind nicht mehr viele, die den Weg zu ihm finden; aber wer die Mühe nicht scheut, bei ihm einzudringen, der wird belohnt durch allerhand Herrlichkeiten und Heimlichkeiten."[44]

Die Klavierkompositionen Kirchners fanden seinerzeit bei Fachleuten große Anerkennung. Franz Liszt schrieb am 17. August 1880 an Hofmeister nach Erhalt einiger

---

[42] W. Niemann: Theodor Kirchners Hausmusik. 1911, S. 629.

[43] Ebd., S. 630.

[44] A. Steiner: Theodor Kirchner. 1903.

Werke Kirchners: „Seit mehr als zwanzig Jahren kennt Theodor Kirchner meine aufrichtige Hochschätzung seiner Compositionen."[45] Auch der junge Max Reger (1873–1916), ein Schüler von Hugo Riemann, brachte seine hohe Meinung über Kirchners Musik zum Ausdruck, indem er ihm 1893 seine zweite Sonate für Violine und Piano in D-Dur op. 3 zueignete. In dem Kirchner überreichten Exemplar ist die zusätzliche handschriftliche Widmung wie folgt zu lesen: „Dem Meister der Tonkunst in tiefster Verehrung gewidmet von Max Reger".[46]

Die Kompositionen Kirchners waren jedoch allgemein am Ende des 19. Jahrhunderts durch die neuartigen Entwicklungen in der Musik immer weniger gefragt. Bereits im Jahr 1903 (Todesjahr Kirchners) bedauerte Reger gegenüber Conrad Hannß, dem letzten Schüler Kirchners, daß dessen Kompositionen so wenig Beachtung fänden.[47] Diese Situation hat sich bis heute wenig geändert, es bleibt jedoch zu hoffen, daß sich zumindest dem Fachpublikum die Qualitäten von Kirchners Musik in Zukunft besser erschließen: Kirchner nimmt durch seine „kleinen" lyrischen Klavierstücke eine autonome Stellung in der deutschen Klavierliteratur und damit auch in der deutschen Musikgeschichte ein.

---

[45] La Mara (Hg.): Franz Liszt's Briefe. Bd. 2 (Von Rom bis an's Ende), Leipzig 1893, S. 295.

[46] K. Hofmann: Vorwort zu „Ausgewählten Klavierwerken" von Theodor Kirchner. 1992, S. V. An Adalbert Lindner schrieb Reger am 21. April: „Ich habe die zweite Violinsonate Theodor Kirchner gewidmet. Was er wohl dazu sagen wird?" Hase–Koehler, Else von (Hg.): Max Reger. Briefe eines deutschen Meisters. Ein Lebensbild. Leipzig 1928, S. 33.

[47] Vgl. Hofmann: Vorwort zu „Ausgewählten Klavierwerken" von Theodor Kirchner. 1992, S. V.

Werkverzeichnis

Werke für Klavier zu zwei Händen

op. 2   Zehn Clavierstücke (10 St.), Rieter–Biedermann 1852 (1856)

op. 5   Grüsse an meine Freunde (5 St.), Senff 1855

op. 7   Albumblätter (9 St.), Rieter–Biedermann 1856

op. 8   Scherzo, Rieter–Biedermann 1857

op. 9   Präludien (16 St.), Rieter–Biedermann 1859

op. 11   Skizzen (15 St.), Hug 1870-72

op. 12   Adagio quasi fantasia, Hug 1870

op. 13   Lieder ohne Worte (7 St.), Rieter–Biedermann 1872

op. 14   Fantasiestücke (9 St.), Rieter–Biedermann 1873

op. 16   Kleine Lust- und Trauerspiele (12 St.), Senff 1873

op. 17   Neue Davidsbündlertänze (12 St.), Senff 1872

op. 18   Legenden (9 St.), Peters 1876

op. 19   Zehn Clavierstücke nach eigenen Liedern, Heinze 1876

op. 21   Aquarellen (12 St.), Peters 1875

op. 22   Acht Romanzen, Peters 1875

op. 23   Walzer, Peters 1876

op. 24   Still und Bewegt, Rieter–Biedermann 1876

op. 25   Nachtbilder (10 St.), Breitkopf & Härtel 1877 (1982)

op. 26   Album (12 St.), Hofmeister 1877

op. 27   Capricen (6 St.), Hofmeister 1877

op. 28   Notturnos (4 St.), Hofmeister 1877

op. 29   Aus meinem Skizzenbuch (6 St.), Hofmeister 1877

op. 30   Studien und Stücke (25 St.), Hofmeister 1877

op. 31   Im Zwielicht, Hofmeister 1878

op. 32   Aus trüben Tagen (10 St.), Hofmeister 1878

op. 33   Ideale (4 St.), Rieter–Biedermann 1878

op. 34   Walzer, Rieter–Biedermann 1878

op. 35   Spielsachen (14 St.), Hofmeister 1878

op. 36   Fantasien am Klavier, Hofmeister 1878

op. 37   Vier Elegien, Hainauer 1878

op. 39   Dorfgeschichten (14 St.), Hainauer 1879

op. 41   Verwehte Blätter (6 St.), Hainauer 1879

op. 42   Mazurkas, Rieter–Biedermann 1879

op. 43   Vier Polonaisen, Hofmeister 1879

op. 44   Blumen zum Strauß (12 St.), Hainauer 1879

op. 45   Sechs Klavierstücke, Kistner 1879

op. 46   Dreißig Kinder– und Künstlertänze, Hainauer 1879

op. 47   Federzeichnungen (9 St.), Forberg 1880

op. 48   Sechs Humoresken, Peters 1880

op. 49   Neun Albumblätter (20 St.), Augener 1880

op. 51   An Stephen Heller (12 St.), Hofmeister 1880

op. 52   Ein neues Klavierbuch, Forberg 1880

op. 53   Florestan und Eusebius (6 St.), Hofmeister 1881

op. 54   Zweites Scherzo, Hofmeister 1881

op. 55   Neue Kinderscenen (25 St.), Simrock 1881

op. 56   In stillen Stunden (10 St.), Hainauer 1881

op. 60   Plaudereien am Klavier (25 St.), Simrock 1882

op. 61   Charakterstücke, Hofmeister 1882

op. 62   Miniaturen (15 St.), Hofmeister 1882

op. 64   Gavotten, Menuetten und lyrische Stücke, Hofmeister 1883

op. 64   Sechzig Präludien, Senff 1882

op. 70   Fünf Sonatinen, Hofmeister 1883

op. 71   Hundert kleine Studien, Breitkopf & Härtel 1883

op. 72   Stille Lieder und Tänze, Hoffarth 1883

op. 73   Romantische Geschichten (20 St.), Siegel 1883

op. 74   Alte Erinnerungen (12 St.), Hofmeister 1885

op. 75   Neun Klavierstücke, Rieter–Biedermann 1885

op. 76   Reflexe (6 St.), Hofmeister 1886

op. 77   Polonaise, Walzer und Ländler, Rieter–Biedermann 1885

op. 78   Les Mois de l'année (12 St.), Leuckart 1886

op. 80   Albumblätter (9 St.), Rieter–Biedermann 1887

op. 82   Gedenkblätter (12 St.), Rieter–Biedermann 1888

op. 83   Bunte Blätter (12 St.), Hofmeister 1888

op. 87   Acht Notturnos, Hofmeister 1889

op. 88   Aus der Jugendzeit (10 St.), Williams 1899

op. 96   Confidences (18 St.), Marquet 1893

op. 101   Erinnerungsblätter (4 St.), Leuckart 1894

op. 104   Walzer, Leuckart 1894

op. 105   36 rhythmische und melodische Etüden, Cranz 1896

op. 106   Vorbereitungsstudien, Cranz 1896

–   Lieblinge der Jugend (unter Benutzung allbekannter Volks und Kinderlieder) (30 St.), Simrock 1883

–   Diana und Mars. Frische Klänge von der Jagd und aus dem Soldatenleben (14 St.), Rühle

–   Zwei Etüden. In: Lebert und Stark, Klavierschule. Bd. 4, Cotta 1901

–   Etüde in: Ein Studienwerk, Roszavölgyi 1880

Werke für Klavier zu vier Händen

op. 57   Zwlf Originalkompositionen, Peters 1881

op. 94   Zwei Mrsche, Franquet 1890

–   Alte Bekannte im neuen Gewande, Senff 1887

Werke für zwei Klaviere

op. 85   Variationen über ein eigenes Thema, Hofmeister 1888

op. 86   Sieben Walzer, Peters 1888

Werke für Klavier mit Violine, Viola bzw. Cello

op. 63   Schlummerlied und Romanze für Violine und Klavier, Hofmeister
          1883

op. 79   Acht Stücke für Cello (auch Violine bzw. Viola) und Klavier, Hof-
          meister 1886. (Amadeus 1996)

op. 90   Zwlf Fantasiestücke für Violine und Klavier, Simrock 1890

Klaviertrios

op. 15   Ein Gedenkblatt. Serenade, Rieter–Biedermann 1874

op. 58   Kindertrios, Simrock 1882 (Amadeus 1996)

op. 59   Novelletten, Simrock 1881 (Amadeusm 1996)

op. 78   Bunte Bltter, Leuckart 1886

op. 97   Zwei Terzette, Hofmeister 1904 (Amadeus 1988)

Klavierquartett

op. 84   Klavierquartett in c-Moll, Hofmeister 1888

Streichquartette

op. 20   Streichquartett in G-Dur, Hofmeister 1874 (Amadeus 1982)

   –   Nur Tropfen. Ganz kurze Stücke für Streichquartett, Hofmeister
          1903 (Amadeus 1982)

Orgelwerke

op. 89   Orgelkompositionen, Rieter–Biedermann 1893 (Schott 1987)

op. 91   Zwei Vortragsstücke für Violine und Orgel, Rieter–Biedermann 1890
(Amadeus 1982)

op. 92   Zwei Tonstücke für Violoncello und Orgel, Rieter–Biedermann 1890
(Amadeus 1975)

Lieder für eine Singstimme und Klavier

op. 1   Zehn Lieder, Whistling 1842

op. 3   Mädchenlieder, Breitkopf & Härtel 1852

op. 4   Vier Lieder, Breitkopf & Härtel 1852

op. 6   Vier Lieder, Senff 1855

op. 10   Zwei Könige. Ballade, Rieter–Biedermann 1861

op. 40   Drei Gedichte von Friedrich von Holstein, Leuckart 1879

op. 50   Sechs Lieder nach Texten von Victor Blüthgen, Hofmeister 1889

op. 67   Liebeserwachen, Hofmeister 1883

op. 68   Nähe des Geliebten, Senff 1882

op. 81   Sechs Lieder, Simrock 1888

op. 95   Ich wandere durch die stille Nacht, Oertel 1890

op. 102   Heinrich in Canossa. Ballade, Leuckart 1894

op. 103   Ein schöner Stern geht auf, Leuckart 1894

–   Bitte: Weil auf mir, Erler 1875

–   Preislied: Du wundersüsses Kind, Schloß 1852

–   Wiegenlied: Eia popeia, Hofmeister 1896

Chorwerke

op. 69   Vier Gedichte von Goethe für Männerchor, Hofmeister 1882

op. 93   Volkslieder für gemischten Chor

Literaturverzeichnis

[1] ABRAHAM, GERALD: Buchbesprechung zu „Theodor Kirchner. Ein Klaviermeister der deutschen Romantik" von Reinhold Sietz, Regensburg 1971. In: *Music & Letters*, Bd. 55, London 1974, S. 239 f.

[2] MÜLLER VON ASOW, ERICH H. (Hg.): *Johannes Brahms und Mathilde Wesendonck. Ein Briefwechsel.* Wien 1943.

[3] BILLROTH, OTTO GOTTLIEB (Hg.): *Billroth und Brahms im Briefwechsel.* Berlin/Wien 1935.

[4] BOETTICHER, WOLFGANG: *Einführung in die musikalische Romantik.* Wilhelmshaven 1983.

[5] *Johannes Brahms im Briefwechsel mit Heinrich und Elisabet von Herzogenberg,* Bde. 1–2. Hg. von MAX KALBECK. 4. Aufl., Berlin 1921.

[6] *Johannes Brahms im Briefwechsel mit Hermann Levi, Friedrich Gernsheim sowie den Familien Hecht und Fellinger,* Bd. 7. Hg. von LEOPOLD SCHMIDT. Berlin 1910.

[7] *Johannes Brahms Briefe an Josepf Viktor Widmann, Ellen und Ferdinand Vetter Adolf Schubring,* Bd. 8. Hg. von MAX KALBECK. Berlin 1915.

[8] *Johannes Brahms Briefe an P. J. Simrock und Fritz Simrock,* Bde. 9–12. Hg. von MAX KALBECK. Berlin 1917 (Bde. 9–10) und 1919 (Bde. 11–12).

[9] *Johannes Brahms im Briefwechsel mit Breitkopf & Härtel, Bartolf Senff, J. Rieter–Biedermann, C.F. Peters, E.W. Fritzsch und Robert Lienau,* Bd. 14. Hg. von WILHELM ALTMANN. Berlin 1919.

[10] *Johannes Brahms im Briefwechsel mit Herzog Georg II. von Sachsen–Meiningen und Helene Freifrau von Heldburg,* Bd. 17. Hg. von HERTA MÜLLER und RENATE HOFMANN. Tutzing 1991.

[11] *Johannes Brahms im Briefwechsel mit Julius Stockhausen,* Bd. 18. Hg. von RENATE HOFMANN. Tutzing 1991.

[12] BÜLOW, MARIE VON (Hg.): *Hans von Bülow. Briefe und Schriften.* Bd. 1 Briefe. Leipzig 1895, Bd. 3 Ausgewhlten Schriften. zweite, vermehrte Aufl., 1911, Bd. 4 Briefe. 1900, Bd. 6 Briefe. 1907, Bd. 7 Briefe. 1908.

[13] CHERBULIEZ, ANTONIE–ELISÉE: *Die Schweiz in der deutschen Musik.* Frauenfeld 1932.

[14] EDLER, ARNFRIED: *Robert Schumann und seine Zeit.* Laaber 1982.

[15] EINSTEIN, ALFRED: *Romantik in der Musik.* Nachdruck mit einem Nachwort von Arnold Feil. Stuttgart 1992.

[16] ESCHMANN, JEAN. CARL: Theodor Kirchner's neuere und neueste Klavier–Kompositionen und Transcriptionen [op. 11–23]. In: *Schweizerisches Sängerblatt,* Zürich 1876, Nr. 20 vom 31. Oktober, S. 115 f.

[17] FEHR, MAX: Adolf Steiner. Mit unveröffentlichten Briefen von Brahms, Kirchner, Richard Strauß, Friedrich Hegar, Josepf V. Widmann, zwei Illustrationen und einem Faksimile. In: *119. Neujahrsblatt der Allegemeinen Musikgesellschaft,* Zürich 1931.

[18] *Festschrift zur Feier des dreihundertjährigen Bestehens des Musikkollegiums Winterthur.* Winterthur 1929–59.

[19] FELLINGER, IMOGEN: Buchbesprechung zu „Theodor Kirchner. Ein Klaviermeister der deutschen Romantik" von Reinhold Sietz, Regensburg 1971. In: *Die Musikforschung,* Jg. 28, Kassel/Basel 1975, S. 477 f.

[20] FISCHER, GEORG (Hg.): *Briefe von Theodor Billroth.* 9. Aufl., Hannover 1922.

[21] Flügel, Gustav: [Bericht über 34. Musikfest 1856 in Düsseldorf]. In: *Neue Zeitschrift für Musik*, Bd. 44, Leipzig 1856, S. 247 f.

[22] Flügel, Ernst: Theodor Kirchner. In: Musikalisches Wochenblatt, Jg. 10, Leipzig 1879, S. 90 f.

[23] GEIRINGER, KARL: *Johannes Brahms. Sein Leben und Schaffen.* Basel 1974 (2., erw. und verbesserte Aufl., Zürich/Stuttgart 1955).

[24] GEORGII, WALTER: *Klaviermusik.* 6. Aufl., Zürich 1984.

[25] HASE-KOEHLER, ELSE VON (Hg.): *Max Reger. Briefe eines deutschen Meisters. Ein Lebensbild.* Leipzig 1928.

[26] HOFMANN, KURT: Brahmsiana der Familie Petersen. Erinnerung und Briefe. In: *Brahms–Studien*, Bd. 3, Hamburg 1979, S. 69–105.

[27] HOFMANN, KURT: Die Beziehungen zwischen Johannes Brahms und Theodor Kirchner. Dargestellt an den überlieferten Briefen. In: *Festschrift Hans Schneider zum 60. Geburtstag.* Hg. von RUDOLF ELVERS und ERNST VÖGEL. München 1981, S. 135–147.

[28] HOFMANN, KURT: *Vorwort zu „Ausgewählten Klavierwerken" von Theodor Kirchner.* München 1992.

[29] HOFMANN, RENATE: Johannes Brahms im Spiegel der Korrespondenz Clara Schumanns. In: *Hamburger Jahrbuch für Musikwissenschaft*, Bd. 7, Laaber 1984, S. 45–58.

[30] HUNZIKER, RUDOLF: *Zur Musikgeschichte Winterthurs. Mit acht Bildern.* Winterthur 1909.

[31] HUNZIKER, RUDOLF: Theodor Kirchner in Winterthur. In: *Schweizerische Musikzeitung*, Jg. 75, Zürich 1935, S. 229–242.

[32] HUNZIKER, RUDOLF: Ein Brief von Johannes Brahms an seinen Verleger Rieter–Biedermann in Winterthur. In: *Schweizerisches Jahrbuch für Musikwissenschaft*, Bd. 2, Aarau 1927, S. 107–109.

[33] IRGANG, W.: Rezension von Kirchners op. 71 „Hundert kleine Studien für Clavier". In: *Neue Zeitschrift für Musik*, Bd. 81, 1885, S. 418.

[34] JACOBSEN, CHRISTIANE (Hg.): *Johannes Brahms. Leben und Werk*. Wiesbaden 1983.

[35] JANSEN, F. GUSTAV (Hg.): *Robert Schumanns Briefe. Neue Folge*. 2. vermehrte und verbesserte Aufl., Leipzig 1904.

[36] KALBECK, MAX: *Johannes Brahms*. Bd 1. Wien/Leipzig 1904, Bd 2. 1. Halbband, zweite revidierte und vermehrte Aufl., Berlin 1908, 2. Halbband, zweite vermehrte und verbesserte Aufl., Berlin 1910, Bd. 3. 1. Halbband Berlin 1910, 2. Halbband, 2. Aufl., Berlin 1913, Bd. 4. 1. Halbband Berlin 1914, 2. Halbband Berlin 1914.

[37] KIENZL, WILHELM: *Miszellen. Gesammelte Feuilletons und Aufsätze über Musik, Musiker und musikalische Erlebnisse*. Leipzig 1886.

[38] KLAUWELL, OTTO: *Theodor Kirchner. Ein Großmeister musikalischer Kleinkunst*. Langensalza 1909.

[39] KLIEBERT, KARL: *Die Musikschule Würzburg 1804–1904*. Würzburg 1904.

[40] KRAUSE, EMIL: Theodor Kirchner [Nachruf]. In: *Hamburger Fremdenblatt*, Hamburg 1903, Nr. 221 vom 20. September.

[41] KRETZSCHMAR, HERMANN: Die Klaviermusik seit Robert Schumann. In: *H. Kretzschmar: Gesammelte Aufsätze über Musik*, Bd. 1, Leipzig 1910, S. 87–135.

[42] KÜHN, CLEMENS: *Formenlehre der Musik*. Kassel 1987.

[43] KURTH, ERNST: *Romantische Harmonik und ihre Krise in Wagners „Tristan"*. Nachdruck Berlin 1968.

[44] LABHART, WALTER: Anmerkungen zur Klaviermusik schweizerischer Romantik. In: *Schweizer Musikzeitung*, Jg. 113, Zürich 1973, S. 268–274.

[45] LA MARA (Hg.): *Musikerbriefe aus fünf Jahrhunderten.* Leipzig 1886.

[46] LA MARA (Hg.): *Franz Liszt's Briefe.* Bd. 2 (Von Rom bis an's Ende), Leipzig 1893.

[47] LITZMANN, BERTHOLD (Hg.): *Clara Schumann. Ein Künstlerleben nach Tagebüchern und Briefen.* 3 Bde., Leipzig 1920.

[48] LITZMANN, BERTHOLD (Hg.): *Clara Schumann - Johannes Brahms. Briefe aus den Jahren 1853–1896.* 2 Bde., Leipzig 1927.

[49] LÜBKE, WILHELM: *Lebenserinnerungen.* Berlin 1891.

[50] MERIAN–GENAST, EMMY: Reiseskizzen von Eduard Gnast. In: *Basler Jahrbuch*, Basel 1915, S. 54–69.

[51] MOSER, HANS–JOACHIM: *Musiklexikon.* Bd. 2, 4. Aufl., Berlin 1955.

[52] MOTTE, DIETHER DE LA: *Harmonielehre,* Kassel 1990.

[53] NIEMANN, WALTER: Theodor Kirchners Hausmusik. In: *Der Türmer, Monatsschrift für Gemüt und Geist*, Hg. von J.E.FR. VON GROTTHUSS. Jg. 13 1911, Bd. 1, S. 627–631.

[54] NIGGLI, ARNOLD: *Theodor Kirchner. Ein biographisch–kritischer Essay.* Leipzig/Zürich 1888.

[55] NIGGLI, ARNOLD: Theodor Kirchner. Ein Gedenkblatt. In: *Schweizerische Musikzeitung und Sängerblatt*, Jg. 44, Zürich 1904, S. 1 f., 11–13.

[56] PROBST, EMANUEL: Friedrich Riggenbach-Stehlin. In: *Basler Jahrbuch*, Basel 1905, S. 1–46.

[57] PUCHELT, GERHARD: *Verlorene Klänge. Studien zur deutschen Klaviermusik 1830–1880.* Berlin 1969.

[58] RAU, WALTER: Theodor Kirchner. In: *Aus der Heimat für die Heimat*. Beiblatt zum *Burgstädter Anzeiger*, Wittgensdorf 1928, Nr. 11, Sp. 81–85.

[59] REFARDT, EDGAR: Brahms in der Schweiz. In: *Schweizerische Musikzeitung*, Jg. 73, Zürich 1933, S. 341-350.

[60] REFARDT, EDGAR: Die frühesten Aufführungen Schumannscher Musik in der Schweiz. In: *Schweizerische Musikzeitung*, Jg. 96, Zürich 1956, S. 285–289.

[61] REHBERG, PAULA UND WALTER: *Robert Schumann. Sein Leben und sein Werk*. Zürich/Stuttgart 1954.

[62] RIEMANN, LUDWIG: Kampf gegen die Alleinherrschaft des Klaviers. In: *Die Musik*, Jg. 4, Berlin/Leipzig 1904/05, S. 303–316.

[63] RUMMELHÖLLER, PETER: Romantik in der Musik, Analysen, Portraits, Reflexionen. Kassel 1989.

[64] RYWOSCH, BERNHARD: Theodor Kirchner. Zu seinem 30. Todestag am 18. September. In: *Schweizerische Musikzeitung*, Jg. 73, Zürich 1933, S. 654–656.

[65] SCHELLENBERG, JACQUES: Zum Andenken an Theodor Kirchner. In: *Landbote*, Winterthur 1904, Nr. 26 vom 30. Januar.

[66] SCHMIDT, CHRISTIAN MARTIN: *Johannes Brahms und seine Zeit*. Laaber 1983.

[67] SCHNEIDER, PETER OTTO: Theodor Kirchner. Briefe aus den Jahren 1860–1868. In: *135.–137. Neujahrsblatt der Allegemeinen Musikgesellschaft Zürich auf die Jahre 1947–49*, Zürich 1949.

[68] SCHNEIDER, VERA: Theodor Kirchner. In: *Schweizerische Musikzeitung*, Jg. 87, Zürich 1947, S. 10–14.

[69] SCHÖNBERG, ARNOLD: *Stil und Gedanke*. Hg. von IVAN VOJTECH. Frankfurt/Main 1992.

[70] SCHOLZ, BERNHARD: *Verklungene Weisen*. Mainz 1911.

[71] SCHUBRING, ADOLF: Schumanniana Nr. 6. Die Schumann'sche Schule. II. Theodor Kirchner. In: *Neue Zeitschrift für Musik*, Bd. 55, Leipzig 1861, S. 153–156, 165–167.

[72] SCHUMANN, ROBERT: *Gesammelte Schriften über Musik und Musiker*. Hg. von MARTIN KREISIG. 5. Aufl., Leipzig 1914.

[73] SCHUMANN, ROBERT: Lieder und Gesänge. Theodor Kirchner, Zehn Lieder für eine Singstimme mit Pianoforte. In: *Neue Zeitschrift für Musik*, Bd. 18, Leipzig 1843, S. 120 f.

[74] SCHUMANN, ROBERT: Neue Bahnen. In: *Neue Zeitschrift für Musik*, Bd. 39, Leipzig 1853, S. 185 f.

[75] SIETZ, REINHOLD: J. Brahms und Th. Kirchner. Mit ungedruckten Briefen Th. Kirchners. In: *Die Musikforschung*, Jg. 13, Kassel/Basel 1960, S. 396–404.

[76] SIETZ, REINHOLD: Ein Klaviermeister der Romantik: Theodor Kirchner In: *Musikalische Rundschau*, Jg. 114, 1965, S. 728 f.

[77] SIETZ, REINHOLD: Theodor Kirchner. Ein Klaviermeister der deutschen Romantik. *Studien zur Musikgeschichte des 19. Jahrhunderts*, Bd. 21, Regensburg 1971.

[78] SITTARD, JOSEF: Theodor Kirchner. Ein Gedenkblatt. In: *Die Musik*, Jg. 3, Berlin/Leipzig 1903/04, S. 115–117.

[79] SPENGEL, ANNEMARIE: *Johannes Brahms an Julius Spengel. Unveröffentliche Briefe aus den Jahren 1882–1897*. Gesellschaft der Bücherfreunde zu Hamburg (Privatdruck), 1959.

[80] STEINER, ADOLF: Theodor Kirchner. Ein Gedenkblatt. In: *Neue Züricher Zeitung*, Jg. 124, Zürich 1903, Nr. 265 Morgenblatt vom 24. September.

[81] STEINER, ADOLF: *Hermann Götz*. Zürich 1907.

[82] STRUTHERS, CHRISTINA: Theodor Kirchner [Nachruf]. In: *The Monthly Musical Record*, Bd. 33, London 1903, S. 204 f.

[83] SUTTNER, A.: Musikalische Skizzen aus Paris. In: *Signale für die musikalische Welt*, Jg. 23, Leipzig 1865, S. 609–611.

[84] WAGNER, RICHARD: *Mein Leben*. Hg. von EIKE MIDDELL. Bremen 1986.

[85] WALLERSTEIN, FRITZ: Theodor Kirchner. Ein Skizzenblatt. In: *Neue Musik–Zeitung*, Jg. 6, Köln 1885, S. 101 f., 113 f.

[86] WASIELEWSKI, JOSEPH VON: *Aus siebzig Jahren – Lebenserinnerungen*. Stuttgart 1897.

[87] WASIELEWSKI, JOSEPH VON: *Robert Schumann*. Hg. von DR. WALDEMAR VON WASIELEWSKI. 3. Aufl., Leipzig 1879.

[88] WIDMER, CONRAD: *Wilhelm Baumgartner. Ein Lebensbild*. Zürich 1868.

[89] WINTERBERGER, ALEXANDER: Rezension von Kirchners op. 13 „Lieder ohne Worte". In: *Neue Zeitschrift für Musik*, Bd. 70, 1874, S. 3.

[90] WINTZER, WILHELM: Persönliches von Theodor Kirchner. In: *Neue Musik–Zeitung*, Jg. 25, Köln 1904, S. 11.

[91] WIRTH–STOCKHAUSEN, JULIA: *Julius Stockhausen. Der Sänger der deutschen Liedes. Nach Dokumenten seiner Zeit dargestellt*. Frankfurt/Main 1927.

[92] WIRTH–STOCKHAUSEN, JULIA: Theodor Kirchner und Julius Stockhausen. In: *Schweizerische Musikzeitung*, Jg. 67, Zürich 1927, S. 285 f., 303 f., 318 f., 336 f., 351 f., 371 f., 383.

[93] WOLTERS, KLAUS: *Klaviermusik zu zwei Händen*. 2. Aufl., Zürich 1977.

[94] ZIMMERMANN, WERNER GUSTAV (Hg.): *Brahms in der Schweiz*, Zürich 1983.

[95] [Anzeige]: Organistengesuch. In: *Allgemeine musikalische Zeitung*, Leipzig 1843, Nr. 26 vom 28. Juni, Sp. 488.

[96] [Das Comit]: Aufruf zur Bildung eines Ehrenfonds für Theodor Kirchner. In: *Signale für die musikalische Welt*, Jg. 42, Leipzig 1884, Nr. 66, S. 1052.

[97] Rezension von Kirchners op. 9 „Präludien für Clavier". In: *Neue Zeitschrift für Musik*, Bd. 53, 1860, S. 12 f.

[98] Rezension von Kirchners op. 24 „Still und bewegt". In: *Neue Zeitschrift für Musik*, Bd. 72, 1876, S. 231 f.

[99] Rezension von Kirchners op. 33 „Ideale". In: *Neue Zeitschrift für Musik*, Bd. 76, 1880, S. 518.

[100] Rezension von Kirchners op. 56 „In stillen Stunden". In: *Neue Zeitschrift für Musik*, Bd. 78, 1882, S. 53.

[101] Rezension von Kirchners op. 72 „Stille Lieder und Tänze für Klavier". In: *Neue Zeitschrift für Musik*, Bd. 81, 1885, S. 397.

Lebenslauf

Am 5. September 1957 wurde ich, Kyung–Sun Lee, als Tochter des Chang–Seop Lee und seiner Ehefrau Kum–Sook Kang, in Seoul (Korea) geboren. Von 1963 bis 1968 besuchte ich die Tscheon Cheon Elementary School, von 1969 bis 1970 die Jul Gog Middle School und von 1970 bis 1971 die Dong Shin Middle School. Am 24. Februar 1975 legte ich das Abitur an der Sook Myung Girls High School ab.

Von 1975 bis 1979 studierte ich Anglistik und Pädagogik an der Kyung Hee Universität in Seoul und schloß das Studium am 15. Februar 1979 mit dem Bachelor of Arts ab. Von 1979 bis 1981 besuchte ich die Graduate School an derselben Universität und studierte das Fach Klavier. Vom 1. März 1980 bis zum 28. Februar 1981 war ich zugleich als Assistant of Musical Composition beschäftigt. 1981 schloß ich das Klavierstudium als Master of Arts ab. Bis 1984 arbeitete ich als Klavierlehrerin in Seoul.

Im März 1985 kam ich nach Deutschland und besuchte den Deutsch–Sprachkurs an der Bonner Universität. Seit dem Sommersemester 1986 studierte ich an der Rheinischen Friedrich–Wilhelms–Universität Bonn im Hauptfach Musikwissenschaft mit den Nebenfächern Kunstgeschichte und Vergleichende Religionswissenschaft und legte am 3. Juni 1993 die Magisterprüfung ab.